不动产登记

试题集（二）

BUDONGCHAN DENGJI SHITIJI（ER）

主编　查秋生

中国大地出版社

·北　京·

图书在版编目（CIP）数据

不动产登记试题集. 二 / 查秋生主编. — 北京 : 中国大地出版社, 2024.4

ISBN 978-7-5200-1303-1

Ⅰ. ①不… Ⅱ. ①查… Ⅲ. ①不动产－产权登记－中国－资格考试－习题集 Ⅳ. ①D923.2-44

中国国家版本馆CIP数据核字（2024）第087514号

BUDONGCHAN DENGJI SHITIJI（ER）

责任编辑： 刘雯芳　何　蔓
责任校对： 田建茹
出版发行： 中国大地出版社
社址邮编： 北京市海淀区学院路31号，100083
电　　话： （010）66554608（邮购部）；（010）66554605（编辑室）
网　　址： https://www.chinalandpress.clmpg.com
印　　刷： 固安华明印业有限公司
开　　本： 710 mm × 1000 mm　1/16
印　　张： 24.5
字　　数： 390千字
版　　次： 2024年4月北京第1版
印　　次： 2024年4月河北第1次印刷
定　　价： 48.00元
书　　号： ISBN 978-7-5200-1303-1

本书编委会

序

党的二十大报告明确提出“建设堪当民族复兴重任的高素质干部队伍”。自不动产统一登记改革以来，自然资源部党组始终高度重视不动产登记队伍建设，出台了一系列加强登记人员队伍融合、促进作风转变、提升服务效能的政策措施，努力锻造一支政治合格、业务过硬、作风优良、服务高效的“登记铁军”。全国各地认真贯彻落实部党组的要求，狠抓业务能力和服务水平提升，增强为民登记的本领，10万名不动产登记人员积极争先、担当作为、履职尽责、高效服务，在推动统一登记制度落地、保护人民群众重大财产权、保障不动产交易安全等方面作出了应有贡献，取得了积极成效，有效支撑了自然资源和不动产登记事业高质量发展，有力服务了自然资源系统“两统一”职责履行。

提升人员素质，是不动产登记队伍作风建设的重中之重。不动产登记工作涉及面广，法律性、政策性、技术性都很强，对不动产登记人员业务素养和服务能力要求高。安徽省黄山市不动产登记工作获评为中央依法治国办第二批全国法治政府建设示范项目，不动产登记工作水平在全国处在领先位置，关键一招就是坚定不移、持之以恒抓不动产登记队伍作风常态化建设，坚持“始于人民需求，终于人民满意”，在加强人员培训、创新培训方式、完善人才培养机制等方面积极探索，在专业能力和服务本领提升上持续发力，为不动产统一登记事业的健康持续发展锻造了一支有情怀、有担当、人民满意的“登记铁军”。黄山市久久为功、绵绵用力，探索了政策引导、理论指导、技术支撑、实践检验的融合互促“闭环”路径，建立了涵盖理论、政策、技术、实践诸方面的不动产登记业务学习体系，形成了不动产登记黄山经验、黄山作风、黄山精神、黄山方法，并在不断打磨、反复总结的基础上组织编写了《不动产登记试题集》。

《不动产登记试题集》从登记中的问题入手，通过案例分析和实务运用，使不动产登记理论、政策、标准得以场景化、具象化，给人以不动产登记法律思维的生动训练。本书理论、政策、标准与实务并重，知识与能力融合，具有较强的法律性、政策性和实践性。希望借由此书，为全国不动产登记队伍作风常态化建设添薪助力，促进不动产登记人员专业素养和业务能力再提升，更好地为人民登记、让人民满意。

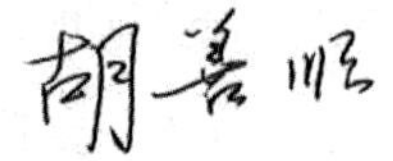

2024 年 4 月 20 日

前 言

产权是社会主义市场经济的基石，不动产登记是产权保护的重要制度，是自然资源管理不可或缺的重要基础性工作，是永恒的事业。新时代十年，不动产登记坚持“始于人民需求，终于人民满意”，从分散到统一，不断改革、创新、实践，形成了以《中华人民共和国民法典》为统领、以《不动产登记暂行条例》为核心、以《不动产登记暂行条例实施细则》等规章政策文件及《地籍调查规程》等标准规范为配套支撑的不动产登记制度体系，建成了一支由十万人组成，每天为四十多万企业和群众提供服务的不动产登记队伍，在保护产权、保障交易和生态安全、便民利民等多方面发挥了重要作用，取得了丰硕成果。为展示新时代十年不动产登记改革创新取得的成就，进一步向社会宣传普及不动产登记法律知识，提高企业和群众的依法保护产权意识，促进不动产登记队伍作风和素质提升，特组织编写了《不动产登记试题集》。

本书包括单项选择题、多项选择题和判断题，涵盖了不动产登记涉及的法律法规政策和技术标准的相关知识，以及从实际工作中总结提炼出来的典型案例。很多案例题不仅反映了不动产登记工作的真实场景，体现了登记人员在面对疑难问题时的思考过程和解决方法，以及企业和群众通过不动产登记保护产权、防范交易风险的合法途径。通过对这些案例的分析，可以更加深刻地理解掌握不动产登记的相关法律知识，提高解决实际问题和依法保护产权的能力。为方便阅读，本书还提供了参考答案及参考的法律法规规章政策和技术规程规范文件等目录。

希望本书能够为不动产登记从业人员和不动产登记代理人等专业人士提升能力提供参考和帮助，为该领域研究者提供借鉴和启示，更为社会公众提供了解和利用不动产登记依法保护产权、维护交易安全的窗口。

在本书编写过程中，我们有幸得到了自然资源部自然资源确权登记局领导、专家的悉心指导，他们不仅对我们的工作给予了充分的肯定和支持，还提供了宝贵的意见和建议。我们也收到了来自各地同行的大量反馈，他们的经验分享和实践智慧为本书的编写增添了丰富的内容和多元的视角。

尽管如此，由于编者水平有限，书中难免存在不足之处。我们诚挚地希望广大读者能够提出宝贵意见，以便我们在今后的工作中不断改进和完善。我们相信，通过大家的共同努力，不动产登记工作一定能够更加规范、高效，更好地服务于社会经济高质量发展，更有力地保护人民群众的财产权益。

在此，我们对参与本书编写和出版的所有人员表示衷心的感谢，并对本书的每一位读者表达最诚挚的祝愿，愿本书能够成为您在不动产登记实践中的得力助手和守护不动产的好帮手，也愿您的生活更加美好！

编　者

2024 年 3 月

目 录

单项选择题

单项选择题（一）

1. 已经登记的集体土地所有权，因下列（　）项情形导致权属发生转移的，当事人可以申请转移登记。

A. 转让或赠与的　　B. 继承或受遗赠的

C. 土地调整的　　D. 作价出资（入股）的

2. 集体土地所有权转移登记的申请材料，除应提交本集体经济组织 2/3 以上成员或者 2/3 以上村民代表同意的材料外，还应提交的材料中不包括（　）。

A. 农民集体互换土地的，提交互换土地的协议

B. 集体土地调整的，提交土地调整文件

C. 依法需要批准的，提交有关批准文件

D. 权利人放弃的，提交放弃集体土地所有权的书面文件

3. 下列用地不属于农村宅基地的是（　）。

A. 住房用地　　B. 附属用房用地

C. 专业晒谷场用地　　D. 小庭院用地

4. 农村村民一户只能拥有（　）宅基地。

A. 1 处　　B. 2 处　　C. 3 处　　D. 4 处

5. 关于集体建设用地使用权及建筑物、构筑物所有权登记，下列说法错误的是（　）。

A. 依法使用集体建设用地兴办企业、建设公共设施、从事公益事业等的，应当申请集体建设用地使用权及建筑物、构筑物所有权登记

B. 因同一权利人名下的集体建设用地或者建筑物、构筑物分割或者合并的，当事人可以申请变更登记

C. 因企业合并、分立、破产、兼并等情形，导致建筑物、构筑物所有权发生转移的，当事人可以申请转移登记

D. 依法没收、征收、收回集体建设用地使用权及建筑物、构筑物所有权的，

当事人可以申请更正登记

6. 有关宅基地使用权的定义，下列叙述不正确的是（　）。

A. 宅基地使用权是农村集体经济组织成员无偿取得、无偿使用

B. 宅基地使用权是没有使用期限限制的集体建设用地使用权

C. 宅基地面积不得超标，应当符合乡镇土地利用总体规划

D. 农村宅基地，须经乡镇人民政府审核批准

7. 根据《土地管理法》的规定，下列说法正确的是（　）。

A. 农民集体所有的土地依法属于国家所有的，由村集体经济组织或者村民委员会经营、管理

B. 农民集体所有的土地依法属于村农民集体所有的，由农村人民公社经营、管理

C. 农民集体所有的土地依法属于村农民集体所有的，由村集体经济组织或者村民委员会经营、管理

D. 农民集体所有的土地依法属于村农民集体所有的，由生产队经营、管理

8. 下列（　）项情形下，农村村民可以申请宅基地。

A. 农村村民户无宅基地的

B. 年龄未满 18 周岁的

C. 原有宅基地的面积已经达到规定标准的

D. 将原有住房出卖、出租或赠与他人的

9. 下列（　）项情形下，农村村民申请宅基地不予批准。

A. 年龄不符合宅基地申请要求的

B. 农村村民户无宅基地的

C. 因自然灾害需要搬迁的

D. 原有宅基地被依法征收后没有相应安置的

10. 甲为村集体经济组织成员，于 2018 年申请办理不动产权登记证，后其不动产权登记证丢失。关于不动产登记证换发、补发的规定，下列说法错误的是（　）。

A. 不动产权证书和不动产登记证明换发、补发、注销的，原证号继续有效

B. 换发、补发的新不动产权证书或不动产登记证明应当更换号码，并在不动产权证书或者不动产登记证明上注明“换发”“补发”字样

C. 不动产权证书或者不动产登记证明遗失、灭失，不动产权利人申请补发的，由不动产登记机构在其门户网站上刊发不动产权利人的遗失、灭失声明

15个工作日后，打印一份遗失、灭失声明页面存档，并将有关事项记载于不动产登记簿，向申请人补发新的不动产权证书或者不动产登记证明，并注明“补发”字样

D. 不动产权证书或者不动产登记证明破损、污损、填制错误的，当事人可以向不动产登记机构申请换发。符合换发条件的，不动产登记机构应当收回并注销原不动产权证书或者不动产登记证明，并将有关事项记载于不动产登记簿后，向申请人换发新的不动产权证书或者不动产登记证明，并注明“换发”字样

11. 集体农用土地使用权的主体一般为本集体经济组织的成员，如为本集体经济组织以外的单位或者个人，则必须经本集体经济组织成员的村民会议____以上成员或者____以上村民代表的同意，并报乡镇人民政府批准。（ ）

A. 2/3、1/4　　B. 1/2、2/3　　C. 2/3、2/3　　D. 1/2、1/3

12. 下列表述错误的是（ ）。

A. 农村住宅用地只能分配给本村村民

B. 宅基地审批时不得向农民收取新增建设用地土地有偿使用费

C. 农村村民一户只能拥有一处宅基地

D. 城镇居民可以到农村购买宅基地、农民住宅或“小产权房”

13. 关于申请集体建设用地使用权登记的主体，下列表述正确的为（ ）。

A. 土地分别属于村内两个以上农民集体所有的，由村内各集体经济组织代为申请

B. 土地属于村农民集体所有的，由村集体经济组织代为申请

C. 土地属于乡镇农民集体所有的，由乡镇集体经济组织代为申请

D. 是用地批准文件记载的集体建设用地使用权人

14. 申请集体建设用地使用权及建筑物、构筑物所有权首次登记，提交的材料不包括（ ）。

A. 不动产权属证书

B. 建设工程已竣工的材料

C. 建设用地规划许可证

D. 不动产地籍调查表、宗地图、房屋平面图以及宗地界址点坐标等有关不动产界址、面积等材料

15. 申请集体建设用地使用权首次登记的，下列关于不动产登记机构在审核过

程中的表述正确的是（　）。

A. 依法取得集体建设用地所有权

B. 集体建设用地是否存在查封、抵押登记

C. 是否已按规定进行公告

D. 不动产地籍调查成果资料是否齐全、规范，地籍调查表记载的义务、义务类型及其性质等是否准确，宗地图、界址坐标、面积等是否符合要求

16. 申请集体建设用地使用权及建筑物、构筑物所有权首次登记的，关于不动产登记机构在审核过程中需要注意的事项，下列表述错误的是（　）。

A. 集体建设用地使用权是否已登记。已登记的，不动产登记簿记载的权利主体与建设工程符合规划的材料、建设工程竣工材料等记载的权利主体是否一致；未登记的，建设工程符合规划的材料、建设工程竣工材料等记载的主体是否与土地权属来源材料记载的主体一致

B. 房屋等建筑物、构筑物是否提交了符合规划、已竣工的材料

C. 集体建设用地使用权被查封，申请人与被执行人不一致的，不影响集体建设用地使用权及建筑物、构筑物所有权首次登记

D. 是否已按规定进行实地查看，是否已按规定进行公告

17. 已经登记的集体建设用地使用权及建筑物、构筑物所有权，除下列（　）项情形外，当事人可以申请变更登记。

A. 权利人姓名或者名称、身份证明类型或者身份证明号码发生变化的

B. 不动产坐落、界址、用途、面积等状况发生变化的

C. 同一权利人名下的集体建设用地或者建筑物、构筑物分割或者合并的

D. 因继承导致权利人发生变化的

18. 通过（　）取得国有土地使用权的宗地，要调查其批准的使用期限与使用权的终止日期。

A. 划拨方式　　B. 转让方式　　C. 继承方式　　D. 出让方式

19. 下列说法错误的是（　）。

A. 集体建设用地使用权及建筑物、构筑物所有权变更登记的申请主体应当为不动产登记簿记载的权利人

B. 因共有人的姓名、名称发生变化的，可以由姓名、名称发生变化的权利人申请变更登记

C. 因土地或建筑物、构筑物自然状况变化的，可以由共有人一人或多人申请变更登记

D. 夫妻共有财产变更的，可以由夫妻任一方凭婚姻关系证明单方申请

20. 建设用地使用权及建筑物、构筑物所有权变更的材料，下列表述错误的是（　）。

A. 权利人姓名或者名称、身份证明类型或者身份证明号码发生变化的，只提交新的身份证原件即可

B. 土地或建筑物、构筑物面积、界址范围变更的，提交有批准权的人民政府或其主管部门的批准文件以及变更后的不动产地籍调查表、宗地图、房屋平面图以及宗地界址点坐标等有关不动产界址、面积等材料

C. 土地或建筑物、构筑物用途变更的，提交有批准权的人民政府或者主管部门的批准文件

D. 同一权利人分割或者合并建筑物、构筑物的，提交有批准权限部门同意分割或者合并的批准文件以及分割或者合并后的不动产地籍调查表、宗地图、房屋平面图以及宗地界址点坐标等有关不动产界址、面积等材料

21. 已经登记的集体建设用地使用权及建筑物、构筑物所有权，除下列（　）项情形外导致权属发生转移的，当事人可以申请转移登记。

A. 买卖、互换、赠与的

B. 因企业合并、分立、破产、兼并等情形，导致建筑物、构筑物所有权发生转移的

C. 因人民法院、仲裁委员会的生效法律文书等导致权属转移的

D. 作价出资（入股）的

22. 集体建设用地使用权及建筑物、构筑物所有权转移登记____。因人民法院、仲裁委员会的生效法律文书等导致权属转移的，____。（　）

A. 可以由双方共同申请、可由单方申请

B. 应当由双方共同申请、可由单方申请

C. 应当由双方共同申请、应当单方申请

D. 可以由双方共同申请、应当单方申请

23. 集体建设用地使用权及建筑物、构筑物所有权转移的材料，下列表述错误的是（　）。

A. 因企业合并、分立、兼并、破产等情形导致权属发生转移的，提交企业合并、分立、兼并、破产的材料，集体建设用地使用权及建筑物、构筑物所有权权属转移材料，有权部门的批准文件

B. 因人民法院、仲裁委员会的生效法律文书导致权属转移的，提交人民法院、

仲裁委员会的生效法律文书

C. 依法需要缴纳税费的，应当提交税费缴纳凭证

D. 本集体经济组织 1/2 以上成员或者 1/2 以上村民代表同意的材料

24. 集体建设用地使用权及建筑物、构筑物所有权转移登记中，不动产登记机构在审核过程中应注意的要点，下列说法错误的是（　）。

A. 集体建设用地使用权及建筑物、构筑物所有权转移的登记原因文件是否齐全、有效

B. 申请转移的集体建设用地使用权及建筑物、构筑物所有权与登记原因文件记载是否一致

C. 集体建设用地使用权及建筑物、构筑物所有权被查封的，申请人与被执行人一致的，不影响集体建设用地使用权及建筑物、构筑物所有权转移登记

D. 有异议登记的，受让方是否已签署知悉存在异议登记并自担风险的书面承诺

25. 关于宅基地首次登记，下列说法错误的是（　）。

A. 合法权属来源材料

B. 不动产登记申请书、权属来源材料等记载的主体一致

C. 不动产地籍调查成果资料是否齐全、规范，地籍调查表记载的权利人、权利类型及其性质等是否准确，宗地图、界址坐标、面积等符合要求

D. 宅基地首次登记无须进行公告

26. 关于申请宅基地使用权及房屋所有权首次登记，下列说法正确的是（　）。

A. 宅基地使用权已登记的，不动产登记簿记载的权利主体与房屋符合规划或者建设的相关材料等记载的权利主体可以不一致

B. 房屋等建筑物、构筑物可以与规划不符

C. 无须进行实地查看与公告

D. 不动产地籍调查成果资料齐全、规范，地籍调查表记载的权利人、权利类型及其性质等准确，宗地图和房屋平面图、界址坐标、面积等符合要求

27. 关于宅基地使用权及房屋所有权变更登记，下列说法错误的是（　）。

A. 权利人姓名或者名称、身份证明类型或者身份证明号码发生变化的，提交能够证实其身份变更的材料

B. 宅基地或房屋面积、界址范围变更的，提交有批准权的人民政府或其主管部门的批准文件以及变更后的不动产地籍调查表、宗地图、宗地界址

点坐标等有关不动产界址、面积等材料

C. 已经登记的宅基地使用权及房屋所有权利人姓名或者名称、身份证明类型或者身份证明号码发生变化的，可以申请宅基地使用权及房屋所有权变更登记

D. 宅基地使用权到期的，应当提交自然资源主管部门出具的批准文件和合同补充协议

28. 已经登记的宅基地使用权及房屋所有权，当事人可以申请转移登记，除（　）项情形外。

A. 依法继承

B. 分家析产

C. 将宅基地卖给非集体经济组织成员

D. 因人民法院、仲裁委员会的生效法律文书等导致权属发生变化

29. 关于宅基地使用权及房屋所有权转移登记，下列说法错误的是（　）。

A. 宅基地使用权及房屋所有权转移登记应当由双方共同申请。因继承房屋以及人民法院、仲裁委员会生效法律文书等取得宅基地使用权及房屋所有权的，可由权利人单方申请，但仍需要义务人到场协助办理

B. 集体经济组织内部互换房屋的，提交互换协议书。还应提交互换双方为本集体经济组织成员的材料

C. 因人民法院或者仲裁委员会生效法律文书导致权属发生转移的，提交人民法院或者仲裁委员会生效法律文书

D. 宅基地使用权及房屋所有权转移登记需要提交不动产登记申请书、申请人身份证明、不动产权属证书等材料

30. 宅基地使用权及房屋所有权转移登记，不动产登记机构在审核过程中，下列（　）项说法不符合登记要求。

A. 受让方必须为本集体经济组织的成员且符合宅基地申请条件

B. 宅基地使用权及房屋所有权转移材料齐全、有效

C. 申请转移的宅基地使用权及房屋所有权与登记原因文件记载一致

D. 有异议登记的，受让方已签署知悉存在异议登记并自担风险的书面承诺

31. 非集体经济组织成员的农村或城镇居民，因继承取得宅基地使用权及房屋所有权的，在不动产权属证书（　）栏注记“该权利人为本农民集体原成员住宅的合法继承人”。

A. 正文　　B. 附注　　C. 附记　　D. 结尾

32. 关于宅基地使用权及房屋所有权登记，下列说法正确的是（　）。

A. 宅基地使用权及房屋所有权登记的申请主体应当为宅基地使用权人

B. 非集体经济组织成员也可以购买宅基地并办理宅基地使用权及房屋所有权登记

C. 宅基地使用权有时间限制

D. 农村妇女因婚嫁离开原农民集体经济组织，取得新家庭宅基地使用权的，应依法予以确权登记，同时保留其原宅基地使用权

33. 农户甲外出打工，将自己房屋及宅基地使用权一并转让给农户乙，并已办理登记。5 年后，甲返回该村。关于甲回村后的住宅问题，下列说法正确的是（　）。

A. 由于甲无一技之长，在外找不到工作，只能返乡务农。政府应再给甲批一处宅基地建房

B. 根据“一户一宅”原则，甲作为本村村民应拥有自己的住房。政府应再批给甲一处宅基地建房

C. 由于甲与乙的转让合同未经有关政府批准，转让合同无效。乙应返还甲房屋及宅基地使用权

D. 甲无权要求乙返还房屋

34. 关于已经登记的宅基地使用权及房屋所有权注销登记，下列说法错误的是（　）。

A. 不动产灭失的，可申请注销登记

B. 权利人放弃宅基地使用权及房屋所有权的，可申请注销登记

C. 依法没收、征收、收回宅基地使用权及房屋所有权的，可申请注销登记

D. 人民法院、仲裁委员会无权裁判宅基地使用权及房屋所有权消灭

35. 关于宅基地使用权及房屋所有权消灭的材料，下列说法错误的是（　）。

A. 宅基地、房屋灭失的，提交其灭失的材料

B. 权利人放弃宅基地使用权及房屋所有权的，权利人现场口头承诺即可

C. 依法没收、征收、收回宅基地使用权或者房屋所有权的，提交人民政府作出的生效决定书

D. 因人民法院或者仲裁委员会生效法律文书导致权利消灭的，提交人民法院或者仲裁委员会的生效法律文书

36. 宅基地使用权及房屋所有权登记，在（　）前可以撤回。

A. 记载于不动产登记簿　　　　B. 受理

C. 审核　　　　　　　　　　　　D. 发证

37. 下列说法错误的是（　）。

A. 不动产权证书为单一版和集成版两个版式

B. 不动产登记原则上按一个不动产单元核发一本不动产权证书，采用单一版

C. 农村集体经济组织拥有多个建设用地使用权或一户拥有多个土地承包经营权的，为防止出现错误，应分别进行登记，采用单一版

D. 不动产权证书和不动产登记证明换发、补发、注销的，原证号废止

38. 下列说法正确的是（　）。

A. 农村宅基地和集体建设用地使用权及房屋所有权是不动产统一登记的重要内容，各地要按照《不动产登记暂行条例》《不动产登记暂行条例实施细则》《不动产登记操作规范（试行）》等法规政策规定，颁发统一的不动产权证书

B. 对于尚未开展农村地籍调查的宅基地、集体建设用地，应采用总调查的模式，由市级以上地方人民政府统一组织开展房地一体的地籍调查

C. 各地要开展房地一体的农村地籍调查，农房等宅基地、集体建设用地上的定着物因历史原因可酌情不纳入工作范围

D. 农村地籍调查按照市场指导价格收费，不得增加农民负担

39. 下列说法错误的是（　）。

A. 宅基地、集体建设用地和房屋等定着物应一并划定不动产单元，编制不动产单元代码

B. 对于已完成宗地统一代码编制的，应以宗地为基础，补充房屋等定着物信息，形成不动产单元代码

C. 对于未开展宗地统一代码编制或宗地统一代码不完备的，可在地籍区（子区）划分成果基础上，充分利用已有的影像图、地形图等数据资料，通过坐落、界址点坐标等信息预判宗地或房屋位置，补充开展地籍调查等方式，编制形成唯一的不动产单元代码

D. 不动产单元代码共 26 位数字

40. 县级以上地方人民政府统一组织的宅基地、集体建设用地和房屋首次登记，权属调查成果要在（　）范围内公示。

A. 乡（镇）　　B. 县级　　C. 本集体经济组织　　D. 市级

41. 下列说法错误的是（　）。

A. 开展农村房地一体地籍调查时，不动产登记机构应将宅基地、集体建设

用地和房屋的权属调查结果送达农村集体经济组织，并要求在村民会议或村民代表会议上说明，同时以张贴公告等形式公示权属调查结果。对于外出务工人员较多的地区，可通过电话、微信等方式将权属调查结果告知权利人及利害关系人

B. 个别偏远地区可以允许"一户多宅"的现象发生

C. 各地要开展房地一体的农村地籍调查，将农房等宅基地、集体建设用地上的定着物纳入工作范围

D. 农村地籍调查不得收费，不得增加农民负担

42. 未开展过农村集体土地所有权调查，或集体土地所有权调查成果现势性差、无法满足不动产和自然资源等管理需要的，应由（　）按总调查的模式组织开展集体土地所有权调查。

A. 权利人　　B. 乡镇政府

C. 县级以上人民政府　　D. 自然资源主管部门

43. 下列说法错误的是（　）。

A. 农民集体成员经过批准建房占用宅基地的，按照批准面积予以确权登记

B. 未履行批准手续建房占用宅基地的，1982 年《村镇建房用地管理条例》实施前，农民集体成员建房占用的宅基地，范围在《村镇建房用地管理条例》实施后至今未扩大的，无论是否超过其后当地规定面积标准，均按实际使用面积予以确权登记

C. 未履行批准手续建房占用宅基地的，1982 年《村镇建房用地管理条例》实施起至 1987 年《土地管理法》实施时止，农民集体成员建房占用的宅基地，超过当地规定面积标准的，超过面积按国家和地方有关规定处理的结果予以确权登记

D. 1987 年《土地管理法》实施后，农民集体成员建房占用的宅基地，符合规划但超过当地面积标准的，在补办相关用地手续后，依法对标准面积予以确权登记，超占面积不予登记

44. 关于宅基地权利，下列说法错误的是（　）。

A. 非本农民集体成员因扶贫搬迁、地质灾害防治、新农村建设、移民安置等按照政府统一规划和批准使用宅基地的，在退出原宅基地并注销登记后，依法确定新建房屋占用的宅基地使用权

B. 农村妇女作为家庭成员，其宅基地权益应记载到不动产登记簿及权属证书上

C. 农民进城落户后，其原合法取得的宅基地使用权应予以注销登记

D. 乡镇企业用地和其他经依法批准用于非住宅建设的集体土地，至今仍继续使用的，经所在农民集体同意，报乡镇人民政府审核后，依法确定使用单位集体建设用地使用权

45. 下列关于宅基地及集体建设用地的说法错误的是（　）。

A. 1987 年《土地管理法》实施前，使用集体土地兴办乡（镇）村公益事业和公共设施，经所在乡镇人民政府审核后，可依法确定使用单位集体建设用地使用权。乡镇企业用地和其他经依法批准用于非住宅建设的集体土地，至今仍继续使用的，经所在农民集体同意，报乡镇人民政府审核后，依法确定使用单位集体建设用地使用权

B. 1987 年《土地管理法》实施后，乡（镇）村公益事业和公共设施用地、乡镇企业用地和其他经依法批准用于非住宅建设的集体土地，应当依县级以上人民政府批准文件，确定使用单位集体建设用地使用权

C. 对于没有权属来源材料的集体建设用地，应当查明土地历史使用情况和现状，认定属于合法使用的，经所在农民集体同意，并公告 30 天无异议，经乡镇人民政府审核，报县级人民政府批准，予以确权登记

D. 农村妇女因婚嫁离开原农民集体，取得新家庭宅基地使用权的，应依法予以确权登记，同时保留其原宅基地使用权

46. 甲为村集体经济组织成员，现到不动产登记中心办理宅基地使用权及房屋所有权登记，需要提交的材料不包括（　）。

A. 不动产权属证书或者土地权属来源材料

B. 房屋符合规划或建设的相关材料

C. 不动产地籍调查表、宗地图、房屋平面图以及宗地界址点坐标等有关不动产界址、面积等材料

D. 买卖合同

47. 下列不属于农村集体经济组织可以收回土地使用权情形的是（　）。

A. 为乡（镇）村公共设施和公益事业建设，需要使用土地的

B. 不按照批准的用途使用土地的

C. 因撤销、迁移等原因而停止使用土地的

D. 村民投票表决反对使用权人使用的

48. 下列有关国有建设用地使用权和集体建设用地使用权的表述错误的是（　）。

A. 国有出让用地使用权有期限限制

B. 集体建设用地使用权无期限限制

C. 集体建设用地使用权的使用权能表现为转让和使用

D. 国有建设用地使用权具有较为完整的权能，除占有、使用外，还可具有转让、出租、抵押权能

49. 集体建设用地使用权经批准后可以由（　）收回。

A. 投资企业　　B. 原建设单位

C. 原农村集体经济组织　　D. 原批准用地的人民政府

50. 下列关于土地承包经营权的承包期的说法错误的是（　）。

A. 林地的承包期是 30 年至 70 年

B. 草地的承包期为 30 年至 60 年

C. 耕地的承包期为 30 年

D. 特殊林木的林地承包期可长于 70 年

51. 宅基地使用权的权利主体是（　）。

A. 自然人　　B. 集体经济组织成员

C. 事业单位　　D. 城镇人员

52. 自然资源首次登记程序为（　）。

A. 通告、地籍调查、审核、登簿、公告

B. 地籍调查、通告、公告、登簿、审核

C. 地籍调查、通告、审核、公告、登簿

D. 通告、地籍调查、审核、公告、登簿

53. 下列选项中，（　）是土地承包经营人承包土地的根本目的所在。

A. 获得补偿权　　B. 转让或转包权

C. 自主经营权　　D. 收益权

54. 甲为乙村集体经济组织成员，已符合申请宅基地的标准，则宅基地使用权（　）。

A. 无偿取得、无偿使用　　B. 有偿取得、无偿使用

C. 无偿取得、有偿使用　　D. 有偿取得、有偿使用

55.（　）属于《不动产登记暂行条例》规范的登记。

A. 汽车　　B. 船舶　　C. 集体土地　　D. 钢材

56. 农民集体所有的土地，由土地所在地的（　）人民政府不动产登记机构办理。

A. 乡级　　B. 县级　　C. 县级以上　　D. 省级

57. 我国土地权属发生争议时，正确的做法是（　）。

A. 土地所有权和使用权争议，由当事人协商解决；协商不成的，由人民政府处理

B. 个人之间、个人与单位之间的争议，由乡级人民政府处理

C. 当事人对有关人民政府的处理决定不服的，可以自接到处理决定通知之日起 15 日内，向人民法院起诉

D. 在土地所有权和使用权争议解决前，双方可以改变土地利用现状

58. 以下只记载于登记簿，不核发不动产登记证明的是（　）。

A. 预告登记　　B. 抵押权登记　　C. 异议登记　　D. 查封登记

59. 孙某购买了一处商品住宅，并办理了预购商品房预告登记。后孙某将房屋遗赠给刘某，该房屋尚未办理首次登记时孙某去世。刘某应申请（　）将房屋权益登记在自己名下。

A. 预告变更登记

B. 只能等房屋办理首次登记后，直接为刘某办理不动产权证书

C. 预告转移登记

D. 由于房屋尚未办理首次登记，孙某将房屋遗赠给刘某的行为无效，房屋应由孙某的法定继承人继承

60. 由于借款纠纷，兰某申请根据仲裁裁决书将张某名下的一处房屋过户至兰某名下用于抵债，但张某的房屋只办理了预购商品房预告登记，尚未办理首次登记。下列关于此事的说法正确的是（　）。

A. 不动产登记机构不应为兰某办理登记，应为兰某出具不予受理通知书

B. 不动产登记机构不应为兰某办理登记，应为兰某出具不予登记通知书

C. 不动产登记机构应为兰某办理预告变更登记

D. 不动产登记机构应为兰某办理预告转移登记

61. 张某和李某系夫妻关系，二人购买了一处商品住房，并办理了预购商品房预告登记，房屋尚未办理首次登记。二人协议离婚，约定房屋归张某所有。下列说法正确的是（　）。

A. 张某可以独自持离婚协议、离婚证等相关材料办理预告转移登记

B. 张某可以独自持离婚协议、离婚证等相关材料办理预告变更登记

C. 张某和王某二人需共同持离婚协议、离婚证等相关材料办理预告转移登记

D. 张某和王某二人需共同持离婚协议、离婚证等相关材料办理预告变更登记

62. 利害关系人认为不动产登记簿记载的事项有错误，权利人不同意更正的，利害关系人可以申请（　）登记。

A. 预告　　B. 变更　　C. 更正　　D. 异议

63. 农村地籍调查中权属调查的步骤，主要包括：①发布通告；②界址调查；③绘制不动产单元草图；④填写不动产地籍调查表；⑤调查核实房屋和宅基地、集体建设用地等权属状况。下列排序正确的是（　）。

A. ①⑤②③④　　B. ①⑤②④③

C. ①②⑤③④　　D. ①②⑤④③

64. 关于准共有，下列说法不正确的是（　）。

A. 准共有的权利是所有权之外的财产权

B. 准共有的规则优先于共有的一般规则

C. 准共有是指既存在按份共有又存在共同共有的共有现象

D. 准共有关系适用共有的基本原理

65. 张某从 H 开发公司购买了一处商品住宅，申请预购商品房的预告登记，无须提交（　）。

A. 登记申请书　　B. 已备案的商品房预售合同

C. 当事人关于预告登记的约定　　D. 购房收据

66. 不动产登记证明遗失申请补发的，由不动产登记机构在（　）刊发遗失声明。

A. 不动产登记机构门户网站　　B. 不动产所在地现场

C. 当地人民政府门户网站　　D. 无须发表遗失声明

67. 李某购买了一处商业用房，并办理了预购商品房预告登记。由于有关机关重新编排门牌，李某的商业房地址变更。李某可以申请（　）。

A. 预告转移登记　　B. 预告变更登记

C. 预告注销登记　　D. 更正登记

68. 钱某从甲开发公司购买了一处已办理预售许可，尚未办理首次登记的商品房，申请预告登记，应申请（　）。

A. 预购商品房预告登记　　B. 房屋所有权转让预告登记

C. 新建商品房转移登记　　D. 房屋所有权首次预告登记

69. 刘某从甲开发公司购买了一处已办理首次登记的商品房，申请预告登记，应申请（　）。

A. 预购商品房预告登记　　B. 商品房转移预告登记

C. 新建商品房转移登记　　D. 存量房转移登记

70. 下列关于预告登记的说法错误的是（　）。

A. 预告登记可以有效防止商品房预售中的“一房二卖”

B. 预告登记使被登记的请求权具有了一定程度的物权效力

C. 债权消灭或者自能够进行不动产登记之日起两个月内未申请登记的，预告登记失效

D. 预告登记后，未经预告登记的权利人同意，处分该不动产的，不发生物权效力

71. 郑某从甲开发公司购买商业网点一处，并办理了预购商品房预告登记，在房屋尚未办理首次登记时，此房屋可以办理下列哪种登记？（　）

A. 甲开发公司将此房屋办理在建建筑物抵押权登记

B. 由于郑某的借款纠纷，人民法院以郑某为被申请人，将房屋预查封，办理预查封登记

C. 郑某将此房屋卖给李某，申请房屋所有权转移登记

D. 甲开发公司将此房屋另卖给李某，申请预购商品房预告登记

72. 下列可以单独抵押的不动产是（　）。

A. 韩某已经登记的宅基地

B. 某村属企业拥有的企业集体建设用地

C. 某村的耕地

D. 某房地产公司未建有房屋的国有出让土地

73. 以下关于预告登记的说法错误的是（　）。

A. 预告登记后，未经预告登记权利人同意，处分该不动产的，不发生物权效力

B. 预告登记后，债权消灭或者自能够进行不动产登记之日起 3 个月内未申请登记的，预告登记失效

C. 预告登记仅适用于预售商品房的登记

D. 预告登记是为了保全一项请求而进行的不动产登记

74. 在建建筑物抵押权登记转为房屋抵押权登记的前提条件是，已抵押登记的在建工程竣工并经（　）后。

A. 房屋所有权首次登记　　B. 在建建筑物抵押权注销登记

C. 在建建筑物预售登记　　D. 房屋销售预告登记

75. 下列关于预告登记的表述正确的是（　）。

A. 预告登记仅适用于预售商品房的登记

B. 房屋预告登记只能由买卖房屋或者其他不动产物权协议的双方共同申请

C. 房屋预告登记仅在不动产登记簿记载，不发放预告登记证明

D. 预告登记后，未经预告登记的权利人同意，处分该不动产的，不发生物权效力

76. 下列情形中，不得办理房屋预告登记的是（　）。

A. 预购商品房　　B. 房屋出租

C. 预购商品房抵押　　D. 房屋所有权转让

77. 预告登记应当核发（　）。

A. 不动产权证书

B. 房屋预告登记仅在不动产登记簿记载，不发放预告登记证明

C. 不动产登记证明

D. 根据当事人申请可以核发不动产权证书或者不动产登记证明

78. 贾某欲以其 5 岁儿子的名义购买商品住宅一处，并办理商品房预告登记，无须提供（　）。

A. 申请人身份证明

B. 监护关系证明

C. 监护人的身份证明

D. 为被监护人利益而处分不动产的书面保证

79. 关于不动产预告登记，下列说法错误的是（　）。

A. 以预购商品房设定抵押权的，当事人可以按照约定申请不动产预告登记

B. 预告登记的申请主体应当为买卖房屋或者其他不动产物权的协议的双方当事人

C. 预购商品房的预售人和预购人订立商品房买卖合同后，预售人未按照约定与预购人申请预告登记时，预购人可以单方申请预告登记

D. 预售人与预购人在商品房预售合同中不得对预告登记附有条件和期限

80. 下列哪种情形可以办理预告注销登记？（　）

A. 预告登记的注销材料不齐全

B. 预告登记的注销材料是无效的

C. 预告登记的权利人放弃预告登记

D. 不动产被预查封

81. 下列不能由当事人单方申请的是（　）。

A. 甲公司申请办理通过拍卖取得的国有建设用地使用权首次登记

B. 乙公司因名称变更申请不动产变更登记

C. 甲向乙预购一套住宅，乙不按约定配合办理预告登记，甲单方提出申请

D. 甲、乙两人离婚，甲凭离婚协议单方面申请办理不动产登记

82. 办理商品房预告登记，不动产登记机构不得要求当事人提供（　）。

A. 实地查看表　　B. 购房合同

C. 登记申请书　　D. 当事人关于预告登记的约定

83. 李某购买了一处商品住宅并办理了预告登记。该房屋尚未办理首次登记时，李某申请更名为李某某，应当申请（　）。

A. 预告变更登记　　B. 预告转移登记

C. 预告注销登记　　D. 新建商品房转移登记

84. 以下哪种情形不应发放不动产登记证明？（　）

A. 所有权转移登记　　B. 最高额抵押权登记

C. 在建建筑物抵押权登记　　D. 预告登记

85. 以下哪种情形应当申请预告登记？（　）

A. 共有房产从共同共有转为等额按份共有

B. 买卖已办理了预售许可，尚未办理首次登记的商品房屋申请登记

C. 拆除旧房后原地翻建的房屋

D. 拆迁补偿安置时为被拆迁人复建的房屋

86. 孙某以按揭贷款购买了一处已经办理了预售许可，尚未办理首次登记的商品住宅，现孙某欲与银行一起到不动产登记机构办理抵押登记。应当申请（　）。

A. 预购房屋抵押权预告登记　　B. 预购房屋预告登记

C. 在建建筑物抵押权登记　　D. 一般抵押权登记

87. 以预购房屋申请抵押权预告登记的，申请人（　）选择一并申请预购房屋预告登记与预购房屋抵押权预告登记。

A. 必须

B. 可以

C. 根据不动产登记机构的规定

D. 根据法律规定

88. 吴某购买了一处经济适用住房，房地产开发企业已经办理了预售许可，尚未办理首次登记。现吴某欲与开发企业一起申请预告登记，应当申请（　）。

A. 预购商品房预告登记

B. 预购商品房抵押预告登记

C. 预购经济适用房预告登记

D. 预购限价商品房预告登记

89. 下列关于商品住宅和商品非住宅办理预告登记的说法正确的是（　）。

A. 商品非住宅办理预告登记需要提供是否租赁的证明

B. 商品非住宅办理预告登记需要提供购房收据

C. 商品住宅办理预告登记需要提供是否租赁的证明

D. 商品住宅和商品非住宅办理预告登记都不需要提供是否租赁证明和购房收据

90. 下列情况可以办理预购商品房预告登记的是（　）。

A. 买卖的房屋已经办理了在建建筑物抵押权登记

B. 买卖已办理了预售许可，尚未办理首次登记的商品房屋

C. 买卖的房屋已经被查封

D. 买卖的房屋已经办理首次登记

91. 韦大宝除了3个儿子韦大、韦二、韦三和1个孙子韦小宝（系韦三之子）之外再无其他亲人。韦大宝订立遗嘱，载明其死后所有的房屋由韦三继承。但韦三不幸先于韦大宝去世。下列关于韦大宝去世后房屋继承的说法正确的是（　）。

A. 根据转继承，由韦小宝一人继承

B. 根据代位继承，由韦小宝一人继承

C. 由韦大和韦二继承

D. 由韦大、韦二和韦小宝共同继承

92. 预告登记核发不动产登记证明，不动产登记证明上记载的信息，不包括（　）。

A. 权利人姓名　　B. 房屋坐落

C. 不动产登记证明号　　D. 房屋价款

93. 孙某从M开发公司购买了办公用房一处，并办理了预购商品房预告登记。下列说法正确的是（　）。

A. 办公用房不能办理预购商品房预告登记

B. 若M开发公司未经孙某同意，将房屋另行出卖给张某，则M开发公司、张某的买卖合同无效

C. 若M开发公司未经孙某同意，将房屋另行出卖给张某，则M开发公司、张某的买卖合同有效

D. 由于孙某只是取得物权请求权，所以M开发公司可以将房屋另行出售给张某

94. 利害关系人提交证明不动产登记簿登记有误的证明材料非人民法院或者仲裁委员会生效的法律文书，申请更正登记的，（　）。

A. 经不动产登记簿记载的权利人书面同意更正的，不动产登记机构应当予以登记

B. 经不动产登记簿记载的权利人书面同意更正的，不动产登记机构可以予以登记

C. 不动产登记机构应当予以更正

D. 不动产登记簿记载的权利人不同意更正的，利害关系人应当申请异议登记

95. 徐某与谢某共有的不动产因诉讼被人民法院查封，查封期限至 2023 年 7 月 1 日，且并未办理续查封手续，下列（　）项业务不得受理。

A. 徐某与谢某于 2023 年 7 月 2 日申请办理地址变更登记

B. 徐某与谢某于 2023 年 7 月 1 日申请办理地址变更登记

C. 徐某与谢某于 2023 年 7 月 1 日申请抵押登记

D. 徐某与谢某于 2023 年 7 月 2 日申请抵押登记

96. 甲的房屋错误登记在乙名下，现在甲申请更正登记，经审核确实登记错误。但是此前乙已将该房屋卖给丙，并办理了转移登记。以下说法正确的是(　)。

A. 不动产登记机构可以直接予以更正登记

B. 不动产登记机构应当不予登记，并告知甲通过诉讼或者仲裁确认权利归属

C. 不动产登记机构公告将丙的所有权证号作废，把产权过户到甲名下

D. 以上均不正确

97. 更正登记申请人中，所谓权利人包括所有权人和他项权利人，其中他项权利人包括抵押权人和（　）。

A. 预购商品房预告登记的权利人　　B. 查封申请人

C. 利害关系人　　D. 地役权人

98. 某房地产开发企业对甲楼已办理首次登记，其中地下部分按“住宅”发证。现申请人要求按“储藏室”的用途更正，需提交的必要资料是（　）。

A. 土地证　　B. 建设用地规划许可证

C. 经规划确认的施工图　　D. 实测图纸

99. 利害关系人认为房屋的不动产登记簿记载的事项错误，而权利人不同意更正的，利害关系人可以申请（　）。

A. 查封登记　　B. 地役登记　　C. 注销登记　　D. 异议登记

100. 利害关系人申请更正登记，申请材料不包括（　）。

A. 证实不动产登记簿记载事项错误的材料

B. 身份证明

C. 不动产权证书

D. 与不动产登记簿记载的不动产权利存在利害关系的材料

单项选择题（二）

1. 甲以按揭贷款购买了一处房屋，证上记载建筑面积为 100 平方米，后发现应为 99 平方米。下列说法不正确的是（　）。

A. 甲应申请更正登记

B. 甲可以单方申请

C. 不需要通知抵押权利人

D. 抵押权利人须出具知晓同意证明材料

2. 下列不属于土地承包经营权转移登记情形的是（　）。

A. 集体经济组织内部互换、转让

B. 因人民法院、仲裁机构的生效法律文书导致权利发生转移的

C. 因家庭关系、婚姻关系等变化导致土地承包经营权发生转移的

D. 户主王某死亡，子女申请继承。

3.《民法典》实施后登记簿增加的内容是（　）。

A. 房屋性质　　B. 规划用途　　C. 担保范围　　D. 债务人

4. 根据《自然资源部 中国银保监会关于加强便民利企服务合作的通知》(自然资发〔2019〕42 号)，银行业金融机构应在业务范围内逐步推动（　）的使用，在抵押合同中增设（　）栏目，便于实现相关系统的有效关联。

A. 不动产单元号　　B. 不动产权证号

C. 不动产坐落　　D. 宗地代码

5. 不动产登记机构误将甲的房屋登记到乙名下，3 月 16 日，甲申请异议登记；3 月 17 日，不动产登记机构予以异议登记；4 月 15 日，甲起诉到人民法院要求确认其为房屋所有权人；4 月 16 日，乙将该房屋以市场价卖给了不知情的丙，双方办理了过户登记手续。以下说法中正确的是（　）。

A. 丙通过善意取得该房屋所有权

B. 丙取得该房屋所有权但不属于善意取得

C. 丙未取得该房屋所有权

D. 丙是否取得该房屋所有权取决于甲是否追认

6. 关于异议登记，下列说法错误的是（　）。

A. 同一申请人可以就同一异议事项提出多次异议登记申请

B. 不动产被查封、抵押或设有地役权的，不影响该不动产的异议登记

C. 异议登记期间，异议登记申请人可以申请注销异议登记

D. 注销异议登记申请人是异议登记申请人

7. 不动产登记机构应当依法对不动产登记簿进行记载、保存和重建，不得随意更改。有证据证实不动产登记簿记载的事项确实存在错误的，应当依法进行（　）登记。

A. 异议　　B. 变更　　C. 更正　　D. 注销

8. 权利人、利害关系人认为不动产登记簿记载的事项有错误，或者人民法院、仲裁委员会生效法律文书等确定的不动产权利归属、内容与不动产登记簿记载的权利状况不一致的，当事人可以申请（　）登记。

A. 异议　　B. 变更　　C. 更正　　D. 注销

9. 某人婚前取得一处房产并办理了不动产权证书，现欲将其配偶列为该房产的共有权人，他们向不动产登记机构申请的登记类别应为（　）登记。

A. 初始登记　　B. 变更登记　　C. 转移登记　　D. 更正登记

10. 异议登记不当，造成权利人损害的，权利人可以向（　）请求损害赔偿。

A. 授权委托人　　B. 企业法人　　C. 利害关系人　　D. 申请人

11. 根据《地籍调查规程》（GB/T 42547—2023），关于房屋权属状况调查中的所有权人或实际使用人，下列说法不符合规定的是（　）。

A. 对私人所有的房屋，如果有产权证件，则所有权人与产权证上的姓名一致

B. 单位所有的房屋，应注明单位的全称

C. 公产房应注明房地产管理部门的全称

D. 代管房产应注明代管方及实际使用人姓名

12. 甲、乙、丙共有一套房屋，份额分别为 1/4、1/2、1/4。为提高房屋的价值，甲主张将此房屋进行装修，乙表示赞同，但丙反对。下列各项正确的是（　）。

A. 因没有经过全体共有人的同意，甲、乙不得装修房屋

B. 因甲、乙的共有份额合计已超过 2/3，故甲、乙可以装修房屋

C. 甲、乙只能在自己的应有部分上铺木地板

D. 若甲、乙坚持铺木地板，则需先分割共有房屋

13. 不动产登记簿由（　）建立。

A. 不动产登记机构　　B. 中介机构

C. 金融机构　　D. 政府

14. 下列土地出让年限正确的是（　）。

A. 商业用地 50 年　　B. 体育用地 70 年

C. 旅游用地 68 年　　D. 住宅用地 60 年

15. 已经发放的不动产权证书或者不动产登记证明记载事项与不动产登记簿不一致的，除有证据证实不动产登记簿确有错误外，以（　）为准。

A. 不动产权证书　　B. 不动产登记证明

C. 不动产登记簿　　D. 不动产权证书或者不动产登记证明

16. 除（　）外，任何单位或个人不得将不动产登记簿携出不动产登记机构。

A. 法律、行政法规另有规定或因紧急情况为避免不动产登记簿毁损、灭失

B. 行政规章另有规定

C. 规范性法律文件另有规定

D. 便于私人查阅

17. 房地产开发企业为取得建房资金以在建造中的建筑物向银行申请抵押贷款，应当向房屋登记机构申请的登记是（　）。

A. 留置权　　B. 一般抵押权

C. 最高抵押权　　D. 在建建筑物抵押权

18. 下列选项中属于可以不登记物权即生效的情形是（　）。

A. 王某因接受遗赠而取得其叔叔的房产

B. 房地产开发企业转让商品房

C. 丙通过受让方式取得土地使用权

D. 甲从乙处购置一幢房屋

19. 人民法院解除房产的查封需要提交（　）。

A. 解除查封裁定书

B. 解除查封协助执行通知书

C. 解除查封裁定书和解除查封协助执行通知书

D. 以上均可

20. 人民法院查封不动产的期限不得超过 3 年。查封期限届满可以续封 1 次，续封时应当重新制作查封裁定书和协助执行通知书，续封的期限不得超过 3 年。续封只能执行 1 次。确有特殊情况需要再续封的，应当经过所属（　）批准，且每次再续封的期限不得超过 1 年。

A. 区人民法院　　B. 中级人民法院

C. 高级人民法院　　D. 最高人民法院

21. 轮候查封中先查封人民法院已处置的房产，当事人在办理过户时，轮候的查封（　）。

A. 无效
B. 继续有效
C. 视情况而定
D. 需法院送解封手续

22. 不动产登记机构认为人民法院查封、预查封或者处理的房屋权属有错误的，可（　）。

A. 拒接法律文书
B. 停止办理协助执行事项
C. 向法院提出审查建议
D. 以上均可

23. 人民法院查封时，房屋权属的确认以不动产登记机构的登记或者出具的权属证明为准。权属证明与权属登记不一致的，（　）。

A. 以权属证明为准
B. 以权属登记为准
C. A 项和 B 项均可
D. A 项和 B 项均不可

24. 对于已过期失效的查封，不动产登记机构可以（　）。

A. 在信息系统中及时解除相应控制
B. 依职权直接注销查封登记
C. 通知申请人申请注销查封登记
D. 要求人民法院送达材料注销查封登记

25. 查封法院依法解除房屋查封的，排列在先的轮候查封自动转为查封；查封法院对查封的房屋全部处理的，排列在后的轮候查封（　）。

A. 自动无效
B. 继续有效
C. 视情况而定
D. 不确定

26. 下列不属于商业林的是（　）。

A. 以生产木材为主要目的的森林
B. 以生产果品、油料、饮料、调料、工业原料和药材等林产品为主要目的的森林
C. 以生产燃料和其他生物质能源为主要目的的森林
D. 以防沙为主要目的的森林

27. 两个以上人民法院对同一房屋进行查封的，不动产登记机构为首先送达协助执行通知书的人民法院办理查封登记手续后，对后来办理查封登记的人民法院作（　）。

A. 预查封登记
B. 继续查封登记
C. 轮候查封登记
D. 不确定

28. 下列（　）项不是法院的协助执行通知书上必须注明的事项。

A. 查封不动产的所有权人
B. 查封不动产的不动产权证号

C. 不动产坐落

D. 轮候查封的查封期限

29. 下列（　）项不是不动产登记机构办理查封登记时的工作程序。

A. 不动产登记机构接受嘱托文件后，要求送达人签名

B. 审查查封法院送达人的工作证件和嘱托文件等相关材料

C. 审查无误后将查封登记事项记载于不动产登记簿

D. 向人民法院核发不动产登记证明

30. 下列不是查封登记需要的材料的是（　）。

A. 人民法院、人民检察院或公安机关等国家有权机关送达人的工作证和执行公务的证明文件

B. 被查封房产不动产权证书复印件

C. 人民法院查封的，应提交查封或者预查封的协助执行通知书

D. 公安等国家有权机关查封的，应提交协助查封的有关文件

31. 不能辨认或不能完全辨认自己行为的成年人，其利害关系人或有关组织，可以向（　）申请认定该成年人为无民事行为能力人或限制民事行为能力人。

A. 公证机构　　B. 民政部门　　C. 人民法院　　D. 医疗机构

32. 集体建设用地使用权及建筑物、构筑物所有权变更登记的申请主体应当为（　）。

A. 不动产登记簿记载的权利人　　B. 农村集体经济组织

C. 村民委员会　　D. 村民代表

33. 下列不是不动产登记机构接收嘱托文件后应审查的内容为（　）。

A. 嘱托文件是否齐全、是否符合规定

B. 查看嘱托机关送达人的工作证和执行公务的证明文件，并与嘱托查封单位进行核实

C. 委托送达的，委托送达函是否已加盖受托机关公章

D. 被查封不动产的内容与不动产登记簿的记载是否一致

34. 下列说法错误的是（　）。

A. 不动产登记机构应对查封机关送达的嘱托文件进行实体审查

B. 不动产登记机构认为登记事项存在异议的，应当办理查封登记，并向嘱托机关提出审查建议

C. 因两个或以上嘱托事项查封同一不动产的，不动产登记机构应当为先送达查封通知书的嘱托机关办理查封登记，对后送达的嘱托机关办理轮候

查封登记

D. 查封登记注销的，登记在先的轮候查封登记自动生效

35. 不动产登记机构依据国家有权机关的（　）依法办理查封登记的，适用查封登记。

A. 协助执行通知书　　B. 法律文书

C. 公证书　　D. 嘱托文件

36. 不动产查封期限届满，人民法院未续封的，查封登记（　）。

A. 注销　　B. 继续有效　　C. 失效　　D. 公告后失效

37. 轮候查封登记的顺序按照人民法院协助执行通知书送达不动产登记机构的（　）进行排列。

A. 送达顺序　　B. 办理顺序　　C. 登记时间　　D. 时间先后

38. 不动产登记机构已经受理被执行人房屋的过户登记申请，尚未核准登记的，人民法院（　）进行查封。

A. 可以　　B. 不得　　C. 应当　　D. 轮候

39. 土地使用权和房屋所有权归属同一权利人的，人民法院应当同时查封；土地使用权和房屋所有权归属不一致的，法院应（　）。

A. 按相关规定查封房屋所有权

B. 按相关规定查封土地使用权

C. 分别查封被执行人名下的土地使用权和房屋

D. 因权属不清，无法查封

40. 不动产被查封、抵押或存在异议登记、预告登记的，（　）不动产权证书和不动产登记证明的换发或补发。

A. 不影响　　B. 不准　　C. 视情况进行　　D. 公告后可进行

41. 不动产存在异议登记或者设有抵押权、地役权或被查封的，因权利人姓名或名称、身份证明类型及号码、不动产坐落发生变化而申请的（　）登记，可以办理。

A. 转移　　B. 抵押　　C. 变更　　D. 首次

42. 不动产登记机构依职权更正登记不需要具备的材料有（　）。

A. 证实不动产登记簿记载事项错误的材料

B. 通知权利人在规定期限内办理更正登记的材料和送达凭证

C. 不动产权证书

D. 法律、行政法规以及《不动产登记暂行条例实施细则》规定的其他材料

43. 不动产查封登记、注销登记和因登记机关错误造成的更正登记，关于不动产登记费，下列说法正确的是（   ）

A. 不收取　　B. 收取　　C. 小微企业免收　D. 自然人免收

44. 下列业务中，未办理首次登记即可办理的不动产登记业务类型有（   ）。

A. 张某申请房屋所有权抵押登记

B. 李某申请居住权登记

C. 王某申请预购商品房预告转移登记

D. 赵某申请异议登记

45. 档案卷内材料应按（   ）顺序排列。

A. ①目录；②当事人提供的登记申请材料；③图纸；④结论性审核材料；⑤过程性审核材料；⑥其他；⑦备考表

B. ①目录；②当事人提供的登记申请材料；③图纸；④其他；⑤过程性审核材料；⑥结论性审核材料；⑦备考表

C. ①目录；②结论性审核材料；③过程性审核材料；④当事人提供的登记申请材料；⑤图纸；⑥其他；⑦备考表

D. ①目录；②结论性审核材料；③过程性审核材料；④当事人提供的登记申请材料；⑤图纸；⑥备考表；⑦其他

46. 国家秘密的保密期限，除另有规定外，绝密级不超过（   ）。

A. 50 年　　B. 40 年　　C. 30 年　　D. 20 年

47. 下列关于可以依法查询不动产登记资料的说法正确的是（   ）。

A. 权利人能查询，但不能复制其全部的不动产登记资料

B. 因不动产交易、继承、诉讼等涉及的利害关系人不能查询、复制不动产自然状况、权利人及其不动产查封、抵押、预告登记、异议登记等状况

C. 人民法院、人民检察院、国家安全机关、监察机关以及其他因执行公务需要的国家机关可以依法查询、复制与调查和处理事项有关的不动产登记资料

D. 当事人委托律师可以查询不动产登记结果和不动产登记原始资料

48. 符合下列条件的，不动产登记机构应当予以查询或复制不动产登记资料。（   ）

A. 查询主体未到不动产登记机构来查询的

B. 查询的不动产不属于不动产登记机构的管辖范围

C. 查询申请材料齐全，且符合形式要求

D. 查询目的违反法律、行政法规规定

49. 如果集体土地所有权界线与行政勘界界线、村级管理界线不一致，应根据土地权属界线协议书、界址说明等资料，对照影像特征、地形特征，对集体土地所有权界线进行核实，如集体土地所有权界线无误，则（ ）。

A. 须处理行政勘界界线和村级管理界线

B. 须处理与行政勘界界线和村级管理界线不一致情况

C. 仍须处理集体土地所有权界线

D. 无须处理与行政勘界界线和村级管理界线不一致情况

50. 下列关于不动产登记申请材料一般要求的说法错误的是（ ）。

A. 申请材料应当齐全并符合要求，申请人对申请材料的真实性负责

B. 申请材料应当提供原件。因特殊情况不能提供原件的，可以提交该材料的出具机构或职权继受机构确认与原件一致的复印件

C. 不动产登记机构留存复印件的，应经不动产登记机构工作人员比对后，由不动产登记机构工作人员签字并加盖原件相符章

D. 填写申请材料应使用黑色钢笔、签字笔或者圆珠笔，不得使用铅笔

51. 下列关于不动产登记申请材料所使用文字的说法错误的是（ ）。

A. 申请材料应使用汉字文本

B. 少数民族自治区域内，可选用本民族或本自治区域内通用文字

C. 少数民族文字文本的申请材料在非少数民族聚居或者多民族共同居住地区使用，应同时附汉字文本

D. 外文文本的申请材料应当是由具备相应资质的外事机构翻译的汉字译本

52. 申请抵押权转移登记，提交的材料不包括（ ）。

A. 债权人通知债务人的材料

B. 不动产权证书和不动产登记证明

C. 被担保主债权的转让协议

D. 抵押权人同意转移的书面材料

53. 权利人、利害关系人委托他人代为查询的，还应当提交代理人的身份证明材料和授权委托书。权利人查询其不动产登记资料（ ）提供查询目的的说明。

A. 不需要　　B. 需要　　C. 有时需要　　D. 经常需要

54. 不动产登记簿损毁、灭失的，不动产登记机构应当依据（ ）予以重建。

A. 原有登记资料　　B. 权利人提交材料

C. 政府记载　　D. 权利人申请

55. 查询不动产登记资料的，（　）可以查询、复制其全部的不动产登记资料。

A. 律师　　B. 亲属　　C. 利害关系人　　D. 权利人

56.（　）级以上人民政府不动产登记机构负责不动产登记资料的查询管理工作。

A. 乡镇　　B. 县　　C. 市　　D. 省

57. 下列不是诺成合同的是（　）。

A. 房屋买卖合同　　B. 房屋赠与合同

C. 货物运输合同　　D. 自然人借贷合同

58. 不动产权利人的（　）可以参照不动产权利人的有关规定查询相应的不动产登记资料。

A. 抵押人　　B. 抵押权人　　C. 监护人　　D. 被监护人

59. 不动产登记（　）资料不得带离设定的场所。

A. 原始　　B. 复印　　C. 扫描　　D. 电子

60. 人民法院、人民检察院、国家安全机关、（　）等可以依法查询、复制与调查和处理事项有关的不动产登记资料。

A. 居民委员会　　B. 监察机关　　C. 事业单位　　D. 民间团体

61. 不动产登记机构工作人员（　）不动产登记资料、登记信息，依法给予处分；构成犯罪的，依法追究刑事责任。

A. 查询　　B. 复制　　C. 泄露　　D. 抄录

62. 地籍总调查成果抽查要求如下：外业实际操作的抽检比例视内业抽检情况决定，但不得低于____，地籍数据库检查比例____，根据抽检情况进行质量评定。（　）

A. 5%、95% 检查　　B. 5%、100% 检查

C. 10%、95% 检查　　D. 10%、100% 检查

63. 下列行为中，不属于应当申请转移登记的是（　）。

A. 互换　　B. 继承　　C. 赠与　　D. 抵押

64. 张三在去世前将已经办理了预购商品房预告登记的房屋遗赠给照顾自己近 20 年的保姆王妹。张三去世时，该房屋尚未竣工交付。下列说法正确的是（　）。

A. 王妹可申请预告登记的变更

B. 王妹可申请预告登记的转移

C. 房屋竣工交付首次登记后，王妹直接办理商品房转移登记

D. 因房屋未竣工交付，张三未取得不动产权证，张三遗赠该房屋行为无效，该预购商品房应由张三的法定继承人继承

65. 甲、乙、丙 3 人共同出资修建了一栋 3 层小楼。建楼前 3 人约定建成后甲、乙、丙分别住一层、二层、三层，但对楼房的所有权的归属未明确约定。楼房建成后，因对楼房的所有权归属，3 人发生争议。如果 3 人不能协商解决，该楼房的所有权（　）。

A. 3 人共同共有　　B. 3 人按份共有

C. 3 人区分所有　　D. 甲拥有所有权，乙、丙拥有使用权

66. 地役权自（　）时设立。

A. 地役权合同生效　　B. 地役权登记

C. 供役地和需役地双方口头约定　　D. 土地使用权登记

67. 地役权的期限由当事人约定，（　）。

A. 可以超过土地承包经营权、建设用地使用权等用益物权的剩余期限

B. 不得超过土地承包经营权、建设用地使用权等用益物权的剩余期限

C. 需役地需要时可以超过土地承包经营权、建设用地使用权等用益物权的剩余期限

D. 地役权人提高有偿使用费后可以超过土地承包经营权、建设用地使用权等用益物权的剩余期限

68. 土地所有权人享有地役权或者负担地役权的，设立土地承包经营权、宅基地使用权时，该土地承包经营权人、宅基地使用权人（　）。

A. 向土地所有权人重新申请地役权

B. 向土地使用权人重新申请地役权

C. 不再享有或者负担已设立的地役权

D. 继续享有或者负担已设立的地役权

69. 土地上已设立土地承包经营权、建设用地使用权、宅基地使用权等权利的，未经用益物权人同意，土地所有权人（　）。

A. 可以根据需役地的需要设立地役权

B. 不得设立地役权

C. 可以根据需役地缴纳的有偿使用费设立地役权

D. 可以设立地役权

70. 土地承包经营权、建设用地使用权等抵押的，在实现抵押权时，（　）。

A. 地役权一并转让　　B. 地役权单独转让

C. 地役权可以单独抵押　　D. 地役权的转让由地役权人决定

71. 需役地以及需役地上的土地承包经营权、建设用地使用权部分转让时，转让部分涉及地役权的，（　）。

A. 受让人不再享有地役权

B. 受让人同时享有地役权

C. 受让人须重新签订地役权合同才能享有地役权

D. 受让人须重新办理不动产登记才能享有地役权

72. 供役地以及供役地上的土地承包经营权、建设用地使用权部分转让时，转让部分涉及地役权的，（　）。

A. 原地役权对受让人终止　　B. 地役权对受让人不具有约束力

C. 地役权对受让人具有约束力　　D. 地役权对受让人的约束力不确定

73. 申请地役权首次登记，需提交的不动产权属证书等权属证明材料中，不动产权属证书为（　）。

A. 需役地的不动产权属证书

B. 供役地的不动产权属证书

C. 需役地和供役地的他项权利证书

D. 需役地和供役地的不动产权属证书

74. 地役权设立后，办理地役权首次登记前发生变更、转移的，（　）。

A. 不再符合办理地役权首次登记的条件

B. 不再办理地役权首次登记，直接办理地役权变更登记

C. 必须重新签订地役权合同才能办理地役权首次登记

D. 提交发生变更、转移的相关材料可以办理地役权首次登记

75. 因城乡建设等导致原地籍子区边界变化的，宜调整（　）的边界，并保持已有（　）的代码不变。

A. 行政区划　　B. 地籍区　　C. 地籍子区　　D. 宗地

76. 地役权首次登记，不动产登记机构应当（　）。

A. 将登记事项记载于需役地不动产登记簿

B. 将登记事项记载于供役地不动产登记簿

C. 将登记事项分别记载于需役地和供役地不动产登记簿

D. 将登记事项在需役地和供役地不动产登记簿之外单独记载

77. 不动产登记证明遗失，当事人申请地役权注销登记的，不动产登记机构应当（　）。

A. 不予受理

B. 受理登记，但因不动产登记证明遗失无法将登记事项记载于不动产登记簿

C. 受理登记，将登记事项以及不动产登记证明作废等内容分别记载于需役地和供役地不动产登记簿

D. 受理登记，将登记事项以及不动产登记证明作废等内容分别记载于需役地和供役地不动产登记簿，并将不动产登记证明在其门户网站或者当地公开发行的报刊上公告作废

78. 耕地的承包期为____；草地的承包期为____；林地的承包期为____，特殊林木的林地承包期，经国务院林业行政主管部门批准可以延长。（　）

A. 30 年、30 年至 50 年、50 年至 70 年

B. 30 年、50 年至 70 年、30 年至 70 年

C. 50 年、30 年至 50 年、30 年至 70 年

D. 30 年、30 年至 50 年、30 年至 70 年

79. 土地承包经营期届满，（　）。

A. 由发包方收回，按照集体经济组织的人口比例重新发包

B. 由土地承包经营权人按照国家有关规定继续承包

C. 由村民委员会收回，重新发包

D. 由土地承包经营权人主动交回发包方，再按照集体经济组织的人口比例重新发包

80. 下列关于在同一不动产上设立多个抵押权申请登记的说法错误的是（　）。

A. 当事人可以申请最高额抵押权首次登记

B. 当事人可以申请一般抵押权登记

C. 抵押登记按受理时间的先后顺序办理

D. 当事人可以约定抵押权的顺位

81. 土地承包期内发包人（　）。

A. 可以调整承包地

B. 不得调整承包地

C. 因新增集体经济组织成员可以调整承包地

D. 经村委研究通过后可以调整承包地

82. 通过招标、拍卖、公开协商等方式承包农村土地，经依法登记取得不动产权属证书的，其土地经营权（　）。

A. 可以依法采取出租、入股、抵押或者其他方式流转

B. 不得依法采取出租、入股、抵押或者其他方式流转

C. 须经村民委员会批准，可以依法采取出租、入股、抵押或者其他方式流转

D. 须经乡镇人民政府批准，可以依法采取出租、入股、抵押或者其他方式流转

83. 地役权人有权按照合同约定，利用他人的不动产，以提高自己的不动产的效益，他人的不动产为____，自己的不动产为____。（　）

A. 供役地、供役地　　B. 需役地、需役地

C. 需役地、供役地　　D. 供役地、需役地

84. 为利用他人的不动产，以提高自己的不动产的效益，当事人可以签订地役权合同。当事人要求登记的，可以向登记机构申请地役权登记；（　）。

A. 未经登记，地役权合同不生效

B. 未经登记，不产生物权效力

C. 未经登记，不得对抗善意第三人

D. 未经登记，地役权不设立

85. 地役权合同生效后，供役地权利人（　）。

A. 有权拒绝地役权人利用其土地

B. 应当按照合同约定，允许地役权人利用其土地，不得妨害地役权人行使权利

C. 有权妨害地役权人行使权利

D. 有权拒绝地役权人利用其土地，也有权妨害地役权人行使权利

86. 土地上已设立土地承包经营权、建设用地使用权、宅基地使用权等权利的，（　）。

A. 土地所有权人可以直接设立地役权

B. 用益物权人不同意，土地所有权人也可以设立地役权

C. 未经用益物权人同意，土地所有权人不得设立地役权

D. 用益物权人同意，土地所有权人也不得设立地役权

87. 土地承包经营权、建设用地使用权等转让的，（　），但合同另有约定的除外。

A. 地役权灭失　　B. 地役权不得转让

C. 地役权单独转让　　D. 地役权一并转让

88. 供役地分割转让办理登记，转让部分涉及地役权的，（　）。

A. 应当由受让人与地役权人单独申请地役权变更登记

B. 应当由受让人与地役权人一并申请地役权变更登记

C. 应当由转让人与地役权人单独申请地役权变更登记

D. 应当由转让人与地役权人一并申请地役权变更登记

89. 供役地、需役地分属不同不动产登记机构管辖的，当事人应当（　）。

A. 向供役地所在地的不动产登记机构申请地役权登记

B. 向需役地所在地的不动产登记机构申请地役权登记

C. 分别向供役地所在地和需役地所在地的不动产登记机构申请地役权登记

D. 无法办理地役权登记

90. 单独申请地役权转移登记的，（　）。

A. 可以办理　　B. 不予办理

C. 报请上级机关批准后可以办理　　D. 供役地和需役地无纠纷可以办理

91.《农村土地承包法》所称农村土地，是指（　），以及其他依法用于农业的土地。

A. 农民集体所有依法由农民集体使用的耕地、林地、草地

B. 农民集体所有和国家所有依法由农民集体使用的耕地、林地、草地

C. 国家所有依法由农民集体使用的耕地、林地、草地

D. 农民集体所有和国家所有依法由农民集体使用的耕地、林地、草地、集体建设用地

92. 承包方自愿交回承包地的，可以获得合理补偿，但是应当提前（　）以书面形式通知发包方。

A. 1 个月　　B. 3 个月　　C. 半年　　D. 1 年

93. 承包合同自（　）起生效。

A. 签订之日　　B. 成立之日　　C. 约定之日　　D. 签订次日

94. 下列关于同一宗宅基地上多个房屋属于不同权利人，申请办理房地一体不动产登记的说法错误的是（　）。

A. 根据当事人的意愿和申请分宗办理登记

B. 属于新型农村社区或多（高）层多户农民公寓的，可以办理宅基地等集体土地上的建筑物区分所有权登记

C. 属于因继承、分家析产等原因造成房地权利主体不一致，若遗嘱或分家协议对宅基地未作明确分割的，按照宅基地使用权共同共有办理登记

D. 属于存在民事纠纷的，待纠纷解决后予以确权登记

95. 承包方可以用承包地的土地经营权向金融机构融资担保，担保物权自融资担保合同（　）设立。

A. 签订时　　B. 生效时　　C. 登记时　　D. 约定时

96. 甲与本村村民委员会签订了耕地承包合同，承包期限为《农村土地承包法》中该地的最高使用年限，该合同约定承包起始日期为 2019 年 7 月 2 日，承包终止日期为（　）。

A. 2039 年 7 月 2 日　　B. 2039 年 7 月 1 日

C. 2049 年 7 月 1 日　　D. 2049 年 7 月 2 日

97.《农村土地承包法》实施前已经预留机动地的，机动地面积不得超过本集体经济组织耕地总面积的（　）。

A. 1%　　B. 3%　　C. 5%　　D. 10%

98. 承包方不得单方解除土地经营权流转合同，但受让方弃耕抛荒连续（　）以上的除外。

A. 1 年　　B. 2 年　　C. 3 年　　D. 4 年

99. 农村承包地以公开协商等方式承包的，承包费（　）。

A. 公开竞标　　B. 双方议定　　C. 公开竞价　　D. 发包方定价

100. 承包方违法将承包地用于非农建设的，由（　）依法予以处罚。

A. 村民委员会

B. 乡镇人民政府

C. 县级以上地方人民政府有关主管部门

D. 公安部门

单项选择题（三）

1. 土地承包经营权互换、转让的，当事人可以向（　）申请登记。

A. 乡镇人民政府　　B. 登记机构

C. 村民委员会　　D. 县级人民政府市场管理部门

2. 已经登记的国有建设用地使用权，下列（　）项情形下当事人不可以申请转移登记。

A. 转让　　B. 继承　　C. 互换　　D. 共有性质变更

3.《不动产登记暂行条例》规定的登记类型不包括（　）。

A. 注销登记　　B. 预告登记　　C. 首次登记　　D. 撤回登记

4. 通过转让取得的土地使用权，其土地使用权的使用年限为（　）。

A. 土地使用权合同规定的年限

B. 法定最高年限

C. 原土地使用权出让合同规定的使用年限减去原土地使用者的使用年限后的剩余年限

D. 在签订转让合同时协商制定

5. 依法没收、征收、收回宅基地使用权或者房屋所有权的，须提交（　）作出的生效决定书。

A. 人民政府　　B. 人民法院

C. 仲裁委员会　　D. 集体经济组织

6. 申请人持纸质营业执照办理不动产登记的，自然资源主管部门应通过（　），在线查询核验和获取市场主体登记信息，将电子营业执照文件或纸质营业执照扫描存档，无须申请人提交复印件。

A. 信息共享　　B. 信息协同　　C. 信息集成　　D. 信息传递

7. 以下说法正确的是（　）。

A. 债权被确定时，最高额抵押权人与抵押人可以变更债权确定的期间

B. 债权被确定时，最高额抵押权人与抵押人可以变更债权范围

C. 债权被确定时，最高额抵押权人与抵押人可以变更债权确定的期间，但不可以变更债权范围

D. 债权被确定时，最高额抵押权人与抵押人既不可以变更债权范围，也不可以变更债权确定的期间

8. 下列关于整宗转让出让国有建设用地宗地涉及的地籍调查的说法正确的是（　）。

A. 应重新进行指界

B. 应重新填写地籍调查表

C. 应利用原来的地籍调查成果

D. 应开展变更地籍测量

9. 下列情形中，不属于不动产登记机构应当登簿前公告的是（　）。

A. 依职权注销登记

B. 更正登记

C. 土地承包经营权首次登记

D. 宅基地使用权及房屋所有权登记

10. 不动产单元代码由宗地（宗海）代码加上定着物代码构成，采用____层____位层次码结构。（　）

A. 5、26　　B. 6、27　　C. 7、28　　D. 8、29

11. 林木林地权属争议发生后，当事人（　）从事与争议山场林木林地所有权、使用权有关的活动。

A. 可以　　B. 不得

C. 报村干部同意后　　D. 交保证金后

12. 在争议山场，抢砍林木、抢占林地的，林业主管部门应当予以制止；发生毁坏生产和生活设施以及聚众斗殴、故意伤害他人等违法行为的，（　）应当依法查处。

A. 公安机关　　B. 林业局　　C. 执法大队　　D. 检察机关

13. 界址点测量方法包括（　）法和图解法。

A. 概略　　B. 透析　　C. 光描　　D. 解析

14. 村民张某长期在外打工，遂就承包村里的耕地（与村农民集体订立了土地承包经营权合同）与同村的刘某订立土地承包经营权转让合同，将地交予刘某耕种。由于长期在外，均未办理各类登记。关于该土地承包经营权，下列说法正确的是（　）。

A. 未经登记不得处分

B. 经发包方同意，张某和刘某的土地承包经营权转让合同有效，由发包方与刘某签订土地承包经营权合同

C. 其转让合同自完成变更登记时起生效

D. 其转让未经登记不发生效力

15. 下列关于房屋层数的说法不正确的是（　）。

A. 地坪 ±0.000 以下为地下层数，自下而上用负整数表示

B. 旋转上升式的楼房，按地坪 ±0.0001 以上计算

C. 错层房屋的层数按自然层划分

D. 突出屋面的楼梯间不计层数

16. 按照国家发展改革委、财政部关于不动产登记收费有关政策和标准，申请宅基地使用权及地上房屋所有权登记的，（　）。

A. 收取不动产登记费 80 元（包含第一本证书工本费）

B. 只收取不动产权属证书工本费，每本 10 元

C. 减半收取不动产权登记费 40 元

D. 免收登记费

17. 在符合查询条件时，查询人需要出具不动产登记资料查询结果证明或者复制不动产登记资料的，不动产登记机构应当当场提供。因特殊原因不能当场提供的，应当在（　）工作日内向查询人提供。

A. 2 个　　B. 5 个　　C. 7 个　　D. 10 个

18. 以下不属于在建建筑物抵押首次登记需提交的申请材料的是（　）。

A. 抵押合同与主债权合同

B. 土地出让合同

C. 建设工程规划许可证

D. 享有建设用地使用的不动产权属证书

19. 下列情形中，不经登记即取得物权的是（　）。

A. 因继承取得不动产的

B. 购买房地产开发企业出售的商品房的

C. 通过竞拍取得出让土地的

D. 购置他人转让的房屋的

20. 甲生前曾与乙签订了遗赠扶养协议，乙尽了扶养义务，甲在他去世前 10 天留下一份遗嘱。甲去世后，其女儿丙从远方赶回来，要求继承遗产。下列关于甲的遗产继承的说法正确的是（　）。

A. 应当由当事人协商解决，如果协商不成，由人民法院判决

B. 应按遗嘱、遗赠扶养协议、法定继承的顺序进行继承

C. 遗赠扶养协议有效，应先按遗赠扶养协议进行，接下来按遗嘱和法定继

承进行

D. 应先由甲的女儿丙继承，然后按遗赠扶养协议和遗嘱继承

21. 甲（英国自然人）在中国 H 市有一套商品房住宅，挂在某中介出售。H 市市民乙看中该住宅，通过中介丙联系上甲，甲同意出售。但甲身在英国，于是委托丙代为办理转移登记手续。对此，下列说法正确的是（　）。

A. 境外自然人申请处分不动产，必须本人亲自办理，不得委托

B. 丙可以提交甲亲手书写的授权委托书，但应当经公证和认证

C. 丙可以提交英国公证机构出具的授权委托书，该授权委托书必须经中国使领馆认证

D. 丙可以提交英国公证机构出具的授权委托书，该授权委托书可与附加证明书一起提供，无须经过使领馆认证

22. 关于《民法典》施行前已经办理抵押登记的不动产，《民法典》实施后，抵押期间转让不动产的，下列表述正确的是（　）。

A. 抵押人告知受让人后，即可办理转移登记

B. 抵押人告知抵押权人后，即可办理转移登记

C. 按照《民法典》的规定，抵押人可以直接转让不动产，并办理转移登记

D. 没有经抵押权人同意的，不得办理转移登记

23. 集体土地所有权登记的基本单元是（　）。

A. 同一用途的所有土地　　B. 宗地

C. 村民小组　　D. 建制乡、建制镇

24. 下列属于嘱托登记业务的是（　）。

A. 甲持法院调解书申请的继承登记

B. 乙持法院生效离婚判决书申请夫妻不动产分割登记

C. 丙持仲裁委员会裁定买卖合同有效的裁定书申请转移登记

D. 某地税务局送达要求查封丁房屋的协助执行通知书和相关税收文件

25. 下列不动产中，不能申请办理不动产登记的是（　）。

A. 经拍卖取得的建设用地　　B. 砍伐的林木

C. 修建的工业厂房　　D. 购买的地下车库

26. 2023 年 8 月 1 日，小王通过中介看中了小李的一套二手房，并于当日交付定金 2 万元。8 月 5 日，小王与小李签订了房屋买卖合同，并约定采用按揭贷款方式付款。8 月 10 日，小王支付了首付款。8 月 15 日，双方到不动产登记中心完成了房屋转移登记。8 月 17 日，该房屋抵押登记办理完毕。8

月 20 日，银行将小王贷款支付给小李作为购房尾款。8 月 21 日，小李将房屋交付给小王。根据我国法律规定，小李失去房屋所有权的时间是（　）。

A. 8 月 5 日　　B. 8 月 10 日　　C. 8 月 15 日　　D. 8 月 21 日

27. 根据《地籍调查规程》（GB/T 42547—2023），地籍总调查由（　）负责组织技术设计书编制。

A. 总调查领导小组　　B. 实施单位

C. 行政主管部门　　D. 技术负责部分

28. 甲死亡后，其房屋被唯一的继承人乙继承，乙办理了继承公证书。之后，乙与丙订立房屋买卖合同，将房屋卖给了丙。丙欲取得该房屋产权。以下说法正确的是（　）。

A. 乙与丙持房屋买卖合同申请办理转移登记

B. 乙与丙持房屋买卖合同和继承公证书申请办理转移登记

C. 乙持继承公证书申请办理转移登记后，再与丙持房屋买卖合同申请办理转移登记

D. 丙持继承公证书申请办理转移登记

29.《民法典》实施后，各地不动产登记机构应对原有的不动产登记簿样式进行修改，在“抵押权登记信息”页、“预告登记信息”页均增加“担保范围”、（　）栏目。

A. 最高债权额

B. 产权人曾用名

C. 抵押权变更前的证件号码

D. 是否存在禁止或限制转让抵押不动产的约定

30. 根据《土地管理法》，土地利用总体规划、城乡规划确定为工业、商业等经营性用途，并经依法登记的集体经营性建设用地出租、出让的，应当经本集体经济组织成员的村民会议 ___ 成员或者 ___ 村民代表的同意。（　）

A. 1/2 以上、1/2 以上　　B. 2/3 以上、2/3 以上

C. 3/4 以上、3/4 以上　　D. 所有、所有

31.《民法典》规定，无民事行为能力人、限制民事行为能力人的监护人是其（　）。

A. 法定代理人　　B. 委托代理人　　C. 代表人　　D. 指定代理人

32. 登记的最高债权额与当事人约定的最高债权额不一致的，人民法院应当依据（　）确定债权人优先受偿的范围。

A. 实际债权额　　B. 当事人约定的最高债权额

C. 登记的最高债权额　　　　　　D. 评估债权额

33. 自然资源登记单元编码采用 3 层 15 位层次码结构，其中，自然资源特征码为（　）位，登记单元顺序号为 6 位。

A. 3　　B. 2　　C. 4　　D. 5

34. 以暴力等方式阻碍林权争议调处人员依法进行林权争议调处工作的，由（　）依法处理。

A. 公安机关　　B. 林业局　　C. 执法大队　　D. 检察机关

35. 某市人民法院判决一处住宅由甲、乙、丙、丁 4 人继承，由于丙、丁 2 人不配合，甲、乙 2 人持法院判决书和生效证明等材料前往不动产登记机构申请将房屋办至 4 人名下且分别持证。下列关于登记费用的说法正确的是（　）。

A. 需缴纳登记费和工本费合计 110 元

B. 只需缴纳登记费 80 元

C. 需缴纳登记费 320 元

D. 需缴纳登记费和工本费合计 90 元

36. 新一轮承包的责任山，要履行（　）的法律手续。

A. 到公证机关公证　　　　B. 办理新的林权证

C. 签订书面承包合同　　　D. 办理不动产权证

37. 下列关于实施不动产登记前已颁发的房产证和土地证的说法正确的是（　）。

A. 效力不变

B. 没有效力

C. 必须重新申请更换不动产权证书

D. 效力时间保持 10 年

38. 核发一本不动产权属证书的不收取证书工本费，向一个以上不动产权利人核发权属证书的，每增加一本证书加收证书工本费（　）元。

A. 5　　B. 10　　C. 20　　D. 30

39. 根据《民法典》规定，民事主体从事民事活动，应当遵循的原则不包括（　）。

A. 自愿原则　　B. 公平原则　　C. 诚信原则　　D. 优先原则

40. 人民法院、人民检察院、国家安全机关、监察机关以及其他因执行公务需要的国家机关申请不动产登记查询的，应当提供的材料不包括（　）。

A. 本单位出具的协助查询材料　　B. 工作人员的工作证

C. 执行公务的证明文件　　　　　D. 工作人员的居民身份证

41. 未办理林权证，现当事人申请林权类不动产登记的，按（　）登记办理。

A. 转移　　B. 首次　　C. 变更　　D. 其他

42. 诉讼时效中断后，从中断、有关程序终结时起，诉讼时效期间（　）。

A. 重新计算　　B. 不再计算　　C. 继续计算　　D. 届满

43. 甲、乙、丙、丁 4 人按份共有一处住宅，4 人各占 1/4 份额，现甲欲将其占有的 1/4 份额转让给乙，甲、乙、丙、丁 4 人共同到不动产登记中心申请办理且分别持证，共计缴纳费用（　）元。

A. 80　　B. 100　　C. 110　　D. 240

44. 人民法院查封不动产期限不得超过（　）。

A. 2 年　　B. 3 年　　C. 4 年　　D. 5 年

45. 权利人、利害关系人认为不动产登记簿记载的事项错误的，可以申请更正登记。不动产登记簿记载的权利人不同意更正的，（　）可以申请异议登记。

A. 不动产登记机构　　B. 不动产登记机构工作人员

C. 利害关系人　　D. 经办人

46. 甲是某市自然资源局的公务员，其父母在当地农村有宅基地。甲父母的宅基地及其房屋是否可以由甲继承并办理不动产登记？（　）

A. 可以　　B. 不可以

C. 甲无兄弟姊妹则可以　　D. 经所在集体经济组织同意则可以

47. 建设用地使用权可以在（　）设立。

A. 土地的地表和地上　　B. 地上或者地下

C. 土地的地表、地上或者地下　　D. 上地的地表和地下

48. 不动产单元编号中第六层定着物特征码由 F、L、Q、W 组成，其中 F 表示（　）。

A. 房屋等建筑物　　B. 土地

C. 森林或林木　　D. 其他类型定着物和无定着物

49. 下列哪项登记可向申请人核发不动产登记证明？（　）

A. 转移登记　　B. 变更登记　　C. 预告登记　　D. 更正登记

50. 办理不动产首次登记时，能够直接提取利用地籍调查成果的，（　）另行要求当事人开展地籍调查。

A. 可以　　B. 应该　　C. 不得　　D. 视情况而定

51. 为健全农村土地产权制度，中央提出的完善农村土地“三权分置”制度中的“三权”是指集体土地所有权、农户承包权和（　）。

A. 土地流转权　　B. 土地使用权

C. 土地经营权　　D. 土地租赁权

52. 下列情形中，哪一项不能由当事人单方面申请？（　）

A. 按份共有人转让、抵押其享有的不动产份额的

B. 继承、受遗赠取得不动产权利的

C. 预售人未按约定与预购人申请预购商品房预告登记，预购人申请预告登记的

D. 尚未登记的不动产申请首次登记的

53. 下面哪种资源不专属于国家所有？（　）

A. 无居民海岛　B. 城市土地　C. 水流　D. 滩涂

54. 下列情形中，不动产登记机构应当不予查询或复制不动产登记资料的是（　）。

A. 查询主体为境外委托人且提供了书面授权委托书的

B. 查询的不动产属于本不动产登记机构管辖范围的

C. 查询目的明确且不违反法律、行政法规规定的

D. 查询申请材料齐全且符合法定形式的

55. 处理不动产登记历史遗留问题的原则是（　）。

A. 房地权属一致　B. 依申请登记

C. 缺什么补什么、谁审批谁负责　D. 房地一并登记

56. 下列关于异议登记的表述正确的是（　）。

A. 办理了查封登记的，即不能办理异议登记

B. 权利人也可申请异议登记

C. 申请人必须提供证实不动产登记簿记载的事项错误的材料

D. 不动产上存有异议登记的，申请人申请办理该不动产转移登记的，不动产登记机构不得办理

57. 被执行人部分缴纳土地使用权出让金，但尚未办理土地使用权登记的，下列说法正确的是（　）。

A. 人民法院不得进行预查封

B. 对可以分割的土地使用权，按已缴付的土地使用权出让金，由人民法院划定范围后进行预查封

C. 对不可以分割的土地使用权，可以全部进行预查封

D. 无论是否可以分割的土地使用权，人民法院均可以对该土地使用权全部进行预查封

58. 根据《国务院办公厅关于加快推进政务服务“跨省通办”的指导意见》（国

办发〔2020〕35 号）要求，进一步加强市县政务服务平台建设，加快实现网上政务服务省、市、县、乡镇（街道）、村（社区）五级全覆盖，提升（　）在线服务能力。

A. 省级　　B. 市级　　C. 县级　　D. 基层

59. 被诉房屋登记行为虽然违法，但判决撤销将给公共利益造成重大损失或者房屋已为第三人善意取得的，人民法院应当（　）。

A. 确认房屋登记行为合法，不撤销登记行为

B. 确认房屋登记行为违法，撤销登记行为

C. 确认房屋登记行为违法，但不撤销登记行为

D. 驳回当事人诉讼

60. 为担保债务的履行，债务人或者第三人对一定期间内将要连续发生的债权提供担保不动产的，当事人可以申请（　）。

A. 最高额抵押权首次登记　　B. 抵押权确定登记

C. 一般抵押权登记　　D. 在建建筑物抵押权首次登记

61. 下列不是通过流转取得土地经营权首次登记的审查要点的是（　）。

A. 土地承包经营权是否已登记

B. 流转期限是否在 5 年以上

C. 是否是通过招标、拍卖、公开协商等方式承包

D. 流转期限是否超过承包经营权的剩余期限

62. 关于不动产一般抵押登记，下列表述正确的是（　）。

A. 抵押权人就是债权人

B. 抵押人就是债务人

C. 担保范围就是担保的主债权

D. 抵押合同中担保的主债权必须与主债权债务合同的债权保持一致

63. 甲、乙由于借款纠纷申请仲裁，仲裁裁决书将乙购买的一处期房抵偿给甲。现甲持生效的仲裁裁决书向不动产登记机构申请不动产转移登记。经查，乙的房屋只办理了预购商品房预告登记，尚未办理房屋所有权登记。不动产登记机构的下列处理方法符合不动产登记相关规定的是（　）。

A. 不予受理并出具书面不予受理通知书

B. 受理申请，但应待乙的房屋办理了房屋所有权登记后，再为甲办理房屋所有权转移登记

C. 为甲办理预购商品房预告变更登记

D. 为甲办理预购商品房预告转移登记

64. 异议登记期间，不动产登记簿上记载的权利人以及第三人因处分权利申请登记的，不动产登记机构应当书面告知申请人该权利已经存在异议登记的有关事项。申请人申请继续办理的，不动产登记机构应当（　）。

A. 不予受理，并出具不予受理告知书

B. 受理，并书面通知异议登记申请人

C. 受理，但应由异议登记申请人书面同意

D. 受理，但申请人应当提供知悉异议登记存在并自担风险的书面承诺

65. 在所有权的 4 项权能中，最核心的内容是（　）。

A. 占有权　　B. 使用权　　C. 收益权　　D. 处分权

66.《不动产登记暂行条例》规定，不动产登记遵循严格管理、（　）、方便群众的原则。

A. 依申请登记　　B. 稳定连续　　C. 一体登记　　D. 审慎审查

67. 土地等级评定标准应当由（　）会同有关部门制定。

A. 县级自然资源主管部门　　B. 市级自然资源主管部门

C. 省级自然资源主管部门　　D. 自然资源部

68. 根据《土地管理法》，非农业建设必须节约使用土地，可以利用荒地的，不得占用耕地；可以利用劣地的，不得占用好地。禁止占用 ___ 建窑、建坟或者擅自在 ___ 上建房、挖砂、采石、采矿、取土等。禁止占用 ___ 发展林果业和挖塘养鱼。（　）

A. 耕地、耕地、永久基本农田

B. 耕地、永久基本农田、耕地

C. 耕地、耕地、耕地

D. 耕地、永久基本农田、永久基本农田

69. 不动产登记费按（　）收取。

A. 不动产的面积　B. 价款的比例　　C. 套　　D. 件

70. 申请抵押权转移登记，提交的材料不涉及（　）。

A. 申请人身份证明　　B. 不动产权证书和不动产登记证明

C. 被担保主债权的转让协议　　D. 抵押权变更的有关材料

71. 不动产自然状况不包括（　）。

A. 不动产的坐落　　B. 界址、空间界限、面积

C. 用途　　D. 土地使用权期限

72. 王某在其居住的小区购买了一处小区配套储藏室，现向不动产登记中心申请单独核发该储藏室的产权证。王某应缴纳登记费（　）元。

A. 80　　B. 550　　C. 0　　D. 40

73. 登记机构发现自然资源登记簿记载的事项存在错误的，应当书面通知自然资源所有权代表（代理）行使主体（　）个工作日内嘱托办理更正登记；逾期不嘱托的，登记机构依职权办理更正登记。

A. 10　　B. 15　　C. 20　　D. 30

74. 按照《归档文件整理规则》整理的档案，保管期限用一位数字标识，其中“1”表示（　）。

A. 永久　　B. 长期　　C. 30 年　　D. 短期

75. 在对调查区进行初始地籍调查技术总结时，应针对技术路线、成果资料的质量、工作中的问题等加以总结分析，以便今后更好地开展地籍调查工作，并作为（　）保存。

A. 工作总结　　B. 验收文档　　C. 技术档案　　D. 地籍汇编

76. 利害关系人认为不动产登记簿记载的事项错误的，在更正登记不能获得权利人同意后，有权提出异议并记入登记簿。异议登记申请人在法定期限内不起诉的，异议登记失效。异议登记申请人起诉的法定期限为（　）。

A. 提出异议申请之日起 15 日内

B. 提出异议申请之日起 30 日内

C. 异议登记之日起 15 日内

D. 异议登记之日起 30 日内

77. 根据《地籍调查规程》（GB/T 42547—2023），地籍总调查由（　）以上地方人民政府组织实施。

A. 地市级　　B. 乡级　　C. 县级　　D. 省级

78. 不动产登记机构在协助人民法院办理查封登记时，轮候查封登记的顺序按照（　）时间先后办理。

A. 人民法院裁定书的制作

B. 人民法院协助执行通知书的制作

C. 人民法院协助执行通知书送达不动产登记机构

D. 人民法院判决书的制作

79. 老刘今年 80 岁，父母及老伴早亡，育有一儿一女。在 75 岁时他立好遗嘱，遗嘱声明自己死后房子归儿子所有，并对遗嘱进行了公证。近年，老刘觉得儿子不尽扶养义务，把自己丢在养老院不管不顾，后悔把房子留给儿子，想重新立一份遗嘱，重新分配自己的遗产，但老刘突发疾病去世，去世前未重新立下遗嘱。下列有关老刘房子继承的表述正确的是（　）。

A. 由于老刘并未推翻以前的公证遗嘱，只需要儿子到场，不动产登记机构根据遗嘱公证文书直接办理，将房屋继承登记在儿子名下

B. 不动产登记机构应当按照非公证继承办理，要求老刘的所有继承人到场作出表示

C. 为规避风险，不动产登记机构应当要求当事人去办理继承公证，并凭继承公证文书办理

D. 公证遗嘱具有优先效力，除非公证处撤销了公证遗嘱文书，否则，在任何情形下，都应按照公证遗嘱办理

80. 某国有企业在其合法使用的划拨土地上建有 3 幢厂房。2006 年 5 月，该企业将全部厂房抵押给银行获贷 3 亿元并办理了登记；2007 年，该企业又在此土地上加盖了两幢办公楼；2008 年 5 月，因不能按期还贷，被银行申请拍卖抵押物，该幅土地连同 5 幢楼房拍得 3.8 亿元，其中，土地估价 2 亿元，厂房估价 1.3 亿元，办公楼估价 5000 万元。按该市规定，此厂区土地使用权出让金应不少于 1.6 亿元，则银行最多能主张（　）的优先受偿权。

A. 3 亿元　　B. 2.2 亿元　　C. 2.4 亿元　　D. 1.7 亿元

81. 下列有关不动产登记资料查询的表述正确的是（　）。

A. 权利人也不得查询不动产登记机构审核材料

B. 利害关系人可以查询不动产登记原因文件，如当事人提供的买卖合同等

C. 权利人也只能查询不动产登记结果

D. 不动产地籍调查成果属于不动产登记资料查询范围

82. 根据《不动产登记操作规范（试行）》，不动产登记机构依据国家有权机关的（　）依法办理查封登记的，适用查封登记。

A. 生效法律文书　B. 有效文件　　C. 委托送达函　　D. 嘱托文件

83. 甲父死亡后，遗产尚未分割时，甲死亡。甲的女儿继承了甲应继承其父的遗产份额。该继承方式是（　）。

A. 遗赠　　B. 代位继承　　C. 转继承　　D. 遗嘱继承

84. 不动产单元代码中宗地特征码为“JC”，表示的含义是（　）。

A. 国有建设用地使用权宗地（地表）

B. 宅基地使用权宗地

C. 集体建设用地使用权宗地（地表）

D. 土地承包经营权宗地（耕地）

85. 下列属于减半收取不动产登记费情形的是（　）。

A. 申请异议登记的

B. 夫妻间不动产权利人变更，申请登记的

C. 因行政区划调整导致不动产的房屋名称变更而申请变更登记的

D. 因不动产权属证书丢失、损坏等原因申请补发、换发证书的

86.（　），不动产登记机构可以对申请登记的不动产进行实地查看。

A. 不动产地址变更的　B. 在建建筑物抵押权登记的

C. 地役权登记的　D. 放弃房屋所有权的

87. 林某和妻子刘某共同共有商品住房一处，现双方协议离婚，约定房屋归女方刘某单独所有。刘某需缴纳登记费（　）。

A. 10 元　B. 40 元　C. 80 元　D. 20 元

88. 林某和妻子刘某共同共有商品住房一处，现双方协议离婚，双方约定房屋仍登记在两人名下，但约定双方按份共有，各占 50%，分别持证，需缴纳登记费（　）。

A. 10 元　B. 0 元　C. 90 元　D. 20 元

89. 一般不动产登记，由（　）地方不动产登记机构办理并收取不动产登记费。

A. 县级以下　B. 市级以下　C. 县级以上　D. 乡镇级以上

90. 甲公司将一处办公用房卖给乙公司，需缴纳登记费（　）元。

A. 80　B. 550　C. 40　D. 275

91. 不动产登记机构不应当在登记事项记载于登记簿前进行公告或公示的是（　）。

A. 依职权更正登记　B. 依职权注销登记

C. 补发登记　D. 在建建筑物抵押权登记

92. 下列并不专属于国家所有的是（　）。

A. 矿藏　B. 森林　C. 水流　D. 无线电频谱资源

93.《自然资源部关于加快解决不动产登记若干历史遗留问题的通知》（自然资发〔2021〕1 号）中，对于欠缴土地出让价款和相关税费的问题，符合“证缴分离”原则的项目要求是（　）。

A. 房屋已销售且未入住的住宅项目

B. 房屋已销售且已入住的办公项目

C. 房屋已销售且已入住的住宅项目

D. 房屋已销售且已入住的商业项目

94. 不动产登记资料的管理主体是（　）。

A. 档案部门　　B. 政府部门

C. 房地产管理部门　　D. 不动产登记机构

95. 下列哪种情形的公告应在不动产登记完成后进行？（　）

A. 不动产首次登记公告

B. 因无法收回不动产权证书而公告作废

C. 依职权登记公告

D. 申请人不提交公证材料的继承登记公告

96. 无民事行为能力人、限制民事行为能力人申请不动产登记的，应当由其监护人代为申请。下列表述正确的是（　）。

A. 处分被监护人不动产申请登记的，还应当出具为被监护人利益而处分不动产的公证文书

B. 监护关系证明材料不包括监护关系公证书

C. 监护关系证明材料不包括村民委员会指定监护人的证明材料

D. 监护关系证明材料可以是所在单位指定监护人的证明材料

97.《自然资源部办公厅关于印发不动产登记流程优化图的通知》于（　）印发。

A. 2020 年 11 月 1 日　　B. 2019 年 3 月 12 日

C. 2020 年 1 月 1 日　　D. 2021 年 1 月 4 日

98. 每年（　）为国家宪法日。

A. 12 月 1 日　　B. 12 月 2 日　　C. 11 月 4 日　　D. 12 月 4 日

99. 通过遗赠取得不动产物权的，（　）发生物权变动的效力。

A. 遗赠人死亡时　　B. 完成不动产登记时

C. 不动产物权交付时　　D. 受赠人接受时

100. 根据自然资源部关于不动产登记簿证样式的有关规定，下列关于不动产权证书“不动产权证书号：甲（乙）丙不动产权第丁号”填写的说法，错误的是（　）。

A.“甲”处填写登记机构所在省（自治区、直辖市）的全称

B.“乙”处填写登记年度

C.“丙”处一般填写登记机构所在市县的全称

D.“丁”处填写年度发证的顺序号

单项选择题（四）

1. 根据《自然资源部办公厅关于完善信息平台网络运维环境推进不动产登记信息共享集成有关工作的通知》(自然资办函〔2019〕1041号)，不动产登记审核、登簿等业务环节及数据部署在（　）。

A. 互联网　　B. 电子政务外网

C. 业务内网　　D. 电子政务内网

2. 不动产登记，由（　）的登记机构办理。

A. 权利人户籍所在地　　B. 不动产所在地

C. 权利人住所地　　D. 不动产变动地

3. 下列关于不动产登记载体的表述错误的是（　）。

A. 不动产物权的设立、变更、转让和消灭，依照法律规定应当登记的，自记载于登记簿时发生效力

B. 不动产权属证书记载的事项，应当与不动产登记簿一致

C. 不动产权属证书记载的事项与不动产登记簿不一致的，除有证据证明不动产权属证书确有错误外，以不动产权属证书为准

D. 不动产登记簿是物权归属和内容的根据

4. 某县居民甲自筹资金建造一栋3层楼房，2022年3月1日动工，2022年11月1日竣工，2023年2月3日到不动产登记机构申请办理登记，2023年2月5日办理好房屋所有权初始登记。甲从（　）开始获得该房屋所有权。

A. 2022年3月1日　　B. 2022年11月1日

C. 2023年2月3日　　D. 2023年2月5日

5. 不动产买卖、互换、赠与、继承适用的登记类型为（　）。

A. 首次登记　　B. 变更登记　　C. 转移登记　　D. 注销登记

6. “一码管地”的“码”是指（　）。

A. 空间码　　B. 不动产单元代码

C. 地块码　　D. 云上码

7. 国家所有的林地和林地上的森林、林木，按照有批准权的人民政府或者主管部门的批准文件，依法确定给（　）使用的，可办理登记。

A. 林业经营者　　B. 林业所有者

C. 林地使用者　　D. 承包方

8. 甲、乙双方签订一份二手房屋买卖合同，双方在合同书上签字，买方已付清全部价款，但未办理产权过户手续。下列表述正确的是（　）。

A. 买卖合同未生效

B. 买卖合同无效

C. 买卖合同已生效但房屋所有权未发生转移

D. 房屋所有权已经发生转移

9.《刑法》规定，违反土地管理法规，非法占用耕地、林地等农用地，改变被占用土地用途，数量较大，造成耕地、林地等农用地大量毁坏的，处（　）有期徒刑或者拘役或者单处罚金。

A. 5 年以下　　B. 5 年以上

C. 3 年以上 7 年以下　　D. 3 年以下

10. 申请人向不动产登记机构申请土地经营权首次登记，不动产登记机构审核通过后，向申请人核发（　）。

A. 不动产权证书

B. 土地经营权证书

C. 土地承包经营权证书

D. 封皮标注“土地经营权”字样的不动产权证书

11. 农村土地承包经营权流转的主体是（　）。

A. 承包方　　B. 发包方　　C. 第三方　　D. 上级机关

12. 甲于 2021 年 5 月 6 日病故，身后留有 4 份内容各异的有效遗嘱，且后立的遗嘱均声明撤销先前所立的遗嘱，依《民法典》规定，应按（　）处理其遗产。

A. 甲于 2018 年所立的自书遗嘱

B. 甲于 2021 年生命垂危前所立的公证遗嘱

C. 甲于 2020 年春因病住院期间请人代书的遗嘱

D. 甲于 2021 年生命垂危之际所立的口头遗嘱

13. 宗地（宗海）特征码中的“C”表示（　）。

A. 建设用地使用权宗地　　B. 宅基地使用权宗地

C. 土地承包经营权宗地　　D. 林地使用权宗地

14.（　）是不动产物权归属和内容的根据。

A. 合同　　B. 交付

C. 不动产登记簿　　D. 买卖

15. 不动产地籍调查程序不包括（　）等程序内容。

A. 登记申请　　B. 权属调查
C. 不动产测量　　D. 整理归档

16. 以建设用地使用权、海域使用权抵押的，该土地、海域上的建筑物、构筑物（　）抵押。
A. 不能　　B. 一并　　C. 看情况　　D. 后续再办理

17.《民法典》规定，筹集建筑物及其附属设施的维修资金，应当经参与表决专有部分面积____以上的业主且参与表决人数____以上的业主同意。（　）
A. 过半数、过半数　　B. 3/4、3/4
C. 过半数、2/3　　D. 2/3、过半数

18. 根据《自然资源部办公厅 国家市场监督管理总局办公厅关于推动信息共享促进不动产登记和市场主体登记便利化的通知》（自然资发〔2019〕44 号）要求，（　）底前，所有市县两部门间应全部共享到位。
A. 2019 年　　B. 2020 年　　C. 2021 年　　D. 2022 年

19. 以下不动产或不动产物权可以设定抵押权的是（　）。
A. 土地所有权
B. 宅基地
C. 被查封的不动产
D. 集体建设用地使用权和建筑物、构筑物所有权

20. 境外申请人委托他人办理处分不动产登记的，代理人应向不动产登记机构提供（　）授权委托书。
A. 被代理人签字确认的　　B. 被代理人盖章确认的
C. 被代理人与代理人盖章确认的　　D. 办理过认证或公证的

21. 关于不动产登记簿应当记载事项，下列说法错误的是（　）。
A. 不动产期限　　B. 不动产权利提示事项
C. 不动产权利来源　　D. 不动产权利约定事项

22. 下列属于《民法典》规定的特别法人的是（　）。
A. 有限责任公司法人　　B. 事业单位法人
C. 社会团体法人　　D. 基层群众性自治组织法人

23. 林权是指森林、林木、林地等森林资源的（　）。
A. 收益权　　B. 使用权　　C. 所有权　　D. 所有权或使用权

24.《森林法》规定，任何单位和个人不得挪用森林植被恢复费。县级以上人民政府（　）应当加强对森林植被恢复费使用情况的监督。

A. 林业主管部门　　B. 审计机关
C. 财政机关　　D. 监察部门

25. 根据《自然资源部确权登记局关于进一步做好农村不动产确权登记工作的通知》（自然资登记函〔2019〕6号）要求，到2020年底，完成全国农村不动产地籍调查，（　）登记颁证率90%以上，基本实现“应登尽登”。
A. 集体土地所有权　　B. 农村宅基地和集体建设用地
C. 农房　　D. 集体建设用地使用权及房屋所有权

26. 对合法取得但没有规划条件的宅基地上的农房，属于《城乡规划法》实施前建设的，办理登记时____提供房屋符合规划或建设的相关材料；属于《城乡规划法》实施后建设的，经____公告15天无异议的，可不提供房屋符合规划或建设的相关材料。（　）
A. 必须、不动产登记机构　　B. 必须、乡镇政府
C. 可不、村委会　　D. 可不、不动产登记机构

27. 2023年____是第____个国际森林日。（　）
A. 2月2日、十　　B. 3月21日、十一
C. 3月22日、十一　　D. 4月22日、十一

28. 预购商品房的预售人和预购人订立商品房买卖合同后，预售人未按照约定与预购人申请预告登记时，（　）可以单方申请预告登记。
A. 买方　　B. 卖方　　C. 预售人　　D. 预购人

29. 根据《不动产登记暂行条例》，下列属于不动产登记机构办理的登记类型的是（　）。
A. 房屋租赁登记　　B. 合同备案登记
C. 变更登记　　D. 质押登记

30. 以下说法正确的是（　）。
A. 建设用地使用权抵押后，土地上新增的建筑物属于抵押财产
B. 建设用地使用权抵押后，土地上新增的建筑物属于抵押财产，在抵押权人实现抵押权时，将土地连同建筑物一并拍卖
C. 建设用地使用权抵押后，土地上新增的建筑物不属于抵押财产，在抵押权人实现抵押权时，只将土地进行拍卖
D. 建设用地使用权抵押后，土地上新增的建筑物不属于抵押财产，但在抵押权人实现抵押权时，将土地连同建筑物一并拍卖

31. 下列情形中，可以由当事人单方申请不动产登记的是（　）。

A. 因不动产交易申请不动产登记的

B. 因人民法院生效的法律文书设立不动产权利的

C. 按份共有人转让其不动产份额的

D. 抵押权顺位发生变更的

32. 关于集体土地所有权登记中“权利人”一栏，下列填写错误的是（　）。

A. 某组农民集体　　B. 某村农民集体

C. 某村民委员会　　D. 某乡农民集体

33. 土地权属争议的一方对土地权属争议的政府处理不服的，应当（　）。

A. 以土地权属争议的另一方为被告

B. 以处理争议的政府为被告

C. 以处理争议的政府为第三人

D. 向人民法院提起民事诉讼

34. 下列关于自书遗嘱的表述正确的是（　）。

A. 自书遗嘱由遗嘱人亲笔书写，签名，注明年、月、日，并由两个以上见证人在场见证

B. 自书遗嘱由遗嘱人亲笔书写，签名，注明年、月、日

C. 自书遗嘱可由他人代写，注明年、月、日，并由两个以上见证人在场见证

D. 自书遗嘱由遗嘱人亲笔书写，签名，注明年、月、日，并由两个以上见证人在场见证，见证人应当在遗嘱每一页签名，注明年、月、日

35. 根据《最高人民法院关于商品房消费者权利保护问题的批复》（法释〔2023〕1号），在保交楼工作中，以下权利顺位应该为（　）。

①建设工程价款

②房屋无实际交付可能的情况下，商品房消费者主张价款返还请求权

③抵押权

④其他债权

A. ①②③④　　B. ①③②④　　C. ②①③④　　D. ②①④③

36. 以下不属于人民法院办理查封登记需提交的材料的是（　）。

A. 送达人的工作证

B. 执行公务的证明文件

C. 查封或者预查封的协助执行通知书

D. 查封函

37. 依申请的不动产登记程序不包括（　）。

A. 申请　　B. 受理　　C. 审核　　D. 核定

38. 根据《民法典》，下列关于未经预告登记的权利人同意转让不动产的效力的说法正确的是（　）。

A. 转让合同无效　　B. 转让合同效力待定

C. 转让不发生物权效力　　D. 转让发生物权效力

39. 下列内容，不属于《民法典》规定的担保物权担保范围的是（　）。

A. 主债权及其利息　　B. 滞纳金

C. 损害赔偿金　　D. 实现担保物权的费用

40. 张某有一套面积为 140 平方米的三室一厅二卫一厨的成套住宅，面临拆迁。为了让 3 个子女都能安置到一套房屋，张某向不动产登记机构提出将该住宅每个房间和客厅作为独立单元进行分割登记，其余位置部分作为共有分摊。以下说法正确的是（　）。

A. 每个房间和客厅具有独立使用的价值

B. 每个房间和客厅能成为独立的物

C. 每个房间和客厅不具有独立使用的价值，但能成为不动产单元

D. 每个房间和客厅不具有独立使用的价值，不能成为不动产单元

41. 第二轮土地承包到期后再延长（　）试点地区自然资源、农业农村部门要按照中央关于延包试点工作节奏和要求，共同部署、一体推进有关工作，共同做好延包合同签订和不动产登记工作。

A. 20 年　　B. 25 年　　C. 30 年　　D. 35 年

42. 根据《土地管理法》，通过出让方式取得的集体经营性建设用地（　）用于转让、互换、出资、赠与或者抵押，但法律、行政法规另有规定或者土地所有权人、土地使用权人签订的书面合同另有约定的除外。

A. 可以　　B. 不得　　C. 应当　　D. 严禁

43. 甲房地产公司用自己合法使用的某宗地使用权向乙银行做抵押贷款，抵押登记后，不动产登记机构应将不动产登记证明颁发给（　）。

A. 甲　　B. 乙　　C. 丙　　D. 无法判断

44. 自然资源登记单元预划的顺序是（　）。

①水流登记单元

②国家公园登记单元，国务院确定的重点国有林区登记单元，除国家公园外的其他类型自然保护地登记单元

③湿地、森林、草原、荒地等单项国有自然资源登记单元，探明储量的矿

产资源登记单元

④海域和无居民海岛登记单元

A. ④②①③　　B. ④①②③　　C. ③④②①　　D. ④②③①

45. 林木、林地权属争议解决前，（　）不得进入争议区域砍伐林木和从事涉及木材、林地所有权或者使用权有关的活动。

A. 单方　　B. 一方　　C. 任何一方　　D. 双方

46. 李某申请了一处经济适用住房，申请办理新建经济适用房登记，需缴纳登记费（　）元。

A. 40　　B. 0　　C. 80　　D. 550

47. 利害关系人认为不动产登记簿记载的事项错误，权利人不同意更正的，利害关系人可以申请（　）。

A. 预告登记　　B. 变更登记　　C. 更正登记　　D. 异议登记

48. 异议登记的有效期是（　）。

A. 15 天　　B. 30 天　　C. 两个月　　D. 1 年

49. 下列关于民事法律关系的表述不正确的是（　）。

A. 主要根据当事人的意志发生　　B. 以权利义务为内容

C. 均以法律明文规定而发生　　D. 保障措施具有补偿性

50. 甲房地产公司用自己合法使用的某宗地使用权向乙银行做抵押贷款，申请办理土地抵押权登记，应由（　）向不动产登记机构提出申请。

A. 甲房地产公司

B. 乙银行

C. 甲房地产公司和乙银行共同

D. 甲房地产公司和乙银行之外的第三方

51. 不动产权属证书和不动产登记证明由（　）统一规定样式、统一监制、统一编号。

A. 国务院　　B. 自然资源部

C. 省级人民政府　　D. 市级人民政府

52. 甲购买了乙的一套学区房。双方签订了房屋买卖合同，也完成了购房款的支付，但在办理过户手续的时候，乙一直推脱，不愿办理，甲认为该套学区房十分紧俏，怀疑乙想把房子卖给其他出价更高的买家。甲可以采取什么方法保护自己的权益？（　）

A. 办理预告登记　　B. 办理首次登记

C. 办理不动产登记　　　　　　　　D. 办理转移登记

53. 张某拥有一处商业用房，不慎将不动产权证损坏，现申请换发登记。下列关于费用的说法正确的是（　）。

A. 商业用房换发登记收 550 元登记费

B. 商业用房换发登记减半收取登记费，收 275 元

C. 商业用房换发登记，只收工本费 10 元

D. 商业用房换发登记不收费用

54. 根据《地籍调查规程》（GB/T 42547—2023），地籍总调查中，下列关于工作底图制作的技术要求的说法错误的是（　）。

A. 如果是纸质图件，应对其数字化

B. 依收集的材料，应在基础图件上套合地籍区、地籍子区界线和集体土地所有权界线

C. 依收集的材料，必须在基础图件上标注便于开展权属调查工作地貌等要素

D. 如果基础图件的现势性不强，可对基础图件进行地形要素调绘或修、补测

55. 国家编制土地利用总体规划，规定土地用途，将土地分为（　）、建设用地和未利用地。

A. 农用地　　　　　　　　B. 耕地

C. 农业建设用地　　　　　　D. 农田水利用地

56. 甲公司经批准合法建造了一栋房屋，但是没有办理房屋所有权首次登记。不久，甲公司因资金紧张，准备将房屋出售给乙公司，双方签订了房屋买卖合同，乙交付了购房款。以下说法正确的是（　）。

A. 乙公司申请房屋转移登记

B. 甲公司申请房屋转移登记

C. 甲公司与乙公司申请房屋转移登记

D. 甲公司申请首次登记后，甲与乙公司申请房屋转移登记

57. 2020 年，幸福小区建成交房，聘请山河物业公司作为小区物业公司。2023 年，山河物业公司将小区内业主共有的道路划出停车位，对外出租收费，全年因此支出成本 10 万元，收入 12 万元。对此，下列说法正确的是（　）。

A. 12 万元全部归山河物业公司所有

B. 12 万元全部归小区业主共有

C. 10 万元归山河物业公司所有，2 万元归小区业主共有

D. 10 万元归山河物业公司所有，2 万元归房地产开发企业所有

58. 两个以上人民法院对同一不动产进行查封的，不动产登记机构为首先送达协助执行通知书的人民法院办理查封登记手续后，为后来送达协助执行通知书的人民法院（　）。

A. 办理预查封登记　B. 办理查封登记

C. 办理轮候查封登记　D. 暂停办理查封登记

59. 下列（　）项不可以采用划拨方式取得土地。

A. 能源、交通、水利等基础设施用地

B. 城市基础设施用地

C. 公益性用地

D. 招商引资，商业项目用地

60. 关于申请人撤回登记申请的说法错误的是（　）。

A. 申请人撤回登记申请时应当提交不动产登记申请书

B. 申请人撤回登记申请时应当提供原登记申请受理凭证

C. 撤回登记申请应当由全体登记申请人或者部分登记申请人提出

D. 不动产登记机构将申请登记事项记载于不动产登记簿前，申请人可以撤回登记申请

61. 张某持有的以下哪个证书不是合法有效的不动产权属证书？（　）

A. 张某拥有的某小区商品房所有权的不动产权证书

B. 张某作为抵押权人持有的不动产登记证明

C. 张某拥有的 2003 年办理的房屋所有权证

D. 张某拥有的农村老宅 1950 年人民政府颁发的土地房屋所有权证

62. 政府组织的集体土地所有权首次登记公告，由不动产登记机构在其门户网站以及不动产所在地等指定场所进行，公告期不少于（　）。

A. 10 日　B. 10 个工作日　C. 15 日　D. 15 个工作日

63. 国有林地使用权登记，应当提交有批准权的人民政府或者主管部门的批准文件，地上森林、林木（　）。

A. 单独登记　B. 分别登记　C. 一并登记　D. 随之登记

64. 不动产登记机构未当场书面告知申请人不予受理的，视为（　）。

A. 受理　B. 暂缓受理　C. 不予受理　D. 退回

65. 申请登记的事项记载于不动产登记簿前，（　）提出撤回登记申请的，不动产登记机构应当将登记申请书以及相关材料退还申请人。

A. 申请人　B. 全体申请人

C. 利害关系人　　　　　　　　　　　D. 全体利害关系人

66. 刘某欲以他 12 岁儿子的名义购买一处商品住房，在办理不动产权证书时，不动产登记机构的下列答复正确的是（　）。

A. 刘某儿子系未成年人，不能以未成年人的名义购买房屋

B. 可以以未成年人的名义购买房屋，并登记在未成年人名下

C. 可以将房屋登记在未成年人名下，但是登记费记在其监护人名下

D. 可以将房屋登记在未成年人名下，免收登记费

67. 征收农用地的土地补偿费、安置补助费标准由省、自治区、直辖市通过制定公布区片综合地价确定。制定区片综合地价应当综合考虑土地原用途、土地资源条件、土地产值、土地区位、土地供求关系、人口以及经济社会发展水平等因素，并至少每（　）调整或者重新公布一次。

A. 3 年　　B. 4 年　　C. 5 年　　D. 6 年

68. 通过招标、拍卖、公开协商等方式承包（　）等农村土地，依照《农村土地承包法》等法律和国务院的有关规定，其土地经营权可以依法采取出租、入股、抵押或者其他方式流转。

A. 耕地　　B. 林地　　C. 荒地　　D. 草地

69. 下列物权中不属于不动产物权的是（　）。

A. 质权　　B. 抵押权　　C. 担保物权　　D. 用益物权

70. 关于农村房屋继承，下列说法正确的是（　）。

A. 继承人必须是本集体经济组织成员

B. 本集体经济组织成员已经审批取得了宅基地的，不得再继承父母的农村房屋，因为这会出现“一户两宅”情形，不符合我国法律规定

C. 作为城镇居民的继承人可以继承父母在农村的房屋，按照一体登记原则，因继承房屋，同时继承取得宅基地使用权

D. 因为宅基地具有身份限制，作为城镇居民的继承人只能继承地上房屋，不得继承房屋下面的宅基地使用权

71. 关于有买卖、租赁、抵押不动产意向，或者拟就不动产提起诉讼或者仲裁等，但不能提供利害关系证明材料的当事人委托的律师可以查询不动产登记簿记载的信息，下列说法错误的是（　）。

A. 可以查询不动产是否存在共有情形及不动产的共有形式

B. 可以以交易相对方或者诉讼相对人的姓名为索引信息查询其不动产权利状况

C. 可以查询不动产是否存在抵押权登记、预告登记或者异议登记情形

D. 可以查询不动产是否存在查封登记或者其他限制处分的情形及要求办理查封登记或者限制处分机关的名称

72. 根据《最高人民法院 国土资源部 建设部关于依法规范人民法院执行和国土资源房地产管理部门协助执行若干问题的通知》（法发〔2004〕5号）的规定，下列关于人民法院执行和不动产登记机构协助执行的说法正确的是（　）。

A. 土地使用权和房屋所有权归属不一致的，人民法院查封被执行人名下的土地使用权和房屋

B. 人民法院对土地使用权进行实体处理前，应当向不动产登记查询该土地、房屋的权属状况

C. 人民法院执行土地使用权时，可以一并改变原土地用途和出让年限

D. 人民法院对不动产进行分割查封的，可以在协助执行通知书中明确查封房屋的具体部

73. 下列不能作为未成年人监护人的是（　）。

A. 有监护能力的祖父母、外祖父母

B. 限制民事行为能力的父母

C. 其他有监护能力并愿意担任监护人的个人或者组织，但是须经未成年人住所地的居民委员会、村民委员会或者民政部门同意

D. 成年有监护能力的兄、姐

74. 划拨国有建设用地使用权变更为国家租赁国有土地使用权需经（　）的批准。

A. 国务院　　B. 自然资源部

C. 县级以上土地行政主管部门　　D. 县级以上人民政府

75. 根据《土地管理法》，国家为了（　）的需要，可以依法对土地实行征收或者征用并给予补偿。

A. 营商环境　　B. 公共利益　　C. 商业利益　　D. 地方发展

76. 确定一宗土地所有权，首先要确定（　）。

A. 该宗土地所有权的历史及现实状况

B. 该宗土地的所有权的内容

C. 该宗土地的所有权的归属

D. 该宗土地的所有权的利害关系人

77. 根据《自然资源部关于加快解决不动产登记若干历史遗留问题的通知》（自

然资发〔2021〕1号）文件精神，用地手续不完善且已经办理了房屋所有权登记的，经公告权属清晰无争议的，报经地方人民政府同意，直接按现状核发用地划拨决定书或者（　）。

A. 按照“证缴分离”原则办理

B. 出具规划核实意见后办理

C. 补办协议出让手续

D. 追缴土地出让价款和税费后办理

78. 不动产登记结果不包括（　）。

A. 不动产自然状况

B. 不动产权利状况

C. 不动产抵押状况，不动产权利限制、提示的事项

D. 不动产登记机构登簿人

79. 甲开发公司向银行借款1亿元用于H小区的开发建设，并且将H小区一宗地上正在建造的3栋住宅楼共计200户抵押给银行。此笔在建建筑物抵押权登记，应缴纳登记费（　）元。

A. 80　　B. 16000　　C. 240　　D. 0

80. 根据《自然资源部关于加快完成集体土地所有权确权登记成果更新汇交的通知》（自然资发〔2022〕19号），因征收导致全部或部分集体土地所有权消灭的，由____依据土地征收批准文件等，报请____出具嘱托文件后，集中办理____登记或____登记。（　）

A. 省级自然资源主管部门、省级人民政府、注销、转移

B. 上级自然资源主管部门、省级人民政府、注销、变更

C. 市、县自然资源主管部门、同级人民政府、注销、变更

D. 市、县自然资源主管部门、同级人民政府、注销、转移

81. 加强队伍建设，夯实登记工作基础。严格实行先培训、再上岗，未经培训或培训不合格的人员不得上岗。常态化开展人员培训，在岗人员培训时间每年不少于（　）。

A. 30学时　　B. 40学时　　C. 50学时　　D. 60学时

82. 关于森林、林木的所有权类型，下列说法错误的是（　）。

A. 国家所有是森林所有权的主要形式

B. 国家是森林和林木所有权的主要主体

C. 集体所有权的客体可以是森林，也可以是林木

D. 个人则只能享有森林所有权，而不能享有林木所有权

83. 下列关于森林权属的说法正确的是（　）。

A. 甲省的森林资源只属于国家所有，集体和个人不能拥有

B. 丙县的某国有林地和地上林木可以依法确定给林业经营者使用

C. 乙市国有森林资源的所有权由国务院林业自然资源主管部门代表国家行使

D. 丁乡张某的承包林地上的林木，张某只有使用权没有所有权

84. 以下关于共有关系的表述不符合法律规定的是（　）。

A. 按份共有人有权自由处分自己的共有份额，无须取得其他共有人的同意

B. 共同共有人对共有财产的处分，必须征得全体共有人的同意

C. 按份共有人将份额出让给共有人以外的第三人时，必须征得其他共有人的同意

D. 共同共有关系终止，才能确定份额，分割共有财产

85. 下列关于不动产登记单元的说法错误的是（　）。

A. 没有房屋等建筑物、构筑物以及森林、林木定着物的，以土地权属界线封闭的空间为不动产单元

B. 有房屋等建筑物以及森林、林木定着物的，以该房屋等建筑物以及森林、林木定着物与土地权属界线封闭的空间为不动产单元

C. 有地下车库、商铺等具有独立使用价值的特定空间，以土地权属界线封闭的空间为不动产单元

D. 有码头、油库、隧道、桥梁等构筑物的，以该构筑物与土地权属界线封闭的空间为不动产单元

86. 甲、乙因房屋买卖，向不动产登记机构提出转移登记申请，不动产登记机构已受理但尚未完成登簿，现丙提出异议登记申请。下列说法错误的是（　）。

A. 不动产登记机构应当书面告知甲和乙该权利存在异议登记

B. 丙需是该房屋的利害关系人

C. 甲和乙均提供知悉异议登记存在并自愿承担风险的书面承诺后，不动产登记机构可以继续办理该转移登记

D. 因该不动产有争议，不动产登记机构应当中止办理转移登记

87. 老王育有一独子小王，他去世后留下一套价值 100 万元的房产，小王作为唯一继承人继承了该房产。不久，老李找到小王说其父老王生前曾向其借款 120 万元，并有借据为证，要求小王代其父偿还该笔债务。下列表述正确的是（　）。

A. 父债子还，小王应当偿还老王生前所欠 120 万元的债务

B. 小王与老王是互为独立的民事主体，小王对老王生前所欠的 120 万元债务不负清偿责任

C. 小王应以继承的 100 万元房产实际价值为限，清偿老王生前所欠的 120 万元债务

D. 小王与老王平均承担 120 万元的债务，小王仅须承担 60 万元的债务

88. 下列关于地役权的表述正确的是（　）。

A. 地役权的设立采取登记对抗主义

B. 地役权客体为自己的不动产

C. 地役权设定目的，在于提高他人不动产的效益

D. 地役权内容具有法定性，协商空间很小

89. 下列有关预购商品房抵押权预告登记的表述正确的是（　）。

A. 预购商品房抵押权预告登记不是商品房抵押权本登记，预告登记抵押权人就抵押财产不享有优先受偿效力

B. 预购商品房抵押权预告登记也是一种抵押权，因此，预告登记抵押权人就抵押财产也享有优先受偿效力

C. 如果已经办理了预购商品房所有权首次登记，且不存在预告登记失效等情形的，即使没有转化成商品房抵押权本登记，也应当认定抵押权本登记自预告登记之日起设立，预告登记抵押权人就抵押财产享有优先受偿效力

D. 如果已经办理了预购商品房所有权首次登记，且不存在预告登记失效等情形的，即使没有转化成商品房抵押权本登记，可以认定抵押权本登记自预告登记之日起设立，但预告登记抵押权人就抵押财产不享有优先受偿效力

90. 预查封转为正式查封后，查封期限从（　）起计算。

A. 预查封之日　　B. 转为查封登记之日

C. 嘱托文件出具之日　　D. 嘱托文件送达不动产登记机构之日

91. 继承人、受遗赠人因继承和受遗赠取得不动产权利的，适用关于（　）查询的规定。

A. 不动产权利人

B. 能提供利害关系材料的利害关系人

C. 不能提供利害关系材料的利害关系人

D. 签订购房合同的买受人

92.《自然资源部关于开展不动产登记队伍作风常态化建设的通知》（自然资发〔2022〕144 号）要求："各地要建立作风问题常态化排查机制，按照县级自查、市级排查、省级抽查的分工，每年至少开展（　）次全面排查。"

A. 一　　B. 二　　C. 三　　D. 四

93. 以下民事法律行为有效的是（　）。

A. 无民事行为能力人实施的民事法律行为

B. 无民事行为能力人实施的纯获利益的民事法律行为

C. 限制民事行为能力人实施的纯获利益的民事法律行为

D. 行为人与相对人以虚假的意思表示实施的民事法律行为

94. 不动产登记机构受理不动产登记申请的，应当按照要求进行（　）。

A. 审查　　B. 查验　　C. 审批　　D. 查看

95. 房地产开发企业办理首次登记的登记费以及因提供测绘资料所产生的测绘费等其他费用，最终应由（　）承担。

A. 房地产开发企业　　B. 购房人

C. 房地产开发企业和购房人共同　　D. 登记机构

96. 申请国有建设用地使用权变更登记，提交的材料不包括（　）。

A. 不动产登记申请书

B. 不动产权属证书

C. 国有建设用地使用权变更材料

D. 建设工程符合规划的材料

97. 为保证地方数据库与省、部级不动产登记数据库一致，在不动产登记业务登簿完成后，应（　）上报业务报文。

A. 实时　　B. 及时　　C. 10 分钟内　　D. 24 小时内

98. 根据《自然资源部 国家林业和草原局关于以第三次全国国土调查成果为基础明确林地管理边界规范林地管理的通知》（自然资发〔2023〕53 号），年度国土变更调查中涉及林地转入转出的，应经（　）审核确认。

A. 县级以上人民政府部门

B. 各级林草主管部门

C. 各级自然资源主管部门与林草主管部门共同

D. 各级自然资源主管部门

99. 国务院确定的国家重点林区的不动产登记，由（　）办理。

A. 自然资源部

B. 不动产所在地的县级人民政府不动产登记机构

C. 不动产所在地的省级人民政府不动产登记机构

D. 不动产所在地的林业主管部门

100. 不动产登记机构受理申请人撤回登记申请并准予撤回的，应在作出准予撤回的（　）通知当事人取回原登记申请材料。

A. 3 日内　　B. 3 个工作日内

C. 5 日内　　D. 5 个工作日内

单项选择题（五）

1. 下列不得设定抵押的不动产是（　）。

A. 出让取得的国有土地使用权　　B. 张某的个人房屋

C. 我国某名牌大学的教学楼　　D. 某私营企业的国有土地使用权

2. 甲公司申请乙地块的国有建设用地使用权首次登记，下列说法错误的是(　)。

A. 不动产登记机构在登记前必须予以公告

B. 应当提交相应的税费凭证

C. 应当提交出让合同

D. 应当提供地籍调查表、宗地图以及宗地界址点坐标

3. 下列情形中，不动产权利人不可以向不动产登记机构申请变更登记的是(　)。

A. 权利人的姓名、名称、身份证明类型或者身份证明号码发生变更的

B. 同一权利人分割或者合并不动产的

C. 抵押担保的范围、主债权数额、债务履行期限、抵押权顺位发生变化的

D. 共有人增加或者减少以及共有不动产份额变化的

4. 不动产登记机构在政府网站上刊发不动产权利人的遗失、灭失申明（　）后，予以补发。

A. 15 日　　B. 15 个工作日

C. 7 日　　D. 7 个工作日

5.《民法典》规定，____以上的未成年人为限制民事行为能力人；____以上的未成年人，以自己的劳动收入为主要生活来源的，视为完全民事行为能力人。（　）

A. 6 周岁、14 周岁　　B. 6 周岁、16 周岁

C. 8 周岁、14 周岁　　D. 8 周岁、16 周岁

6. 小明将一套房屋以 200 万元出卖给小王，双方约定全部价款分 10 期支付，每期 20 万元。小王支付第一期价款后，小明向小王交付了房屋。小王支付第四期价款后，小明为小王办理了房屋的过户登记。经小明多次催告，小王一直不支付到期的第五期和第六期房款。下列表述错误的是（　）。

A. 小王无须支付剩余价款

B. 小明为小王办理过户登记时，小王取得房屋所有权

C. 小明有权请求小王一次性支付剩余价款

D. 小明有权解除房屋买卖合同

7. 办理林权抵押登记时，不需要提供的材料是（　）。

A. 评估报告　　B. 不动产登记申请书

C. 主债权合同　　D. 抵押合同

8. 下列关于遗嘱的说法错误的是（　）。

A. 遗嘱人在危急情况下，可以立口头遗嘱

B. 遗嘱人未保留缺乏劳动能力又没有生活来源的继承人的遗产份额，遗产处理时，应当为该继承人留下必要的遗产，所剩余的部分才可参照遗嘱确定的分配原则处理

C. 遗嘱人可以撤回、变更自己所立的遗嘱

D. 无行为能力人所立的遗嘱，在本人后来有了行为能力之时，可以作为有效遗嘱

9. 发放不动产权证书或不动产登记证明时，不动产登记机构（　）核对申请人（代理人）的身份证明，收回受理凭证。

A. 应当　　B. 应该　　C. 不需要　　D. 视情况

10. 下列关于土地承包经营权的表述正确的是（　）。

A. 土地承包经营权自土地承包经营权合同生效时设立，未经登记，不得对抗善意第三人

B. 土地承包经营权自土地承包经营权合同生效时设立

C. 农民集体所有和国家所有由农民集体使用的耕地、林地、草地以及其他建设用地，依法实行土地承包经营制度

D. 草地的承包期为 30 年至 70 年

11. 发包方应当与承包方签订书面承包合同，承包合同一般不包括（　）。

A. 承包土地的名称、坐落、面积、质量等级

B. 承包土地预期达到的收入

C. 承包期限和起止日期

D. 承包土地的用途

12. 根据《自然资源部办公厅关于完善信息平台网络运维环境推进不动产登记信息共享集成有关工作的通知》(自然资办函〔2019〕1041 号)，大于（　）平方千米的地籍调查成果需严格保密，通过离线方式导入自然资源业务内网。

A. 3　　B. 6　　C. 9　　D. 12

13. 地籍总调查检查验收实行“三检一验”制度，其中“三检”不包括（　）。

A. 作业队的互检　　B. 作业单位的专检

C. 作业组的抽检　　D. 作业员的自检

14. 宗地分割以后，原宗地号（　），在宗地所在的地籍子区内，宗地顺序号在相应宗地特征码的最大宗地顺序号后续编，形成新的宗地号。

A. 保留　　B. 作废

C. 可以保留，也可以作废　　D. 重新编号

15. 在使用权宗地（宗海）内，应将（　）等定着物划分为不同的定着物单元。

A. 房屋、林木　　B. 宗地、林木

C. 宗地、房屋　　D. 房屋、地形

16. 不动产登记机构询问当事人的结果应当经当事人（　）确认。

A. 口头　　B. 签字　　C. 受理　　D. 审核

17. 颁发电子证书证明、提供网络查询服务的地方，纸质证书可以不再附记(　)、不再粘贴纸质附图。

A. 土地利用条件　　B. 抵押权信息

C. “补发”“换发”　　D. 地役权信息

18. 集体土地被征收为国有建设用地后应办理（　）。

A. 集体土地所有权变更登记或注销登记和国有土地使用权首次登记

B. 国有土地使用权首次登记

C. 集体土地所有权变更登记

D. 集体土地所有权变更登记和国有土地使用权首次登记

19. 当事人申请不动产登记时提交伪造、变造、无效的不动产权证书或不动产登记证明的，不动产登记机构可依法予以（　）。属于伪造、变造的，不动产登记机构应及时通知公安部门。

A. 收缴　　B. 公告作废　　C. 当场销毁　　D. 撤销

20. 下列权利不应当办理不动产登记的是（　）。

A. 集体土地所有权　　B. 租赁权

C. 地役权　　D. 居住权

21. 农村土地承包期内，妇女结婚，在新居住地未取得承包地的，____；妇女离婚或者丧偶，仍在原居住地生活或者不在原居住地生活但在新居住地未取得承包地的，____。（　）

A. 发包方不得收回其原承包地、发包方可以收回其原承包地

B. 发包方可以收回其原承包地、发包方可以收回其原承包地

C. 发包方不得收回其原承包地、发包方不得收回其原承包地

D. 发包方可以收回其原承包地、发包方不得收回其原承包地

22. 农村承包土地经发包方同意，承包方可以将全部或者部分的土地承包经营权转让给本集体经济组织的其他农户，____，原承包方与发包方在该土地上的承包关系____。（　）

A. 由该农户同发包方确立新的承包关系、继续存在

B. 该农户不得同发包方确立新的承包关系、即行终止

C. 该农户不得同发包方确立新的承包关系、继续存在

D. 由该农户同发包方确立新的承包关系、即行终止

23. 某农户与乡政府签订承包合同，承包 1000 亩① 国有荒山进行植树造林，承包期内，该农户对该块荒山享有（　）。

A. 土地所有权　　B. 处分权

C. 租赁权　　D. 承包经营权

24. 甲、乙两户宅基地相邻，乙户需经过甲户已经登记的宅基地范围内的门前空地才能入户，双方当事人应当采取____，订立地役权合同，并可以向不动产登记机构申请____。（　）

A. 书面形式、抵押登记　　B. 书面形式、地役权登记

C. 口头形式、抵押登记　　D. 口头形式、地役权登记

25. 抵押期间，抵押人（　）转让抵押财产。当事人另有约定的，按照其约定。抵押财产转让的，抵押权不受影响。

A. 不得　　B. 附条件可以

C. 可以　　D. 附条件禁止

26. 小明今年 9 岁，小明的叔叔张某购买了一台 4000 元的游戏机悄悄送给小明。小明的父母知道后，认为玩游戏机耽误小明学习，要求小明把游戏机送还张某。下列说法正确的是（　）。

A. 小明是限制民事行为能力人，虽然未经其父母同意，但张某赠送游戏机的行为有效

B. 小明是限制民事行为能力人，未经其父母同意，张某赠送游戏机的行为无效

C. 小明是无民事行为能力人，虽然未经其父母同意，但张某赠送游戏机的

① 1亩≈666.67平方米。

行为有效

D. 小明是无民事行为能力人，未经其父母同意，张某赠送游戏机的行为无效

27. 集体土地所有权主体不包括（　）。

A. 乡镇农民集体

B. 村农民集体

C. 村民个人

D. 村内两个以上农村集体经济组织的农民集体

28. 小王的房屋自然状况记载错误，面积存在偏差，此时应申请（　）。

A. 更正登记　　B. 变更登记　　C. 转移登记　　D. 注销登记

29. 个人全款经纪成交买卖二手房办理登记的办事环节包括：①领取产权证书；②身份认证；③网上申请；④缴纳税款和不动产登记费。以下排序正确的是（　）。

A. ②③④①　　B. ②④③①

C. ②③①④　　D. ③②④①

30. 以下不属于不动产登记机构受理申请时询问记录内容的是（　）。

A. 申请登记事项是否为申请人的真实意思表示

B. 申请登记的不动产是否存在共有情形

C. 存在异议登记的，申请人是否知悉存在异议登记的情况

D. 申请人提交的材料是否真实有效

31. 改变建筑物共有部分的用途或者利用建筑物共有部分从事经营活动，需要经（　）同意。

A. 专有部分面积占比 2/3 以上的业主且人数占比 2/3 以上的业主参与表决，经参与表决专有部分面积过半数的业主且参与表决人数过半数的业主同意

B. 专有部分面积占比 2/3 以上的业主且人数占比 2/3 以上的业主参与表决，经参与表决专有部分面积 3/4 以上的业主且参与表决人数 3/4 以上的业主同意

C. 专有部分占建筑物总面积 2/3 以上的业主且占总人数 2/3 以上的业主同意

D. 专有部分占建筑物总面积过半数的业主且占总人数过半数的业主同意

32. 对不动产登记机构工作人员应依法给予处分的行为不包括（　）。

A. 对符合登记条件的登记申请不予登记，对不符合登记条件的登记申请予以登记

B. 擅自复制、篡改、毁损、伪造不动产登记簿

C. 泄露不动产登记资料、登记信息

D. 要求申请人补充提交资料

33. 农民集体因互换、土地调整等原因导致集体土地所有权转移的，由（　）统一组织有关农民集体申请办理转移登记等。

A. 市、县人民政府　　B. 乡镇人民政府

C. 村民委员会　　D. 村民小组

34. 下列关于不动产单元的表述错误的是（　）。

A. 不动产登记以不动产单元为基本单位

B. 不动产登记的基本单位形成于规划、审批、调查阶段，流通于交易阶段，确认于登记阶段

C. 不动产单元由宗地（宗海）和定着物单元组成

D. 不动产单元代码采用 8 层 28 位层次码结构

35. 甲父母在共同遗嘱中表示，二人共有的某处房产由甲继承。甲父母去世前，该房由甲的姐姐乙借住，借住期间未明确。2012 年上半年，甲父母先后去世，甲一直未办理该房屋所有权转移登记，也未要求乙腾退。2018 年下半年，甲因结婚要求乙腾退，乙拒绝搬出。对此，下列说法正确的是（　）。

A. 因未办理房屋所有权转移登记，甲无权要求乙搬出

B. 因诉讼时效期间届满，甲的房屋腾退请求不受法律保护

C. 乙系合法占有，甲无权要求其搬出

D. 甲对该房屋享有物权请求权

36. 授权委托书中应当载明的内容不包括（　）。

A. 代理人的姓名或者名称　　B. 代理事项

C. 权限和期间　　D. 代理人和申请人的关系

37. 下列有关不动产登记资料的表述错误的是（　）。

A. 不动产登记资料是指在不动产登记过程中形成的各类材料和不动产登记结果资料

B. 原始资料不属于不动产登记资料的范围

C. 不动产登记资料与一般的档案材料不同，尤其是作为物权归属和内容依据的不动产登记簿，不宜作为静态的档案资料进行管理

D. 落实城市私房政策档案既不属于在不动产登记过程中形成的推动不动产登记的过程性资料，也不属于不动产登记簿等结果性资料

38. 甲先后取得了 H 地块的建设用地使用权和 L 地块的建设用地使用权，H 地

块和L地块相连。甲想合并这两块土地，应申请（　）。

A. 首次登记　　B. 转移登记　　C. 变更登记　　D. 更正登记

39. 地方在实践探索中，主要形成了3种“带押过户”模式，不包括（　）。

A. 新旧抵押权组合模式　　B. 新旧抵押权分段模式

C. 抵押权转移模式　　D. 抵押权变更模式

40. 根据《土地管理法》规定，乡村公益事业用地的批准机关是（　）。

A. 村民委员会　　B. 乡镇人民政府

C. 县级以上地方人民政府　　D. 省级人民政府

41. 下列免收不动产登记费的是（　）。

A. 转移登记　　B. 抵押登记　　C. 注销登记　　D. 首次登记

42. 按照自然资源部有关文件要求，鼓励设置“（　）”反映窗口，提供兜底服务。

A. 地籍调查　　B. 办不成事　　C. 绿色通道　　D. 咨询

43. 小李、小张、小赵、小王和小孙分别购买了一幢5层楼的一至五层住宅，并分别办理了不动产登记。下列说法不正确的是（　）。

A. 若住在五层的小孙想要在楼顶修建一菜地种菜，必须经过其余4人同意

B. 若小赵想要卖掉他的住宅，其余4人均享有优先购买权

C. 5个人均有权享有该幢楼的外墙广告收入

D. 住在二层的小张对四层、五层之间的楼板不享有民事权利

44. 下列属于异议登记申请内容的是（　）。

A. 不动产坐落　　B. 不动产面积

C. 土地使用年限　　D. 不动产权利归属

45. 甲公司和职工共同集资修建了一栋宿舍楼，合共计100套宿舍，分配给职工。现甲公司申请办理集资建房首次登记，需缴纳登记费（　）元。

A. 80　　B. 8000　　C. 0　　D. 550

46. 不动产可以由（　）以上单位、个人共有。

A. 1个　　B. 2个　　C. 3个　　D. 4个

47. 下列财产可以抵押的是（　）。

A. 土地所有权　　B. 建设用地使用权

C. 自留地　　D. 宅基地

48. 下面有关林权登记的说法正确的是（　）。

A. 林地经营权登记单元代码编制，宗地特征码第二位用“O”表示

B. 经承包方书面同意后，受让方可以再流转土地经营权

C. 林地承包的承包人死亡，其继承人可以在承包期内继续承包

D. 申请办理林地使用权 / 林木所有权登记，只需收证书工本费

49. 设定抵押权的国有建设用地使用权办理登记时，若为划拨的，则应明确实现抵押权时应当从拍卖所得的地价款中缴纳相当于（　）的款额。

A. 土地使用权出让金　　B. 土地租金

C. 土地补偿款　　D. 土地税费

50. 不动产登记机构不得有（　）行为。

A. 要求申请人补充提交资料　　B. 就有关申请事项询问申请人

C. 查验申请人提交的相关资料　　D. 要求申请人对不动产进行评估

51. 林地承包经营权自（　）时设立。

A. 村委会通过　　B. 政府部门批准

C. 林地承包经营权合同生效　　D. 林地承包经营权人登记

52. 不动产登记系统应按照等级保护制度要求进行定级，建议为等保 ____ 级。定级结果经过网络安全专家评审，及时报主管部门和 ____ 审核备案。（　）

A. 二、属地公安机关　　B. 二、属地通信管理局

C. 三、属地公安机关　　D. 三、属地通信管理局

53. 根据《森林法》，（　）主管全国林业工作。

A. 国务院林业主管部门　　B. 国务院农业农村主管部门

C. 国务院自然资源主管部门　　D. 国务院生态环境主管部门

54. 以下（　）项不属于自然资源确权登记单元预划的原则。

A. 坚持资源公有、物权法定

B. 坚持生态优先、规划服从生态

C. 坚持集中连片，保持生态功能完整性

D. 坚持应划尽划、不重不漏

55. 父母之外的监护人处分未成年人不动产的，有关监护关系材料可以是（　）指定监护的法律文书、经过公证的对被监护人享有监护权的材料或者其他材料。

A. 人民政府　　B. 公安局　　C. 检察院　　D. 人民法院

56. 吴某遗失名贵的翡翠项链，为找回该项链，在其住所附近张贴寻物启事并悬赏 5000 元。经查，该项链被懂行的苏某拾得。下列选项正确的是（　）。

A. 若苏某返还项链，吴某应当支付 5000 元悬赏报酬

B. 若苏某拾得项链后，送给了朋友夏某，则该项链归夏某所有

C. 若苏某拾得项链后，未妥善保管遗失了该项链，苏某不用向吴某赔偿

D. 若苏某拾得项链后，交给有珠宝玉石鉴定资质的祝某出售，王某在祝某处花费 15 万元购得该项链，则吴某可以向王某请求返还该项链，且无须支付任何费用

57. 乙为甲的保姆，甲临终留下遗嘱，表明自己死后，乙可以在甲的住宅居住至去世。依据《民法典》，乙有利于维护自身权益的做法是（　）。

A. 向不动产登记机构申请办理居住权登记

B. 将甲的住宅过户登记在自己名下

C. 将甲的住宅出租以收取租金

D. 将甲的住宅让与自己的儿子一家居住

58. 国土空间规划的期限一般为（　）。

A. 10 年　B. 15 年　C. 20 年　D. 25 年

59. 某房地产开发公司正在为其建设的住宅小区申请办理房屋所有权首次登记。下列关于该公司申请不动产登记的说法错误的是（　）。

A. 该公司须提交公司营业执照原件和法定代表人身份证明方可办理

B. 该公司须提交享有该住宅小区国有建设用地使用权的不动产权属证书或者土地权属来源材料

C. 该公司须同时申请该住宅小区内属于业主共有的道路、绿地、公用设施和物业用房等不动产的登记

D. 该住宅小区内的商品房被预查封的，不影响该公司办理房屋所有权首次登记

60. 下列不享受不动产登记费免征政策的是（　）。

A. 个体工商户　B. 易地扶贫搬迁安置住房登记

C. 国有农用地使用权登记　D. 车位

61. 已经登记的抵押权，下列哪种情形下，当事人不能申请抵押权变更登记?（　）

A. 被担保的主债权数额发生改变　B. 债务履行期限的变更

C. 担保范围发生变化　D. 担保的主债权发生转让

62. 宅基地使用权人将房屋连同宅基地一同转让、出租的权利是指（　）。

A. 占有权　B. 使用权　C. 收益权　D. 有限制的处分权

63. 根据《自然资源部办公厅 国家林业和草原局办公室关于强化业务协同加快推进林权登记资料移交数据整合和信息共享的通知》（自然资办发

〔2023〕2号），原林权登记资料存放在档案部门的，由林草部门会同自然资源部门协调档案部门将（　　）移交至自然资源部门，并建立档案原件调阅共享机制，满足日常登记工作需要。

A. 纸质件　　B. 电子扫描件

C. 纸质件和电子扫描件　　D. 原始资料

64. 按照《行政诉讼法》的规定，公民、法人或者其他组织直接向人民法院提起诉讼的，应当自知道或者应当知道作出行政行为之日起（　　）内提出。法律另有规定的除外。

A. 6个月　　B. 60日　　C. 2年　　D. 3年

65. 甲公司在M地块有一栋办公楼，现欲以该栋楼上的5套房屋办理抵押登记，应缴纳登记费（　　）元。

A. 80　　B. 550　　C. 400　　D. 2750

66. 不动产的利害关系人不可以申请以（　　）为索引信息查询不动产登记资料。

A. 不动产具体坐落位置　　B. 不动产权属证书号

C. 不动产单元号　　D. 权利人信息

67. 下列关于用益物权的表述不正确的是（　　）。

A. 用益物权的标的物不尽是不动产

B. 用益物权的行使以占有标的物为前提

C. 用益物权主要是就物的使用价值对物进行支配

D. 用益物权与担保物权一样，也具有物上代位性

68. 关于不动产登记机构发现不动产登记簿记载的事项错误而首先采取的措施，下列说法正确的是（　　）。

A. 通知当事人在30个工作日内办理更正登记

B. 公告15个工作日后直接办理更正登记

C. 对文字错误直接办理更正登记

D. 对不涉及权利归属的错误直接办理更正登记

69. 关于预购商品房的预告登记，下列说法正确的是（　　）。

A. 申请预购商品房的预告登记，当事人应当提交预售许可证

B. 申请预购商品房的预告登记，当事人应当提交商品房预售合同

C. 预售人和预购人订立商品房买卖合同后，预售人未按照约定与预购人申请预告登记，预购人可以单方申请预告登记

D. 预购商品房预告登记的法律效力等同于预购商品房备案的法律效力

70. 下列关于不动产登记收费的说法正确的是（　　）。

A. 因将夫妻共有不动产的权利人变更为夫妻一方或双方申请变更登记的，只收取不动产权属证书工本费

B. 申请与房屋配套的储藏室登记，不单独核发不动产权属证书或登记证明的，只收不动产登记费，免收不动产权属证书工本费

C. 申请宅基地使用权及地上房屋所有权登记的，只收不动产登记费，免收不动产权属证书工本费

D. 同一权利人因分割、合并不动产申请变更登记的，只收取不动产权属证书工本费

71. 某村村民甲在其依法取得的宅基地上建造一栋房屋，2018 年 6 月 1 日开工，同年 9 月 1 日落成竣工。2019 年 5 月 8 日，甲到不动产登记机构申请办理不动产首次登记，不动产登记机构当日受理了该申请。2019 年 5 月 13 日，不动产登记机构完成登记并通知甲领取不动产权证书；次日，甲领取了不动产权证。甲取得该房屋所有权的时间是（　　）。

A. 2018 年 9 月 1 日　　B. 2019 年 5 月 8 日

C. 2019 年 5 月 13 日　　D. 2019 年 5 月 14 日

72. 根据《最高人民法院 国土资源部 建设部关于依法规范人民法院执行和国土资源房地产管理部门协助执行若干问题的通知》（法发〔2004〕5 号）的规定，下列关于人民法院执行和不动产登记机构协助执行的说法正确的是（　　）。

A. 土地使用权和房屋所有权归属不一致的，人民法院查封被执行人名下的土地使用权和房屋

B. 人民法院对土地使用权进行实体处理前，应当向不动产登记查询该土地、房屋的权属状况

C. 人民法院执行土地使用权时，可以一并改变原土地用途和出让年限

D. 人民法院对不动产进行分割查封的，可以在协助执行通知书中明确查封房屋的具体部位，或者提交经有关部门审批同意分割的文件

73. 关于不动产抵押，下列说法正确的是（　　）。

A. 抵押财产因不可归责于抵押人自身的原因灭失或者被征收等导致不能办理抵押登记，债权人可以请求抵押人在约定的担保范围内承担责任

B. 因抵押人转让抵押财产或者其他可归责于抵押人自身的原因导致不能办理抵押登记，债权人可以请求抵押人在约定的担保范围内承担责任

C. 当事人申请办理抵押登记手续时，因不动产登记机构的过错致使其申请

办理的抵押权未登记成功的，当事人仍享有抵押权

D. 不动产抵押合同生效后未办理抵押登记手续，债权人不可以请求抵押人办理抵押登记手续

74. 按照《自然资源部办公厅关于印发〈不动产登记信息安全防护工作指引〉的通知》（自然资办发〔2023〕11 号）要求，不动产登记查询 (不包含社会公众查询)、精准查核等重点岗位应配置（　）。

A. 专人专岗　　B. 双人双岗

C. 单人单岗　　D. 单人专岗

75. 根据《土地管理法》，国家重点扶持的能源、交通、水利等基础设施用地，经县级以上人民政府依法____，可以以____方式取得。（　）

A. 备案、出让　　B. 批准、出让

C. 备案、划拨　　D. 批准、划拨

76. 不动产登记机构依照执行查封的人民法院提交的被执行人取得财产所依据的继承证明、生效的法律文书以及协助执行通知书等办理查封登记的，办理登记时的先后顺序为（　）。

A. 转移登记、查封登记　　B. 查封登记、转移登记

C. 变更登记、查封登记　　D. 查封登记、变更登记

77. 按照《自然资源部办公厅关于全面提升不动产登记数据质量的通知》（自然资办发〔2022〕10 号）、《不动产登记登簿日志接口技术规范 (2022 修订版)》要求，升级登簿日志接口程序，确保每日（　）前自动上传前一日登簿日志。

A. 上午 7 时　　B. 上午 8 时

C. 下午 17 时　　D. 下午 18 时

78. 利害关系人申请查询不动产登记资料的索引信息不包括（　）。

A. 权利人的姓名　　B. 不动产具体坐落位置

C. 不动产权属证书号　　D. 不动产单元号

79. 甲公司将 M、N 两处住宅地块上正在建造的共计 200 套住宅抵押给银行并办理一笔在建建筑物抵押权登记。关于登记收费，下列说法正确的是（　）。

A. 在建建筑物抵押按套收费，200 套应缴纳 16000 元

B. 在建建筑物抵押按件收费，M、N 两宗地，应缴纳 160 元

C. 在建建筑物抵押按件收费，办理 1 笔登记视为 1 件，应缴纳 80 元

D. 在建建筑物抵押因为房屋尚未竣工，应该参照土地抵押，不收费

80. 依法取得宅基地使用权，（　）单独申请宅基地使用权登记。

A. 不能　　B. 可以

C. 必须　　D. 房屋建成后才能

81. 采取招标、拍卖、公开协商等家庭承包以外的方式承包荒山、荒地、荒滩、荒沟等农村土地营造林木的，除合同另有约定外，权利类型应登记为（　）。

A. 林地使用权 / 林木使用权　　B. 林地经营权 / 林木所有权

C. 林地所有权 / 林木所有权　　D. 林地经营权 / 林木使用权

82. 根据《国务院办公厅关于压缩不动产登记办理时间的通知》（国办发〔2019〕8 号），对登记中涉及多个部门交叉办理的事项，通过信息化手段整合集成业务流程，在政务服务大厅或不动产登记大厅设立综合受理窗口，统一受理各相关办理事项，一次性收取所需全部材料，进行一次性录入、自动分发各相关部门，实现信息化技术支撑的（　）。

A. “一窗受理、并行办理”　　B. “一窗受理、串联办理”

C. “一窗受理、同窗出证”　　D. “一窗办、一人办”

83. 根据《自然资源部关于加快完成集体土地所有权确权登记成果更新汇交的通知》（自然资发〔2022〕19 号）要求，征收集体土地时，乡镇人民政府统一组织拟征收土地的所有权人持（　）办理补偿登记、签订补偿安置协议，做好征收补偿工作。

A. 征收勘测定界图　　B. 不动产权属证书

C. 自然资源部门权属核实结果　　D. 县级以上人民政府确权文书

84. 下列选项中，不能作为遗产继承的是（　）。

A. 宅基地使用权　　B. 抚恤金　　C. 债权　　D. 抵押权

85. 甲、乙按 20% 和 80% 的份额共有一间房屋，二人将房屋出租给丙，丙取得甲和乙的同意将房屋转租给丁，现甲欲转让自己的份额。以下表述正确的是（　）。

A. 乙、丙有优先购买权，丁无优先购买权

B. 乙、丁有优先购买权，丙无优先购买权

C. 乙、丙、丁都有优先购买权

D. 丙、丁有优先购买权，乙无优先购买权

86. 办理商品房预告登记，不动产登记机构不得要求当事人提供（　）。

A. 申请书及申请人身份证明　　B. 商品房预售合同

C. 建设用地符合规划的证明材料　　D. 当事人关于预告登记的约定

87. 国有建设用地使用权及房屋所有权转移登记审核要点不包括（ ）。

A. 国有建设用地使用权与房屋所有权转移的登记原因文件是否齐全、有效

B. 国有建设用地使用权与房屋所有权是否存在查封等限制权利

C. 设有抵押权的，登记簿是否记载是否存在禁止或限制抵押不动产转让的约定

D. 土地权属来源是否合法有效

88. 按照《民法典》的规定，建筑区划内，规划用于停放汽车的车位、车库应当（ ）满足业主的需要。

A. 优先 B. 首先 C. 要 D. 注重

89. 按照《不动产登记暂行条例》的规定，不动产登记机构应当自受理登记申请之日起（ ）内办结不动产登记。

A. 15 天 B. 15 个工作日

C. 30 天 D. 30 个工作日

90. 县级以上监察机关经过调查，对违法取得且已经办理不动产登记的不动产作出没收、追缴处理决定的，在执行没收、追缴决定过程中需要办理不动产转移等登记的，下列表述正确的是（ ）。

A. 监察机关不是司法机关，不动产登记机构应当要求监察机关向人民法院提起，并由人民法院开具裁定书和协助执行通知书后予以办理

B. 不动产已被人民法院查封的，如监察机关认为人民法院的查封妨碍其办案的，可以直接注销查封登记，并要求不动产登记机构予以办理

C. 监察机关到不动产登记机构办理不动产登记时，应当至少由一名工作人员持监察文书办理，不动产登记机构不对监察文书作实质性审查

D. 不动产登记机构认为监察机关处理的相关不动产信息错误的，应当依法向监察机关提出书面核查建议，监察机关应当进行认真核查，核查期间中止协助事项

91. 下列情形中，不适用不动产转移登记的是（ ）。

A. 甲公司将名下不动产作价出资的

B. 甲公司将名下不动产增加共有人的

C. 甲公司与乙公司合并的

D. 甲公司将名下不动产合并的

92. 以下不符合申请集体建设用地使用权及建（构）筑物所有权首次登记条件的是（ ）。

A. 未办理集体建设用地使用权及建（构）筑物所有权首次登记的

B. 已办理集体建设用地使用权首次登记，未办理建（构）筑物所有权首次登记的

C. 已办理建（构）筑物所有权首次登记，未办理集体建设用地使用权首次登记的

D. 已办理建（构）筑物所有权、集体建设用地使用权首次登记的

93. 根据《自然资源部关于开展不动产登记队伍作风常态化建设的通知》（自然资发〔2022〕144 号）要求，各地不动产登记中心领导班子、相关处（科、股）室负责人要落实（　），既要抓好业务管理，又要抓实作风常态化建设。

A. 党风廉政建设责任制　　B. 业务质量责任制

C. “一岗双责”　　D. 廉洁自律规定

94. 下列不动产单元代码编码错误的是（　）。

A. 342702001001ZW00001W00000000

B. 342702001001GC00001F00010001

C. 342702001001JC00001F00010001

D. 342702001001GB00001F00010001

95. 不动产登记机构完成登记，应当依法向申请人核发（　）。

A. 不动产权证书和登记证明　　B. 不动产证书或者他项权证书

C. 房屋所有权证或者登记证明　　D. 不动产权证书或者登记证明

96. 对申请办理车库、车位不动产登记，单独核发不动产权属证书或登记证明的，不动产登记费按（　）收取。

A. 每件 550 元　　B. 每件 80 元　　C. 每件 275 元　　D. 不收取费用

97.《民法典》总则编第一百八十八条第一款规定，向人民法院请求保护民事权利的诉讼时效期间为（　）。

A. 2 年　　B. 3 年　　C. 4 年　　D. 5 年

98. 根据《自然资源部关于加快宅基地和集体建设用地使用权确权登记工作的通知》（自然资发〔2020〕84 号），对合法宅基地上房屋没有符合规划或建设相关材料的，在《城乡规划法》实施后建设的，由村委会公告 15 天无异议，经（　）审核后，按照审核结果办理登记。

A. 不动产登记机构　　B. 乡镇人民政府

C. 县级规划或建设行政主管部门　　D. 县级农业农村部门

99. 甲公司是某市一家大型的房地产开发公司，其通过竞标取得了该市都市产

业园的一处土地使用权。根据规定，其须完成开发投资总额的（　）以上方可转让该土地使用权。

A. 15%　B. 25%　C. 35%　D. 45%

100. 甲被宣告死亡后，其妻乙改嫁于丙，其后丙死亡。丙死亡 1 年后乙得知甲仍然在世，遂向法院申请撤销对甲的死亡宣告。此时，乙要求对丙生前的房产进行继承。关于乙所继承的份额是否为甲、乙的共有财产的说法正确的是（　）。

A. 应当为甲、乙的共有财产

B. 经甲同意后，可以为甲、乙的共有财产

C. 经乙同意后，可以为甲、乙的共有财产

D. 只能是乙的个人财产

单项选择题（六）

1. 集体所有的土地承包经营权（林地），编写的宗地特征码应为（　）。

A. JD　　B. JE　　C. JF　　D. JH

2. 下列关于居住权的表述正确的是（　）。

A. 设立居住权，当事人可以采用口头形式

B. 居住权自当事人签订居住权合同生效时设立，未经登记，不得对抗善意第三人

C. 居住权自登记时设立

D. 居住权可以继承

3. 不动产登记簿由不动产登记机构（　）保存。不动产登记簿损毁、灭失的，不动产登记机构应当依据原有登记资料予以重建。

A. 临时　　B. 永久　　C. 3 年　　D. 10 年

4. 承包方流转土地经营权的，其与发包方的承包关系（　）。

A. 灭失　　B. 不变　　C. 改变　　D. 以上都不对

5. 集体经济组织成员因未实际取得土地承包经营权的，应该向（　）部门寻求解决。

A. 提起民事诉讼，请求人民法院判决

B. 向有关行政主管部门申请解决

C. 向其他集体经济组织

D. 向村民代表

6. 下列不动产可以申请办理抵押登记的是（　）。

A. 宅基地

B. 建筑物和其他土地附着物

C. 所有权、使用权不明或者有争议的不动产

D. 依法被查封的不动产

7. 按照《民法典》规定，土地承包经营权人可以自主决定依法采取（　）、入股或者其他方式向他人流转土地经营权。

A. 出租　　B. 转让　　C. 抵押　　D. 买卖

8. 根据《民法典》，打印遗嘱应当有 ____ 见证人在场见证，____ 应当在遗嘱每一页签名，注明年、月、日。（　）

A. 一个以上、遗嘱人　　B. 一个以上、遗嘱人和见证人

C. 两个以上、遗嘱人　　D. 两个以上、遗嘱人和见证人

9. 李某拥有一处非成套住宅，现李某申请将此房屋分割成两套房屋。下列关于房屋分割的说法正确的是（　）。

A. 成套住宅不可以分割

B. 不论是成套住宅还是非成套住宅都可以分割

C. 同一权利人名下的不动产分割，登记费减半收取

D. 同一权利人名下的不动产分割，收取登记工本费

10. 根据《自然资源部办公厅关于完善信息平台网络运维环境推进不动产登记信息共享集成有关工作的通知》(自然资办函〔2019〕1041 号)要求，不动产登记申请、受理等业务环节迁移至____运行，审核、登簿等业务环节及数据迁移至____，不动产空间图形数据及地籍调查成果审核环节部署在业务内部局域网，确保数据安全。互联网与政务外网之间通过双向网闸、政务外网与业务内网之间通过单向网闸和离线摆渡方式实现数据互通。（　）

A. 互联网、电子政务外网　　B. 电子政务外网、互联网

C. 内网、电子政务外网　　D. 电子政务外网、内网

11. 国家实行基本农田保护制度，要求符合条件的耕地必须纳入基本农田予以严格管理，各省、自治区、直辖市划定的基本农田应当占本行政区内耕地的（　）以上。

A. 90%　　B. 80%　　C. 70%　　D. 60%

12. 根据《自然资源部办公厅关于印发〈不动产登记信息安全防护工作指引〉的通知》（自然资办发〔2023〕11 号）要求，不动产登记业务处理、数据更新、数据查询全程留痕、可追溯，相应日志记录应至少留存（　）。

A. 3 个月　　B. 6 个月　　C. 12 个月　　D. 永久

13. 以国有土地所有权为抵押物设立的抵押，其抵押合同（　）。

A. 自合同签字后生效　　B. 自办理完抵押登记时生效

C. 自自然资源主管部门批准后生效　　D. 无效

14.《自然资源部办公厅 国家林业和草原局办公室关于进一步规范林权类不动产登记做好林权登记与林业管理衔接的通知》（自然资办发〔2020〕31 号）自（　）起执行。

A. 2020 年 1 月 1 日　　B. 2020 年 7 月 1 日

C. 2021 年 1 月 1 日　　D. 2021 年 7 月 1 日

15. 甲与乙约定，利用乙的宅基地架设脚手架用于甲自建房屋。以下说法正确的是（　）。

A. 甲的房屋为需役地，乙的宅基地为供役地

B. 甲的房屋为供役地，乙的宅基地为需役地

C. 甲的脚手架为需役地，乙的宅基地为供役地

D. 甲的脚手架为供役地，乙的宅基地为需役地

16. 下列申请不动产登记的情形中，需要缴纳契税的是（　）。

A. 因继承申请不动产转移登记的

B. 因受遗赠申请不动产转移登记的

C. 企业改制重组过程中，同一投资主体内部所属企业之间土地使用权无偿划转的

D. 个人独资企业的不动产无偿划转给其投资人的

17. 关于不动产登记机构直接办理不动产登记情形，下列说法错误的是（　）。

A. 人民法院持生效法律文书和协助执行通知书要求不动产登记机构办理登记

B. 人民检察院持协助查封通知书要求办理查封登记

C. 人民政府依法作出征收或者收回不动产权利决定生效后，要求不动产登记机构办理转移登记

D. 公安机关依据法律规定持协助查封通知书要求办理查封登记

18. 土地承包合同生效后，（　）。

A. 发包方不得因承办人或者负责人的变动而变更或者解除，也不得因集体经济组织的分立或者合并而变更或者解除

B. 发包方可以因承办人或者负责人的变动而变更或者解除，也可以因集体经济组织的分立或者合并而变更或者解除

C. 发包方可以因承办人或者负责人的变动而变更或者解除，但不得因集体经济组织的分立或者合并而变更或者解除

D. 发包方不得因承办人或者负责人的变动而变更或者解除，但可以因集体经济组织的分立或者合并而变更或者解除

19. 农村土地承包期内，承包方可以自愿将承包地交回发包方。承包方自愿交回承包地的，____，但是应当提前半年以书面形式通知发包方。承包方在承包期内交回承包地的，____。（　）

A. 不能获得补偿、在承包期内不得再要求承包土地

B. 可以获得合理补偿、在承包期内不得再要求承包土地

C. 不能获得补偿、在承包期内可以再要求承包土地

D. 可以获得合理补偿、在承包期内可以再要求承包土地

20. 老张有一独生子甲，甲结婚后不久因车祸意外去世，之后甲妻一直照顾老张。甲去世3年后，甲妻与王某再婚，一年后育有一子小王。小王成年独立生活后，经常和母亲一起照顾老张。前不久，老张去世，留有一套房产，但未立任何遗嘱。对此，下列关于对老张财产继承权的说法错误的是（　）。

A. 甲妻是第一顺位继承人　　B. 小王享有代位继承权

C. 小王不享有继承权　　D. 小王可分得适当遗产

21. 农村不动产登记，各地要及时收集、整理、完善农村不动产登记资料，以（　）为单位，做到统一保存和管理。

A. 省、市　　B. 市、县　　C. 县、乡　　D. 乡、村

22. 地役权是为了（　）的便利而设立的用益物权。

A. 需役地　　B. 供役地　　C. 公共用地　　D. 无法判断

23. 甲企业用一块工业用途的国有土地使用权向某银行抵押贷款，此宗地为出让取得且为最高年限，已使用 5 年，设定抵押权的最高年限为（　）。

A. 35 年　　B. 45 年　　C. 55 年　　D. 65 年

24. 依据《民法典》，下列财产不得抵押的是（　）。

A. 宅基地、自留地、自留山等集体土地的使用权

B. 建筑物和其他土地附着物

C. 海域使用权

D. 正在建造的建筑物

25. 不属于个人持人民法院生效判决办理房屋过户登记流程主体办事环节的是（　）。

A. 通过诉讼取得人民法院明确房屋产权归属的生效判决书

B. 提交办事个人的身份证、不动产权证书、生效法律文书

C. 通知办事人缴费（现场或网上均可）后，可领取不动产权证书

D. 在综合窗口或网上缴纳登记费并领取证书

26. 当宗地、宗海的界址、面积等变化导致宗地、宗海范围变化时，以下不动产登记机构将相关事项记载于登记簿的做法正确的是（　）。

A. 在登记簿上记载变化情况

B. 在登记簿上更新相关内容

C. 更换登记簿并与原登记簿进行关联

D. 在登记簿中增加相应簿页

27. 甲与乙向不动产登记机构申请房屋过户登记，提交的申请材料齐全，但收件人员发现申请材料有不一致的地方。最宜做法是（　）。

A. 不予受理　　B. 受理但不予登记

C. 告知申请人当场更正　　D. 拒收申请材料

28. 关于抵押权变更登记的情形，下列说法错误的是（　）。

A. 最高额抵押权债权确定的期间发生变化

B. 被担保的主债权种类或者数额发生变化

C. 抵押物发生变化

D. 债务履行期限发生变化

29. 国家特别规定的灌木林，是指分布在年均降水量（　）毫米以下的极干旱、干旱、半干旱地区，不包括乔木分布（垂直分布）上限以上地域的灌木林。

A. 200　　B. 300　　C. 400　　D. 500

30. 农村土地承包经营权合同可以区分为耕地承包、草地承包、林地承包，其中家庭承包的林地承包期限为（　）。

A. 30 年　　B. 30 ~ 50 年　　C. 30 ~ 70 年　　D. 50 ~ 70 年

31. 被执行人部分缴纳土地使用权出让金但尚未办理土地使用权登记的，下列说法正确的是（　）。

A. 人民法院不得进行预查封

B. 对可以分割的土地使用权，按已缴付的土地使用权出让金，由人民法院划定范围后进行预查封

C. 对不可以分割的土地使用权，可以全部进行预查封

D. 无论是否是可以分割的土地使用权，人民法院均可以对该土地使用权全部进行预查封

32. 政府组织开展的集体土地所有权确权登记，不动产地籍调查应当由（　）组织完成。

A. 有资质的测绘单位　　B. 县级以上自然资源主管部门

C. 不动产所在地的登记机构　　D. 县级以上人民政府

33. 在宗地发生分割合并的情况下，以下说法正确的是（　）。

A. 宗地号不会变化　　B. 不动产单元号不会变化

C. 宗地号将会发生变化　　D. 以上说法都不对

34. 根据《自然资源部关于加快解决不动产登记若干历史遗留问题的通知》（自

然资发〔2021〕1号）要求，要坚持“疏堵结合”严控新增，加快实现用地审批、规划许可、土地供应、开发利用、执法监察等全业务链条封闭动态监管，从源头上避免出现（　）问题。

A. 审批不到位　　B. 新的历史遗留
C. 监管不到位　　D. 登记失职

35. 下列不属于申请地役权变更登记的情形的是（　）。

A. 供役地权利人姓名或者名称发生变化的
B. 共有性质变更
C. 需役地权利状况发生变化
D. 地役权内容变更

36. 利用数据和图件等形式对不动产的数量、分布、权属、利用状况及其动态变化进行系统的调查、整理、分析和预测，这是（　）。

A. 不动产保护　　B. 不动产利用
C. 不动产统计　　D. 不动产开发

37. 新进不动产登记人员要严格落实（　）、再上岗，未经培训或培训不合格的人员不能上岗。

A. 先培训　　B. 先实习　　C. 先试用　　D. 先政审

38. 承包期内，因自然灾害严重毁损承包地等特殊情形对个别农户之间承包的耕地和草地需要适当调整的，必须经本集体经济组织成员的村民会议____以上成员或者____以上村民代表的同意，并报乡（镇）人民政府和县级人民政府农业等行政主管部门批准。（　）

A. 1/2、1/3　　B. 1/3、2/3　　C. 2/3、2/3　　D. 3/4、3/4

39. 自然保护区分为（　）两类。

A. 国家级自然保护区和地方级自然保护区
B. 国家级自然保护区和自治区级自然保护区
C. 国家级自然保护区和省级自然保护区
D. 省级自然保护区和地区级自然保护区

40. 李某申请了一处限价商品房，申请办理新建限价商品房转移登记，需缴纳登记费（　）元。

A. 40　　B. 0　　C. 80　　D. 550

41. 林地的承包期最长为（　）年；特殊林木的林地承包期，经国务院林业行政主管部门批准可以延长。

A. 30　　B. 40　　C. 50　　D. 70

42.（　）的承包方是本集体经济组织的农户。

A. 家庭承包　　B. 拍卖　　C. 招标　　D. 公开协商

43. 刘某在 10 岁生日时，接受了海外亲戚赠送的一套房子。刘某的独立接受行为（　）。

A. 虽未经父母同意但仍然有效　　B. 因未经父母同意而无效

C. 因未经父母同意而部分无效　　D. 因未登记而无效

44. 下列可以设置抵押权的是（　）。

A. 某某市某某镇的某某村民小组集体所有的土地

B. 某村民小组成员张三的宅基地使用权

C. 某公办学校教育用地

D. 某政府机关工作人员取得的出让住宅用地

45. 下列关于异议登记的说法错误的是（　）。

A. 异议登记自受理后就可记载于不动产登记簿

B. 异议登记不必颁发登记证明

C. 异议登记的申请主体是不动产登记簿所记载权利人的利害关系人

D. 异议登记申请人可以申请注销异议登记

46. 下列关于不动产登记信息查询的说法错误的是（　）。

A. 律师受当事人委托申请查询不动产登记资料，查询权限范围比委托人本身大

B. 律师持人民法院的调查令申请查询不动产登记资料的，其可以查询的范围根据调查令明确的范围确定

C. 不动产登记机构无须建立查询记录簿，但需要保证资料完好，保护权利人隐私

D. 不动产利害关系人及其委托代理人除了在查询申请书上写明查询目的之外，还需要签署承诺书

47. 下列哪些情形的不动产登记不收费？（　）

A. 张某的身份证号码发生了变更，申请不动产变更登记

B. 刘某与张某按份共有的不动产，刘某将所占份额全部转让给张某

C. 登记在张某名下的不动产因离婚被人民法院判决归张某前配偶所有

D. 王某的不动产权证损坏，申请换发

48. 乙购买甲的一套房屋，已经支付 1/3 的价款，双方约定余款待过户手续办理

完毕付清。后甲反悔，要求解除合同，乙不同意，起诉要求甲继续履行合同，转移不动产所有权。根据《民法典》，下列说法正确的是（　）。

A. 合同尚未生效，甲应返还所受领的价款并承担缔约过失责任

B. 合同无效，甲应返还所受领的价款

C. 合同有效，甲应继续履行合同

D. 合同有效，法院应当判决解除合同、甲赔偿乙的损失

49. 不动产登记证明电子证照标识中不动产登记机构的统一社会信用代码长度为（　）位。

A. 16　　B. 18　　C. 20　　D. 22

50. 李大与贺某育有一子李小。2021 年，贺某去世，李小通过继承遗产和李大的赠与，取得其父母的房屋所有权。李小与李大书面约定李大离世前有无偿居住该房屋的权利，双方随即办理了居住权登记。后李小离婚，以无房居住为由要求李大从现居住的房屋搬离。根据《民法典》的规定，下列选项正确的是（　）。

A. 李大对该房屋享有居住权，可以不搬离

B. 李小对该房屋享有所有权，李大应搬离

C. 李大对该房屋享有居住权，李小可要求其搬离，但应当对李大适当补偿

D. 李大可继续居住该房屋，但因李小对该房屋享有所有权，应当对李小予以适当补偿

51. 集体土地所有权调查中，地籍调查资料应按（　）立卷。

A. 宗地　　B. 权利人　　C. 乡（镇）　　D. 村

52. 下列情况中，应当由当事人双方共同申请不动产登记的是（　）。

A. 继承　　B. 合法建造房屋

C. 共有不动产份额变化　　D. 房屋所有权人姓名变更

53. 下列关于无权代理的行为人实施的代理行为的说法错误的是（　）。

A. 代理行为未经被代理人追认的，对被代理人不发生效力

B. 代理行为未被追认的，善意相对人有权请求行为人履行债务或就其受到的损害请求行为人赔偿

C. 相对人催告被代理人予以追认但被代理人未作表示的，视为同意追认

D. 相对人知道或者应当知道行为人无权代理的，相对人和行为人按照各自的过错承担责任

54. 以下关于地役权申请的说法不正确的是（　）。

A. 因用水、排水、通行利用他人不动产的，可申请地役权登记
B. 因铺设电线、电缆、水管、输油管线、暖气和燃气管线等利用他人不动产的，可申请地役权登记
C. 因架设铁塔、基站、广告牌等利用他人不动产的，可申请地役权登记
D. 因航空、航天等限制他人不动产利用的，可申请地役权登记

55. 被继承人生前与他人订有遗赠扶养协议，又立有遗嘱的，继承开始后，如果遗赠扶养协议与遗嘱有抵触的，（　）。
A. 按遗嘱处理　　B. 按遗赠扶养协议处理
C. 遗嘱和遗赠扶养协议都无效　　D. 交由人民法院处理

56. 个人独资企业名下不动产变更为个人不动产的登记类型是（　）。
A. 变更登记　　B. 转移登记　　C. 更正登记　　D. 注销登记

57. 下列关于利害关系人查询不动产登记资料的说法正确的是（　）。
A. 只能查询不动产登记结果，不能查询不动产登记原始资料
B. 只能查询不动产登记原始资料
C. 既可查询不动产登记结果，也可查询不动产登记原始资料
D. 不得查询不动产登记结果和不动产登记原始资料

58. 根据《自然资源部办公厅 国家林业和草原局办公室关于强化业务协同加快推进林权登记资料移交数据整合和信息共享的通知》（自然资办发〔2023〕2号）要求，下列表述不准确的是（　）。
A. 林草部门要以县（市、区）为单位，对原林权登记资料进行逐宗清查、分类整理，纸质和电子数据关联挂接，做到整理一批、移交一批
B. 林草主管部门要将原林权登记纸质和电子资料全部移交自然资源主管部门，自然资源部门要做好数据接收，不得以数据资料基础薄弱、情况复杂、问题多等原因拒不接收
C. 自然资源主管部门按照不动产登记数据整合建库技术规范、数据库标准和不动产单元编码规则，对原林权登记数据进行标准化转换，编制不动产单元代码
D. 自然资源和林草主管部门要加强林权登记与林权流转、森林资源管理等各环节的工作衔接，建立内部协调工作机制

59. 关于境外人员在我国境内购买或处分不动产，下列说法错误的是（　）。
A. 外籍自然人可出具外国人永久居留身份证或其所在国护照
B. 华侨提交其现所在国护照

C. 香港、澳门特别行政区自然人提交香港、澳门特别行政区永久性居民身份证或者护照或者中华人民共和国港澳居民居住证或者来往内地通行证

D. 台湾地区自然人提交台湾居民来往大陆通行证或者中华人民共和国台湾居民居住证

60. 不动产登记机构应当履行下列职责，其中不包括（　）。

A. 查验申请人提供的权属证明和其他必要材料

B. 就有关登记事项询问申请人

C. 如实、及时登记有关事项

D. 委托有关测绘机构实地查看

61. 关于自然资源地籍调查技术要求，下列说法错误的是（　）。

A. 界址调查包括指界、界标设置等工作

B. 自然资源权属状况调查应充分利用自然资源登记单元已有权源资料，采用“外业为主、内业为辅”的内外业相结合的方式开展

C. 调查成果核实以县为单位，由县级人民政府负责组织开展，具体由自然资源主管部门会同相关部门实施

D. 由于自然资源类型和公共管制信息为自动关联和提取信息，原则上不对两类信息进行内外业核实，信息漏提或错提情况除外

62. 按照《民法典》的规定，关于建设用地使用权设立规则，以下表述正确的是（　）。

A. 只能在土地地表设立

B. 可以在土地地表和地下设立，不得在地上设立

C. 可以在土地地表和地上设立，不得在地下设立

D. 可以在土地的地表、地上或者地下分别设立

63. 下列情形中，减半收取不动产登记费的是（　）。

A. 同一权利人因分割、合并不动产申请变更登记的

B. 申请不动产异议登记的

C. 申请不动产权利人姓名变更登记的

D. 非因登记机构的错误申请更正登记的

64.（　）是指对土地事实上的管领。

A. 占有　　B. 使用　　C. 收益　　D. 处分

65. 下列关于因继承取得不动产的登记的说法错误的是（　）。

A. 可以由当事人单方申请不动产登记

B. 应当提交死亡证明材料、遗嘱或全部法定继承人关于不动产分配的协议以及与被继承人的亲属关系材料

C. 可以提交生效的法律文书

D. 提交的资料必须经公证机关公证

66. 不动产登记电子资料应至少（　）1 次做好增量数据和材料备份。

A. 每日　B. 每两日　C. 每 5 日　D. 每周

67. 下列关于地役权的表述正确的是（　）。

A. 地役权自登记时设立

B. 地役权中，自己的不动产为供役地，他人的不动产为需役地

C. 设立地役权，通常是无偿的

D. 供役地以及供役地上的土地承包经营权、建设用地使用权等部分转让时，转让部分涉及地役权的，地役权对受让人具有法律约束力

68. 不动产登记簿应当采用（　）介质。

A. 纸质　B. 电子　C. 纸质或电子　D. 防伪

69. 甲未经有权机关批准，将自己名下的经济适用房出卖给乙，现甲和乙共同向不动产登记机构申请办理不动产转移登记。下列说法正确的是（　）。

A. 买卖行为有效，不动产登记机构应予受理

B. 买卖行为无效，不动产登记机构应不予受理

C. 买卖行为有效，但不动产登记机构需报经有关部门批准后予以受理

D. 买卖行为效力待定，不动产登记机构应视情况决定是否受理

70. 根据《自然资源部关于做好不动产抵押权登记工作的通知》（自然资发〔2021〕54 号），不属于不动产登记簿新增或修改内容的是（　）。

A. 担保范围

B. 是否存在禁止或限制转让抵押不动产的约定

C. 最高债权额

D. 债务履行期限

71. 遗产已经被分割而被继承人的债务尚未清偿的，如果有遗嘱继承人、法定继承人和受遗赠人的，应当首先由（　）所得遗产清偿债务。

A. 法定继承人　B. 遗嘱继承人

C. 受遗赠人　D. 法定继承人和遗嘱继承人

72. 不动产存在抵押或存在异议登记、预告登记的，不动产权利人申请补发或者换发不动产权证的，应与抵押权人或者异议登记权利人、预告登记权利

人共同申请相关的（　）。

A. 更正登记　B. 变更登记　C. 转移登记　D. 注销登记

73. 各级人民政府应当加强土地利用计划管理，实行（　）总量控制。

A. 农用地　B. 建设用地　C. 耕地　D. 未利用地

74. 土地承包经营权自（　）设立。

A. 土地承包经营权登记时　B. 土地承包经营权合同生效时

C. 土地承包经营权合同订立时　D. 土地承包经营权合同备案时

75.（　）环节完成后，申请人不可以申请撤回登记事项。

A. 申请　B. 受理　C. 审核　D. 登簿

76. 不动产登记机构出具的不动产登记资料查询结果，不包括（　）。

A. 不动产登记资料查询结果证明（权利人、利害关系人）

B. 根据申请人要求，依法提供的不动产登记原始资料复印件

C. 不动产登记资料查询受理凭证

D. 不动产登记资料不予查询告知书

77. 甲开发公司申请为小区的 4 套物业用房办理建筑物所有权共有部分的首次登记，应缴纳登记费（　）元。

A. 80　B. 550　C. 320　D. 0

78. 不动产登记信息安全防护工作是不动产登记队伍作风常态化建设的重要内容，根据自然资源部不动产登记信息管理基础平台网络运维环境的要求，不动产登记信息平台安全等级保护要求（　）级。

A. 2　B. 3　C. 4　D. 5

79. 根据《国务院办公厅关于压缩不动产登记办理时间的通知》（国办发〔2019〕8 号）要求，到 2020 年底前，全国所有市县一般登记、抵押登记业务办理时间力争全部压缩至（　）个工作日以内。

A. 1　B. 3　C. 5　D. 30

80. 关于自然资源统一确权登记，下列说法不正确的是（　）。

A. 自然资源登记单元的重要界址点应现场指界，必要时可设立明显界标

B. 自然资源登记单元具有唯一编码

C. 相关许可和公共管制要求的原始资料可以按照《不动产登记资料查询暂行办法》的规定进行查询

D. 在国土调查、专项调查、地籍调查、土地勘测定界等工作中对重要界址点已经指界确认的，不需要重复指界

81. 根据《民法典》，居住权期限届满或者居住权人死亡的，居住权（　）。
A. 消灭　B. 可以继承　C. 经协商而定　D. 不确定
82. 新建商品房办理首次登记，因提供测绘资料所产生的测绘费，由（　）承担。
A. 房地产开发企业　B. 购房人
C. 调查机构　D. 财政
83. 因继承取得不动产物权的，自（　）起发生效力。
A. 继承开始时　B. 登记时
C. 实际占有时　D. 遗产分割时
84. 继承宅基地使用权及房屋所有权，当事人可以申请（　）。
A. 首次登记　B. 注销登记　C. 转移登记　D. 变更登记
85. 下列关于不动产登记机构受理不动产登记申请的说法正确的是（　）。
A. 属于登记职责范围，申请登记材料齐全、符合法定形式的，应当受理并书面告知申请人
B. 不动产登记机构未当场书面告知申请人受理的，即为不受理
C. 对申请材料存在无法当场更正的错误的，告知申请人不予受理并退回申请材料
D. 不予受理告知书正本交与申请人，副本由不动产登记机构留存
86. 下列自然资源中，可以属于集体所有的是（　）。
A. 矿藏　B. 水流　C. 滩涂　D. 海域
87. 下列关于不动产登记资料查询的表述正确的有（　）。
A. 不动产权利人可以委托律师或者其他代理人查询，利害关系人不得委托律师或者其他代理人查询
B. 继承人因继承取得不动产权利的，如果还没有办理继承转移登记的，其还不是不动产登记簿记载的权利人，因此适用不动产利害关系人查询的规定
C. 县级以上人民政府不动产登记机构和房屋交易机构共同负责不动产登记资料查询管理工作
D. 不动产登记原始资料包括不动产地籍调查成果
88. 一般抵押登记中，当事人提交的借款合同中的主债权是100万元，抵押合同中担保的主债权是90万元，当事人申请办理不动产抵押登记时，不动产登记簿填写的担保的主债权应为（　）。
A. 100万元

B. 90 万元

C. 190 万元

D. 登记机构不应受理，要求当事人将合同中的金额表示一致

89. 甲承包本村林地 30 亩，与村集体签订了土地承包经营权合同，并办理了不动产登记，领取了不动产权属证书。根据《民法典》，该林地的承包经营权自（　）时设立。

A. 登记事项记载于不动产登记簿

B. 权利人取得不动产权证书

C. 林地承包经营权合同生效

D. 不动产登记机构受理不动产登记申请

90. 已登记的林地经营权，经营权流转合同依法解除或者合同期限届满未续约的，经营权权利人可以申请经营权（　）。

A. 延续登记　　B. 变更登记　　C. 转移登记　　D. 注销登记

91. 因土地被依法征收、人民法院或者仲裁机构的生效法律文书导致土地经营权消灭的，土地经营权注销登记可（　）申请。

A. 由承包方　　B. 由发包方

C. 依嘱托或由承包方　　D. 依嘱托或由发包方

92. 异议登记申请人自异议登记之日起（　）日内，未提交人民法院受理通知书、仲裁委员会受理通知书等提起诉讼、申请仲裁的，异议登记失效。

A. 30　　B. 20　　C. 15　　D. 10

93. 根据《不动产登记暂行条例实施细则》，不动产登记机构应当加强不动产登记信息化建设，按照统一的不动产登记信息管理基础平台建设要求和技术标准，做好数据整合、系统建设和信息服务等工作，加强不动产登记信息产品开发和技术创新，提高不动产登记的（　）。

A. 效率　　B. 信息化水平

C. 安全性和效率　　D. 社会综合效益

94. 下列关于物权的表述不正确的是（　）。

A. 物权是绝对权　　B. 物权是对世权

C. 物权是对人权　　D. 物权是支配权

95. 设立居住权的，应当向不动产登记机构申请居住权登记。居住权（　）设立，但是当事人另有约定的除外。

A. 有偿　　B. 无偿　　C. 约定　　D. 使用时

96. 各地在宅基地和集体建设用地权属调查中要结合本地实际，选取合适的地籍测绘技术方法。有条件或靠近城镇的，可采用____。不具备条件的，可利用现势性强的第三次全国国土调查、农村土地承包经营权登记等形成的航空或高分辨率卫星遥感正射影像图，采用____获取界址、面积等信息。（　）

A. 图解法、解析法　　B. 图解法、勘丈法

C. 解析法、图解法　　D. 列表法、图解法

97. 下列不属于地役权合同可以约定内容的是（　）。

A. 地役权单独抵押　　B. 解决争议的方法

C. 利用目的和方法　　D. 利用期限和费用

98. 永久基本农田划定以（　）为单位进行。

A. 村民小组　　B. 村民委员会　　C. 乡（镇）　　D. 县

99. 根据《自然资源部关于加快解决不动产登记若干历史遗留问题的通知》（自然资发〔2021〕1号）精神，下列表述不准确的是（　）。

A. 由政府主导的安置房、棚改房、经济适用房等项目，可按照划拨、协议出让等方式补办用地手续

B. 房屋已销售的住宅项目，开发单位未按出让合同约定足额缴纳土地出让价款，可报经地方人民政府同意，按照“证缴分离”原则，在有关部门追缴土地出让价款和税费的同时，办理不动产登记手续

C. 因开发企业或有关单位灭失，有承继单位或上级主管部门的，由承继单位或上级主管部门办理

D. 房屋和土地有合法权属来源文件、跨宗地建设未超出批准用地范围，无调整宗地需求的，可按照所在宗地分别办理不动产登记

100. 因以下因素等导致宅基地使用权及房屋所有权发生转移的，可以申请转移登记，（　）除外。

A. 依法继承　　B. 分家析产

C. 买卖　　D. 集体经济组织内部互换房屋

单项选择题（七）

1. 李某患有阿尔茨海默症，并长期与妻子分居，其病重前与外甥张某书面约定，待其丧失行为能力后，由张某对李某进行监护，但遭李某妻子反对。关于李某监护人的确定，下列说法正确的是（　）。

A. 由李某妻子监护　　B. 由当地居民委员会指定监护

C. 由人民法院指定监护　　D. 由张某监护

2. 下列出让国有建设用地使用权首次登记的说法正确的是（　）。

A. 申请人为受让方

B. 出让合同中受让方为县（市）级以上人民政府

C. 不能分期支付土地出让金

D. 可以按出让金缴纳比例分割发放土地证

3. 国家所有依法由农民集体使用的土地承包经营权（林地），编写的宗地特征码应为（　）。

A. GD　　B. GE　　C. GF　　D. GH

4. 根据《自然资源部办公厅 国家林业和草原局办公室关于强化业务协同加快推进林权登记资料移交数据整合和信息共享的通知》（自然资办发〔2023〕2号）要求，林权登记资料应由（　）保管。

A. 档案部门　　B. 林草部门

C. 属地政府　　D. 不动产登记机构

5. 农民进城落户后，其原合法取得的宅基地使用权（　）。

A. 应予以退出

B. 应予以确权登记

C. 宅基地使用权具有身份限制，不能再确权登记

D. 登记给集体经济组织

6. 已经登记的抵押权，当事人不可以申请抵押权变更登记的情况有（　）。

A. 权利人姓名或名称、身份证明种类或身份证明发生变化的

B. 担保范围发生变化的

C. 债务执行限期发生变化的

D. 权利人经济情况发生变化的

7. 承包方可以用承包地的土地经营权向金融机构融资担保，实现担保物权时，

担保物权人有权就（ ）优先受偿。

A. 土地所有权　B. 土地经营权　C. 土地承包权　D. 土地使用权

8. 不宜采取家庭承包方式的荒山、荒沟、荒丘、荒滩等农村土地，可以通过（ ）等方式承包。

A. 招标、拍卖、挂牌　B. 招标、出让、公开协商

C. 招标、拍卖、公开协商　D. 招标、拍卖、转让

9. 甲单位申请土地用途变更登记时，应向（ ）提交材料。

A. 县级以上人民政府　B. 县级以上规划部门

C. 县级以上自然资源部门　D. 乡级以上人民政府

10. 办理不动产首次登记，不动产登记机构通过信息共享，直接提取前期供地、规划和预销售等形成的测绘成果；对在登记受理环节获取的测绘成果，要同时办理信息入库。能够直接提取利用测绘成果的，不得另行要求当事人开展（ ）。

A. 测绘和地籍调查　B. 测绘

C. 地籍调查　D. 指界

11. 不动产登记信息共享单位及其工作人员均负有对不动产登记信息进行（ ）。

A. 披露的义务　B. 保密的义务

C. 公开的义务　D. 更新的义务

12. 电子证照，是指由计算机等电子设备（ ）的证件、执照等电子文件。

A. 形成　B. 传输

C. 存储　D. 形成、传输和存储

13. 居住权是指对他人所有的房产及其附属设施占有、使用的权利。按照《民法典》规定，设立居住权的，应当向不动产登记机构申请居住权登记。居住权自（ ）时设立。

A. 实际居住　B. 登记

C. 签订居住协议　D. 实际居住并登记

14.《自然资源部关于开展不动产登记队伍作风常态化建设的通知》（自然资发〔2022〕144 号）要求，各地不动产登记中心每年应（ ）登记队伍作风常态化建设考核。

A. 不少于 1 次　B. 不少于两次　C. 3 次　D. 4 次

15. 国务院批准用岛的无居民海岛使用权登记应由（ ）负责。

A. 国家海洋局　B. 省级海洋主管部门

C. 自然资源部　　　　　　　　D. 省级规划和自然资源部门

16. 根据《民法典》，下列不动产，可以设立居住权的是（　）。

A. 住宅　　　B. 写字楼　　　C. 厂房　　　D. 酒店

17. 关于不动产预告登记的债权消灭，下列说法错误的是（　）。

A. 买卖协议被认定无效　　　　B. 买卖协议被撤销

C. 买卖协议被变更　　　　　　D. 预告登记权利人放弃债权

18. 农民集体所有的土地依法属于村农民集体所有的，由村集体经济组织或者村民委员会发包；已经分别属于村内两个以上农村集体经济组织的农民集体所有的，（　）。

A. 由村内各该农村集体经济组织或者村民小组发包

B. 由村民委员会发包

C. 由乡镇人民政府发包

D. 招标、拍卖

19. 国家所有依法由农民集体使用的农村土地，（　）。

A. 由乡镇人民政府发包

B. 由当地自然资源所发包

C. 由自然资源主管部门发包

D. 由使用该土地的农村集体经济组织、村民委员会或者村民小组发包

20. 在幸福小区中，不能被认定是建筑物的专有部分的是（　）。

A. 幸福小区为 2 幢楼服务的配电房

B. 幸福小区地下室中的 211 号车位

C. 幸福小区 3 幢 203 室中的卫生间

D. 幸福小区 5 幢 301 室中的朝阳露台

21. 根据《民法典》规定，监护人处理被监护人财产的前提是（　）。

A. 征得被监护人的同意　　　　B. 经被监护人所在单位批准

C. 为了被监护人的利益　　　　D. 被监护人住所地居委会认定

22. 因人民法院、仲裁机构的法律文书或者人民政府的征收决定等，导致物权设立、变更、转让或者消灭的，自（　）时发生效力。

A. 申请不动产登记　　　　　　B. 记载于不动产登记簿

C. 法律文书或者征收决定等生效　D. 核准登记

23. 国家所有的土地所有权由（　）代表国家行使。

A. 县市级以上人民政府　　　　B. 国务院

C. 省级以上人民政府　　　　　D. 自然资源部

24.《自然资源部办公厅 国家林业和草原局办公室关于进一步规范林权类不动产登记做好林权登记与林业管理衔接的通知》（自然资办发〔2020〕31号）中规定，本集体经济组织及其成员（　）或者确需开展补充调查的，由不动产登记机构采取“办理一宗、更新一宗”的方式，通过购买服务或组织专业调查队伍，逐宗开展地籍调查，不得增加申请人负担。

A. 林权首次登记未完成

B. 林地承包或流转合同问题引发权属交叉重叠的

C. 林权转移、抵押、流转等涉及已登记的林权界址发生变化的

D. 原林权登记档案因图件缺失、界址不清楚无法确定位置的

25.（　）级以上人民政府自然资源主管部门会同同级有关部门进行土地调查。

A. 国家　　　B. 省　　　C. 市　　　D. 县

26. 假设小区的商品房全部销售或预售，关于专有部分的面积计算，下列说法错误的是（　）。

A. 甲小区商品房已全部办理首次登记，可以按照预售合同中记载的面积计算全部专有部分面积

B. 乙小区商品房已竣工未办理首次登记，可以暂按测绘机构的实测面积计算全部专有部分面积

C. 丙小区商品房已建成但未竣工验收，也未进行实测，可以暂照预售合同中记载的面积计算全部专有部分面积

D. 丁小区商品房已全部办理首次登记，可以按不动产登记簿记载的面积计算全部专有部分面积

27. 2020年3月1日，甲从开发公司购买一套住房，约定半年后交房，并申请办理了预告登记。2020年5月1日，开发公司因资金周转困难，在甲不知情的情况下，与M民间借贷公司签订贷款合同，并以甲预购的这套住房作抵押，但未办理抵押登记。现因开发公司不能清偿欠款，M公司要求实现抵押权。下列说法正确的是（　）。

A. 贷款合同有效，抵押权设立

B. 贷款合同无效，但抵押权设立

C. 贷款合同有效，但抵押权不设立

D. 贷款合同无效，抵押权不设立

28. 建设用地使用权抵押登记后，关于抵押权的效力，下列说法错误的是（　）。

A. 及于建设用地使用权　　B. 及于已有的建筑物

C. 及于在建造的建筑物　　D. 及于新增建筑物

29. 根据《国务院关于进一步优化政务服务提升行政效能推动“高效办成一件事”的指导意见》（国发〔2024〕3号），下列关于全面深化政务服务模式创新的说法错误的是（　）。

A. 推进关联事项集成办　　B. 推进容缺事项承诺办

C. 推进异地事项同城办　　D. 推进政策服务免申办

30. 某经济适用房小区规划用途全部为划拨住宅，但在实际建造时根据规划批准配建了部分商业用房。其商业部分（　）。

A. 不能销售

B. 可以销售，但需报经政府批准后按照规定补缴土地出让金

C. 可以销售，但保留经济适用房划拨用途

D. 可以销售，但必须首先满足本经济适用房小区业主需要，且保留划拨性质

31. 当事人申请不动产登记时，提交（　）作为身份证明材料的，不动产登记机构应当不予受理。

A. 临时身份证　　B. 军官证、士官证

C. 老年证　　D. 护照

32. 以下哪种情形不会导致转移登记？（　）

A. 以不动产作价出资（入股）的

B. 同一权利人分割或合并不动产的

C. 共有人增加或减少的

D. 因主债权转移引起不动产抵押权转移的

33. 原林权登记档案因图件缺失、界址不清楚无法确定位置的，应根据权属来源资料，在不低于（　）的遥感影像图上绘制边界，不动产登记机构会同林草部门组织申请人和利害关系人依图辨别或现场勘查明确四至界线，签字确认后办理登记。

A. 1 ∶ 500　　B. 1 ∶ 1000

C. 1 ∶ 10000　　D. 1 ∶ 100000

34. 下列属于《民法典》新设用益物权的是（　）。

A. 土地承包经营权　　B. 地役权

C. 居住权　　D. 土地经营权

35. 不动产登记机构应当在办公场所和（　）公开申请登记所需材料目录和示

范文本等信息。

A. 门户网站　　B. 电视台
C. 融媒体中心　　D. 微信公众号

36. 有关市县不动产登记中心人员接受自然资源部精准核查任务，查询后（　）。
A. 填入反馈表格，按接受任务渠道直接反馈
B. 向省级不动产登记中心汇报
C. 将查询结果报有关领导审定
D. 记录至本单位查询工作台账

37. 2019 年 7 月 8 日，甲某与银行代理人员共同到不动产登记机构申请办理林权抵押登记一件，应缴纳（　）抵押登记费。
A. 80 元　　B. 275 元　　C. 550 元　　D. 0 元

38. 经政府划定为公益林的，要落实森林生态效益补偿政策。已承包到农户的，森林生态效益补偿要落实到户；未承包到农户的，要确定管护主体，明确管护责任，森林生态效益补偿要落实到（　）的身上。
A. 本集体经济组织的农户　　B. 本集体经济组织
C. 经营者　　D. 管护者

39. 高某作为 H 市高层次人才申请了一套产权型人才公寓，现申请办理新建人才公寓转移登记，需缴纳登记费（　）元。
A. 40　　B. 80　　C. 0　　D. 550

40. （　）类森林、林木、林地使用权不得转让。
A. 用材林　　B. 经济林　　C. 薪炭林　　D. 防护林

41. 林地属于（　）。
A. 农用地　　B. 建设用地　　C. 未利用地　　D. 特殊用地

42. 近亲属对未成年人担任监护人的顺序是（　）。
A. 约定排他顺序　　B. 法定排他顺序
C. 约定非排他顺序　　D. 法定非排他顺序

43. 甲县的乙村民小组从 1985 年开始使用丙村民小组集体所有的一宗土地，位于 323 国道西山坡东侧，面积 10 亩，用于建设乙村的砖厂。双方当时签订了土地使用协议，但没有明确使用期限。到 2015 年，该宗地一直为乙村民小组所使用，其间丙村民小组也未向现使用者或有关部门提出归还该宗地。2019 年，丙村民小组更换了新的领导，需要土地发展丙村的乡镇企业项目，提出要将该宗地收回。对此，双方产生了争议。关于该土地确权，以下说

法正确的是（　）。

A. 所有权归乙村民小组，使用权归乙村民小组

B. 所有权归乙村民小组，使用权归丙村民小组

C. 所有权归丙村民小组所有，使用权归乙村民小组

D. 所有权归丙村民小组所有，使用权归丙村民小组

44.《不动产登记暂行条例》施行前公布的行政法规有关不动产登记的规定与条例规定不一致的（　）。

A. 同时有效

B. 同时无效

C. 以《不动产登记暂行条例》为准

D. 交由国务院决定

45. 根据不动产单元编码规定，某市区某街坊中的 6 号宗地的顺序号为（　）。

A. 006　　B. 0006　　C. 00006　　D. 06

46. 海域 (含无居民海岛) 权属调查的准备工作不包括（　）。

A. 标绘工作底图　　B. 表格及工具的准备

C. 预编宗海代码和调查路线　　D. 检查验收地籍数据库

47. 以家庭承包方式取得的土地承包经营权首次登记，应由（　）申请。

A. 承包方　　B. 发包方

C. 县级以上人民政府　　D. 农民集体

48. 下列继承方式发生冲突时，按其效力从高到低的排列顺序为（　）。

A. 法定继承、遗嘱继承、遗赠扶养协议

B. 遗嘱继承、遗赠扶养协议、法定继承

C. 遗赠扶养协议、遗嘱继承、法定继承

D. 遗嘱继承、法定继承、遗赠扶养协议

49. 某开发企业依法以出让方式取得一宗国有土地，并按规划建成商品住宅。现该开发企业申请不动产登记。不动产登记机构应在登记簿“权利性质”一栏填写（　）。

A. 房屋所有权　　B. 国有建设用地使用权

C. 出让　　D. 城镇商品住宅

50. 下列关于不动产权属证书和不动产登记证明的说法错误的是（　）。

A. 不动产权属证书和不动产登记证明是权利人享有不动产物权的凭证

B. 不动产权属证书和不动产登记证明是权利人享有不动产物权的依据

C. 不动产权属证书和不动产登记证明应当加盖不动产登记机构登记专用章

D. 不动产权属证书和不动产登记证明的样式由自然资源部统一规定

51. 依申请的不动产登记应当按（　）程序进行。

A. 申请、受理、审核、登簿　　B. 嘱托、接受嘱托、审核、登簿

C. 启动、审核、发证　　D. 申请、确权、登记、发证

52.（　）负责全国农村宅基地改革和管理有关工作。

A. 农业农村部　　B. 自然资源部

C. 国家发展与改革委员会　　D. 国务院办公厅

53. 根据《土地管理法》，国务院（　）统一负责全国土地的管理和监督工作。

A. 建设行政主管部门　　B. 农业农村主管部门

C. 自然资源主管部门　　D. 生态环境主管部门

54. 已经登记的自然资源，因不可抗力等因素导致自然资源所有权灭失，现要办理注销登记，一般程序为（　）。

A. 启动—审核—公告—登簿

B. 嘱托—接受嘱托—审核—登簿

C. 接受嘱托—审核—公告—登簿

D. 嘱托—接受嘱托—审核—公告—登簿

55. 关于宗地划分，下列表述错误的是（　）。

A. 宗地不得跨越地籍子区　　B. 宗地界址线应封闭

C. 宗地可以跨越地籍子区　　D. 宗地界址线互不交叉

56 不动产单元具有（　）编码。

A. 明确　　B. 唯一　　C. 若干　　D. 房和地两个

57. 甲向乙、丙二人共借款 100 万元，签订一份借款抵押合同。甲以一套住宅作为担保抵押给乙、丙二人，办理一笔抵押登记，抵押权人为乙、丙，应缴纳抵押登记费（　）元。

A. 80　　B. 90　　C. 550　　D. 560

58. 之所以称不动产权利是“对世权”，是因为（　）。

A. 不动产权利是直接支配物的权利

B. 不动产权利的义务人是权利人以外的任何其他的人

C. 不动产权利是永久性的权利

D. 不动产权利主要反映财产的归属关系

59. 按照《民法典》的规定，流转期限为（　）以上的土地经营权，自流转合

同生效时设立。当事人可以向登记机构申请土地经营权登记；未经登记，不得对抗善意第三人。

A. 3 年　　B. 5 年　　C. 7 年　　D. 10 年

60. 以家庭承包方式承包农民集体所有或国家所有依法由农民集体使用的林地从事林业生产的，依据承包合同，权利类型登记为（　）。

A. 林地经营权 / 林木使用权　　B. 林地经营权 / 林木所有权

C. 林地使用权 / 林木使用权　　D. 林地承包经营权 / 林木所有权

61. 当事人提交继承权公证书办理继承登记的，下列属于需提交的材料的是（　）。

A. 能够证明法定继承人与被继承人亲属关系的材料

B. 继承人身份证明

C. 全部法定继承人与被继承人的亲属关系表

D. 被继承人的死亡证明材料

62. 下列可以由当事人单方申请预告登记的是（　）。

A. 预购商品房预告登记　　B. 预购商品房抵押预告登记

C. 动产转移预告登记　　D. 不动产抵押预告登记

63. 下列不动产权利除法律另有规定外，自合同生效时设立的是（　）。

A. 土地承包经营权　　B. 建设用地使用权

C. 抵押权　　D. 海域使用权

64. 关于《民法典》中规定的遗嘱形式，下列说法正确的是（　）。

A. 录像遗嘱和电子遗嘱属于《民法典》中新增加的遗嘱形式

B. 公证遗嘱的撤销必须通过公证遗嘱来实现

C. 除公证遗嘱和自书遗嘱之外，其他遗嘱形式都要求有两个以上无利害关系见证人见证

D. 由于打印遗嘱并非亲自书写，其效力应当低于自书遗嘱

65. 工业、商业、旅游、娱乐和商品住宅等经营性用地，同一土地有两个以上意向用地者的，应当采取（　）等公开竞价的方式出让。

A. 招标、拍卖　　B. 各方协商　　C. 协议出让　　D. 公开确定

66. 不动产登记系统设置密码时，采用（　）的方式比较安全。

A. 数字、大小写字母、特殊符号组合作为密码

B. 使用生日作为密码

C. 重复使用同一密码

D. 单一使用数字作为密码

67. 下列关于村民小组和集体土地所有权的说法错误的是（　）。

A. 村民小组是行政村内由村民组成的自治组织

B. 村民小组具有一定的自治权

C. 将村民小组一级集体土地所有权确定为集体土地所有权的基本形态是比较适宜的

D. 村民小组享有土地所有权有严格的条件限制

68. 处分共有不动产申请登记时，应当经占份额（　）的按份共有人或者全体共同共有人共同申请，但共有人另有约定的除外。

A. 1/3 以上　　B. 2/3 以上　　C. 一半以上　　D. 全部

69. 下列关于一并申请不动产登记的说法错误的是（　）。

A. 预购商品房预告登记与预购商品房抵押预告登记可以一并申请

B. 不动产变更登记导致抵押权变更的，不动产变更登记与抵押权变更登记不得一并申请

C. 建筑物所有权首次登记与在建建筑物抵押权登记转建筑物抵押权登记可以一并申请

D. 不动产变更、转移登记致使地役权变更、转移的，不动产变更登记、转移登记与地役权变更、转移登记可以一并申请

70. 对于有意向的利害关系人，可以查询的相关不动产登记簿信息不包括（　）。

A. 不动产的自然状况

B. 不动产的权利状况

C. 不动产是否存在抵押权登记、预告登记或异议登记情形

D. 不动产是否存在查封登记或者其他限制处分的情形

71. H 市法院向 N 市不动产登记中心送达了一份协助执行通知书，将甲名下的一处办公用房拍卖给乙，下列关于此笔转移登记的登记费的说法正确的是（　）。

A. 登记费应由 A 市人民法院缴纳

B. 登记费应记由 B 市不动产登记中心缴纳

C. 登记费应记由乙缴纳

D. 登记费应记由甲缴纳

72. 协助法院进行司法查封时，查封期限的起始时间按（　）记载。

A. 人民法院裁定时间　　B. 查封文件上填写的起始时间

C. 送达被执行人的时间　　　　D. 送达不动产登记机构的时间

73. 申请集体建设用地使用权首次登记，提交的材料不包括（　）。

A. 有批准权的人民政府批准用地的文件等权属来源材料

B. 不动产地籍调查表、宗地图以及宗地界址点坐标等有关不动产界址、面积等材料

C. 申请人身份证明

D. 建设工程已竣工的材料

74. 根据《森林法》，需要临时使用林地的，应当经县级以上人民政府林业主管部门批准；临时使用林地的期限一般不超过（　）年，并不得在临时使用的林地上修建永久性建筑物。

A. 半　　B. 1　　C. 2　　D. 3

75. 根据《自然资源部办公厅 国家林业和草原局办公室关于强化业务协同加快推进林权登记资料移交数据整合和信息共享的通知》（自然资办发〔2023〕2号）要求，各地要结合实际，由林草部门和自然资源部门共同协商，打通不动产登记信息管理基础平台与林权综合监管等信息平台的共享通道，通过数据交换接口、数据抄送等方式实现林权（　）信息互通共享，暂不具备条件的地方可以通过人工交换、离线复制等方式开展共享。

A. 审批、交易和登记　　　　B. 申请、交易和登记

C. 申请、审批和登记　　　　D. 申请、确权和交易

76. 根据《民法典》规定，立有数份遗嘱，内容相抵触的，以（　）为准。

A. 最先的遗嘱　　　　B. 最后的遗嘱

C. 经协商而定　　　　D. 不确定

77. 王老先生久卧病床，一直由保姆幸某照顾。老人去世前，希望通过合同或者遗嘱的方式，让幸某可以继续在房子里居住，但把房屋产权留给子女。关于幸某对房屋的居住权，下列说法错误的是（　）。

A. 王老先生的子女不能擅自出租该房屋

B. 幸某不能将自己的居住权转让给其他人

C. 幸某对该房屋只能居住不能出租

D. 幸某死后幸某的子女可以继承对该房屋的居住权

78. 根据《地籍调查规程》（GB/T 42547—2023），地籍总调查的工作程序不包括（　）。

A. 权属调查　　　　B. 工作底图测制

C. 土地登记　　D. 不动产测绘

79.《民法典》实施时间为（　）。

A. 2020 年 5 月 28 日　　B. 2021 年 5 月 28 日

C. 2020 年 1 月 1 日　　D. 2021 年 1 月 1 日

80. 村民甲以家庭承包方式承包了一块农民集体所有的耕地，订立了土地承包经营权合同，未办理登记。甲因常年在外，便与同村村民乙订立土地承包经营权转让合同，将地交予乙耕种。关于该土地承包经营权，下列说法正确的是（　）。

A. 未经登记不得处分

B. 自土地承包经营权合同生效时设立

C. 其转让合同自完成转移登记时起生效

D. 其转让无须发包方同意

81. 抵押权人应当在主债权诉讼时效期间行使抵押权，未行使的，（　）。

A. 人民法院不予保护　　B. 抵押人可以单方申请注销抵押权

C. 抵押权自动失效　　D. 登记机构可以主动注销抵押权

82. 甲、乙、丙 3 人按份共有一间商铺，现甲将自己的份额转让给乙，申请转移登记时提交的申请材料不包括（　）。

A. 登记申请书　　B. 申请人身份证明

C. 丙同意甲转让的材料　　D. 转让合同

83. 县级行政区划代码按照《中华人民共和国行政区划代码》的规定变更，不动产单元代码的变更应按（　）的顺序依次变更。

A. 定着物单元代码、宗地（宗海）号、地籍子区代码、地籍区代码

B. 宗地（宗海）号、定着物单元代码、地籍子区代码、地籍区代码

C. 地籍区代码、地籍子区代码、宗地（宗海）号、定着物单元代码

D. 地籍区代码、地籍子区代码、定着物单元代码、宗地（宗海）号

84. 下列不动产登记机构关于不动产权证书或者不动产登记证明遗失、灭失补发新证的做法正确的是（　）。

A. 在其办公场所刊发不动产权利人的遗失声明 15 个工作日后予以补发

B. 依法刊发遗失声明后，打印一份遗失、灭失声明页面存档，并将有关事项记载于登记簿后予以补发

C. 补发新不动产权证书或者不动产登记证明，新证编号不变

D. 补发新证，原不动产权证书或者不动产登记证明由不动产登记机构公告

作废

85. 自然资源登记单元类型代码“22”表示（　）。

A. 国家公园　　B. 自然公园

C. 自然保护区　　D. 其他自然保护地

86. 下列（　）项不属于《国务院办公厅关于加快推进政务服务“跨省通办”的指导意见》（国办发〔2020〕35 号）提出的优化政务服务“跨省通办”业务模式。

A. 深化“全程网办”　　B. 拓展“异地代收代办”

C. 优化“多地联办”　　D. 实现“一件事一次办”

87. 下列不属于集体土地所有权首次登记审查要点的是（　）。

A. 土地权属来源材料是否齐全、规范

B. 不动产登记申请书、权属来源材料等记载的主体是否一致

C. 依法应当缴纳土地价款的，是否已缴清土地价款；依法应当纳税的，是否已完税

D. 权属来源材料与申请登记的内容是否一致

88.《不动产登记暂行条例》自（　）起实施。

A. 2014 年 11 月 24 日　　B. 2015 年 3 月 1 日

C. 2015 年 10 月 1 日　　D. 2016 年 1 月 1 日

89. 2015 年 4 月 21 日，某人民法院查封段某名下一套房产，期限为 3 年；2018 年 4 月 10 日续封此案号，期限为 3 年。此期间，2018 年 4 月 15 日，另一人民法院轮候查封该房产，该轮候法院查封生效时间为（　）。

A. 2018 年 4 月 15 日　　B. 2021 年 4 月 19 日

C. 2021 年 4 月 10 日　　D. 2021 年 4 月 21 日

90. 根据《不动产登记资料查询暂行办法》，已有电子介质，且符合下列情形之一的纸质不动产登记原始资料可以销毁。（　）

A. 抵押权登记、地役权登记已经注销且自注销之日起满 5 年的

B. 查封登记、预告登记、异议登记已经注销且自注销之日起满 3 年的

C. 查封登记、预告登记、异议登记已经注销且自注销之日起满 2 年的

D. 抵押权登记、地役权登记已经注销且自注销之日起满 3 年的

91. 以为企业和群众“办好一件事”为标准，自然资源部办公厅重点针对流程相对复杂、业务办理量大的（　）种不动产登记类型，制作了流程优化图。

A. 26　　B. 36　　C. 45　　D. 55

92. 下列不属于国有建设用地使用权首次登记审查要点的是（　）。
A. 不动产登记申请书、权属来源材料等记载的主体是否一致
B. 权属来源材料与申请登记的内容是否一致
C. 是否已按规定进行实地查看
D. 国有建设用地使用权被查封或者预查封，申请人与被执行人是否一致

93.《自然资源统一确权登记暂行办法》自（　）开始实施。
A. 2019 年 7 月 11 日　　B. 2019 年 7 月 12 日
C. 2019 年 7 月 1 日　　D. 2019 年 9 月 1 日

94. 某市安全机关查询某宗地的原始登记资料，须向不动产登记机构提交的材料有（　）。
A. 土地权利凭证
B. 土地权利人的身份证明
C. 该市安全机关出具的查询证明及工作人员工作证件
D. 土地权利人的授权委托书

95. 未成年人的监护人代为申请不动产登记的，能够证明监护关系的材料不包括（　）。
A. 律师见证书
B. 能反映未成年人与监护人之间血缘关系的户口簿
C. 监护人对被监护人享有监护权的公证材料
D. 确认监护关系的民事判决书

96. 关于异议登记的注销，下列说法正确的是（　）。
A. 注销异议登记的申请人只能是登记簿记载的权利人
B. 因异议登记不当造成登记簿记载的权利人受到损害，申请人无须承担赔偿责任
C. 申请人在异议登记之日起 15 日内不提起诉讼的，异议登记失效
D. 异议登记申请人提出的请求被一审人民法院驳回，在上诉期未满的情况下，可以注销异议登记

97. 根据《自然资源部办公厅关于完善信息平台网络运维环境推进不动产登记信息共享集成有关工作的通知》(自然资办函〔2019〕1041 号)，各地应将本辖区不动产权属调查、不动产测绘、基础地理等空间图形数据及审核业务部署在（　）。
A. 业务内网　　B. 政务外网　　C. 互联网　　D. 自然资源专网

98. 下列关于国有建设用地使用权及房屋所有权转移登记的说法错误的是(　　)。

A. 国有建设用地使用权与房屋所有权被查封的，应当不予办理转移登记

B. 有异议登记的，受让方应签署知悉存在异议登记并自担风险的书面承诺

C. 设有抵押权的，未办理抵押权注销登记的应当不予办理转移登记

D. 未办理不动产首次登记的，不得办理转移登记

99. 某开发企业因建设需要变更土地用途，现申请办理不动产变更登记，无须该企业提供的材料是（　　）。

A. 完税凭证

B. 土地出让合同补充协议

C. 依法需要补缴土地出让价款的，应当提交缴清土地出让价款的凭证

D. 建设工程规划变更的材料

100. 根据《土地管理法》，单位之间的土地使用权争议，由（　　）处理。

A. 乡镇自然资源所

B. 县级以上人民政府自然资源主管部门

C. 县级以上人民政府

D. 乡镇人民政府

单项选择题（八）

1. 土地权属调查的基本单元是（　）。

A. 地块　　B. 宗地　　C. 街道　　D. 街坊

2. 单位之间发生的林木、林地所有权和使用权争议，由（　）依法处理。

A. 村民委员会　　B. 县级以上人民政府

C. 省级人民政府　　D. 法院

3. 经济适用房申请办理不动产登记时，登记收费标准为（　）。

A. 0 元　　B. 10 元 / 件　　C. 80 元 / 件　　D. 550 元 / 件

4. 土地承包经营权登记簿共有（　）正页。

A. 2 页　　B. 3 页　　C. 4 页　　D. 5 页

5. 自然资源地籍调查以（　）为基本单位，具有唯一编码，编码规则由国家统一制定。

A. 宗地　　B. 行政范围

C. 不动产登记单元　　D. 自然资源登记单元

6. 下列关于物权生效的表述正确的是（　）。

A. 因继承或者受遗赠取得物权的，自继承或者受遗赠开始时发生效力

B. 因拆除房屋事实行为消灭物权的，自事实行为成就时发生效力

C. 人民法院的给付判决生效的，自给付判决生效时物权发生转移效力

D. 仲裁机构的法律文书不能直接导致物权的变更，需经人民法院确认后才能发生效力

7. 集体土地所有权登记，下列说法正确的是（　）。

A. 土地属于村农民集体所有的，由村集体经济组织代为申请；没有集体经济组织的，由村民小组代为申请

B. 土地分别属于村内两个以上农民集体所有的，由村内各集体经济组织代为申请；没有集体经济组织的，由村民代表代为申请

C. 土地属于乡（镇）农民集体所有的，由乡（镇）集体经济组织代为申请

D. 土地属于乡（镇）农民集体所有的，由乡（镇）代为申请

8. 发包方将农村土地发包给本集体经济组织以外的单位或者个人承包，应当事先经本集体经济组织成员的村民会议 ____ 以上成员或者 ____ 以上村民代表的同意。（　）

A. 2/3、2/3　　B. 3/4、3/4　　C. 1/2、1/2　　D. 1/3、1/3

9. 农村土地承包后，（　）。

A. 土地的所有权性质变化，承包地不得买卖

B. 土地的所有权性质不变，承包地可以买卖

C. 土地的所有权性质变化，承包地可以买卖

D. 土地的所有权性质不变，承包地不得买卖

10. 下列不包含在农用地中的是（　）。

A. 旱地　　B. 林地　　C. 农村宅基地　　D. 农村道路

11. 于某拥有住宅一处，由于地质灾害，该房屋不幸倒塌灭失，于某申请注销该房屋的产权。下列关于登记费的说法正确的是（　）。

A. 地质灾害导致的房屋灭失注销登记减半收取登记费

B. 注销登记不收登记费

C. 住宅注销登记收取登记费 80 元

D. 地质灾害导致的房屋灭失注销登记不收登记费，其他注销登记收费 80 元

12. 产权人的不动产权证丢失，挂失后申请补证，补证业务（　）。

A. 不收费　　B. 住宅收取登记费 80 元 / 套

C. 住宅收取登记费只是减半　　D. 只收工本费

13.《民法典》规定，夫妻在婚姻关系存续期间所得的（　），为夫妻一方的个人财产。

A. 工资、奖金、劳务报酬

B. 生产、经营、投资的收益

C. 知识产权的收益

D. 一方因受到人身损害获得的赔偿或者补偿

14. 甲购买乙名下的住房，经双方协商签订房屋购置协议，随后甲支付部分房款搬入房屋居住，但未办理登记手续。按照《民法典》规定，该住房的所有权人及原因是（　）。

A. 甲。甲已签订房屋购置合同，合同生效甲成为房屋所有权人

B. 甲。甲已实际占有该住房，房屋所有权转移至甲

C. 乙。未办理不动产登记，房屋所有权未发生变动

D. 乙。甲尚未支付全部房款，房屋所有权未变更

15. 根据《自然资源统一确权登记暂行办法》，全民所有自然资源所有权代表行使主体登记为（　），所有权行使方式分为直接行使和代理行使。

A. 国务院　　B. 国务院自然资源主管部门
C. 省级人民政府　　D. 地方人民政府

16. 以下不属于农民集体因互换导致集体土地所有权转移的申请材料的是(　)。
A. 不动产权证书
B. 互换协议
C. 本集体经济组织 2/3 以上成员或 2/3 以上村民代表同意的材料
D. 土地出让金

17. 根据《自然资源部关于做好不动产抵押权登记工作的通知》（自然资发〔2021〕17 号），不属于不动产登记簿新增或修改内容的是（　）。
A. 担保范围
B. 是否存在禁止或限制转让抵押不动产的约定
C. 最高债权额
D. 债务履行期限

18. 下列费用中，不属于最高额担保中的最高债权额范围的是（　）。
A. 违约金　　B. 损害赔偿金
C. 保管担保财产的费用　　D. 补偿费

19. 承包方承包土地后，享有土地承包经营权，（　）。
A. 可以自己经营，也可以保留土地承包权，流转其承包地的土地经营权，由他人经营
B. 可以自己经营，自己不经营的，由发包方无偿收回
C. 可以自己经营，自己不经营的，由村民委员会无偿收回
D. 可以自己经营，自己不经营的，由乡镇人民政府无偿收回

20.（　）负责本行政区域内农村土地承包经营及承包经营合同管理。
A. 发包方　　B. 集体经济组织
C. 乡（镇）人民政府　　D. 村民委员会

21. 以下选项中，可以不进行增量数据上报的有（　）。
A. 周末　　B. 节假日
C. 没有进行业务办理的工作日　　D. 无

22. 补报报文在报文 ID 后增加字母标识（　）。
A. CBXZ　　B. BBXZ　　C. XZBB　　D. BbXZ

23. 业务报文 ID 命名采用（　）形式。
A. 6 位年月日（DDMMYY）+6 位行政区划 +6 位序号

B. 6位行政区划+6位序号+6位年月日（DDMMYY）

C. 6位行政区划+6位年月日（DDMMYY）+6位序号

D. 6位行政区划+6位年月日（YYMMDD）+6位序号

24.《民法典》规定，自然人可以立遗嘱将个人财产指定由法定继承人中的（　）继承。

A. 一人　　B. 数人　　C. 一人或者数人　　D. 以上都不对

25. 不动产权属证书遗失，不动产权利人申请补发的，补发之前由不动产登记机构在其门户网站上刊发不动产权利人的遗失、灭失声明（　）个工作日后，予以补发。

A. 7　　B. 10　　C. 15　　D. 30

26.《自然资源部办公厅 国家林业和草原局办公室关于强化业务协同加快推进林权登记资料移交数据整合和信息共享的通知》（自然资办发〔2023〕2号）要求，对于尚未完成数据整合的地方，自然资源部门会同林草部门要结合实际，有序推进林权登记存量数据整合工作，力争用（　）左右的时间基本完成数据整合汇交。

A. 2年　　B. 3年　　C. 4年　　D. 5年

27.（　）是编制国土空间规划以及自然资源管理、保护和利用的重要依据。

A. 林地调查成果　　B. 土地利用成果

C. 土地调查成果　　D. 耕地调查成果

28. 下列情形中，甲不能作为利害关系人查询、复制相关不动产登记资料的是（　）。

A. 甲因租赁乙的住宅申请查询该不动产登记资料的

B. 甲因金钱纠纷起诉乙，申请查询乙名下不动产登记资料的

C. 甲因不动产权属纠纷，申请查询纠纷涉及的不动产的登记资料的

D. 甲借款给乙，乙用名下不动产向甲抵押，甲申请查询该不动产登记资料的

29. 甲的不动产权证书不慎遗失，向不动产登记机构申请补证。下列做法错误的是（　）。

A. 不动产登记机构在其门户网站上刊发不动产权利人的遗失声明

B. 不动产登记机构获悉该不动产被查封，仍补发了不动产权证书

C. 不动产登记机构补发的不动产权证书号码与原不动产权证书一样

D. 不动产登记机构在不动产权证书上注明“补发”字样

30. 下列登记情形，不属于必须依据相关批准文件办理的是（　）。

A. 涉及不动产用途变化　　B. 涉及不动产合并
C. 涉及不动产抵押　　D. 涉及不动产分割

31. 按照《民法典》的规定，共有人对共有的不动产或者动产没有约定为按份共有或者共同共有，或者约定不明确的，除共有人具有家庭关系等外，视为（　）。
A. 共同共有　　B. 按份共有　　C. 等额共有　　D. 平均共有

32. 刘家村在本村“四荒地”发包过程中的下列做法，不符合《农村土地承包法》规定的是（　）。
A. 村东的荒沟通过招标方式发包给邻村人张某
B. 村西的荒丘通过拍卖方式发包给外乡人王某和陈某
C. 村北的荒山通过公开协商方式发包给县林业开发公司
D. 村南的荒滩依据村委会决议发包给本村人黄某、刘某和邱某组成的股份合作社

33. 当事人处分不动产委托他人代为申请不动产登记时采用的委托方式，不符合法律规定的是（　）。
A. 自然人的公证委托
B. 律师见证的书面委托
C. 公司法定代表人签字盖章的书面委托
D. 申请人与代理人共同到不动产登记机构现场签订的书面授权委托

34. 以下不属于注销登记情形的是（　）。
A. 房屋加建改建的
B. 抵押人放弃抵押权的
C. 土地因地震或泥石流而灭失的
D. 海域因填海造地而成为陆地的

35.《自然资源部关于开展不动产登记队伍作风常态化建设的通知》（自然资发〔2022〕144 号）要求，优化登记业务，持续提升便利化水平。统筹线上线下服务，确保（　）三项“跨省通办”业务连续稳定。
A. 商品房预售和抵押涉及的预告登记、登记资料查询、抵押登记
B. 商品房预售和抵押涉及的预告登记、二手房买卖、抵押登记
C. 商品房买入、二手房买卖、商品房预售和抵押涉及的预告登记
D. 查解封登记、登记资料查询、抵押登记

36.《自然资源部关于加快解决不动产登记若干历史遗留问题的通知》（自然资

发〔2021〕1号）提出，因开发企业或有关单位灭失且没有承继单位和上级主管部门的，可以由不动产所在地（　）指定的机构或组织代为申请办理。

A. 省级人民政府　　B. 市级人民政府

C. 县级人民政府　　D. 乡（镇）级人民政府

37. 农民集体因互换、土地调整等原因导致集体土地所有权转移，申请集体土地所有权转移登记，提交的材料不包括（　）。

A. 不动产权属证书

B. 互换、调整协议等集体土地所有权转移的材料

C. 本集体经济组织 1/2 以上成员或者 2/3 以上村民代表同意的材料

D. 本集体经济组织 2/3 以上成员或者 2/3 以上村民代表同意的材料

38. 关于《民法典》第二百七十八条第二款规定的专有部分面积和业主人数的计算，下列说法错误的是（　）。

A. 专有部分面积可以按照不动产登记簿记载的面积计算

B. 尚未进行物权登记的，专有部分面积暂按测绘机构的实测面积计算

C. 尚未进行实测的，专有部分面积暂按房屋买卖合同记载的面积计算

D. 业主人数可以按照专有部分的数量计算，一个专有部分按一人计算。但建设单位尚未出售和虽已出售但尚未交付的部分，按一人计算。同一买受人拥有一个以上专有部分的，按专有部分数量计算业主人数

39. 我国人工林面积居世界第（　）位。

A. 第一位　　B. 第二位　　C. 第三位　　D. 第四位

40. 列入（　）类管理的森林资源，政府将以多种方式对投资者给予合理补偿。

A. 商品林　　B. 经济林　　C. 薪炭林　　D. 公益林

41. 张某和李某共同共有一处办公用房，两人各持有一本不动产权证书，但是由于保管不慎，两本证全部丢失。现两人申请补发登记，需缴纳（　）。

A. 登记费 80 元、工本费 10 元，共计 90 元

B. 工本费 10 元

C. 工本费 20 元

D. 登记费 550 元、工本费 10 元，共计 560 元

42. 在林木、林地权属争议解决以前，任何一方（　）砍伐有争议的林木。

A. 不得　　B. 均可　　C. 处置　　D. 占有

43. 下列机构中，不具备独立法人资格的有（　）。

A. 某股份合作制企业　　B. 北京大学

C. 某公司的分公司　　D. 某公司的子公司

44. 某仓库用地出让给甲，甲使用 3 年后将整宗地全部转让给乙，乙在使用 5 年后又将一半土地卖给丙，则丙还可以继续使用（　）年。

A. 41　　B. 42　　C. 43　　D. 44

45. 某房地产开发企业开发建设一个楼盘，2023 年 1 月，因债务纠纷被人民法院查封了项目中一个自然幢；2023 年 6 月，项目竣工验收后申请国有建设用地使用权及房屋所有权首次登记。下列说法正确的是（　）。

A. 该企业若未办理国有建设用地使用权首次登记，应先行办理国有建设用地使用权首次登记，再申请国有建设用地使用权及房屋所有权首次登记

B. 若该企业将土地进行了抵押融资，抵押登记未注销的，不能办理房屋所有权首次登记

C. 该企业申请国有建设用地使用权及房屋所有权首次登记时，应当将建筑区划内的道路、绿地等一并申请登记为业主共有

D. 该项目尽管被法院查封了一个自然幢，但不影响办理国有建设用地使用权及房屋所有权首次登记

46. 甲、乙共同出资购买一套房屋，并将该房屋出租给丙。在租赁期间，乙想转让自己的共有份额，现甲和丙都表示愿意购买，则该房屋（　）。

A. 在同等条件下，由甲优先购买

B. 在同等条件下，由丙优先购买

C. 在同等条件下，由乙决定卖给谁

D. 根据甲、丙的实际情况，视双方实际需要程度决定由谁购买

47. 下列不动产物权自记载于不动产登记簿时发生效力的是（　）。

A. 土地承包经营权　　B. 地役权

C. 继承取得的不动产物权　　D. 居住权

48. 经依法批准的（　）是各类开发、保护、建设活动的基本依据。

A. 国土空间规划　B. 城乡规划　　C. 土地利用规划　D. 单元规划

49. 自然资源登簿前应当由自然资源所在地的市县级地方人民政府配合具有登记管辖权的登记机构进行公告，涉及国家秘密和其他不适宜公开的信息除外。公告期不少于（　）。

A. 15 个工作日　　B. 30 日　　C. 60 日　　D. 30 个工作日

50. 甲死后留有房屋 1 套、存款 3 万元和古画 1 幅。甲生前立有遗嘱，将房屋分给儿子乙，存款分给女儿丙，古画赠予好友丁，并要求丁帮丙找份工作。

下列说法正确的是（　）。

A. 甲的遗嘱部分无效

B. 若丁在知道受遗赠后 2 个月内没有作出接受的意思表示，则视为接受遗赠

C. 如古画在交付丁前由乙代为保管，若意外灭失，丁无权要求乙赔偿

D. 如丁在作出了接受遗赠的意思表示后死亡，则其接受遗赠的权利归于消灭

51. 甲与本村集体签订林地承包经营权合同承包本村林地 100 亩，并办理了不动产登记。根据《民法典》，该林地的承包经营权自（　）时设立。

A. 登记事项记载于不动产登记簿

B. 权利人取得不动产权证书

C. 林地承包经营权合同生效

D. 不动产登记机构受理不动产登记申请

52. 地籍调查成果材料中的图件材料不包括（　）。

A. 工作底图　　B. 地籍图　　C. 地籍调查表册　　D. 不动产单元图

53. 土地所有权和使用权争议，由当事人协商解决；协商不成的，由人民政府处理；当事人对有关人民政府的处理决定不服的，可以自接到处理决定通知之日起（　）内，向人民法院起诉。

A. 10 日　　B. 15 日　　C. 30 日　　D. 3 个月

54. 以下业务中，涉税的是（　）。

A. 同一权利人分割或者合并不动产的

B. 因企业合并办理不动产转移登记的

C. 办理预售商品房预告登记的

D. 办理居住权登记的

55. 根据《自然资源部 国务院国有资产监督管理委员会 国家税务总局 国家金融监督管理总局关于进一步提升不动产登记便利度促进营商环境优化的通知》（自然资发〔2024〕9 号），下列说法中，不符合健全化解历史遗留问题长效机制的是（　）。

A. 继续巩固“政府主导、部门联动”的工作机制，主动跨前一步，做好历史遗留问题导致的不动产“登记难”日常化解工作

B. 对于群众的各类办证诉求和反映的办证问题，进行记录、整理、分类，按照“缺什么补什么、谁组织谁负责”的原则，及时向上游审批供应环节反映

C. 发挥不动产登记直接面向企业和群众服务的优势，以“办不成事”反映窗口为依托，建立健全历史遗留问题发现和处理平台、机制

D. 加强自然资源相关审批环节与不动产登记的相互衔接，实现用地审批、规划许可、土地供应、开发利用、执法监督等全业务链条封闭动态监管

56. 下列关于抵押权人的表述错误的是（　）。

A. 抵押权人即是债权人

B. 企业可以作为抵押权人

C. 个人可以作为抵押权人

D. 公司债券受托管理人不能成为抵押权人

57. 下列不动产登记机构的行为中，当事人不服，提起行政诉讼，人民法院应当受理的行为是（　）。

A. 甲不动产登记机构根据人民法院的协助执行通知书将赵某的房屋查封

B. 乙不动产登记机构根据人民政府的生效决定书将钱某的房屋产权注销

C. 丙不动产登记机构根据孙某申请，将孙某遗失的不动产权证进行公告后补发

D. 丁不动产登记机构根据李某申请，将原本登记在钱某的房产更正登记到李某名下

58. 关于最高额抵押权人转让部分债权，下列当事人按约定申请办理抵押权登记的说法错误的是（　）。

A. 当事人约定原抵押权人不再享有最高额抵押权的，应当申请一般抵押权转移登记

B. 当事人约定原抵押权人与受让人共同享有最高额抵押权的，应当申请最高额抵押权的转移登记

C. 当事人约定受让人享有一般抵押权、原抵押权人就扣减已转移的债权数额后继续享有最高额抵押权的，应当申请一般抵押权的首次登记及最高额抵押权的变更登记

D. 最高额抵押权担保的债权确定前，债权人转让部分债权，不动产登记机构可以根据当事人 的约定办理最高额抵押权转移登记

59. 甲向乙、丙二人共借款100万元，签订一份借款抵押合同，甲以其自住商品房作为担保抵押给乙、丙二人，办理一笔抵押登记，抵押权人为乙、丙。抵押登记费应由（　）缴纳。

A. 甲　　B. 乙　　C. 甲、乙、丙　　D. 乙、丙

60. 下列关于不动产登记的说法错误的是（　）。

A. 国务院自然资源主管部门负责指导、监督全国不动产登记工作

B. 当事人提供虚假材料申请登记给他人造成损害的，不动产登记机构应予以赔偿

C. 不动产登记机构应当自受理登记申请之日起 5 个工作日内办结不动产转移登记手续

D. 不动产登记机构进行实地查看或者调查时，申请人、被调查人应当予以配合

61. 不动产登记机构应当明确不动产登记簿（　）的介质形式。

A. 唯一、合法　B. 唯一、确定　C. 合法、确定　D. 唯一

62. 同一不动产上设立多个抵押权的，除当事人对抵押权顺位另有约定外，不动产登记机构应当按照（　）依次办理登记，并记载于不动产登记簿。

A. 主债权合同签订时间先后顺序　B. 抵押合同签订时间先后顺序

C. 受理时间的先后顺序　D. 抵押数额的大小

63. 下列有关查封登记的说法错误的是（　）。

A. 如果是人民法院之外的其他有权机关要求不动产登记机构进行查封登记的，则应当按照法律、法规的要求出具相应的嘱托文件

B. 不动产登记机构认为人民法院查封、预查封或者处理的土地、房屋权属错误的，有权对生效的法律文书和协助执行通知书进行实体审查

C. 不动产登记机构在进行查封登记时，须审查被查封不动产的内容与不动产登记簿的记载是否一致

D. 查封期限届满而未办理延期手续的，如果该不动产上还存在轮候查封，则查封失效时，登记在先的轮候查封自动生效，不动产登记机构不得办理注销登记

64. 异议登记申请符合不动产登记条件的，不动产登记机构应当将异议登记事项记载于不动产登记簿，并（　）。

A. 向申请人出具异议登记权属证书　B. 向申请人出具异议登记证明

C. 通知不动产权利人　D. 对异议登记事项进行公告

65. 办理不动产抵押登记时，不能作为抵押人的是（　）。

A. 机关法人　B. 自然人

C. 登记为营利法人的学校、幼儿园、医疗机构和养老机构

D. 为公益目的成立的非营利法人

66. 张某 1 岁时被王某收养并一直共同生活。张某成年后，将年老多病的生父母接到自己家中悉心照顾。2018 年，王某、张某的生父母相继去世。下列

说法正确的是（　）。

A. 张某有权作为第一顺序继承人继承生父母的财产

B. 张某有权作为第二顺序继承人继承生父母的财产

C. 张某无权继承养父王某的财产

D. 张某可适当分得生父母的财产

67. 农村村民建住宅应当符合乡镇土地利用总体规划、村庄规划。合理安排宅基地，严格控制新增宅基地占用农用地，不得占用（　）；涉及占用农用地的，应当依法先行办理农用地转用手续。

A. 农村建设用地　　B. 农用地

C. 耕地　　D. 永久基本农田

68. 农用地转用方案经批准后，由（　）组织实施。

A. 市、县人民政府

B. 市、县人民政府自然资源主管部门

C. 县级以上人民政府

D. 县级以上人民政府自然资源主管部门

69. 根据物权是否从属于其他权利而存在，可将物权分为（　）。

A. 主物权和从物权　　B. 自物权和他物权

C. 动产物权和不动产物权　　D. 对人权和对世权

70. 不动产登记审查阶段，需要公告的情形不包括（　）。

A. 因不动产灭失申请注销登记的

B. 集体建设用地使用权及建筑物、构筑物所有权首次登记

C. 依职权更正登记和依职权注销登记

D. 土地承包经营权首次登记

71. 出让国有土地使用权受使用期限限制，工业用地____年，教育、科技、文化、卫生、体育用地____年，商业、旅游、娱乐用地____年，综合或者其他用地____年。（　）

A. 40、50、40、50　　B. 50、40、40、50

C. 50、50、40、50　　D. 50、40、40、70

72. 由于银行工作人员失误，甲银行不慎将抵押权的不动产登记证明遗失，现申请补发，需缴纳费用（　）元。

A. 10　　B. 0　　C. 80　　D. 40

73. 商业、旅游、娱乐用地和教育、科技、文化、卫生、体育用地使用权出让

最高年限分别为（　）。

A. 30年、30年　B. 30年、40年　C. 40年、50年　D. 40年、70年

74. 甲、乙、丙、丁按份共有房屋一处，各占1/4，对该房屋如何处分没有约定。下列说法正确的是（　）。

A. 甲将其所有的份额转让给庚，办理转移登记时不需要征求乙、丙、丁的意见

B. 甲将其所有的份额转让给乙，办理转移登记时必须征得丙和丁的同意

C. 甲、乙、丙同意出售该房屋，但丁不同意，甲、乙、丙仍可出售该房屋

D. 甲、乙、丙同意出售该房屋，但丁不同意，甲、乙、丙不能出售该房屋

75. 因不动产权利灭失等情形，不动产登记机构需要收回不动产权属证书或者不动产登记证明的，应当在不动产登记簿上将收回不动产权属证书或者不动产登记证明的事项予以注明；确实无法收回的，应当在不动产登记机构门户网站或者当地公开发行的报刊上公告（　）。

A. 遗失　B. 灭失　C. 补发　D. 作废

76. 根据《自然资源部 农业农村部关于做好不动产统一登记与土地承包合同管理工作有序衔接的通知》（自然资发〔2022〕157号）要求，自然资源部门依据（　）相关信息，将发包方、承包方代表和家庭成员及承包土地的面积、承包期限、用途等登簿。

A. 不动产地籍调查获取的　B. 申请时填报的

C. 合同记载的　D. 乡镇人民政府提供的

77. 地籍图的主要内容不包括（　）。

A. 地籍要素　B. 数学要素　C. 地理要素　D. 地物要素

78. 公民、法人或者其他组织（　）依据《政府信息公开条例》，以申请政府信息公开的方式申请查询不动产登记资料。

A. 可以　B. 不可以

C. 看情况　D. 经同级自然资源部门批准可以

79. 甲发现其不动产权属证书上记载的权利人姓名有误，经查询，与登记簿上的记载不一致。甲可以申请的不动产登记类型是（　）。

A. 撤销登记　B. 异议登记　C. 变更登记　D. 更正登记

80. 甲今年9岁，甲的父母代其出售其名下的一套房产。甲的父母在办理不动产转移登记时提交的出售房产目的的书面承诺，符合办理转移登记条件的是（　）。

A. 为家庭投资需要出售房产　B. 为改善家庭居住条件出售房产

C. 为偿还家庭债务出售房产　　　　D. 为甲治疗疾病出售房产

81. 关于共有建筑面积分摊规则，下列表述错误的是（　）。

A. 为多幢服务的管理用房不计入共有建筑面积

B. 住宅楼共有建筑面积分摊以幢为单元进行

C. 为整幢服务的公共用房计入共有建筑面积

D. 独立使用的地下室计入共有建筑面积

82.《自然资源部关于开展不动产登记队伍作风常态化建设的通知》（自然资发〔2022〕144 号）要求，严禁违法违规办理登记，特别是涉及（　）和分割或者合并等情形，必须依据相关批准文件办理，不得以不动产登记代替审批管理。

A. 权利人名称变更　　　　B. 不动产用途变化

C. 地名变更　　　　D. 附记内容变化

83. 征收土地预公告应当采用有利于社会公众知晓的方式，在拟征收土地所在的乡镇和村、村民小组范围内发布，预公告时间不少于（　）。

A. 10 个工作日　B. 15 个工作日　C. 30 日　D. 30 个工作日

84. 甲婚前取得一处房产并办理了不动产所有权证，婚后要将其配偶列为该不动产的共有权人。他们向房屋登记机构申请的登记类型应为（　）。

A. 变更登记　B. 转移登记　C. 更正登记　D. 首次登记

85. 宋某想要购买赵某的房屋，后协商不成。宋某见赵某年老体弱，迫使其在自己起草的买卖合同上签了字。宋某的行为主要违背了下列（　）项民法原则。

A. 平等原则　B. 自愿原则　C. 诚信原则　D. 公平原则

86. 不动产登记机构发现不动产登记簿记载的事项错误，应当通知当事人在____内办理更正登记。当事人逾期不办理的，不动产登记机构应当在公告____后，依法予以更正。（　）

A. 15 个工作日、30 个工作日　　　　B. 15 日、30 个工作日

C. 30 日、15 日　　　　D. 30 个工作日、15 个工作日

87. 根据《自然资源部 中国银行保险监督管理委员会关于协同做好不动产"带押过户"便民利企服务的通知》(自然资发〔2023〕29 号) 要求，买卖双方及涉及的贷款方达成一致，约定发放新贷款、偿还旧贷款的时点和方式等内容，不动产登记机构合并办理转移登记、新抵押权首次登记与旧抵押权注销登记。这是（　）模式。

A. 新旧抵押权组合　　　　B. 新旧抵押权分段

C. 抵押权变更　　　　　　　　　　D. “双预告”

88. 按照《国土资源部 中央农村工作领导小组办公室 财政部 农业部关于农村集体土地确权登记发证的若干意见》（国土资发〔2011〕178 号）要求，确定农村集体土地所有权主体遵循“主体平等”和“（　）”的原则，按照乡（镇）、村和村民小组农民集体三类所有权主体，将农村集体土地所有权确认到每个具有所有权的农民集体。

A. 权利共享　　B. 村民自治　　C. 村民共享　　D. 集体自治

89. 未办理不动产首次登记的，不得办理不动产其他类型登记，但法律、行政法规另有规定的除外，这体现了不动产登记遵循（　）的原则。

A. 依申请登记　　B. 一体登记　　C. 连续登记　　D. 属地登记

90. 因流转取得的土地经营权，土地被依法征收或转为国有建设用地土地灭失、土地承包经营权消灭的，当事人应当（　）。

A. 申请土地承包经营权注销登记

B. 申请土地经营权注销登记

C. 一并申请土地承包经营权更正登记和土地经营权注销登记

D. 一并申请土地承包经营权注销登记和土地经营权注销登记

91. 物权属于典型的（　）。

A. 请求权　　B. 支配权　　C. 形成权　　D. 抗辩权

92.《自然资源部 中国银行保险监督管理委员会关于协同做好不动产“带押过户”便民利企服务的通知》（自然资发〔2023〕29 号）深化不动产登记和金融便民利企合作，协同做好不动产“带押过户”，进一步提升便利化服务水平，降低（　），助力经济社会发展。

A. 政府行政成本　　　　　　　　B. 制度性交易成本

C. 不动产登记费用　　　　　　　D. 纸张等资源浪费

93. 申请海域使用权首次登记应提交的材料不包括（　）。

A. 项目用海批准文件或者海域使用权出让合同

B. 宗海图以及界址点坐标

C. 海域使用金缴纳或者减免凭证

D. 建筑物、构筑物已经竣工的材料

94. 根据《自然资源部办公厅 国家市场监督管理总局办公厅关于推动信息共享促进不动产登记和市场主体登记便利化的通知》（自然资发〔2019〕44 号）要求，（　）底前，所有市县两部门间应全部共享到位。

A. 2022 年　　B. 2021 年　　C. 2020 年　　D. 2023 年

95. 地役权是一种独立的（　），是指当事人按照合同约定利用他人的不动产，以提高自己不动产效益的权利。

A. 使役物权　　B. 用益物权　　C. 占有权　　D. 利用权

96. 下列情形下，登记机构不需要进行公告的是（　）。

A. 申请集体建设用地使用权首次登记

B. 申请宅基地使用权及房屋所有权首次登记

C. 权利灭失登记机构无法收回不动产权证书

D. 申请材料经过公证的继承转移登记

97. 当事人申请办理不动产抵押权首次登记或抵押预告登记的，约定情况未发生变化的，不动产登记机构应当在不动产登记簿“是否存在禁止或限制转让抵押不动产的约定”栏记载（　）。

A. “是”或“否”　　B. 具体约定内容

C. 不必填写　　D. “详见抵押合同”

98. 不动产物权的设立、变更、转让和消灭，应当依照法律规定登记，属于（　）原则。

A. 物权公示　　B. 平等保护　　C. 物权法定　　D. 物权公信

99. 不动产单元代码的第一层次为县级行政区划代码，码长（　）。

A. 6 位　　B. 7 位　　C. 8 位　　D. 9 位

100. 下列关于人民法院、仲裁委员会生效的法律文书设立、变更、转让和消灭不动产权利的说法错误的是（　）。

A. 不动产权利变动自人民法院、仲裁委员会生效的法律文书生效时发生效力

B. 未经登记，人民法院、仲裁委员会生效的法律文书不直接产生不动产权利变动的效力

C. 因人民法院、仲裁委员会生效的法律文书设立不动产权利的，可以由当事人单方申请登记

D. 人民法院协助执行通知书要求不动产登记机构办理登记的，不动产登记机构应当办理

单项选择题（九）

1.《土地管理法》1986 年 6 月 25 日第六届全国人民代表大会常务委员会第十六次会议通过，历经 ____ 次修正，____ 次修订。（　）

A. 3、1　　B. 2、2　　C. 1、3　　D. 3、2

2. 自然资源登记单元编码采用（　）层次码结构。

A. 5 层 19 位　　B. 7 层 28 位　　C. 3 层 15 位　　D. 3 层 12 位

3. 已经登记的自然资源，因不可抗力等因素导致自然资源所有权灭失，不动产登记机构（　）办理注销登记。

A. 核实后直接　　B. 依嘱托

C. 依利害关系人申请　　D. 以上均可以

4. 不动产登记机构在审核某工业企业因道路更名办理不动产坐落变更登记中，发现房屋性质应为公租房，而原房屋登记部门错登为商品房。下列说法正确的是（　）。

A. 不动产登记机构应当在办理变更登记时直接依据原始材料，将房屋性质予以直接更正

B. 不动产登记机构应当函询住房城乡建设部门（原房屋主管部门），依据住房城乡建设部门向不动产登记机构发出的嘱托文件办理更正登记

C. 不动产登记机构应通知当事人办理更正登记

D. 不动产登记机构应更正登记簿错误后，再办理不动产坐落的变更登记

5. M 县 H 乡相邻两单位，土地使用权争议一直协商解决不成。根据《土地管理法》，可以由（　）处理。

A. M 县人民政府　　B. M 县自然资源主管部门

C. H 乡人民政府　　D. H 乡自然资源所

6. 下列关于土地承包经营权登记簿使用和填写的说法正确的是（　）。

A. 不动产登记簿采用“活页”方式，土地承包经营权登记信息（耕地等农用地）表格中，一般情况横向记载不动产权利及其他事项的首次登记信息，纵向记载变更登记、转移登记、注销登记、更正登记等信息，可以根据实际情况续页

B. 宗地基本信息中“用途”和“等级”按照不动产登记申请书上的用途和质量等级填写

C. 宗地基本信息中“权利性质”填写“农用地”

D. 宗地基本信息中“权利类型”填写“土地承包经营权”

7. 张某于 1998 年从某开发商购得一间商业店面，并于当年向当地房地产管理局申请办理了房屋所有权转移登记，领取了房产证；房屋登记用途为商业，随后用于经营水果零售。2003 年，张某持房产证等材料向国土局申请办理土地使用权登记，领取了国有土地使用权证，登记土地用途为居住。2016 年，张某持房产证、土地证等材料向当地不动产登记机构申请换发不动产权证。下列说法正确的是（　）。

A. 根据《土地管理法》，我国实行土地用途管制，张某房地用途不一致，不能换发不动产权证

B. 张某可以办理不动产权证换发，房地用途分别按照房产和土地登记用途进行登记

C. 经核实，当年房地产开发企业取得土地用途为居住用地，存在违法建设行为，需开发企业完善用地手续后，张某再申请换发不动产权证

D. 张某可以办理不动产权证换发，房地用途分别按照房产和土地登记用途进行登记，并在登记簿和证书记载：在权利人处分不动产时，按土地批准用途调整房屋规划用途

8. 集体土地范围内含有非本农民集体所有的零星飞地或国有土地，（　）划分宗地。

A. 可一并　　B. 应一并　　C. 应单独　　D. 可单独

9. 李某于 1989 年经合法渠道购得一个划拨用地上商业店面。1990 年，李某申请将上述房产登记在自己名下，登记用途为商业；2020 年，李某因病去世。2023 年，李某的继承人持该房产继承权公证书等材料向当地不动产登记机构申请办理不动产继承转移登记。下列说法正确的是（　）。

A. 根据《土地管理法》有关规定，商业用地需以出让等有偿方式取得，李某继承人需办理商业用地划拨补办出让手续后方可申请办理继承转移登记

B. 根据《民法典》关于继承从被继承人死亡时开始的规定，李某的继承人可持继承相关材料直接办理继承转移登记

C. 因继承等近亲属间发生的不动产转移行为不在《城市房地产管理法》等相关法律法规规定的不动产转移行为之列，在依法出具保留划拨决定书后由不动产登记机构为李某的继承人办理继承转移登记

D. 若该店面开发企业仍处于经营状态，必须由开发企业完善用地手续，按商

业性质补办出让手续后，再由李某的继承人办理继承转移登记

10. 根据《土地管理法》，各省、自治区、直辖市划定的永久基本农田一般应当占本行政区域内耕地的（　）以上，具体比例由国务院根据各省、自治区、直辖市耕地实际情况规定。

A. 80%　　B. 82%　　C. 85%　　D. 90%

11. 根据《不动产登记资料查询暂行办法》，不动产权利人、利害关系人委托代理人代为申请查询不动产登记资料的，被委托人应当提交（　）和授权委托书。

A. 双方身份证明　　B. 委托方身份证明

C. 被委托方身份证明　　D. 双方身份证明原件

12. 不动产利害关系人申请查询不动产登记资料，每份申请书____申请查询____不动产登记单元。（　）

A. 最多、两个　　B. 可以、两个

C. 只能、两个　　D. 只能、一个

13.《自然资源部办公厅关于印发不动产登记流程优化图的通知》（自然资办发〔2019〕23号）发布了个人企业机关单位3类办事主体办理不动产登记26种流程优化图，具体包括个人办事主体____种、企业办事主体____种和机关单位办事主体____种。（　）

A. 13、9、4　　B. 12、9、5　　C. 13、8、5　　D. 12、8、6

14. 1998年特大洪水造成小李庄村临河的李某家宅基地坍塌毁灭，李某因经济困难无力建房，临时搬至原村集体老茶厂闲置房屋居住。2002年，该村再遭特大洪水，洪水过后李某家宅基地旧址已完全成为天然河道一部分。下列关于该宅基地的说法正确的是（　）。

A. 李某可通过申请农村危房改造等救济项目申请在原宅基地旧址填河恢复重建

B. 李某可将临时居住的原村集体老茶厂闲置房屋作为宅基地申请登记

C. 李某宅基地原址已属于国有土地，申请分配宅基地需另行选址

D. 李某宅基地原址土地所有权仍属集体，但宅基地使用权已经灭失

15. 下列关于土地承包经营权的表述准确的是（　）。

A. 实行农村土地承包经营制度的土地地类不包括园地

B. 流转期限为5年以上的土地经营权自登记时设立

C. 符合条件的农村土地承包经营权确权颁证可以采取确权确股不确地的方

式开展

D. 国有农用地不可实行土地承包经营制度

16. 下列关于国有建设用地使用权及房屋所有权首次登记应当提交的材料的表述错误的是（　）。

A. 土地权属来源材料可包括土地征收协议、土地使用权审批表等

B. 建设工程符合规划的材料是指建设工程规划许可证或乡村建设规划许可证

C. 房屋竣工验收的材料一般是指住房城乡建设部门出具的竣工验收报告及备案表

D. 地籍调查报告（含地籍调查表、不动产单元表等）应是房屋所有权首次登记的必要材料

17. 根据《国家土地管理局关于印发〈确定土地所有权和使用权的若干规定〉的通知》（〔1995〕国土〔籍〕字第26号）要求，农民集体连续使用其他农民集体所有的土地已满____年的，应视为现使用者所有；连续使用不满____年，或者虽满____年但在____年期满之前所有者曾向现使用者或有关部门提出归还的，由县级以上人民政府根据具体情况确定土地所有权。（　）

A. 15、15、15、15　　B. 20、20、20、20

C. 25、25、25、25　　D. 30、30、30、30

18. 根据《国家土地管理局关于印发〈确定土地所有权和使用权的若干规定〉的通知》（〔1995〕国土〔籍〕字第26号）要求，因原房屋拆除、改建或自然坍塌等原因，已经变更了实际土地使用者的，经依法审核批准，可将土地使用权确定给实际土地使用者；空地及房屋坍塌或拆除后____年以上仍未恢复使用的土地，由当地县级以上人民政府____土地使用权。（　）

A. 1、收回　　B. 1、调整　　C. 2、收回　　D. 2、调整

19. 根据《国家土地管理局关于印发〈确定土地所有权和使用权的若干规定〉的通知》（〔1995〕国土〔籍〕字第26号）要求，以出让方式取得的土地使用权或以划拨方式取得的土地使用权补办出让手续后作为资产入股的，土地使用权确定给（　）。

A. 原企业　　B. 入股协议约定的企业

C. 股份制企业　　D. 申请登记的企业

20. 根据《国家土地管理局关于印发〈确定土地所有权和使用权的若干规定〉的通知》（〔1995〕国土〔籍〕字第26号）要求，土地所有权或使用权证

明文件上的四至界线与实地一致，但实地面积与批准面积不一致的，按（ ）四至界线计算土地面积，确定土地的所有权或使用权。

A. 批准　　B. 实地　　C. 调查　　D. 重新约定

21. 根据《司法部关于印发中国委托公证人（澳门）名单及签名式样、印鉴的通知》（司发通〔2018〕39号）要求，中国委托公证人（澳门）出具的委托公证文书，需经（ ）核验并加盖核验章后，方可在内地使用。

A. 中国澳门法律服务公司　　B. 中国（澳门）法律服务公司

C. 中国法律服务（澳门）公司　　D. 中国法律服务澳门公司

22. 根据《自然资源部办公厅关于印发〈不动产登记信息安全防护工作指引〉的通知》（自然资办发〔2023〕11号）要求，不动产登记系统按照等级保护制度要求进行定级后，应当每（ ）从《全国网络安全等级测评与检测评估机构目录》中选择等级保护测评机构，并签订保密协议、安全承诺书，开展等保测评。

A. 半年　　B. 1年　　C. 2年　　D. 3年

23. 下列可作为土地权属争议案件受理情形的是（ ）。

A. 某甲侵占某国营毛巾厂闲置空地，并建房已达10年

B. 甲区与乙县就行政区域界线勘界成果与实际管辖不一致争议案

C. 甲厂与乙学校因国有建设用地使用权界址认定不一致争议案

D. 农户王某与张某就相邻承包地界址认定不一致争议案

24. 下列关于土地确权的表述正确的是（ ）。

A. 1990年兴建的水利部某重点大型水库工程，正常蓄水位线下淹没区土地归国家所有

B. 某村黄氏宗祠，土地改革时被征收，后用于公社粮站仓库，并使用至20世纪90年代。该宗祠用地应归集体所有

C. 某村利用铁轨两侧位于铁路保护范围内的土地种菜长达30余年。该“菜地”应归该村农民集体所有

D. 甲村庄因水库建设整体移民至乙村并进行土地安置，村民仍返回甲村使用集体山场从事林业生产。甲村土地应归国家所有

25. 根据《自然资源部办公厅关于全面提升不动产登记数据质量的通知》（自然资办发〔2022〕10号），以下关于增量数据上报中登簿日志的上传要求正确的是（ ）。

A. 每日上午12点前自动上传前一日登簿日志，周末、节假日等非工作日

无须上报登簿日志

B. 每日上午 12 点前自动上传前一日登簿日志，周末、节假日等非工作日也要上报登簿日志

C. 每日上午 8 点前自动上传前一日登簿日志，周末、节假日等非工作日无须上报登簿日志

D. 每日上午 8 点前自动上传前一日登簿日志，周末、节假日等非工作日也要上报登簿日志

26. 根据《地籍调查规程》（GB/T 42547—2023），解析法获取界址点坐标和界址边长的精度要求，建设用地使用权、宅基地使用权宗地明显界址点精度允许误差是（　）。

A. ±4 厘米　　B. ±5 厘米　　C. ±10 厘米　　D. ±15 厘米

27. 邓某昌于 1932 年取得某老街 133 号房产，并有地契为证。中华人民共和国成立后，经土地改革，上述房产被人民政府没收。考虑其家庭人口较多，政府退还上述房产的一间归其所有和使用，并于 1955 年发放了土地契证。1962 年，邓某昌去世，其独子邓某民一直居住于此间房中，并于 1988 年在当地房管局办理了城市土地使用证。2000 年，邓某民去世，其子邓某华在当地房管局办理了此间房屋的房产证。下列说法正确的是（　）。

A. 邓某昌所持地契为合法有效土地权属来源材料

B. 邓某民 1988 年办理的城市土地使用证为合法有效的土地权属来源材料

C. 邓某昌 1955 年领取的土地契证为合法有效的土地权属来源材料

D. 2000 年邓某华办理的房产证不能作为土地权属来源的佐证材料

28. 根据《房产测量规范》（GB/T 17986.1—2000），房产面积的精度分为（　）级。

A. 1　　B. 2　　C. 3　　D. 4

29. 下列关于房地一体宅基地地籍调查的说法错误的是（　）。

A. 对权利人因外出等原因无法参与实地指界的，可采取委托代理指界、“先承诺，后补签”、网络视频确认等方式开展指界工作

B. 农房建筑面积可按层分别计算后求和，也可以采取以一层建筑面积乘以层数计算

C. 对不具备解析法和图解法条件的地区，可利用“天地图”平台结合勘丈法进行不动产测绘

D. 办理首次登记时，土地权属来源材料中界址不明确、实地界址有变化或

者无法提供土地权属来源材料的，应当开展实地指界

30. 下列不属于用益物权的是（　）。

A. 居住权　　B. 地役权　　C. 留置权　　D. 取水权

31. 下列关于更正登记的说法正确的是（　）。

A. 更正登记的登记程序启动只能是依申请或依职权

B. 某县不动产登记机构在日常登记成果质检时发现李某的性别信息录入错误，可公告 15 个工作日后予以更正

C. 王某将自己名下的一套商品房卖给吴某，完成不动产转移登记后数日，吴某发现不动产产权证记载的面积比二手房买卖合同及原产权证少了 1 平方米，吴某持二手房买卖合同等材料向当地不动产登记机构提出面积更正登记申请

D. 张某与妻子李某共同出资购买一间店面并登记在张某名下，2 年后张某将该店面出售给赵某，并办理了转移登记。后李某与张某离婚，分割财产时发现该店面已被张某出卖，李某持共同出资购房票据、离婚证、结婚证复印件等证明材料向当地不动产登记机构提出更正登记申请

32. 根据《自然资源部关于印发〈国土空间调查、规划、用途管制用地用海分类指南〉的通知》（自然资发〔2023〕234 号），“UG”代表（　）用途分类。

A. 地上空间　　B. 代表空间　　C. 地下空间　　D. 地上或地下空间

33. 根据《自然资源部关于印发〈国土空间调查、规划、用途管制用地用海分类指南〉的通知》（自然资发〔2023〕234 号），下列关于城镇住宅用地的说法错误的是（　）。

A. 城镇住宅用地是指用于城镇生活居住功能的各类住宅建筑用地及其附属设施用地

B. 一类城镇住宅用地是指配套设施齐全、环境良好，以 3 层及以下住宅为主的住宅建筑用地及其附属道路、附属绿地、停车场等用地

C. 二类城镇住宅用地是指配套设施较齐全、环境一般，以 4 层及以上住宅为主的住宅建筑用地及其附属道路、附属绿地、停车场等用地

D. 危房、棚户区、临时住宅等用地属于三类城镇住宅用地

34. 根据自然资源部关于不动产登记信息精准查询的要求，负责精准查询的人员要根据系统短信提醒，原则上当天领取查询任务，最晚不得超过____个工作日；规范填写并尽快反馈查询结果，最晚不得超过____个工作日；严

格遵守工作纪律，不得外传和留存查询结果。（　）

A. 3、5　　B. 3、7　　C. 5、7　　D. 5、9

35. 自然资源部将按照《不动产登记数据一致性比对技术指南》，开展全国库和属地库日常增量和定期全量数据比对。每日自动比对登簿明细，反馈问题清单，各地应在（　）个工作日内整改上传销账。

A. 1　　B. 2　　C. 3　　D. 5

观察图 1，回答 36 ~ 39 题。

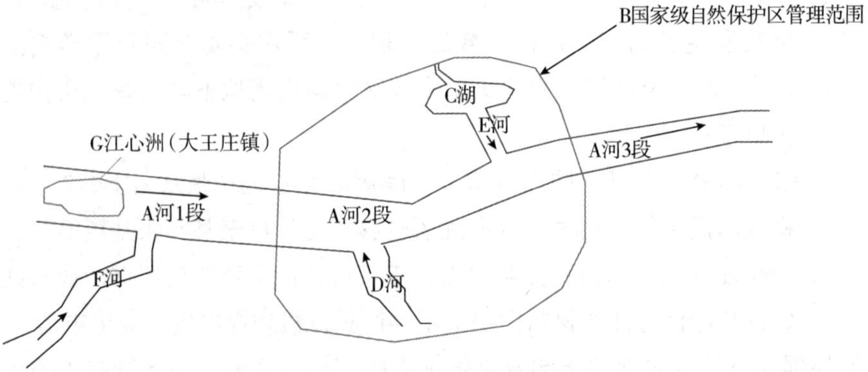

图 1　某地自然资源状况分布图

36. 下列关于 G 江心洲土地权属状况的说法正确的是（　）。

A. 该江心洲土地所有权必然属于集体所有

B. 该江心洲若为大王庄镇（建制镇）集镇所在地，土地所有权必然属于国家所有

C. 该江心洲土地所有权可能存在国家所有，也有可能存在集体所有

D. 该江心洲土地属于天然河道一部分，土地所有权应为国家所有

37. 下列关于图 1 中自然资源登记单元划定的表述正确的是（　）。

A. D 河可单独划定自然资源登记单元

B. C 湖与 E 河可一并划定自然资源登记单元

C. F 河与 A 河 1 段可分别划定自然资源登记单元，也可整体划定自然资源登记单元

D. B 国家级自然保护区管理范围内可分别再划定 A 河 2 段、D 河、E 河和 C 湖等自然资源登记单元

38. 下列关于 A 河水流自然资源登记单元划定的说法正确的是（　）。

A. 在图 1 所示范围内 A 河宜划定 3 个水流自然资源登记单元

B. A 河水流自然资源登记单元划定宜将 G 江心洲扣除划出

C. A 河 2 段可不单独划定水流自然资源登记单元

D. 若 A 河为无堤防河流，以当地政府公布的河道管理范围线划定水流自然资源登记单元，并允许与集体土地所有权界线出现一定交叉

39. 下列关于 B 国家级自然保护区划定自然资源登记单元的表述正确的是(　　)。

A. 若 B 国家级自然保护区范围内为我国政府确定的重点国有林区，该国家级自然保护区可优先作为自然保护地登记单元划定

B. 若 B 国家级自然保护区管理范围线为最大管理和保护范围界线，应按此界线划定自然保护地登记单元

C. 若大王庄镇小王村在 B 国家级自然保护区有多处集体林地，林木为某国有林场经营，划定该自然保护地登记单元时应予以扣除

D. 若 B 国家级自然保护区在该保护区管理范围外还有一处飞地，应与该自然保护区一并划定自然保护地登记单元

40. 下列关于不动产权证书的表述正确的是（　　）。

A. 各权利类型的不动产权证书封皮内容均统一为“中华人民共和国国徽”图标和“中华人民共和国不动产权证书”字样构成

B. 土地承包经营权不动产权证书面积填写单位为公顷

C. “用途”字段为各权利类型不动产权证书必填信息

D. 土地承包经营权不动产权证书面积填制，确权确股不确地的地块，应记载该农户按其股份计算占有的面积

41. 按照《民法典》的规定，自然人下落不明满（　　）的，利害关系人可以向人民法院申请宣告该自然人为失踪人。

A. 2 年　　B. 3 年　　C. 4 年　　D. 5 年

42. 下列关于不动产登记簿的说法正确的是（　　）。

A. 抵押权登记、地役权登记已经注销且自注销之日起满 5 年的纸质登记簿等资料可以销毁

B. 土地承包经营权登记簿页适用于耕地、林地、草地等农用地上依法设立的土地承包经营权登记

C. 不动产登记簿应分类型确定保存时间

D. 土地所有权登记簿页包含耕地、林地、草地、建设用地及未利用地等地类登记信息

43. 下列关于《农村人民公社工作条例（修正草案）》（即《六十条》）对“四

固定”的表述正确的是（　）。

A.“四固定”是指对农村集体所有的土地、耕畜、农具、肥料进行统一调整和固定

B. 全大队范围内的土地，都归生产大队所有，固定给生产大队使用

C. 集体所有的耕畜、农具，归大队所有，固定给生产大队使用

D. 集体所有的耕畜、农具，也可以归生产队所有

44. 甲省某乡与乙省某镇因历史原因存在省界处山林权纠纷，双方争议多年，一直未能解决。下列关于省际林权纠纷处置的表述错误的是（　）。

A. 对于纠纷双方已达成过协议的，双方均要维护原来的协议，不得单方面修改或推翻

B. 土地改革、合作化时期，为帮助少数民族社队发展生产，汉族社队划归少数民族社队的山林，其权属不再变动

C. 中华人民共和国成立以后，确属越界在对方土地上营造的人工林，应当按照山权不变，林权归造林者所有，适当照顾山权一方利益的原则，协商解决

D. 山林权属应以土地改革时确定的权属为基础，以人民政府颁发的林权证为主要凭证

45. 甲银行在 2020 年 8 月 1 日至 2022 年 7 月 31 日这两年的时间内，向乙企业提供不超过 6000 万元的贷款，并办理了最高额抵押权登记。2021 年 4 月 4 日，甲银行将已经发生的 1000 万元债权转让给了丙银行。下列说法正确的是（　）。

A. 甲银行、丙银行因 1000 万元的债权转移，应申请最高额抵押权转移登记

B. 当事人约定共同享有最高额抵押权，应申请最高额抵押权转移登记

C. 当事人约定，丙银行享有一般抵押权，甲银行就扣减已转移的债权数额后继续享有最高额抵押权的，应一并申请一般抵押权转移登记和最高额抵押权变更登记

D. 当事人约定，甲银行不再享有最高额抵押权的，应一并申请最高额抵押权确定登记和一般抵押权变更登记

46. 山水村村民王某家有 6 口人，依法以家庭方式承包了本村 12 亩承包地。后来王某的女儿小王嫁到隔壁村民组，在夫家也取得了 2 亩家庭承包地。山水村村民委员会依据村规民约，将王某家小王份额的承包地收回，并重新发包给了本村村民张某。小王认为山水村村民委员会侵犯了其合法权益，

多次要求村民委员会返还未果。对此，下列说法正确的是（　）。

A. 村民委员会收回承包地的行为侵害了小王的土地承包经营权，应当承担民事责任

B. 村民委员会收回承包地的行为违反了发包方不得收回承包地的强制性法律规定

C. 村民委员会可以收回王某家小王份额的承包地

D. 小王应先请求乡镇人民政府调解，如调解不成，再可向人民法院起诉或农村土地承包仲裁机构申请仲裁

47. 根据《自然资源部办公厅 国家林业和草原局办公室关于进一步规范林权类不动产登记做好林权登记与林业管理衔接的通知》（自然资办发〔2020〕31 号），农村集体经济组织统一经营的林地、家庭承包和以其他方式承包的林地，依法流转和再流转林地经营权期限 5 年以上（含 5 年）的，依据合同约定，权利类型登记为（　）。

A. 林地经营权 / 林木所有权

B. 林地经营权 / 林木使用权

C. 林地承包经营权 / 林木所有权或者林地承包经营权 / 林木使用权

D. 林地经营权 / 林木所有权或者林地经营权 / 林木使用权

48.《自然资源部办公厅关于完善信息平台网络运维环境推进不动产登记信息共享集成有关工作的通知》（自然资办函〔2019〕1041 号）要求，不动产登记申请、受理等业务环节迁移至互联网运行，审核、登簿等业务环节及数据迁移至电子政务外网，不动产空间图形数据及地籍调查成果审核环节部署在业务内部局域网，确保数据安全。互联网与政务外网之间通过____、政务外网与业务内网之间通过____和离线摆渡方式实现数据互通。（　）

A. 双向网闸、单向网闸　　B. 单向网闸、双向网闸

C. 双向网闸、双向网闸　　D. 单向网闸、单向网闸

49.《国家监察委员会办公厅 自然资源部办公厅关于不动产登记机构协助监察机关在涉案财物处理中办理不动产登记工作的通知》(国监办发〔2019〕3 号）规定，委托财政部门、国有资产管理部门或者其他被授权协助处理涉案财物的单位到不动产登记机构办理不动产登记的，出具委托函，由其____名工作人员持本人工作证件、____、监察机关出具的____和协助执行通知书办理。（　）

A. 1、介绍信、法律文书　　B. 1、委托函、法律文书

C. 2、委托函、监察文书　　　　D. 2、介绍信、监察文书

50. 根据不动产登记收费相关规定，下列申请不动产登记的情形中，关于缴纳登记费的说法正确的是（　）。

A. 甲公司办公楼楼层登记错误申请更正登记，需缴纳登记费 550 元

B. 乙学校教学楼面积发生变化申请变更登记，需缴纳登记费 550 元

C. 丙开发商某小区交房申请车库（位）首次登记，需缴纳登记费 550 元

D. 丁农户将承包地抵押给银行申请抵押权首次登记，免收登记费

51. 2023 年 12 月 5 日，小王与小李签订买卖合同，将市区沿街店面出售给小李，并于 12 月 10 日办理过户手续。两人约定，如一方违约，需支付另一方房屋售价 30% 的违约金。2023 年 12 月 8 日，张某看中该店面，小王见张某出价较高就又与张某签订买卖合同，并于当日办理了转移登记。对此，下列说法正确的是（　）。

A. 因小王与张某的合同成立在后，故该合同无效

B. 小李可以持房屋买卖合同申请办理更正登记

C. 小李可以请求人民法院要求小王交付该店面

D. 小王认为合同约定的违约金过高，可以请求法院适当减少

52. 下列请求适用诉讼时效的是（　）。

A. 甲请求姐姐返还其依法继承的房屋

B. 乙请求邻居移除长时间停在院子里的汽车

C. 丙请求前妻支付女儿的抚养费

D. 丁请求朋友履行到期债务 10 万元

53. 山水公司依法以出让方式取得 H 地块，并签订了书面土地使用权出让合同。合同约定，土地用途为住宅和教育用地，该地块上需配套建设一所幼儿园。后山水公司将该项目建设完成后，地上建筑物全部办理了不动产权证书。幼儿园建设完工后，山水公司办理相关手续，以普惠性幼儿园正式运营，并在民政部门登记备案。现该公司想将地上未售住宅和幼儿园一同抵押给银行融资贷款，申请办理抵押登记。对此，下列说法正确的是（　）。

A. 该地上未售住宅和幼儿园都可以抵押给银行

B. 该地上未售住宅和幼儿园都不可抵押给银行

C. 该地上未售住宅可以抵押给银行，幼儿园不可抵押给银行

D. 该地上未售住宅不可抵押给银行，幼儿园可以抵押给银行

54. 2023 年 8 月 5 日，甲以自有房产提供抵押担保，在乙银行贷款 100 万元。8

月 10 日上午，甲、乙双方来到不动产登记机构申请了抵押登记。下列关于撤回申请的说法正确的是（　）。

A. 因甲是该房屋的产权人，所以甲有权单方撤回申请

B. 因乙银行是该房屋拟设定的抵押权人，所以乙银行有权单方撤回申请

C. 撤回申请的时间应在颁发不动产登记证明之前，由甲、乙双方共同申请

D. 不动产登记机构应当在收到全体登记申请人共同申请撤回登记申请时，先查阅登记簿，再作出是否准予撤回的决定

55. 甲在乙开发公司购买了一套商品房住宅，并办理了预购商品房预告登记。后甲因债务纠纷，该住宅被人民法院判决给债权人丙。对此，下列说法正确的是（　）。

A. 该住宅应先由甲办理房屋所有权登记，再与丙办理转移登记

B. 该住宅由乙开发公司办理首次登记后，可直接与丙办理转移登记

C. 该住宅可由丙持生效法律文书单方申请预告登记的转移

D. 该住宅可由乙开发公司持生效法律文书单方申请预告登记的变更

56. 2023 年 9 月 10 日，甲将自己名下位于市区的房产出售给乙，并签订买卖合同。双方约定，9 月 20 日共同去不动产登记机构现场办理转移登记。但 9 月 12 日甲单位安排甲出差，届时将无法到现场，于是甲委托好朋友丙、丁在 9 月 20 日与乙一起去申请转移登记。对此，下列说法错误的是（　）。

A. 丙、丁代理甲所实施行为的法律后果由甲承担

B. 甲授权丙、丁的授权委托书可以经过公证，也可以经不动产登记机构现场见证

C. 除另有授权外，丙、丁应当共同代甲申请转移登记

D. 为方便申请登记，丙、丁之间可决定一人代甲申请

57. 根据《民法典》规定，不动产物权经依法登记，发生效力，但法律另有规定的除外。下列不动产物权不适用登记生效原则的是（　）。

A. 甲依法通过出让取得的建设用地使用权

B. 乙依法通过家庭承包方式取得的土地承包经营权

C. 丙依法通过遗嘱方式取得的商品房住宅居住权

D. 丁依法通过拍卖活动取得的店面房屋所有权

58. 甲村村民张某想利用村里一块空地从事农产品加工，遂与甲村签订合同，张某每年支付 1000 元，可使用该空地进行农产品加工，期限 3 年。对此，下列说法正确的是（　）。

A. 该合同生效后可认定张某在该空地上设立了地役权

B. 该合同生效后且完成地役权登记后，张某才享有地役权

C. 如该空地之前已设立土地承包经营权，不影响地役权的设立

D. 该合同属于一般的租赁合同，与地役权无关

59. 甲系山水村村民。2023 年 6 月，依法以家庭方式承包了 5 亩林地种植果树，并签订了土地承包合同。8 月，村民委员会向不动产登记机构申请不动产权登记。不动产登记机构应为甲办理的登记类型是（　）。

A. 林地承包经营权 / 林木所有权

B. 林地承包经营权 / 林木使用权

C. 林地使用权 / 林木所有权

D. 林地使用权 / 林木使用权

60. 甲商场在乙工厂进货已久，为方便货款结算，2023 年 8 月，甲商场与丙协商，让其以一幢办公楼在 500 万元额度内为甲商场在未来一年内连续发生的货款债权提供抵押担保，并办理了抵押登记。12 月，乙工厂将其中一笔 60 万元的债权转让给丁公司，并通知了甲商场。对此，下列说法正确的是（　）。

A. 60 万元的债权转让有效，但丁公司不因此享有抵押权

B. 60 万元的债权转让有效，丁公司也同时享有抵押权

C. 甲、乙、丙三方应共同申请最高额抵押权首次登记

D. 若抵押权设立前，甲商场另欠乙工厂 80 万元，当事人不可以约定将该笔债权纳入抵押担保的范围

61. 2023 年 5 月，甲购买了幸福小区 3 幢 506 号的房屋。8 月，房屋交房办证后，甲对房屋进行装修。甲准备在卧室对应的外墙上安装空调外机时，隔壁邻居老王提出了异议。老王认为该幢楼外墙属于全体业主共有，如需利用外墙应经 2/3 以上业主同意并支付相应的使用费。甲不同意，双方产生纠纷。对此，下列说法正确的是（　）。

A. 甲卧室对应的外墙不是全楼业主共有，应是由每户业主分摊按份共有

B. 甲卧室对应的外墙不是全楼业主共有，应是甲单独所有，使用时无须缴纳费用

C. 甲卧室对应的外墙属于全楼业主共有，甲未经其他业主同意使用则构成侵权

D. 甲卧室对应的外墙属于全楼业主共有，甲有权无偿利用其专有部分对应的外墙面

62. 甲向乙开发企业购买了一套期房商品房，并签订了商品房预售合同，现申请办理预告登记。下列关于预告登记的说法正确的是（　）。

A. 预告登记的申请主体应当为买卖房屋或者其他不动产物权协议的双方当事人，所以甲、乙双方必须共同申请预告登记

B. 预告登记的目的是保障将来实现的物权，主要是适用期房的买卖和抵押

C. 预告登记后，债权消灭或者自能够进行不动产登记之日起 90 日内未申请登记的，预告登记失效

D. 申请预购商品房预告登记，其预售合同应当经县级以上市场监督管理部门备案

63. 2022 年 1 月，甲公司以出让方式取得 H 地块，并办理了不动产权证。该地块规划用于建设商品房小区。项目在建时，甲公司以 1 幢楼 10 套商品房作为担保向乙银行贷款了 5000 万元。12 月，因债务纠纷，乙银行向人民法院申请预查封了抵押的 10 套商品房。现甲公司申请国有建设用地使用权及房屋所有权首次登记。对此，下列说法正确的是（　）。

A. 甲公司自房屋建造完成时取得房屋所有权，完成国有建设用地使用权及房屋所有权首次登记后，在建建筑物抵押权自动转为建筑物抵押权

B. 乙银行自登记时取得在建建筑物抵押权，未经乙银行同意，不动产登记机构不得为甲公司办理国有建设用地使用权及房屋所有权首次登记

C. 商品房被预查封后，未经查封机关同意，不动产登记机构不得为甲公司办理国有建设用地使用权及房屋所有权首次登记

D. 甲公司完成申请国有建设用地使用权及房屋所有权首次登记后，商品房的预查封登记自动转为查封登记，查封期限从预查封之日起计算

64. 2023 年 5 月，甲以自有房产设立抵押权，向乙借款 20 万元，并办理了抵押登记。11 月，甲归还借款，现申请办理抵押权注销登记。对此，下列说法错误的是（　）。

A. 甲和乙可以共同申请抵押权注销登记，提交不动产登记证明

B. 因债权消灭，乙可以单方申请抵押权注销登记，无须提交不动产权证书

C. 若甲单方申请注销登记的，提交证实抵押权已消灭的材料

D. 抵押权到期后，不动产登记机构应通知当事人申请注销登记；当事人逾期不办理的，不动产登记机构公告后可依职权办理注销登记

65. 自然资源登记单元代码____层____位层次码结构。（　）

A. 5、28　　B. 4、19　　C. 3、19　　D. 3、15

66. 自然资源登记单元代码中自然资源特征码为 431 的含义是（　）。

A. 首次登记机构为国家级的水流自然资源类型

B. 首次登记机构为国家级的河流自然资源类型

C. 首次登记机构为县级的水流自然资源类型

D. 首次登记机构为县级的河流自然资源类型

67. 根据《不动产登记操作规范（试行）》规定，保管不动产登记资料的密集架应与地面保持（　）毫米以上距离，其排列应便于通风降湿。

A. 40　　B. 50　　C. 60　　D. 80

68. 根据《不动产登记操作规范（试行）》规定，电子资料备份和异地保存，应建立异地容灾体系，应对可能的灾害事故。异地容灾的数据存放地点与源数据存放地点距离不得小于____千米，在地震灾害频发地区，间隔距离不宜小于____千米。（　）

A. 300、800　　B. 100、500　　C. 50、1000　　D. 20、800

69.《地籍调查规程》（GB/T 42547—2023）实施日期是（　）。

A. 2023 年 5 月 23 日　　B. 2023 年 9 月 1 日

C. 2023 年 7 月 1 日　　D. 2024 年 1 月 1 日

70. 权属调查是地籍调查的为____，是不动产测绘工作的____和基础。（　）

A. 前提、前提　　B. 核心、核心　　C. 核心、前提　　D. 前提、核心

71.《地籍调查规程》（GB/T 42547—2023）规定，采用（　）的方法开展权属调查。

A. 内业核实为主　　B. 外业调查为主

C. 内业核实为主、外业调查为辅　　D. 内业核实和外业调查相结合

72.《地籍调查规程》（GB/T 42547—2023）规定，图解法获取界址点坐标和界址边长的精度，平原、丘陵地区相邻界址点的间距图上中误差为（　）毫米。

A. 2　　B. 3　　C. 5　　D. 8

73. 地籍总调查成果采取“三检一验”制度，“三检”工作由（　）组织实施。

A. 作业单位　　B. 调查领导小组

C. 不动产登记机构　　D. 县级以上地方人民政府

74. 根据《地籍调查规程》（GB/T 42547—2023）规定，地籍调查是以土地（海域）权属为____、宗地（宗海）及其定着物为____，通过权属调查和不动产测绘，全面查清土地、海域（含无居民海岛）及其上定着物的权属、位置、界址、面积、用途等权属状况和自然状况，形成数据、图件、表册等调查资料。（　）

A. 前提、对象　　B. 基础、要件　　C. 前提、要件　　D. 核心、对象

75. 日常地籍调查____由社会企事业单位、个人委托开展，____由自然资源管理部门依职能组织开展。（　）

A. 可以、也可　B. 不能、只能　C. 只能、不能　D. 经批准可、也可

76. 根据《自然资源部 国家林业和草原局关于以第三次全国国土调查成果为基础明确林地管理边界规范林地管理的通知》（自然资发〔2023〕53 号）要求，第三次全国国土调查为林地，实际属于在第二次全国土地调查及后续年度土地变更调查成果中的耕地上，实施国家退耕还林或按照国家政策和标准建设的防护林和绿色通道等的，经地方各级自然资源主管部门与林草主管部门共同确认到图斑后，（　）。

A. 按照耕地管理　B. 按照林地管理

C. 逐步恢复为耕地　D. 确保耕地数量不减少

77. 根据《自然资源部 国家林业和草原局关于以第三次全国国土调查成果为基础明确林地管理边界规范林地管理的通知》（自然资发〔2023〕53 号）要求，第三次全国国土调查为耕地，实际属于《国务院关于保护森林制止毁林开垦和乱占林地的通知》（国发明电〔1998〕8 号）印发以前开垦国有林区、国有林场的国有林权证范围内的林地（湿地、草地），（　）。

A. 按照林地管理　B. 按照耕地管理

C. 逐步恢复为林地　D. 确保林地数量不减少

78.《自然资源部 国家林业和草原局关于以第三次全国国土调查成果为基础明确林地管理边界规范林地管理的通知》（自然资发〔2023〕53 号）规定，坚持国土空间唯一性和地类唯一性，以第三次全国国土调查成果为____，以国土空间规划及“三区三线”划定成果为____，遵循依法依规、实事求是的原则，综合考虑地类来源的合理性、合法性，科学合理明确林地管理边界，规范林地管理，并据此编制新一轮林地保护利用规划。（　）

A. 依据、前提　B. 前提、基础

C. 统一底版、依据　D. 基础、依据

79. 根据《自然资源部关于持续推进农村房地一体宅基地确权登记颁证工作的通知》（自然资发〔2023〕109 号）要求，各地要在已有工作基础上，以行政村为基本单位，统一组织开展地籍调查，查清（　）的坐落、界址、面积、权属等，满足房地一体确权登记工作需要。

A. 宅基地　B. 房屋

C. 宅基地或房屋　D. 宅基地及房屋

80. 继承开始后，首先按照（　）办理。

A. 法定继承　　B. 遗嘱继承

C. 遗赠　　D. 遗赠扶养协议

81. 下列申请不动产预告登记转移的情形中，应当双方申请的是（　）。

A. 权利人死亡，继承人申请的

B. 人民法院生效法律文书导致主债权转移的

C. 仲裁委员会生效法律文书导致主债权转移的

D. 主债权转让的

82. 申请土地承包经营权首次登记的材料不包括（　）。

A. 不动产登记申请书

B. 申请人身份证明

C. 土地承包经营权合同（土地承包合同）

D. 县级以上人民政府土地承包经营权的批准文件

83. 下列表述正确的是（　）。

A. 对于延包中因土地承包合同期限变化直接顺延的，由发包方统一组织承包方申请变更登记，不动产登记机构依据延包合同在登记簿上做相应变更，并换发农村土地承包经营权证书

B. 因家庭关系、婚姻关系等变化导致土地承包经营权发生转移的，当事人可申请土地承包经营权转移登记

C. 土地承包经营权注销登记必须由不动产登记簿记载的权利人申请

D. 土地经营权首次登记应由土地经营权流转双方共同申请

84. 不宜采取家庭承包方式的荒山、荒沟、荒丘、荒滩等农村土地，通过招标、拍卖、公开协商等方式承包农村土地取得土地经营权，承包期内承包人死亡，其继承人继续承包的，可申请土地经营权（　）。

A. 注销登记　　B. 转移登记　　C. 更正登记　　D. 变更登记

85. 土地承包经营权登记簿页土地承包经营权登记信息（耕地等农用地）中承包方代码栏填写按照《农村土地承包经营权要素编码规则》（GB/T 35958—2018）规定生成的承包方代码，即土地承包合同代码的前（　）位。

A. 14　　B. 16　　C. 18　　D. 19

86. 根据《自然资源部关于加快完成集体土地所有权确权登记成果更新汇交的通知》（自然资发〔2022〕19号）要求，因测绘精度等原因造成集体土地与国有土地、其他集体土地所有权重叠的，经核实，不存在权属争议且界

址无变化的，遵循“低精度服从高精度”原则，按照有关规定办理（　）。

A. 首次登记　B. 变更登记　C. 更正登记　D. 注销登记

87. 根据《不动产登记操作规范（试行）》，下列表述正确的是（　）。

A. 申请是指申请人根据不同的申请登记事项，到不动产登记机构现场向不动产登记机构提交登记申请材料办理不动产登记的行为

B. 审核国有建设用地使用权及房屋所有权转移登记时，设有抵押权的，应注意是否已经办理抵押权注销登记

C. 学校、幼儿园、医疗机构、养老机构等为公益目的成立的非营利法人的教育设施、医疗卫生设施、养老设施和其他社会公益设施，不得办理不动产抵押登记

D. 国有建设用地使用权被查封或者预查封的，不得办理国有建设用地使用权及房屋所有权首次登记

88. 当事人对一般抵押或者最高额抵押的主债权及其利息、违约金、损害赔偿金和实现抵押权费用等抵押担保范围有明确约定的，不动产登记机构应当根据申请在不动产登记簿（　）栏记载；没有提出申请的，填写“/”。

A. “抵押方式”　B. “登记原因”

C. “担保范围”　D. “附记”

89. 根据《自然资源部关于做好不动产抵押权登记工作的通知》（自然资发〔2021〕54号）要求，当事人申请办理不动产抵押权首次登记或抵押预告登记的，不动产登记机构应当根据（　）在不动产登记簿“是否存在禁止或限制转让抵押不动产的约定”栏记载转让抵押不动产的约定情况。

A. 抵押合同　B. 贷款合同　C. 双方约定　D. 申请

90. 根据《自然资源部关于加快解决不动产登记若干历史遗留问题的通知》（自然资发〔2021〕1号）要求，用地手续不完善的，由政府主导的安置房、棚改房、经济适用房等项目，可按照____等方式补办用地手续；国家机关、企事业单位利用自有土地建设房改房、集资房的，可按____方式补办用地手续。（　）

A. 划拨、划拨　B. 协议出让、协议出让

C. 协议出让、划拨　D. 划拨及协议出让、划拨

91. 根据《自然资源部关于加快解决不动产登记若干历史遗留问题的通知》（自然资发〔2021〕1号）要求，房屋尚未入住的住宅项目，开发单位未按规定缴纳土地出让价款和相关税费的，以及划拨土地上自建房擅自对外出

售，未补缴土地出让价款的，（　）。

A. 按照“证缴分离”原则，在有关部门追缴土地出让价款和税费的同时，办理不动产登记手续

B. 应当依法缴纳所欠价款和税费后，方可办理不动产登记

C. 应当按照“一事一议”原则，根据房屋是否销售等具体情况提出处置意见，报经地方人民政府同意后办理。

D. 报经地方人民政府同意，可先行办理不动产登记手续，有关部门负责追缴土地出让价款和税费。

92. 根据《自然资源部关于加快解决不动产登记若干历史遗留问题的通知》（自然资发〔2021〕1号）要求，对于按规定能够补办规划验收等手续的，应当依法依规处理并补办相关核实手续后办理不动产登记，对确因（　）等原因不具备补办条件的，在符合国土空间规划的前提下，报经地方人民政府同意后，自然资源主管部门按现状出具认定或核实意见。

A. 开发建设主体灭失　　B. 材料不齐全

C. 用地手续不完善　　D. 建成时间较早

93. 根据《国务院办公厅关于加快推进政务服务“跨省通办”的指导意见》（国办发〔2020〕35号）要求，推进政务服务“跨省通办”的基本原则是坚持需求导向、（　）、坚持便民高效、坚持依法监管。

A. 坚持系统观念　　B. 坚持守正创新

C. 坚持人民至上　　D. 坚持改革创新

94. 根据《国务院办公厅关于加快推进政务服务“跨省通办”的指导意见》（国办发〔2020〕35号）要求，自然资源部负责牵头在2021年底前实现“跨省通办”的事项有（　）项。

A. 3　　B. 8　　C. 16　　D. 18

95. 根据《自然资源部办公厅 国家林业和草原局办公室关于进一步规范林权类不动产登记做好林权登记与林业管理衔接的通知》（自然资办发〔2020〕31号）要求，属于林地承包或流转合同问题引发权属交叉重叠的，由（　）解决后，再办理登记。

A. 登记机构负责

B. 当事人通过协商、承包经营纠纷仲裁、诉讼

C. 林草部门负责

D. 林草部门负责会同登记机构

96. 根据《自然资源部 国家税务总局 中国银行保险监督委员会关于协同推进“互联网+不动产登记”方便企业和群众办事的意见》（自然资发〔2020〕83号）要求，通过网上“一窗受理”平台，与税收征管等系统无缝衔接，实现（　），杜绝“进多站、跑多网”。

A. 一窗受理、自动分发、并行办理、依法衔接、一网通办

B. 一窗受理、自动分发、并行办理、依法衔接、便民高效、一网通办

C. 一次受理、自动分发、并行办理、依法衔接、一网通办

D. 一次受理、自动分发、并行办理、依法衔接、便民高效、一网通办

97. 根据《自然资源部关于加快解决不动产登记若干历史遗留问题的通知》（自然资发〔2021〕1号）要求，分散登记时，已经分别登记的房屋和土地用途不一致的不动产，（　）进行登记。

A. 按照房屋登记用途

B. 按照土地登记用途

C. 按照原房屋和土地先登记的用途

D. 继续分别按照原记载的房屋、土地用途

98. 根据《自然资源部关于持续推进农村房地一体宅基地确权登记颁证工作的通知》（自然资发〔2023〕109号）要求，加快推进房地一体宅基地地籍调查，规范开展不动产测绘，因地制宜，选取合适的不动产测绘技术方法。有条件的或靠近城镇的，可采用（　）。

A. 解析法　　B. 图解法

C. 图解法或部分解析法　　D. 勘丈法

99. 根据《自然资源部关于持续推进农村房地一体宅基地确权登记颁证工作的通知》（自然资发〔2023〕109号）要求，抓紧完成已有成果清理整合和入库汇交，已调查未登记的，先将不动产单元（　）数据等地籍调查成果以单独图层形式汇交至国家级信息平台，登记完成后再更新汇交。

A. 属性　　B. 空间　　C. 非空间　　D. 属性和空间

100.《自然资源部关于持续推进农村房地一体宅基地确权登记颁证工作的通知》（自然资发〔2023〕109号）提出，开展农村房地一体宅基地确权登记颁证工作要以“登记成果汇交国家级信息平台、（　）、规范登记、日常更新”为标准。

A. 先易后难　　B. 颁证到户　　C. 便民高效　　D. 因地制宜

单项选择题（十）

1. 机关法人属于（　）。

A. 特别法人　B. 营利法人　C. 非营利法人　D. 非法人组织

2. 不满（　）的自然人为未成年人。

A. 16岁　B. 16周岁　C. 18周岁　D. 18虚岁

3. 涉及遗产继承、接受赠与等胎儿利益保护的，胎儿视为具有（　）。

A. 完全民事行为能力　B. 限制民事行为能力

C. 无民事行为能力　D. 民事行为能力

4. 不能完全辨认自己行为的成年人为（　）。

A. 完全民事行为能力人　B. 限制民事行为能力人

C. 无民事行为能力人　D. 民事行为能力人

5. 下列不属于免收不动产登记费情形的是（　）。

A. 因行政区划调整导致不动产坐落的门牌号变更而申请变更登记的

B. 不单独核发不动产权属证书的储藏室登记

C. 申请宅基地使用权及地上房屋所有权登记的

D. 个体工商户申请不动产登记

6. 甲、乙夫妻为个体工商户，经营糕点生意，其商铺产权登记在字号“回味堂”下，现因家庭原因想办理回个人名下，应该办理（　）登记。

A. 更正登记　B. 首次登记　C. 转移登记　D. 变更登记

7. 根据《民法典》，法人以其主要办事机构所在地为（　）。

A. 经营场所　B. 联系地址　C. 办公场所　D. 住所

8. 根据《民法典》，清算期间法人（　）。

A. 存续　B. 终止　C. 解散　D. 关闭

9. 根据《民法典》，法人分支机构以自己的名义从事民事活动，产生的民事责任由（　）承担。

A. 法人　B. 分支机构　C. 法定代表人　D. 分支机构负责人

10. 以取得利润并分配给（　）等出资人为目的成立的法人，为营利法人。

A. 董事　B. 监事　C. 实际控制人　D. 股东

11. 为公益目的成立的非营利法人终止时，（　）向出资人、设立人或者会员分配剩余财产。

A. 可以　　B. 应当　　C. 不得　　D. 有权

12. 有独立经费的机关和承担行政职能的法定机构从（　）之日起，具有机关法人资格，可以从事为履行职能所需要的民事活动。

A. 依法登记　　B. 成立　　C. 证件签发　　D. 向社会宣告

13. 个人独资企业属于（　）。

A. 营利法人　　B. 个体工商户　　C. 非法人组织　　D. 特别法人

14. 非法人组织可以确定（　）代表该组织从事民事活动。

A. 一人　　B. 二人　　C. 数人　　D. 一人或数人

15. 香港特别行政区发往内地使用的公证文书按照规定，应由（　）进行转递。

A. 中国法律服务（香港）有限公司

B. 中国法律服务（港澳）有限公司

C. 中国香港法律服务有限公司

D. 中国港澳法律服务有限公司

16. 甲市 H 县在乙市 M 县有一块飞地，该飞地内的不动产登记由（　）不动产登记机构办理。

A. 甲市　　B. 甲市 H 县　　C. 乙市　　D. 乙市 M 县

17. 根据《国务院办公厅关于依托全国一体化政务服务平台建立政务服务效能提升常态化工作机制的意见》（国办发〔2023〕29 号）要求，加强一体化政务服务工作联系和创新示范，建立全国一体化政务服务平台建设应用（　）联系点，注重发挥市县级平台在直接联系和服务群众中的作用。

A. 市县级　　B. 县级　　C. 基层　　D. 乡镇

18. 查验不动产登记申请人身份证明时，居民身份证号码第（　）位代表性别。

A. 第 15 位　　B. 第 16 位　　C. 第 17 位　　D. 第 18 位

19. 用于不动产登记的外国司法文书，应当由境内不动产所在地（　）按国际司法协助的方式裁定予以承认或执行。

A. 基层人民法院　　B. 中级人民法院

C. 高级人民法院　　D. 最高人民法院

20. 按份共有不动产的，应明确相应具体份额，共有份额宜采取（　）表示。

A. 分数　　B. 百分数　　C. 分数或百分数　　D. 文字描述

21. 因继承、受遗赠取得不动产申请登记的，申请人提交经公证的材料或者生效的法律文书的，按相关规定办理登记。此处经公证的材料一般是指（　）。

A. 继承权公证书　　B. 遗嘱公证书

C. 放弃继承权公证书　　D. 委托公证书

22. 非公证继承办理时，放弃继承的，应当（　）。

A. 亲自提交放弃继承权公证书

B. 由遗产管理人提交放弃继承权公证书

C. 在不动产登记机构工作人员见证下，签署放弃继承权的声明

D. 在不动产登记机构办公场所，在申请书上填写放弃继承权并签字确认

23. 外文文本的申请材料应当翻译成（　），当事人应签字确认，并对真实性负责。

A. 中文译本　　B. 汉字译本

C. 区域内通用文字译本　　D. 双语译本

24. 不动产登记机构留存复印件的，应经不动产登记机构工作人员比对后，由不动产登记机构工作人员签字并加盖（　）。

A. 原件一致章　　B. 原件复印章

C. 比对一致章　　D. 原件相符章

25. 根据《不动产登记暂行条例》，国务院确定的重点国有林区的森林、林木和林地，国务院批准项目用海、用岛，中央国家机关使用的国有土地等不动产登记，由（　）。

A. 国务院自然资源主管部门会同有关部门规定

B. 国务院自然资源主管部门会同有关部门办理

C. 国务院自然资源主管部门规定

D. 国务院自然资源主管部门办理

26. 申请人按照要求提交全部补正申请材料的，登记办理时限自补充申请材料之日起（　）计算。

A. 延续　　B. 重新　　C. 合并　　D. 不再

27. 未经登记擅自抵押海域使用权，抵押（　）。

A. 有效　　B. 无效　　C. 效力待定　　D. 可撤销

28. 旅游、娱乐用海海域使用权最高使用年限为（　）。

A. 50 年　　B. 20 年　　C. 25 年　　D. 40 年

29. 物权是权利人依法对特定的物享有直接支配和（　）的权利。

A. 占有　　B. 使用　　C. 处分　　D. 排他

30. 无民事行为能力人实施的民事法律行为（　）。

A. 有效　　B. 无效　　C. 可追认　　D. 可撤销

31. 根据《不动产登记暂行条例实施细则》，按份共有人转让其享有的不动产份额，应当与（　）共同申请转移登记。

A. 共有人　B. 受让人　C. 转让人　D. 当事人

32. 根据《不动产登记暂行条例实施细则》，父母之外的监护人处分未成年人不动产的，有关监护关系材料可以是人民法院（　）的法律文书、经过公证的对被监护人享有监护权的材料或者其他材料。

A. 裁定监护　B. 认定监护　C. 指定监护　D. 判决监护

33. 不动产登记公告的内容应包括提出异议的（　）、方式和受理机构。

A. 途径　B. 对象　C. 后果　D. 期限

34. 不动产权证书和不动产登记证明的管理工作由（　）负责。

A. 自然资源部　B. 省级自然资源主管部门

C. 市级自然资源主管部门　D. 县级自然资源主管部门

35. 根据《民法典》，当事人申请登记，应当根据不同登记事项提供权属证明和不动产界址、（　）等必要材料。

A. 空间界限　B. 界址点　C. 面积　D. 范围

36.《民法典》物权编调整因物的归属和（　）产生的民事关系。

A. 内容　B. 效力　C. 使用　D. 利用

37. 下列登记事项应当核发不动产权证书或者不动产登记证明的是（　）。

A. 查封登记

B. 小区公用健身房

C. 小区物业服务用房及其占用范围内的建设用地使用权

D. 购买法院拍卖的不动产

38. 因继承取得物权的，自继承（　）时发生效力。

A. 发生　B. 开始　C. 启动　D. 出现

39. 根据《不动产登记暂行条例实施细则》，共有不动产权属证书应当注明共有情况，并列明（　）。

A. 共有份额　B. 共有方式　C. 全体共有人　D. 持证人

40. 不动产登记机构补发不动产权属证书或者不动产登记证明的，应当将补发不动产权属证书或者不动产登记证明的事项记载于不动产登记簿，并在不动产权属证书或者不动产登记证明上注明（　）字样。

A. 遗失补证　B. 补证　C. 原证遗失　D. 补发

41. 申请登记事项在记载于不动产登记簿之前，部分登记申请人申请撤回登记申请的，不动产登记机构不予（　）。

A. 办理　B. 撤回　C. 受理　D. 登记

42. 根据《不动产登记操作规范（试行）》，不动产登记申请人应当自接到不予登记书面告知之日起（　）内取回申请材料。

A. 15 日　B. 15 个工作日　C. 30 日　D. 30 个工作日

43.（　）不属于《民法典》规定的对被监护人的监护方式。

A. 遗嘱指定监护　B. 协议监护

C. 意定监护　D. 非指定监护

44. 根据《不动产登记操作规范（试行）》，受理是指不动产登记机构（　）等工作的过程。

A. 依法查验申请主体、申请材料，录入相关信息，询问登记事项，出具受理结果

B. 依法查验申请材料、申请主体，询问登记事项，录入相关信息，出具受理结果

C. 依法查验申请材料、申请主体，录入相关信息，询问登记事项，出具受理结果

D. 依法查验申请主体、申请材料，询问登记事项，录入相关信息，出具受理结果

45. 根据《不动产登记操作规范（试行）》，审核是指不动产登记机构受理申请人的申请后，根据申请登记事项，按照有关法律、行政法规对申请事项及申请材料做进一步（　），并决定是否予以登记的过程。

A. 查验　B. 查阅　C. 审查　D. 审核

46. 不动产被查封的，因权利人姓名或名称、身份证明类型及号码、不动产坐落发生变化而申请的变更登记，（　）办理。

A. 不得

B. 可以

C. 征询查封机关意见后可以

D. 提供查封机关同意的书面材料后可以

47. 根据《房产测量规范》，房屋的挑台（　）。

A. 计算全部建筑面积　B. 计算一半建筑面积

C. 不计算建筑面积　D. 以上都不对

48. 根据《最高人民法院关于审理建筑物区分所有权纠纷案件适用法律若干问

题的解释》，基于与（　）之间的商品房买卖民事法律行为，已经合法占有建筑物专有部分，但尚未依法办理所有权登记的人，可以认定为《民法典》第二编第六章所称的业主。

A. 房地产开发企业　　B. 房产中介
C. 建设单位　　D. 建设项目投资人

49. 根据《民法典》，国家对耕地实行（　），严格限制农用地转为建设用地，控制建设用地总量。

A. 严格保护　　B. 最严格保护　　C. 特殊保护　　D. 总量控制

50. 国有财产由（　）代表国家行使所有权。

A. 国务院　　B. 国资委　　C. 省级人民政府　　D. 地方人民政府

51. 国家举办的事业单位对其直接支配的不动产和动产，享有（　）。

A. 占有、使用以及依照法律和国务院的有关规定处分的权利
B. 占有、使用以及依照法律和国务院的有关规定收益、处分的权利
C. 占有、使用以及依照国务院的有关规定收益、处分的权利
D. 占有、使用以及依照法律的有关规定收益、处分的权利

52. 天然孳息，既有所有权人又有用益物权人，且当事人没有约定的，由（　）取得。

A. 所有权人　　B. 用益物权人
C. 双方等额享有　　D. 双方按照交易习惯

53. 关于查封登记，下列描述正确的是（　）。

A. 查封登记是由当事人申请进行的登记
B. 查封登记是登记机关依据法律赋予的职权进行的登记
C. 查封登记后，登记名义人可以处分被查封的不动产
D. 查封登记是登记机关依据人民法院或其他有权机关的嘱托进行的登记

54. 根据《民法典》，建设用地使用权人依法对国家所有的土地享有占有、使用和收益的权利，有权利用该土地建造（　）。

A. 房屋　　B. 建筑物
C. 建筑物、构筑物　　D. 建筑物、构筑物及其附属设施

55. 需役地分割转让，转让部分涉及已登记的地役权的，当事人应当一并申请地役权（　）登记，但当事人另有约定的除外。

A. 首次　　B. 变更　　C. 转移　　D. 注销

56. 境内自然人申请不动产登记，不可以作为身份证明材料提交的有（　）。

A. 士官证　　B. 临时身份证
C. 户口簿　　D. 出生医学证明

57. 债权人转让部分债权，当事人约定最高额抵押权随同部分债权的转让而转移的，当事人约定受让人享有一般抵押权、原抵押权人就扣减已转移的债权数额后继续享有最高额抵押权的，应当申请（　）。
A. 最高额抵押权的转移登记
B. 一般抵押权的首次登记以及最高额抵押权的转移登记
C. 一般抵押权的首次登记以及最高额抵押权的变更登记
D. 一并申请最高额抵押权确定登记以及一般抵押权转移登记

58. 根据《不动产登记暂行条例实施细则》，在建建筑物，是指（　）的房屋等建筑物。
A. 正在建造、尚未办理竣工验收
B. 正在建造、尚未办理综合查验
C. 正在建造、尚未办理所有权首次登记
D. 正在建造

59. 人民法院对不动产的查封失效的原因不包括（　）。
A. 人民法院作出解除查封的裁定
B. 被查封的不动产依法租赁的
C. 查封期限届满而未办理续封手续的
D. 被查封的不动产已依法被拍卖或抵债的

60. 下列（　）项不属于免缴海域使用金的范围。
A. 非经营性的航道、锚地等交通基础设施用海
B. 公务船舶专用码头用海
C. 盐业、矿业用海
D. 教学、科研、防灾减灾、海难搜救打捞等非经营性公益事业用海

61. 国家所有的林地和林地上的森林、林木，按照有批准权的人民政府或者主管部门的批准文件，依法确定给林业经营者使用的，权利类型登记为（　）。
A. 林地使用权 / 森林、林木所有权
B. 林地承包经营权 / 森林、林木使用权
C. 林地承包经营权 / 森林、林木所有权
D. 林地使用权 / 森林、林木使用权

62. 根据《不动产登记暂行条例实施细则》，申请预告登记的商品房已经办理

在建建筑物抵押权首次登记的，当事人应当一并申请在建建筑物抵押权(　　)登记，并提交不动产权属转移材料、不动产登记证明。

A. 首次　　B. 变更　　C. 转移　　D. 注销

63. 下列关于民事法律行为效力的说法错误的是（　　）。

A. 违背公序良俗的民事法律行为无效

B. 当事人自民事法律行为发生之日起 3 年内没有行使撤销权的，撤销权消灭

C. 无效的或者被撤销的民事法律行为自始没有法律约束力

D. 民事法律行为部分无效，不影响其他部分效力的，其他部分仍然有效

64. 根据《不动产登记暂行条例实施细则》，军队不动产登记，其申请材料经（　　）不动产主管部门审核后，按照本实施细则规定办理。

A. 属地军分区　　B. 联勤保障部队

C. 总后勤部　　D. 军队

65. 内保外贷是指担保人注册地在境内、债务人和债权人注册地均在境外的跨境担保。（　　）对内保外贷实行登记管理。

A. 中国人民银行　　B. 金融监管局

C. 银保监会　　D. 外汇局

66. 抵押登记涉及的融资租赁业务是指出租人根据承租人对出卖人、租赁物的选择，（　　）的交易活动。

A. 向出卖人购买租赁物，提供给承租人使用，承租人支付租金

B. 向出卖人租赁租赁物，提供给承租人使用，承租人支付租金

C. 向出卖人购买租赁物，出售给承租人，承租人支付对价款

D. 向出卖人租赁租赁物，抵押给承租人，承租人支付对价款

67. 根据《民法典》，亲属包括（　　）。

A. 配偶　　B. 配偶、血亲

C. 配偶、血亲和姻亲　　D. 配偶、血亲、姻亲和近亲属

68. 被继承人的兄弟姐妹先于被继承人死亡的，由被继承人的兄弟姐妹的（　　）代位继承。

A. 父母　　B. 配偶　　C. 子女　　D. 直系晚辈血亲

69. 丧偶儿媳对公婆，丧偶女婿对岳父母，尽了主要赡养义务的，作为（　　）人。

A. 第一顺序继承　　B. 第二顺序继承

C. 代位继承　　D. 转继承

70. 打印遗嘱应当有两个以上见证人在场见证。遗嘱人和见证人应当在遗嘱(　　)

签名，注明年、月、日。

A. 首页　B. 首页、末页　C. 首页、骑缝处　D. 每一页

71. 不动产登记机构经协商确定或者依指定办理跨行政区域不动产登记的，应当在登记完毕将不动产登记簿记载的登记结果（　）不动产所跨区域的其他不动产登记机构。

A. 互通共享给　B. 实时互通共享给

C. 实时信息推送给　D. 书面告知

72. 根据《不动产登记操作规范（试行）》，已经登记的集体建设用地使用权及建筑物、构筑物所有权，因共有性质发生变化的，当事人可申请（　）登记。

A. 首次　B. 变更　C. 转移　D. 更正

73.《不动产登记暂行条例实施细则》属于（　）。

A. 法律　B. 行政法规　C. 部门规章　D. 规范性文件

74. 异议登记的申请主体是（　）。

A. 权利人　B. 利害关系人　C. 当事人　D. 有关单位

75. 税务机关查封不动产的法律依据来源于（　）。

A.《不动产登记暂行条例实施细则》

B.《不动产登记操作规范（试行）》

C.《中华人民共和国税收征收管理法》

D.《中华人民共和国税收征收管理法实施细则》

76.（　）应当对完成的测绘成果质量负责。

A. 测绘单位　B. 测绘地理信息主管部门

C. 房地产行政主管部门　D. 测绘项目出资人

77. 监察机关到不动产登记机构办理不动产查封登记时，应当出具（　）和协助执行通知书，由两名工作人员持上述文书和本人工作证件办理。

A. 委托函　B. 身份证　C. 核查建议　D. 监察文书

78. 不动产在预查封期间登记在被执行人名下的，预查封登记（　）查封登记。

A. 转为　B. 自动转为　C. 人工转为　D. 不得转为

79. 不动产登记资料卷内材料应按（　）顺序排列。

A. 目录—结论性审核材料—过程性审核材料—当事人提供的登记申请材料—图纸—其他—备考表

B. 目录—备考表—结论性审核材料—过程性审核材料—当事人提供的登记

申请材料—图纸—其他

C. 目录—过程性审核材料—结论性审核材料—当事人提供的登记申请材料—图纸—其他—备考表

D. 目录—备考表—过程性审核材料—结论性审核材料—当事人提供的登记申请材料—图纸—其他

80. 申请不动产异议登记的，（　）不动产登记费。

A. 全额收取　　B. 减半收取　　C. 免收　　D. 免征

81. 不动产登记资料装订时，卷内材料应向左下角对齐，装订孔中心线距材料左边际应为（　）。

A. 10 毫米　　B. 11 毫米　　C. 11.5 毫米　　D. 12.5 毫米

82. 不动产登记资料密集架应与地面保持（　）以上距离，其排列应便于通风降湿。

A. 80 毫米　　B. 90 毫米　　C. 100 毫米　　D. 120 毫米

83. 不动产登记电子资料应以（　）为 1 件，按件建立电子资料目录。

A. 1 个不动产单元　　B. 1 个权利人

C. 1 次登记　　D. 1 宗地

84. 当采用黑白二值、灰度、彩色等模式对不动产登记资料进行扫描时，其分辨率宜选择大于或等于（　）dpi。

A. 100　　B. 150　　C. 200　　D. 300

85. 电子资料数据验收时，对录入的目录数据和不动产登记簿数据应进行抽查，抽查率不得低于（　），错误率不得高于 3%。

A. 5%　　B. 10%　　C. 15%　　D. 20%

86. 相互有继承关系的数人在同一事件中死亡，难以确定死亡时间的，推定（　）先死亡。

A. 长辈先死亡　　B. 晚辈先死亡

C. 没有其他继承人的人先死亡　　D. 有其他继承人的人先死亡

87. 不动产登记资料装订应在材料左侧采用（　）装订。

A. 线夹　　B. 线绳　　C. 垫片　　D. 书钉

88. 1994 年 2 月 1 日民政部《婚姻登记管理条例》公布实施以前，男女双方已经符合结婚实质要件的，（　）。

A. 按事实婚姻处理　　B. 应补办结婚登记

C. 按法定婚姻无效处理　　D. 按确认婚姻无效处理

89. 国家所有的森林资源的所有权由国务院代表国家行使。国务院可以授权国务院（　）统一履行国有森林资源所有者职责。

A. 林业主管部门　　B. 自然资源主管部门

C. 林草主管部门　　D. 国资主管部门

90. 单位之间发生的林木、林地所有权和使用权争议，由（　）依法处理。

A. 乡镇人民政府　　B. 县级以上人民政府

C. 单位上级主管部门　　D. 不动产登记机构

91. 电子印章，是指基于可信密码技术生成身份标识，以（　）表现的印章。

A. 电子数据存储　　B. 电子格式生成

C. 电子数据图形　　D. 电子信息认证

92. 无配偶者收养异性子女的，收养人与被收养人的年龄应当相差（　）周岁以上。

A. 20　　B. 30　　C. 40　　D. 50

93. 下列情形中除（　）外，遗产中的有关部分按照法定继承办理。

A. 遗嘱继承人放弃继承或者受遗赠人放弃受遗赠

B. 遗嘱未处分的遗产

C. 有遗赠扶养协议

D. 遗嘱无效部分所涉及的遗产

94. 不动产登记机构应严格按照法律、行政法规要求，规范不动产登记（　）等环节，严禁随意拆分登记职责，确保不动产登记流程和登记职责的完整性。

A. 申请、受理、审核、登簿　　B. 申请、受理、审核、登簿、发证

C. 嘱托、接受嘱托、审核、登簿　　D. 启动、审核、登簿、发证

95. 小明将自己名下的一套房屋先后抵押给了甲、乙两家银行，于 2023 年 7 月与甲签订了抵押合同，8 月与乙办理了抵押登记，后因与小李发生债务纠纷，同年 12 月该房屋被人民法院查封。债务的清偿顺序应为（　）。

A. 乙—甲—小李　　B. 甲—乙—小李

C. 小李—乙—甲　　D. 乙—甲和小李

96. 因供役地权利人依法解除地役权合同导致地役权消灭的，注销登记的申请人应为（　）。

A. 供役地权利人　　B. 地役权人

C. 地役权人和供役地权利人　　D. 地役权人或供役地权利人

97. 下列关于不动产登记簿说法错误的是（　）。

A. 一个不动产单元有两个以上不动产权利或事项的，在不动产登记簿中应设置在同一登记簿页

B. 不动产登记簿应当采取电子介质，并具有唯一、确定的纸质转化形式

C. 宗地或宗海权属界线发生变化的，应当重新建簿，并实现与原不动产登记簿关联

D. 一个登记簿页按登簿时间的先后依次记载该权利或事项的相关内容

98. 某县的行政区划代码是 340123，下列宗地编码可能正确的是（　）。

A. 张某以招标方式承包甲村某荒山用于营造林木，该宗地编码为 340123 003001 JO00012

B. 李某以拍卖方式承包乙村某农用地从事种植业，该宗地编码为 340123 001002 JO00012

C. 赵某以公开协商方式承包丙村某荒地用于营造林木，该宗地编码为 340123 003006 JL00012

D. 谢某在丁村自留山上种植林木，该宗地编码为 340123 001003 JE00012

99. 老赵在生前立有遗嘱，记载自己死后的全部遗产由独子赵某继承。在一次车祸中老赵和赵某同时遇难，老赵当场死亡，赵某在医院抢救无效死亡。赵某的女儿继承了老赵的全部遗产，这种继承方式称为（　）。

A. 遗嘱继承　B. 法定继承　C. 转继承　D. 代位继承

100. 下列关于集体土地所有权的说法错误的是（　）。

A. 因征收导致甲村整宗集体土地所有权消灭，可由乡（镇）人民政府依据土地征收批准文件，报请县级以上人民政府出具嘱托文件后，由不动产登记机构依嘱托集中办理注销登记

B. 集体土地征收为国有土地发生在集体土地所有权首次登记之前的，应办理更正登记

C. 丙村农民集体因行政区划调整导致集体土地所有权发生转移，可由乡（镇）人民政府申请办理转移登记

D. 飞地的集体土地所有权登记工作由飞入地的不动产登记机构负责办理

单项选择题（十一）

1. 下列财产中，依法可以抵押的是（　　）。

A. 集体土地所有权

B. 国有不可移动文物

C. 海域使用权

D. 宗教活动场所用于宗教活动的房屋

2. 下列关于不动产物权生效的说法正确的是（　　）。

A. 地役权自登记时发生效力

B. 抵押权自抵押合同生效时发生效力

C. 因生效法律文书导致物权变更的，自登记时发生效力

D. 以划拨方式取得的建设用地使用权，自登记时发生效力

3. 律师甲受乙委托，代理乙与丙的不动产权属纠纷案件。诉讼期间，甲向不动产登记机构申请查询丙的不动产登记状况。下列关于甲查询不动产登记资料的说法正确的是（　　）。

A. 甲可以查询丙的涉案不动产的登记簿信息

B. 甲可以查询丙的涉案不动产购房合同

C. 甲可以持律师事务所出具的调查函查询丙名下所有不动产登记结果信息

D. 甲可以查询丙的涉案不动产的登记审核信息

4. 不动产登记机构对不符合登记受理条件的申请，应当当场向申请人出具（　　）。

A. 申请材料退回通知书　　B. 不予受理告知书

C. 补充材料通知书　　D. 不予登记告知书

5. 下列关于免收小微企业不动产登记费实行告知承诺制的说法错误的是（　　）。

A. 小微企业做出书面承诺后即免收不动产登记费，无须另行提供证明材料

B. 不动产登记机构已告知但企业不愿书面承诺的，正常收取不动产登记费

C. 个体工商户凭工商营业执照直接免收不动产登记费，无须承诺

D. 不动产登记机构履行告知义务时，告知内容无须纳入讯问笔录

6. 甲以乙的名义购买一套商品房，双方协议约定先登记在乙名下，一年后将房屋登记到甲名下。因乙未履行协议产生纠纷，人民法院判决双方协议有效，乙未履行协议。一年后，乙将房屋卖给了丙，丙支付购房款，缴纳相关税费后，依法将房屋登记到自己名下，后丙将房屋赠给女友丁，并进行了赠与公证。

下列关于房屋所有权归属的说法正确的是（　）。

A. 房屋归甲所有　　B. 房屋归乙所有

C. 房屋归丙所有　　D. 房屋归丁所有

7. 下列关于异议登记的说法正确的是（　）。

A. 异议登记的申请主体应是权利人

B. 异议登记期间，处分不动产申请登记的，受让方应当签署已知悉存在异议登记并自担风险的书面承诺

C. 异议登记期间，异议登记申请人不可以申请注销异议登记

D. 异议登记失效后，申请人就同一事项以不同理由再次申请异议登记的，不动产登记机构不予受理

8. 甲、乙共同购买一套住房，双方各占 50% 的份额，对该房产的处分没有另做约定。甲放弃优先购买权后，乙与丙签订了房屋买卖合同，转让其所有的份额，并申请办理不动产登记。下列说法正确的是（　）。

A. 甲、乙、丙应共同申请不动产登记

B. 若甲在转移登记登簿前反悔，乙可以撤回登记申请

C. 乙和丙应共同申请不动产登记

D. 乙和丙申请办理的登记类型属于变更登记

9. 根据《土地承包经营权和土地经营权登记操作规范（试行）》（自然资发〔2022〕198 号），下列关于土地承包经营权登记的说法错误的是（　）。

A. 土地承包经营权首次登记应由发包方申请

B. 土地承包经营权登记簿页以承包地块为单位编成

C. 承包经营的土地灭失的，可由发包方申请土地承包经营权注销登记

D. 土地承包经营权登记簿页适用于耕地、林地、草地上设立的土地承包经营权登记

10. 下列关于不动产登记簿和不动产权属证书的说法错误的是（　）。

A. 不动产权属证书是权利人享有该不动产物权的证明

B. 不动产登记簿是物权归属和内容的根据

C. 不动产权属证书记载的事项应当与不动产登记簿一致

D. 不动产登记簿与不动产权属证书记载不一致的，以不动产权属证书为准

11. 下列关于不动产抵押担保范围的说法正确的是（　）。

A. 抵押合同约定的被担保的债券范围与不动产登记簿记载不一致时，人民法院应当根据抵押合同约定确定被担保的债券范围

B. 不动产抵押担保范围有主债权及其利息、违约金、损害赔偿金、保管抵押财产和实现抵押权的费用

C. 当事人申请抵押登记来明确担保范围的，不动产登记机构可以依职权确定担保范围

D. 不动产登记簿上的最高债权额填写最高额抵押担保范围所对应的最高债权数额

12. 下列关于建筑物区分所有权的说法正确的是（　）。

A. 建筑区划内的绿地，属于业主共有

B. 建筑区划内的道路，属于业主共有

C. 业主将住宅改变为经营性用房的，应经本小区全体业主同意

D. 占用业主共有场地用于汽车停放的车位，属于业主共有

13. 甲通过公开协商的方式，承包了乙村农民集体一座荒山营造林木，承包期 50 年。现甲向不动产登记机构申请林权登记，权利类型应登记为（　）。

A. 林地使用权 / 林木所有权　　B. 林地经营权 / 林木所有权

C. 林地经营权 / 林木使用权　　D. 林地承包经营权 / 林木所有权

14. 对于不动产登记簿上失效的异议登记，（　）注销登记。

A. 不动产登记机构可依职权办理

B. 不动产权利人可申请

C. 异议登记申请人可申请

D. 不动产登记机构可依职权办理及不动产权利人或异议登记申请人均可申请

15. 下列关于不动产单元代码的说法错误的是（　）。

A. 宗地特征码为 2 位

B. 每个不动产单位代码具有唯一性

C. 不动产单元代码采用 7 层 28 位层次码机构

D. 原址重建的房屋继续使用原不动产单元代码

16. 下列关于不动产注销登记的说法正确的是（　）。

A. 依法没收、收回国有建设有的使用权的，当事人可申请注销登记

B. 债权消灭的，抵押人可以单方申请抵押权的注销登记

C. 城市住宅用地期限届满的，应当及时办理注销登记

D. 权利人放弃的不动产上设有抵押权的，不影响不动产登记机构办理注销登记

17. 根据《自然资源部关于加快解决不动产登记若干历史遗留问题的通知》

（自然资发〔2021〕1号），下列关于完善相关项目用地手续的说法错误的是（　）。

A. 甲区政府主导的棚改房项目可按协议出让方式补办用地手续

B. 乙学校利用自有土地修建的房改房可按划拨方式补办用地手续

C. 丙区政府主导的经济适用房项目可按划拨方式补办用地手续

D. 对已办理房屋所有权登记的，经公告权属清晰无争议的，直接按现状核发用地划拨决定书或者补办协议出让手续

18. 下列物权中，不属于依照《不动产登记暂行条例》的规定办理登记的是（　）。

A. 建设用地使用权　　B. 房屋所有权

C. 留置权　　D. 地役权

19. 下列不动产登记机构办理抵押登记的做法正确的是（　）。

A. 同一不动产上设立多个抵押权的，按照抵押合同签订的先后顺序办理登记

B. “是否存在禁止或限制抵押不动产的约定”发生变化的，不动产登记机构根据申请在附记栏记载

C. 不动产登记机构根据申请在不动产登记簿中记载抵押担保范围

D. 不动产登记簿中“是否存在禁止或限制转让抵押不动产的约定”栏填“是”的，转让抵押不动产时由受让人、抵押人（转让人）共同申请

20. 根据《民法典》，当事人签订买卖房屋的协议或者签订其他不动产物权的协议，为保障将来实现物权，按照约定可以向不动产登记机构申请（　）。

A. 异议登记　　B. 预告登记　　C. 转移登记　　D. 首次登记

21. 根据《自然资源统一确权登记暂行办法》，自然资源登记类型不包括（　）。

A. 首次登记　　B. 变更登记　　C. 转移登记　　D. 注销登记

22. 下列措施中，不符合《优化营商环境条例》规定的是（　）。

A. 推进同一登记事项实行无差别受理、同标准办理

B. 在国家规定的不动产登记时限内，确定并公开具体办理时间

C. 在政务服务管理部门牵头下，实行不动产登记、交易、缴税一窗受理、并行办理

D. 压缩办理时间，降低办理成本

23. 下列关于国有建设用地使用权首次登记的说法错误的是（　）。

A. 以出让方式取得的，应当提交出让合同和缴清土地出让价款凭证等相关材料

B. 国有建设用地使用权被预查封的，不能办理国有建设用地使用权首次登记
C. 申请主体应当为土地权属来源材料上记载的国有建设用地使用人
D. 国有建设用地使用权首次登记可以单方申请

24. 甲向乙借款 100 万元，未按期还款，乙诉至法院，在执行程序中，法院作出抵债裁定书，将甲的一处房屋抵偿欠款。乙持裁定书向登记机构申请办理了不动产转移登记并领取了不动产权证书。乙取得该房屋所有权的时间是（　）。
A. 甲、乙以房抵债达成合意之时　　B. 法院抵债裁定书生效之时
C. 不动产转移登记完成之时　　D. 领取不动产权属证书之时

25. 下列不动产登记机构的收费行为正确的是（　）。
A. 申请异议登记的，不动产登记机构每件收取登记费 80 元
B. 申请更正登记的，不动产登记机构每件收取登记费 40 元
C. 申请车位不动产登记的，不动产登记机构每件收取不动产登记费 550 元
D. 申请林地上设立的地役权登记的，不动产登记机构未收取登记费

26. 甲、乙、丙共同出资购买了一幢办公楼，约定份额分别为 50%、10%、40%，此外没有其他约定，并于 2022 年 5 月办理了不动产登记。2023 年 6 月，甲将其不动产份额转让给乙，并向不动产登记机构申请转移登记。下列说法错误的是（　）。
A. 甲转让不动产份额给乙，应由甲、乙、丙共同申请
B. 甲转让不动产份额给乙，同等条件下丙无优先购买权
C. 甲转让不动产份额给乙，由甲、乙共同申请
D. 甲转让不动产份额给乙，不需要征得丙的同意

27. 甲、乙为夫妻，婚后共同购买了一套房屋，登记在甲名下。甲未经乙同意将该房屋按市场价格卖给了丙。丙向不动产登记机构查询无误后，支付购房款，缴纳相关税费后，依法办理了不动产登记。乙得知后要求追回该房屋。下列说法正确的是（　）。
A. 乙申请不动产注销登记，不动产登记机构应予办理
B. 乙申请不动产更正登记，不动产登记机构应予办理
C. 甲未经乙同意，转移登记无效
D. 该房屋所有权依法属于丙所有

28. 下列关于民事法律关系的说法正确的是（　）。
A. 民事法律关系只能由当事人自主设立

B. 民事法律关系的主体即自然人和法人

C. 民事法律关系的客体包括不作为

D. 民事法律关系的内容均由法律规定

29. 根据《自然资源部关于做好不动产抵押权登记工作的通知》（自然资发〔2021〕54 号），不属于抵押权登记信息簿页新增或修改的内容是（　）。

A. 担保范围

B. 债权确定期间

C. 最高债权额

D. 是否存在禁止或限制抵押转让不动产的约定

30. 某机场项目用地跨甲、乙两地，项目竣工后，拟办理不动产登记。下列关于该项目登记管辖的说法，正确的是（　）。

A. 因主体建筑在甲县的面积较大，应由甲县不动产登记机构办理该不动产登记

B. 因无法分别办理，甲、乙两县协商由甲县不动产登记机构办理该项目不动产登记

C. 直接由甲、乙两县共同的上级不动产登记机构办理该项目不动产登记

D. 由先受理登记申请的甲县不动产登记机构办理该项目不动产登记

31. 下列关于查封登记的说法错误的是（　）。

A. 不动产查封期限届满的，人民法院未续封的，查封登记失效

B. 不动产登记机构认为人民法院查封的房屋权属错误的，应向人民法院提出审查建议，并停止办理协助执行事项

C. 不动产登记机构办理查封登记不颁发不动产登记证明

D. 不动产登记机构办理查封登记不收取任何费用

32. 根据《自然资源部办公厅 国家林业和草原局办公室关于强化协同加快推进林权登记资料移交数据整合和信息共享的通知》（自然资发〔2023〕2 号），非本集体经济组织及其成员申请林权首次登记时，原有地籍调查成果不符合要求的，应当（　）。

A. 由自然资源部门开展地籍调查

B. 由林草部门开展地籍调查

C. 由农村集体经济组织开展经济调查

D. 由申请人委托开展地籍调查

33. 甲拟购买乙的房屋，双方签订购房合同前，甲自行到不动产登记机构申

请查询该房屋的不动产登记资料，不动产登记机构不能提供查询的信息是（　）。

A. 不动产的自然状况　　B. 是否存在抵押权登记

C. 不动产的共有形式　　D. 是否存在查封登记

34. 下列情形中，不符合单方申请办理不动产登记条件的是（　）。

A. 继承取得不动产权利的　　B. 同一权利人分割合并不动产的

C. 抵押权转让的　　D. 土地使用权期限变更的

35. 下列（　）项情形下，依登记簿记载的权利人不可申请注销异议登记。

A. 申请人没有在异议登记之日起 10 日内起诉

B. 异议登记申请人提出的请求被人民法院、仲裁机构不予受理

C. 异议登记申请人提出的请求被人民法院、仲裁机构驳回

D. 申请仲裁而不动产登记机构没有及时依职权注销异议登记

36. 根据《自然资源部关于加快完成集体土地所有权确权登记成果更新汇交的通知》（自然资发〔2022〕19 号），已登记的集体土地所有权发生变化的，要根据需要补充地籍调查，其中因测绘精度等原因造成集体土地与国有土地、其他集体土地所有权重叠的，经核实，不存在权属争议且界址无变化的，遵循“低精度服从高精度”原则，按照有关规定办理（　）。

A. 变更登记　　B. 注销登记　　C. 更正登记　　D. 转移登记

37. 利害关系人申请更正登记提交的材料不包括（　）。

A. 证实不动产登记簿记载事项错误的材料

B. 不动产权属证书

C. 申请人身份证明

D. 证实与不动产登记簿记载的不动产权利存在利害关系的材料

38. 根据《不动产登记操作规范（试行）》，对符合异议登记条件的登记申请，不动产登记机构应当（　）。

A. 15 个工作日内办理　　B. 30 个工作日内办理

C. 当天办理　　D. 即时办理

39. 2018 年 1 月，王某（男）与张某（女）登记结婚。12 月，育有一子小王。2023 年 5 月，王某和张某离婚，小王随王某父母共同生活。12 月，王某因车祸意外去世。对于王某个人遗产的继承，下列说法正确的是（　）。

A. 小王继承　　B. 王某父母

C. 小王、王某父母继承　　D. 小王、王某父母、张某继承

40. 根据《最高人民法院关于适用〈中华人民共和国民法典〉物权编的解释（一）》（法释〔2020〕24号），下列关于预告登记失效的说法错误的是（　）。

A. 预告登记的买卖不动产物权的协议被认定无效

B. 预告登记的买卖不动产物权的协议被撤销

C. 预告登记的权利人放弃债权

D. 预告登记后，自能够进行不动产登记之日起3个月内未申请登记

41. 税务机关查封不动产的期限一般不得超过（　）。情况复杂的，经税务机关负责人批准，可以延长。

A. 30日　B. 60日　C. 90日　D. 3年

42. 甲从H房地产开发公司购买了一套预售商品房并办理了预告登记。下列情形中，当事人可以申请预告登记转移的有（　）。

A. 因甲妻子突发重病急需用钱，经协商甲与H房地产开发公司书面解除了预售商品房买卖合同

B. 甲向某银行借款后未及时偿还，后经人民法院裁定将该预售商品房抵债给银行

C. H房地产开发公司因资金链断裂，该商品房小区项目剩余资产被M公司通过司法拍卖合法取得

D. 甲将该预售商品房出售给好友乙，双方签订了期房转让合同

43. 不动产登记机构在协助人民法院执行查封登记时，不对生效法律文书和协助执行通知书进行（　）。

A. 形式审查　B. 实地核查　C. 实体审查　D. 合法性审查

44. 下列情形中，属于可以申请异议登记的有（　）。

A. 甲申请补发房屋不动产权证书，不动产登记机构刊发该证书的遗失声明后第二天，甲的母亲向不动产登记机构提出异议，称甲的房屋不动产权证书由其保管，并非遗失，原因是担心甲擅自出卖房屋

B. 甲、乙夫妻有一套住宅，不动产登记簿记载权利人为甲、乙，现乙认为权利人排序错误，权利人应为乙、甲，甲认为乙无理取闹不愿配合，乙向不动产登记机构提出异议

C. 甲购买了一套商品住宅并办理了转移登记，因屋内无杂物间，便将门口公共连廊以玻璃门进行封闭置放杂物，现相邻住户乙向不动产登记机构提出异议

D. 甲长期在外务工，邻居乙将甲农村祖宅与乙房屋毗连争议部分作为乙自家房屋申请办理了农房登记，甲发现后要求乙更正，乙不同意，现甲向不动产登记机构提出异议

45. 根据《国家监察委员会办公厅、自然资源部办公厅关于不动产登记机构协助监察机关在涉案财物处理中办理不动产登记工作的通知》（国监办发〔2019〕3号），下列说法错误的是（　）。

A. 监察机关到不动产登记机构办理不动产查封登记时，应当出具监察文书和协助执行通知书，由两名工作人员持上述文书和本人工作证件办理

B. 监察机关根据工作需要，可以出具委托函，委托财政部门、国有资产管理部门或者其他被授权协助处理涉案财物的单位，由其两名工作人员持本人工作证件、委托函、监察机关出具的监察文书和协助执行通知书到不动产登记机构办理不动产查封登记

C. 监察机关需要异地不动产登记机构协助办理不动产查封登记的，可以直接到异地不动产登记机构办理，也可以出具委托函，委托不动产所在地监察机关办理

D. 不动产登记机构认为监察机关处理的相关不动产信息错误的，应当依法向监察机关提出书面核查建议，监察机关应当进行认真核查，核查期间不中止协助事项

46. 甲市不动产登记机构与甲市人民法院建立了在线查控机制。某日早上9点，甲市人民法院执行局电话联系不动产登记机构，告知有一民事案件正在出具法律文书，半小时后会在线查封一套刚办理转移登记的商品房，9点30分，不动产登记机构通过在线查控系统接收到甲市人民法院的执行裁定书和协助执行通知书。此期间，9点20分，乙市公安局刑警支队两名侦查员在甲市公安局工作人员陪同下，到不动产登记机构出示本人工作证件，并提交对该商品房的查封决定书和协助查封通知书。不动产登记机构应当（　）。

A. 为甲市人民法院办理查封登记，为乙市公安局办理轮候查封登记并口头告知该不动产已被查封的有关情况

B. 为乙市公安局办理查封登记，为甲市人民法院办理轮候查封登记并口头告知该不动产已被查封的有关情况

C. 为甲市人民法院办理查封登记，为乙市公安局办理轮候查封登记并书面告知该不动产已被查封的有关情况

D. 为乙市公安局办理查封登记，为甲市人民法院办理轮候查封登记并书面

告知该不动产已被查封的有关情况

47. 甲从乙房地产公司开发的建筑小区预购了一套商品房住宅，现当事人申请办理预购商品房预告登记转国有建设用使用权及房屋所有权转移登记。根据《国土资源部关于启用不动产登记簿证样式（试行）的通知》（国土资发〔2015〕25号），不动产登记机构对该住宅的不动产登记簿中“土地使用权人”填写为（　）。

A. 甲　B. 乙房地产公司　C. 全体业主　D. /

48. 依据人民法院出具的生效法律文书和协助执行通知书办理查封登记的，按照（　）程序进行。

A. 申请—受理—审核—登簿—发证

B. 启动—审核—登簿

C. 启动—审核—登簿—发证

D. 嘱托—接受嘱托—审核—登簿

49. 甲在市区有一间店面，出租给乙开快餐店，租期3年。在租赁期间，甲因融资需要将该店面抵押给丙银行，并办理了抵押登记且未约定抵押期间不得转让不动产。对此，下列说法错误的是（　）。

A. 甲出卖、抵押该店面，无须经过乙同意，租赁关系不受影响

B. 甲出卖、抵押该店面，无须经过丙同意，抵押权不受影响

C. 租赁期间届满，乙在同等条件下，享有优先承租权和优先购买权

D. 租赁期间届满，在甲无异议的情况下，乙继续使用该店面，原租赁合同继续有效，租赁期限依然是3年

50. 推动建设“（　）”的统一登记系统，健全不动产登记信息共享机制，提升登记数据质量和共享服务能力，增强登记信息安全防护水平。

A. 部省两级、省级为主　B. 部省两级、部级为主

C. 市县两级、市级为主　D. 市县两级、县级为主

51. 当事人对有关人民政府就林权争议的处理决定不服的，可以自接到处理决定通知之日起（　）内，向人民法院起诉。

A. 15个工作日　B. 15日

C. 30个工作日　D. 30日

52. 2020年1月，甲公司为自己厂区的通行方便，与乙公司约定：在乙公司的厂区内修一条路，每年向乙公司支付5000元，并办理了相关地役权登记。2021年1月，甲公司将厂区转让给丙公司，并办理了相关地役权登记。

2022年1月，乙公司将厂区转让给丁公司，并办理了相关地役权登记。对此，下列说法错误的是（　）。

A. 2020年1月，甲公司对乙公司的厂区享有地役权，甲、乙双方申请办理的是地役权首次登记

B. 2021年1月，因需役地转让，甲、丙双方申请办理地役权转移登记

C. 2022年1月，因供役地转让，乙、丁双方申请办理地役权变更登记

D. 2022年1月，因供役地转让，丙、丁双方申请办理地役权变更登记

53. 根据《土地管理法》，下列说法错误的是（　）。

A. 甲市郊区的土地，除规定属于国家所有的以外，全部属于集体所有

B. 乙县某村集体所有的土地，可以依法给单位或者个人使用

C. 丙县某地块的所有权有争议，应由当事人先协商，协商不成的由自然资源主管部门处理

D. 丁县可以将某块国有农用地交由单位和个人承包经营，并签订书面合同

54.《不动产登记暂行条例》第八条规定的不动产单元，是指（　）。

A. 物理界限固定的空间

B. 有独立使用价值的空间

C. 物理界限固定且有独立使用价值的空间

D. 权属界线封闭且具有独立使用价值的空间

55. 自然人处分不动产，委托代理人申请登记的，应当（　）。

A. 提供自行签订好的委托书

B. 与代理人共同到不动产登记机构现场签订授权委托书

C. 提供经公证的授权委托书

D. B、C项方式均可以

56. 申请登记的事项记载于不动产登记簿前，（　）可以提出撤回登记申请。

A. 任何一方申请人　　B. 任何一个申请人

C. 全体申请人　　D. 以上人员均可以

57.（　）可以根据情况对本行政区域内未登记的不动产，组织开展集体土地所有权、宅基地使用权、集体建设用地使用权、土地承包经营权的首次登记。

A. 市、县人民政府　　B. 市、县规划和自然资源局

C. 市、县不动产登记机构　　D. 县级人民政府不动产登记机构

58. 根据《最高人民法院 国土资源部 建设部关于依法规范人民法院执行和国土资源房地产管理部门协助执行若干问题的通知》（法发〔2004〕5号），下

列关于不动产查封登记的说法错误的是（　　）。

A. 人民法院执行人员到不动产登记机构办理查封登记手续时，应当出示本人工作证和执行公务证，并出具查封裁定书和协助执行通知书

B. 不动产登记机构在协助人民法院执行不动产时，不对生效法律文书和协助执行通知书进行实体审查。若认为查封不动产的权属错误的，可以向人民法院提出审查建议，但不应当停止办理协助执行事项

C. 土地使用权和房屋所有权归属同一权利人的，人民法院应当同时查封；土地使用权和房屋所有权归属不一致的，查封被执行人名下的土地使用权或者房屋所有权

D. 对被执行人因继承、判决或者强制执行取得，但尚未办理过户登记的不动产的查封，执行法院应当向提交被执行人取得财产所依据的继承证明、生效判决书或者执行裁定书及协助执行通知书，由不动产登记机构办理预查封登记手续

59. 在林权登记存量数据整合汇交中，要基于同一平台、同一张底图，最大化利用原林权登记资料，以“（　　）”开展数据整合，建立图形数据、属性数据和档案资料之间的关联关系，做到图、属、档一致。

A. 内业为主、外业为辅　　B. 外业为主、内业为辅

C. 内外业相结合　　D. 尽量开展外业调查

60. 根据《自然资源部 中国银保监会关于加强便民利企服务合作的通知》（自然资发〔2019〕42号），对于办理抵押登记时需要的抵押担保主债权合同、抵押合同，可以（　　）提取登记所需的核心信息。

A. 不　　B. 只　　C. 首先　　D. 同步

61. 承包方用承包地的土地经营权进行抵押的，（　　）。

A. 办理抵押权登记

B. 办理土地经营权登记

C. 一并办理土地经营权登记和抵押权登记

D. 办理土地承包经营权抵押登记

62. 对于已依法颁发的农村土地承包经营权证，在新的承包期（　　）。

A. 自然失效

B. 继续有效且不变不换

C. 由市县人民政府统一组织换发新证

D. 由不动产登记机构动员承包经营权人及时申请换证

63. 集体土地经依法征收的，有关地方人民政府在转发的土地征收批准文件中，应明确（　）要依此办理集体土地所有权注销或变更登记。

A. 市、县自然资源主管部门　　B. 县级自然资源主管部门

C. 县级不动产登记机构　　D. 市、县不动产登记机构

64. 2023 年 5 月，甲购买了幸福小区 3 幢 101 号住宅。6 月，甲将该住宅改装之后变成小吃店。乙也是幸福小区的业主，乙认为甲将住宅改为小吃店的行为侵犯了其合法权益，要求甲停止经营，甲不同意，双方诉至人民法院。对此，下列说法错误的是（　）。

A. 如果乙也是 3 幢楼的业主，乙的诉求能得到人民法院支持

B. 如果乙是 5 幢楼的业主，乙的诉求得不到人民法院支持

C. 如果甲的行为让 5 幢楼业主乙的房屋价值减少，乙的诉求能得到人民法院支持

D. 如果甲的行为让 5 幢楼业主乙的生活质量下降，乙的诉求能得到人民法院支持

65. 全面提高各级信息平台接入质量，确保做到在登簿环节通过系统自动上传数据，将登记业务类型和数量归集到登簿日志，并通过系统（　）自动上报。

A. 当天定时　　B. 次日 0 点　　C. 每 2 天　　D. 自业务归档之时

66. 当事人要求对已登记的联户林地拆宗申请办理登记的，按照“愿联则联、愿单则单”的原则，由（　）组织相关权利人拆宗，并订立权属无争议、界址清晰、四至明确的林地承包合同后，不动产登记机构依法办理转移登记。

A. 不动产登记机构　　B. 发包方

C. 乡（镇）人民政府　　D. 县级人民政府林业管理部门

67. 甲、乙、丙 3 人每人出资 20 万元，购买了一套 60 万元的公寓，按照每人各占 1/3 的份额办理了不动产权证书。关于该公寓申请相关不动产登记，下列说法错误的是（　）。

A. 若其中一人的姓名变化，申请变更登记，可由发生变化的权利人申请

B. 若需出售该公寓，无特殊约定下，可由其中任意二人共同申请

C. 按份共有人转让其享有的不动产份额的，应由全体共有人与受让人共同申请

D. 若该公寓的坐落、界址、面积等状况发生变化，可由一人或多人申请

68. 市场监管部门可根据申请人依法依规提供的（　）组合进行查询，获取不动产登记信息中的权利人姓名（名称）、证件号、坐落、产权证号、规划

用途、面积、共有情况等信息，为办理市场主体登记提供住所（经营场所）信息验证支撑。

A. 权利人姓名（名称）

B. 证件号

C. 产权证号、坐落、不动产单元号中的一个要素

D. 以上所有选项内容

69. 自然资源统一确权登记以（　　）为基本单位。

A. 不动产登记单元　　B. 自然资源登记单元

C. 自然资源　　D. 权属界线封闭的空间

70.（　　）的自然资源均需要单独划定自然资源登记单元。

A. 水流　　B. 无居民海岛　　C. 湿地　　D. 自然保护地

71. 2010 年，小王承包了村里的 5 亩林地，在林业部门进行了登记但未获发放林权证书。2023 年，小王想以承包地的经营权进行抵押贷款，现向不动产登记机构申请发放林权证书。对此，根据《自然资源部办公厅 国家林业和草原局办公室关于进一步规范林权类不动产登记做好林权登记与林业管理衔接的通知》（自然资办发〔2020〕31 号），下列说法正确的是（　　）。

A. 不动产登记机构应要求甲提供相关申请材料重新确权登记

B. 若林业部门相关登记资料未移交，不动产登记机构可拒绝受理

C. 不动产登记机构核实原登记信息，核实无误，即发放林权类不动产证书

D. 核实发现权属交叉重叠、登记错误等情况的，会同林草部门依法解决后再登簿发证

72. 2022 年 12 月，甲公司以其名下一间办公用房和一辆汽车为担保向乙公司借款 500 万元，借款期限 1 年，双方签订了抵押合同，但均未办理抵押登记。甲公司到期未清偿债务。2024 年 1 月，乙公司要求行使抵押权。对此，下列说法错误的是（　　）。

A. 该办公用房的抵押合同有效　　B. 该办公用房的抵押权未设立

C. 该汽车的抵押合同有效　　D. 该汽车的抵押权未设立

73. 自然资源确权登记采用的坐标系统为（　　）。

A. 2000 国家大地坐标系　　B. WGS–84 坐标系

C. 西安 80 坐标系　　D. 2018 国家大地坐标系

74. 根据《民法典》，征收集体所有的土地，应当依法及时足额支付土地补偿费、安置补助费以及农村村民住宅、其他地上附着物和青苗等的补偿费用，

并安排被征地农民的（　）费用。

A. 基本生活　B. 社会保障　C. 安置过渡　D. 房屋居住

75. 甲在开发企业处购买了幸福小区 2 幢 203 号的商品房住宅，并办理了不动产权证。关于不动产权证上房屋建筑面积，根据《房产测量规范》（GB/T 17986.1—2000），下列说法错误的是（　）。

A. 甲的不动产权证书上的房屋建筑面积应包括专有建筑面积和分摊建筑面积，也称产权面积

B. 甲家的建筑面积由套内房屋的使用面积、套内墙体面积和套内阳台建筑面积 3 部分组成

C. 甲家的阳台如果是全封闭的，计算全部建筑面积；如果是未封闭的，则计算一半建筑面积

D. 住宅分摊面积以幢为单位，甲家的分摊建筑面积等于套内建筑面积乘以面积分摊系数

76. 张某系山水村村民，常年从事农业生产，育有一子小张。2005 年，张某依法承包了村里耕地 10 亩、林地 5 亩，承包期限均为 30 年。2022 年，张某意外离世。关于张某承包地的继承，下列说法正确的是（　）。

A. 小张不可以继承耕地的承包经营权，但可以继承林地的承包经营权

B. 小张可以继承耕地的承包经营权，但不可以继承林地的承包经营权

C. 小张可以继承耕地上的未收割农作物，但不得继承林地上的未成熟果实

D. 小张不得继承耕地上的未收割农作物，但可以继承林地上的未成熟果实

77. 根据《自然资源部办公厅 国家林业和草原局办公室关于强化业务协同加快推进林权登记资料移交数据整合和信息共享的通知》（自然资办发〔2023〕2 号），原林权登记矢量数据转换导入、纸质图件转绘录入，应建立数据整合中间数据库，待权利人申请办理相关业务时，由（　）组织权利人、利害关系人核实确认界址界线。

A. 自然资源部门　B. 林草部门

C. 林草部门会同自然资源部门　D. 自然资源部门会同林草部门

78. 抵押权自（　）时设立。

A. 抵押合同生效　B. 抵押登记

C. 抵押人和抵押权人意思表示一致　D. 审批通过

79. 关于集体土地，下列说法错误的是（　）。

A. 集体土地可以是建设用地，也可以是农用地

B. 集体土地可以给单位使用，也可以给个人使用

C. 集体土地可以是无偿使用，也可以是有偿使用

D. 集体土地建设用地使用权都没有使用期限限制

80. 维护登记材料的完整和（　），是档案管理工作的基本任务。

A. 真实　　B. 安全　　C. 规范　　D. 价值

81. 甲将位于 A 县登记在自己名下的一套房改房出售给乙，该房改房的土地性质为划拨。关于该房改房的过户，根据《城市房地产管理法》，下列说法正确的是（　）。

A. 甲应先报 A 县住房和城乡建设部门审批，取得房改房准予上市交易许可

B. 可直接向不动产登记机构申请转移登记，由不动产登记机构按照规定标准收取土地收益，土地性质继续保留划拨

C. 经有权机关批准，由受让方办理土地使用权出让手续，并缴纳土地使用权出让金后，办理房屋转移登记

D. A 县人民政府有权决定划拨土地上的房改房上市交易可以不办理土地使用权出让手续

82. 根据《自然资源部 中国银保监会关于加强便民利企服务合作的通知》(自然资发〔2019〕42 号)，不动产登记机构的受理、审核、登簿、发证等法定职责，（　）委托或授权银行行使。

A. 视情况　　B. 应当　　C. 可以　　D. 不得

83. 自然资源部在 12 个省份开展了为期 1 年的试点，验证了自然资源确权登记的现实可操作性，探索了自然资源确权登记工作路径。在试点的基础上，进一步修改办法，制定操作指南，确定（　）的工作思路，一步一步探索，建立了自然资源确权登记制度。

A. 自上而下、逐步推进　　B. 自上而下、有序推进

C. 自下而上、逐步推进　　D. 自下而上、有序推进

84. 中央农村工作会议要求，扎实做好第____轮承包期再延长____年的各项工作，确保大多数农户原有承包权保持稳定、顺利延包。（　）

A. 二、30　　B. 二、40　　C. 一、30　　D. 一、40

85. 围绕基本实现城乡不动产登记全覆盖，固底板、补短板，稳妥做好土地承包经营权和土地经营权登记，加快完成农村集体土地所有权确权登记成果更新汇交，用____时间完成____确权登记颁证，健全登记成果日常更新机制，更好服务乡村全面振兴。（　）

A. 3 至 5 年　房地一体宅基地　　　B. 3 至 5 年　集体建设用地
C. 5 至 7 年　房地一体宅基地　　　D. 5 至 7 年　集体建设用地

86. 关于地役权和相邻关系，下列说法错误的是（　）。
A. 从本质上看，地役权是一种享受性的权利，相邻关系是最低限度的容忍义务
B. 地役权既可以是有偿的，也可以是无偿的，而相邻关系只能是无偿的
C. 地役权的产生是双方共同的意思表示，而相邻关系则是由法律规定的
D. 地役权和相邻关系的客体标的物必须要相互毗邻

87. 下列关于子公司和分公司的说法正确的是（　）。
A. 分公司有权处置所在地的公司财产
B. 子公司名下的工业厂房，可通过变更登记至母公司名下
C. 分公司由公司股东按照《公司法》的规定设立
D. 子公司作为独立的法人，以子公司的全部财产为限对其债务承担责任

88. 甲开发公司向银行借款 1 亿元用于 A 小区的开发建设，并且将 A 小区一宗地上正在建造的两栋住宅楼共 200 户、一栋办公楼共 80 户共 3 栋楼一并抵押给银行。此笔在建建筑物抵押权登记，应缴纳登记费（　）元。
A. 550　　B. 60000　　C. 630　　D. 80

89. 假设下列情形中不动产登记机构出具的文书都是正确的，（　）项不属于行政诉讼受案范围。
A. 甲向不动产登记机构申请分割登记，不动产登记机构以缺少审批文件为由，向甲出具不予受理告知书。甲不服，提起诉讼
B. 乙向不动产登记机构申请抵押登记，不动产登记机构以合同权利人未签章为由，向乙出具补正材料通知书。乙不服，提起诉讼
C. 丙向不动产登记机构申请转移登记，不动产登记机构以房屋上存在查封登记为由，向丙出具不予登记告知书。丙不服，提起诉讼
D. 丁向不动产登记机构申请查询登记资料，不动产登记机构以未提交利害关系材料为由，向丁出具不动产登记资料查询不予受理告知书。丁不服，提起诉讼

90. 根据《自然资源统一确权登记暂行办法》，关于自然资源登记单元，下列说法错误的是（　）。
A. 自然资源统一确权登记以自然资源登记单元为基本单位
B. 国家批准的国家公园、自然保护区、自然公园等各类自然保护地应当优

先作为独立登记单元划定

C. 水流应当单独划定自然资源登记单元，河流的干流、支流应当分别划定登记单元

D. 无居民海岛按照“一岛一登”的原则，单独划定自然资源登记单元，进行整岛登记

91. 关于自然资源确权登记，下列说法错误的是（　）。

A. 自然资源登记类型包括自然资源首次登记、变更登记、注销登记和更正登记

B. 自然资源首次登记程序为通告、权籍调查、审核、公告、登簿

C. 自然资源首次登记应当由自然资源所有权代表行使主体或者代理行使主体依申请启动

D. 自然资源登记簿记载事项存在错误的，登记机构可以依嘱托办理更正登记，也可以依职权办理更正登记

92. 下列关于遗嘱的说法错误的是（　）。

A. 口头遗嘱应当有两个以上见证人在场见证

B. 遗嘱应当为缺乏劳动能力又没有生活来源的继承人保留必要的遗产份额

C. 遗嘱人可以撤回、变更自己所立的遗嘱

D. 无行为能力人所立的遗嘱，本人后来有了行为能力，可以作为有效遗嘱

93. 下列不动产登记行为中符合加强信息安全保护要求的是（　）。

A. 某员工设置的不动产登记系统密码为 123456

B. 窗口工作人员甲因生病住院，将自己的系统账号交给工作人员乙受理业务

C. 某不动产登记中心未将中心办公室人员纳入保密协议签订范围

D. 某不动产登记中心设置质量监督岗位，对登记信息安全进行日常和专项监督

94. A 县依据城市规划依法将 H 地块规划为住宅用地，准备以出让方式提供国有土地使用权。现甲开发企业通过招标方式取得该 H 地块，准备建设商品房小区，该项目已经有关部门批准。根据《城乡规划法》，下列说法错误的是（　）。

A. 甲企业在签订出让合同前，应当持批准文件领取建设用地规划许可证

B. 在国有土地使用权出让前，A 县自然资源和规划部门应当依据控制性详细规划，提出出让地块的位置、使用性质、开发强度等规划条件

C. H 地块的规划条件，应当作为国有土地使用权出让合同的组成部分

D. 若 H 地块的规划条件未纳入国有土地使用权出让合同，则该合同无效

95. 根据《优化营商环境条例》的规定，政府及其有关部门办理政务服务事项，应当根据实际情况，推行（　　）等制度，实现集中办理、就近办理、网上办理、异地可办。

A. 现场办结、优先办结、快速办结

B. 当场办结、优先办结、即时办结

C. 现场办结、一次办结、快速办结

D. 当场办结、一次办结、限时办结

96. 以下关于临时用地的说法正确的是（　　）。

A. 临时用地由市级以上人民政府自然资源主管部门批准，期限一般不超过 2 年

B. 为修建高速铁路使用的临时用地，使用期限可以超过 4 年

C. 某市因地震灾害救援未经审批使用临时用地，救援结束恢复原状后交还

D. 建设项目施工、地质勘查需要临时使用土地的，可以占用耕地且无须恢复种植条件

97. 王某申请办理的（　　）登记，不属于免收不动产登记费范围。

A. 拆迁安置房首次登记　　B. 草地承包经营权

C. 耕地承包经营权　　D. 廉租房登记

98. 下列关于不动产权益的纠纷的说法错误的是（　　）。

A. 村民甲与镇文化站发生土地使用权争议，双方协商不成，可由县人民政府处理，对县人民政府处理决定不服，还可向人民法院起诉

B. 村民乙与王某因承包地发生纠纷，双方自行和解、调解不成，可以直接向人民法院起诉，也可向农村土地承包仲裁委员会申请仲裁，但对仲裁裁决不服的，不可再向人民法院起诉

C. 村民丙与邻居张某因宅基地使用权发生纠纷，双方协商不成，可先向自然资源主管部门申请调处，调处未达成协议的，自然资源主管部门应当及时提出调处意见，报同级人民政府作出处理决定，对处理决定不服，可提起行政诉讼

D. 村民丁与邻居李某因林地使用权发生争议，双方协商不成，可由乡镇人民政府依法处理，对处理决定不服，可向人民法院起诉

99. 甲、乙、丙、丁 4 人共同居住在某高层住宅的第六层，如果每层住宅仅能居住 4 户，则下列说法正确的是（　　）。

A. 如果甲将其住宅出售，则乙、丙、丁都享有优先购买权
B. 如果乙试图将自己的住宅改作旅馆，须经甲、丙、丁的同意
C. 甲、乙、丙、丁 4 人对一层、二层间的楼板享有共有权
D. 该住宅楼物业服务用房所有权归甲、乙、丙、丁 4 人共同享有

100. 甲于 2020 年 2 月买下某小区 2 单元 5 层的房屋一套。该房屋处在顶层，甲在四层和五层之间的楼梯口安装了一个铁门，当时该小区住房尚未出售完，二层、三层、四层都没有住户。后来二层、三层的房屋陆续售出，房主对该铁门均没有提出异议。2020 年 7 月，乙入住该单元四层，发现需要通过五层到达顶层平台，当即提出甲应当将铁门拆除或者给每位住户一把钥匙，遭到甲的拒绝。后来乙多次要求，甲均置之不理。下列有关本案的说法正确的是（　）。
A. 甲辩称：屋顶平台平时根本没有人用，乙的要求是无理的
B. 甲辩称：一层、二层、三层的住户都没有异议，表示他们已经自愿放弃了，甲只占一层，应当按照多数人的意见办理
C. 无论其他住户意见怎样，也无论屋顶平台是否使用，通道应属共同财产，甲不得据为己有
D. 虽然通道是甲的专有部分，但是根据我国法律有关相邻关系的精神，本着团结互助的精神，甲应当尊重乙的要求

多项选择题

多项选择题（一）

1. 下列（　）项可能涉及集体土地所有权发生变更。
   A. 农用地调整
   B. 通过招标、拍卖、公开协商等方式承包“四荒地”
   C. 农用地买卖
   D. 农民集体内部成员之间的宅基地变更
   E. 洪水将农田等土地彻底冲毁形成了河流
2. 申请集体建设用地使用权首次登记，提交的材料包括（　）。
   A. 不动产登记申请书
   B. 申请人身份证明
   C. 有批准权的自然资源主管部门批准用地的文件等权属来源材料
   D. 地籍调查表、宗地图以及宗地界址点坐标等有关不动产界址、面积等材料
   E. 用地规划许可证
3. 除法律法规特别规定外，下列属于人民法院应当认定担保合同无效的情形有（　）。
   A. 机关法人提供担保的
   B. 居民委员会、村民委员会提供担保的
   C. 以公益为目的的非营利性学校、幼儿园提供担保的
   D. 以公益为目的的非营利性医疗机构、养老机构提供担保的
   E. 登记为营利法人的学校等提供担保的
4. 因郑某开办公司资金不足，其父将 3 间祖屋以 25 万元卖给即将回国定居的郭某，但其父还未来得及办理过户手续即去世。郑某不知其父卖房一事，继承了这笔房款及房屋，并办理了继承登记。随后，郑某以 3 间祖屋作为抵押向陈某借款10万元，将不动产权证交给了陈某但没有办理抵押登记。下列（　）项是正确的。

A. 郑某的父亲与郭某之间的房屋买卖合同有效

B. 郑某享有房屋的所有权

C. 郑某在其父亲去世后，有义务协助郭某办理房屋过户手续

D. 陈某对房屋不享有抵押权

E. 郭某享有房屋的所有权

5. 已经登记的土地承包经营权，下列（　）项情形下，当事人可申请土地承包经营权变更登记。

A. 承包方代表姓名或者身份证号码、家庭成员情况发生变化的

B. 承包土地的地块名称、坐落、界址、面积等发生变化的

C. 承包期限届满，承包方按照国家有关规定继续承包的

D. 同一权利人分割或者合并承包土地的

E. 集体经济组织内部互换、转让的

6. 采用纸质介质不动产登记簿的不动产登记机构，应当配备(　)安全保护设施。

A. 防盗　　B. 防火　　C. 防噪音

D. 防有害生物　　E. 防尘

7.（　）归业主共有。

A. 建筑区划内的物业服务用房

B. 建筑区划内的绿地（除城镇公共绿地明示属于个人的绿地）

C. 建筑区划内的其他公共场所、公用设施

D. 建筑区划内的道路（除城镇公共道路）

E. 建筑区划内的所有车位

8. 根据《土地管理法》等法律法规，下列情形中，可以使用集体土地的有（　）。

A. 乡镇政府招商引入的工业企业用地

B. 村办卫生所用地

C. 村民委员会以土地使用权入股联营成立的企业用地

D. 某村办企业用地

E. 某房地产开发企业用地

9. 不动产登记机构在受理不动产登记申请时，对申请人提交的申请材料，就申请登记事项询问申请人所做的询问记录进行确认的方式，符合不动产登记相关规定的是（　）。

A. 询问记录应当由申请人签名或摁留指纹确认

B. 申请人为自然人的，应当签名确认或摁留指纹确认

C. 申请人为无民事行为能力人或者限制民事行为能力人的，由监护人签名或摁留指纹确认

D. 申请人为自然人且没有听写能力的，应当摁留指纹确认

E. 申请人是法人或者非法人组织的，应当加盖法人或者非法人组织的印章

10. 甲与乙发生诉讼，欲申请查询乙的房产情况，其可以申请查询的登记资料有（　）。

A. 乙的姓名　　B. 乙的房产坐落位置

C. 乙的房产的不动产权证书号　　D. 乙的房产的不动产单元号

E. 乙的身份证号

11. 按照《自然资源部关于加快解决不动产登记若干历史遗留问题的通知》（自然资发〔2021〕1 号）的规定，下列处理不动产登记历史遗留问题的方式符合该规定的有（　）。

A. 开发企业或有关单位灭失的，首次登记与转移登记可一并办理，并在登记簿中对权利主体灭失情况予以记载

B. 房屋尚未入住的住宅项目，开发单位未按规定缴纳土地出让价款和相关税费的，以及划拨土地上自建房擅自对外出售，未补缴土地出让价款的，按照“证缴分离”原则，在有关部门追缴土地出让价款和税费的同时，办理不动产登记手续

C. 因开发企业或有关单位灭失，没有承继单位和上级主管部门的，可以由不动产所在地自然资源主管部门指定的机构或组织代为申请办理

D. 因房屋所有权多次转移、土地使用权未同步转移导致房屋、土地权利主体不一致的，经核实，权属关系变动清晰且无争议的，可以根据规定程序由房屋所有权人单方申请办理房地权利主体一致的不动产登记

E. 国家机关、企事业单位利用自有土地建设房改房、集资房的，可按划拨、协议出让等方式补办用地手续

12. 下列属于第一顺序继承人的是（　）。

A. 祖父母　　B. 非婚生子女

C. 已离异配偶　　D. 已去世女儿的亲生儿子

E. 尽主要赡养义务的丧偶儿媳

13. 关于农村宅基地，下列说法正确的是（　）。

A. 宅基地的所有权归农民集体

B. 宅基地使用权转让时受让人可以是本集体经济组织的成员，也可以不是

本集体经济组织的成员

C. 宅基地因自然灾害等原因灭失的，宅基地使用权消灭

D. 宅基地使用权没有使用期限

E. 宅基地使用权的主体只能是本农村集体经济组织成员

14. 已经登记的集体建设用地使用权及建筑物、构筑物所有权，有下列情形之一的，当事人可以申请变更登记。（　）

A. 权利人姓名或者名称、身份证明类型或者身份证明号码发生变化的

B. 因继承使得权利人发生变化的

C. 不动产坐落、界址、用途、面积等状况发生变化的

D. 同一权利人名下的集体建设用地或者建筑物、构筑物分割或者合并的

E. 权利人放弃集体建设用地使用权及建筑物、构筑物所有权的

15. 2016 年，因民间借贷纠纷，某区人民法院查封了甲名下的不动产，查封期限为 3 年。2017 年，当地人民政府依法征收了该不动产，征收机构在未核实不动产查封的情况下，与不动产权利人甲就不动产征收事宜达成征收补偿协议，支付了征收补偿款。现征收机构要求不动产登记机构办理甲名下该不动产的注销登记。不动产登记机构应该怎样办理甲名下该不动产的注销登记？（　）

A. 提交查封机关同意注销的书面材料的规定

B. 征收机构必须先行与查封法院沟通，解除该不动产的查封

C. 不动产登记机构不予办理不动产注销登记

D. 不动产登记机构直接办理不动产注销登记

E. 不动产登记机构经公示后可以直接办理不动产注销登记

16. 王某向李某借款 50 万元，以自己所有的房屋作为抵押，李某与王某签订了书面形式的抵押合同，但是未办理抵押登记。王某受张某欺诈，将房屋低价卖给张某，并办理了房屋过户手续。张某很快将房屋又卖给了陈某，也办理了房屋过户手续。下列说法正确的是（　）。

A. 李某不享有抵押权

B. 李某有权根据抵押合同要求王某承担违约责任

C. 王某有权要求陈某返还房屋

D. 王某无权要求陈某返还房屋

E. 李某与王某签订的抵押合同无效

17. 2012 年，甲和朋友一起出国经商，下落不明。2018 年，M 县人民法院根据

其妻乙的请求宣告甲死亡，之后乙未再婚，乙是甲的唯一继承人。2020年，乙将原夫妻名下的小汽车赠与妹妹丙，交付并办理了过户手续。2022年8月，甲经商失败，返回M县，为还债，将夫妻共同购买登记在自己名下的一套房产以市场价转让给知情的丁。2022年11月，经甲申请，甲的死亡宣告被撤销。对此，下列说法错误的是（　）。

A. 甲、乙的婚姻关系因甲宣告死亡已消灭，需办理登记恢复婚姻关系

B. 乙赠与丙汽车的行为无效

C. 丙应返还汽车或给予甲适当补偿

D. 丁未取得该房屋的所有权

E. 甲出卖房屋的合同无效

18. 关于不动产登记资料查询，下列说法正确的是（　）。

A. 县级以上人民政府不动产登记机构负责不动产登记资料查询管理工作

B. 申请查询不动产登记原始资料，应当优先调取纸质不动产登记原始资料

C. 申请查询的目的不符合法律法规规定的，不动产登记机构不予查询

D. 因买卖不动产构成利害关系的利害关系人，可以查询共有人的姓名或名称

E. 查询人到非不动产所在地的不动产登记机构申请查询的，该机构应当出具不予查询告知书

19. 下列不能作为遗嘱的见证人的是（　）。

A. 继承人

B. 继承人的近亲属

C. 与继承人共同经营的合伙人

D. 继承人的债务人

E. 被继承人的债权人

20. 下列关于"不动产权证书号：甲（乙）丙不动产权第丁号"填写方法的说法正确的有（　）。

A. "甲"处填写不动产登记机构所在省（自治区、直辖市）的简称

B. "甲"处填写不动产登记机构所在省（自治区、直辖市）的全称

C. "乙"处填写不动产登记年度

D. "丙"处一般填写不动产登记机构所在市县的全称

E. "丁"处是年度发证的顺序号，一般为5位

21. 关于不动产登记中的实地查看环节，下列说法正确的是（　）。

A. 房屋等建筑物、构筑物所有权首次登记可以实地查看

B. 在建建筑物抵押权登记可以实地查看

C. 因不动产灭失导致的注销登记可以实地查看

D. 不动产登记机构进行实地查看或者调查时，申请人、被调查人应当予以配合

E. 实地查看应由不动产登记机构工作人员参加，查看人员不用给查看对象拍照，填写实地查看记录即可

22. 2015 年 4 月 2 日，甲与乙签订书面买卖合同，将其一处已登记的房屋以 60 万元的价格出售给乙，乙支付房屋价款后，甲交付了房屋，但未向不动产登记机构申请登记。数月后，乙将房屋装修并出租给丙，租期为 2 年。乙装修期间，甲因病去世，其在外地工作的儿子丁继承了甲全部遗产，随后将该房屋出售给戊，并办理了房屋所有权转移登记。下列关于该房屋所有权及相关法律行为的说法正确的是（　）。

A. 房屋所有权属于戊　　B. 戊有权请求乙返还房屋

C. 甲与乙之间的买卖合同有效　　D. 乙可以请求丁承担违约责任

E. 丙对房屋的租赁权继续有效

23. 关于不动产登记机构决定不予登记，下列做法正确的是（　）。

A. 不动产登记机构制作不予登记告知书、退回登记申请材料清单，由申请人签字确认后，将登记申请材料退还申请人

B. 不动产登记机构留存不予登记告知书的签收文件、申请人签字的退回登记申请材料清单及申请材料即可，不用留存申请材料复印件

C. 申请人应当自接到不予登记书面告知之日起 20 个工作日内取回申请材料

D. 不动产登记机构对需退回的申请材料应妥善保管，保管期限自申请人收到书面告知之日起，最长不得超过 6 个月

E. 在取回申请材料期限内，不动产登记机构应当妥善保管该申请材料，逾期不取回的，不动产登记机构仍负责保管

24. 有买卖、租赁、抵押不动产意向的当事人，可以查询相关不动产登记簿记载的下列（　）项信息。

A. 不动产是否存在抵押权登记　　B. 不动产是否存在预告登记

C. 不动产是否存在异议登记　　D. 不动产是否存在转移登记

E. 不动产是否存在变更登记

25. 抵押合同一般包括（　）条款。

A. 被担保债权的种类和数额　　B. 债务人履行债务的期限

C. 抵押财产的数量、名称等情况　　D. 担保的范围

E. 抵押物的价值

26. 集体建设用地使用权及建筑物、构筑物所有权转移的材料，包括（　）。

A. 因人民法院、仲裁委员会的生效法律文书导致权属转移的，提交人民法院、仲裁委员会的生效法律文书

B. 依法需要缴纳税费的，应当提交税费缴纳凭证

C. 本集体经济组织 2/3 以上成员或者 2/3 以上村民代表同意的材料

D. 因企业合并、分立、兼并、破产等情形导致权属发生转移的，提交企业合并、分立、兼并、破产的材料，集体建设用地使用权及建筑物、构筑物所有权权属转移材料，有权部门的批准文件

E. 依法没收、征收、收回集体建设用地使用权及建筑物、构筑物所有权的，提交人民政府的生效决定书

27. 申请集体建设用地使用权及建筑物、构筑物所有权注销登记，关于不动产登记机构在审核过程中应注意的要点，下列说法正确的是（　）。

A. 集体建设用地使用权及建筑物、构筑物所有权的注销材料是否齐全、有效

B. 土地或建筑物、构筑物灭失的，是否已按规定提供现场影像资料

C. 集体建设用地及建筑物、构筑物已设立抵押权、地役权或者已经办理查封登记的，权利人放弃权利申请注销登记的，是否已经提供抵押权人、地役权人、查封机关书面同意的材料

D. 申请登记事项与不动产登记簿的记载是否冲突

E. 房屋等建筑物、构筑物是否提交了符合规划、已竣工的材料

28. 关于集体土地所有权，下列说法正确的是（　）。

A. 尚未登记的集体土地所有权，权利人可以申请集体土地所有权首次登记

B. 已登记的集体土地所有权，土地面积发生变化的，当事人可以申请变更登记

C. 已登记的集体土地所有权，农民集体之间互换土地的，当事人可以申请变更登记

D. 已登记的集体土地所有权，集体土地被依法征收的，当事人可以申请注销登记

E. 已登记的集体土地所有权，土地调整的，当事人可以申请变更登记

29. 下列材料中，属于申请不动产登记身份证明材料的是（　）。

A. 台湾居民来往大陆通行证　　B. 户口簿

C. 结婚证　　D. 士官证　　E. 台湾居民身份证

30. 只颁发登记证明的登记类型是（　）。

A. 注销登记　B. 更正登记　C. 预告登记
D. 在建建筑物抵押权登记　E. 最高额抵押权登记

31. 根据《自然资源部办公厅关于持续深化集体土地所有权登记成果更新应用的通知》（自然资办发〔2024〕3号），严格落实入市前置要求，____、____或者____，不得入市交易。（　）
A. 不符合国土空间规划
B. 集体土地所有权未登记
C. 土地用途不是工业、商业等经营性用途
D. 已登记但未更新汇交
E. 存在权属争议的

32. 李某将自己出租给张某的房子抵押给小王。对此，下列说法正确的是（　）。
A. 李某与张某的房屋租赁合同自该房屋抵押给小王时自动终止
B. 李某不能以自己的房屋已经抵押为由，终止与张某的房屋租赁合同
C. 张某可以一直住到租期届满再搬走
D. 李某随时可以让张某搬走
E. 小王拥有该房屋的所有权

33. 以下不动产可以申请办理抵押权登记的是（　）。
A. 登记在房地产开发企业名下来出售的商品住房
B. 登记在某市示范幼儿园名下的教学楼
C. 登记在村民小王名下的宅基地
D. 登记在甲村企业名下的厂房
E. 登记在某公司名下的办公楼

34. 下列情形中，应当申请不动产抵押权注销登记的有（　）。
A. 抵押人死亡或借款人死亡　B. 主债权消灭
C. 抵押权已实现　D. 抵押权转移　E. 抵押物变更

35. 根据《不动产登记暂行条例实施细则》，不动产登记当事人行为违法，应当承担相应的法律责任。下列行为中，属于违法行为的有（　）。
A. 依法对不符合登记资料查询条件的不予查询
B. 提供虚假材料等欺骗手段申请登记
C. 泄露不动产登记资料、登记信息
D. 擅自复制、篡改、毁损、伪造不动产登记簿
E. 对权利人申请更换新的不动产权属证书的予以办理

36. 关于不动产登记簿中土地状况填写内容的要求，下列说法错误的有（　）。

A. 宗地面积填写审核后合法的土地面积

B. 用途按照《土地利用现状分类》（GB/T 21010—2017）的二级类填写

C. 权利设定方式填写招标、拍卖、挂牌出让

D. 容积率、建筑密度等根据用地批准文件或者出让合同填写

E. 权利类型填写划拨、出让等

37. 关于不动产被查封后可以办理登记的情形，下列选项正确的是（　）。

A. 权利人身份证明类型发生变化　B. 不动产期限发生变化

C. 不动产坐落发生变化　D. 不动产用途发生变化

E. 权利人放弃权利的

38. 按照《民法典》的规定，下列关于养子女、养父母、生父母间权利义务关系的表述错误的是（　）。

A. 养子女和生父母之间的权利和义务，因收养关系的成立而消除

B. 养子女不得要求继承生父母的遗产

C. 养子女和生父母之间的权利和义务，不因收养关系的成立而消除

D. 养子女可以要求继承生父母的遗产

E. 成年养子女与生父母以及其他近亲属间的权利义务关系是否恢复，可以协商确定

39. 根据《国家税务总局 自然资源部关于深化部门合作减轻群众负担提高便民利民服务水平的通知》（税总发〔2018〕47 号），对于新设宗地，要在供地前按照《不动产单元设定与代码编制规则》编制完成不动产单元代码，供地完成后，将（　）等相关信息及时传递给税务部门。

A. 不动产单元代码　B. 出让合同　C. 划拨决定书

D. 征收文件　E. 建设用地规划许可证

40. 刘某全款购买了一处商品房，由于身在 M 国，他在中国驻 M 国大使馆办理了一份委托书，委托王某代为办理预购商品房预告登记。下列说法正确的有（　）。

A. 外文文本的申请材料应当翻译成汉字译本，当事人应签字确认，并对汉字译本的真实性负责

B. 刘某不能办理委托公证，只能亲自回国办理

C. 刘某可以手写委托书，授权王某代为办理预购商品房预告登记

D. 刘某必须通过中国驻 M 国大使馆办理委托书

E. 刘某在M国公证处公证后的授权委托书可以直接用于办理登

41. 黄某购买了一处商品房，授权孙某和李某代为办理预购商品房预告登记。下列说法正确的是（　）。

A. 孙某和李某中任何一个人都可以单独代黄某办理登记

B. 孙某和李某需共同代黄某办理登记

C. 如当事人有明确约定，孙某和李某中一人也可以单独代黄某登记

D. 委托代理受托人只能为一人，不能为多人

E. 孙某和李某必须共同代理黄某办理登记

42. 以下（　），申请人一并申请的，不动产登记机构应当一并受理，就不同的登记事项依次分别记载于不动产登记簿的相应簿页。

A. 预购商品房预告登记与预购商品房抵押预告登记

B. 预购商品房预告登记转房屋所有权登记与预购商品房抵押预告登记转抵押权登记

C. 建筑物所有权首次登记与在建建筑物抵押权登记

D. 不动产变更登记导致抵押权变更的，不动产变更登记与抵押权变更登记

E. 不动产转移登记致使地役权转移的，不动产转移登记与地役权变更登记

43. 孙某以按揭贷款方式购买了一处商品住宅，合并办理了预购商品房预告登记和预购商品房抵押预告登记，后孙某想撤回此项登记。关于撤回登记，下列说法正确的是（　）。

A. 孙某需要和银行一起申请撤回登记

B. 孙某可以自行撤回登记

C. 记载于登记簿之前可以申请撤回

D. 只能撤回预购商品房预告登记，不能撤回预购商品房抵押预告登记

E. 记载于不动产登记簿之后也可以申请撤回

44. 对于申请集体建设用地使用权及建筑物、构筑物所有权变更登记的，不动产登记机构在审核过程中应注意的要点有（　）。

A. 集体建设用地使用权及建筑物、构筑物所有权的变更材料是否齐全、有效

B. 集体建设用地使用权及建筑物、构筑物所有权被查封的不予办理

C. 申请变更事项与变更材料记载的变更事实是否一致

D. 申请登记事项与不动产登记簿的记载是否冲突

E. 有异议登记的，受让方是否已签署知悉存在异议登记并自担风险的书面承诺

45. 不动产利害关系人可以查询、复制不动产的（　）。

A. 自然状况

B. 权利人状况

C. 查封、抵押、预告登记状况

D. 异议登记状况

E. 不动产地籍调查成果

46. 关于委托他人办理不动产登记需要提交的资料，下列说法正确的是（　）。

A. 提交申请人身份证明、授权委托书及代理人的身份证明

B. 授权委托书中应当载明代理人的姓名或者名称、代理事项、权限和期间，并由委托人签名或者盖章

C. 自然人处分不动产的，可以提交经公证的授权委托书；授权委托书未经公证的，申请人应当在申请登记时，与代理人共同到不动产登记机构现场签订授权委托书

D. 境外申请人处分不动产的，其授权委托书应当经公证或者认证

E. 代理人为两人或者两人以上，代为处分不动产的，全部代理人必须共同代为申请

47. 张三有两室两厅房屋一套，李三通过向不动产登记机构提供虚假证明材料于 6 月 5 日将该房屋登记到自己名下。8 月 5 日，李三以自己的名义与李四签署了房屋买卖合同。下列（　）项情形下不构成善意取得。

A. 房屋价款尚未支付　　B. 房屋价格过分低于市场价格

C. 李四明知该房屋为张三所有　　D. 房屋尚未过户登记到李四名下

E. 房屋以合理的价格转让

48. 下列情形适用不动产登记单方申请的有（　）。

A. 尚未登记的不动产首次申请登记　B. 继承取得不动产权利

C. 赠与导致不动产物权变动　　D. 权利人放弃不动产权利

E. 不动产自然状况发生变化

49. 下列情形中，不动产登记机构应当在登记事项记载于登记簿前进行公告的有（　）。

A. 房屋预告登记　　B. 依职权更正登记　　C. 依职权注销登记

D. 房屋异议登记　　E. 土地承包经营权首次登记

50. 根据《自然资源部关于加快解决不动产登记若干历史遗留问题的通知》（自然资发〔2021〕1 号），要总结推广“交地即交证”“交房即交证”等经验

做法，将不动产登记中发现的问题及时向上游环节反映，促进（　）。

A. 依法履职　B. 加强监管　C. 完善制度

D. 全面统筹　E. 数据分析

51. 当事人申请登记，应当根据不同登记事项提供的必要材料包括（　）。

A. 权属证明　B. 不动产界址　C. 不动产面积

D. 不动产体积　E. 查询申请书

52. 下列属于物权状态的有（　）。

A. 设立　B. 执行　C. 变更

D. 转移　E. 消灭

53. 人民法院对不动产的查封因（　）原因而失效。

A. 人民法院作出解除查封的裁定

B. 查封期限届满而未办理解封手续

C. 被查封的不动产已经依法拍卖

D. 被查封的不动产有其他法院轮候查封

E. 查封期限届满而续封

54. 根据《最高人民法院 国土资源部 建设部关于依法规范人民法院执行和国土资源房地产管理部门协助执行若干问题的通知》（法发〔2004〕5号），关于查封登记的说法，正确的有（　）。

A. 不动产登记机构认为人民法院查封、预查封或者处理的土地、房屋权属错误的，可以向人民法院提出审查建议，但不应当停止办理协助执行事项

B. 被执行人购买的房屋已由房地产开发企业申请办理了首次登记的，可以进行预查封

C. 被执行人购买的办理了商品房预售合同备案的房屋可以进行预查封

D. 被执行人购买的办理了商品房预告登记的房屋可以进行预查封

E. 作为被执行人的房地产开发企业，其已办理了商品房预售许可证的房屋，人民法院不得查封

55. 不动产登记机构工作人员实地查看不动产，重点查看的事项包括（　）。

A. 房屋所有权首次登记，查看房屋坐落及其建造完成等情况

B. 在建建筑物抵押权登记，查看抵押的在建建筑物坐落及建造情况

C. 实地查看是否有人居住，并现场拍照

D. 房屋所有权首次登记，查看控制点测量是否准确

E. 因不动产灭失导致的注销登记，查看不动产灭失等情况

56. 下列关于同一财产向两个以上债权人抵押的，拍卖、变卖抵押财产所得价款的清偿顺序，符合《民法典》规定的有（　）。

A. 抵押权已登记的先于未登记的受偿

B. 抵押权已登记的，按照登记时间的先后顺序确定清偿顺序

C. 抵押权登记顺序相同的，按照债权比例清偿

D. 抵押权未登记的，按照债权比例清偿

E. 抵押权未登记的，按照抵押合同生效时间的先后顺序清偿

57. 下列关于由他人代为申请不动产登记的说法正确的有（　）。

A. 申请人委托代理人申请不动产登记的，代理人应当提交经公证的授权委托书

B. 自然人处分不动产的，可以提交经公证的授权委托书

C. 境外申请人处分不动产的，其授权委托书应当经公证或者认证

D. 两人或者两人以上的代理人代为处分不动产的，可由一位代理人代表代为申请

E. 无民事行为能力人应当由其监护人代为申请

58. 地役权转移登记与不动产转移登记合并办理，提交的材料包括（　）。

A. 申请人身份证明　　B. 不动产登记申请书　　C. 地役权转移合同

D. 不动产转让合同　　E. 不动产权证书、不动产登记证明

59. 申请人提供的（　）可以直接使用。

A. 大陆委托香港公证人出具的公证书

B. 大陆省级公证协会认证过的台湾公证书

C. 澳门公证处出具的公证书

D. 中国驻洛杉矶领事馆出具的认证文书

E. 外国公证机构出具的公证书

60. 下列关于不动产申请方式的说法错误的是（　）。

A. 无民事行为能力人申请登记的，应当由其法定代理人向不动产登记机构代理申请

B. 委托代理必须办理公证

C. 中介机构工作人员代为申请的，必须具备登记代理人资格

D. 不动产申请必须到场申请

E. 共有不动产的登记，应当由全体共有人共同申请，但依法规定的除外

61. 下列关于不动产登记的说法错误的是（　）。

A. 权利人可以查阅并复制不动产登记资料

B. 利害关系人可以查阅但不得复制不动产登记资料
C. 有关国家机关可以查阅、复制和修改不动产登记资料
D. 人民法院作出的判决与不动产登记不一致的，该不动产登记自行无效
E. 不动产权利人已经依法享有的不动产权利，不因登记机构和登记程序的改变而受到影响

62. 下列应当认定为不动产受让人知道转让人无处分权的是（　）。
A. 受让人知道他人已经依法享有不动产物权
B. 预告登记有效期内，经预告登记的权利人同意
C. 不动产登记簿上存在有效的异议登记
D. 受让人不知道登记簿上记载的权利主体错误
E. 不动产登记簿上没有记载限制不动产权利的有关事项

63. 不动产登记机构、不动产登记信息共享单位及其工作人员泄露不动产登记资料、登记信息，或者利用不动产登记资料、登记信息进行不正当活动，给他人造成损害的，应该（　）。
A. 依法承担赔偿责任
B. 有关责任人员构成犯罪的，依法追究刑事责任
C. 对有关责任人员依法给予处分
D. 不承担赔偿责任，但对有关责任人员给予处分
E. 由不动产登记机构承担全部赔偿责任

64. 农村土地发包方享有的权利有（　）。
A. 要求承包方根据发包方的意愿开展经营活动
B. 监督承包方依照承包合同约定的用途合理利用和保护土地
C. 承包方的土地承包经营权，发包方可以随时变更承包合同
D. 制止承包方损害承包地和农业资源的行为
E. 依照承包合同约定为承包方提供生产、技术、信息等服务

65. 农村土地承包方享有的权利有（　）。
A. 依法享有承包地使用、收益的权利
B. 可以买卖承包地
C. 依法互换、转让土地承包经营权
D. 承包地被依法征收、征用、 占用的，有权依法获得相应的补偿
E. 维持土地的农业用途，未经依法批准不得用于非农建设

66. 土地经营权流转应当遵循的原则有（　）。

A. 任何组织和个人不得强迫或者阻碍土地经营权流转

B. 不得改变土地所有权的性质，但可以在农用地上建设大棚房

C. 流转期限不得超过承包期的剩余期限

D. 受让方须有农业经营能力或者资质

E. 先登记、后流转

67. 国家所有依法由农民集体使用的农村土地，具有发包权的是（　）。

A. 使用该土地的农村集体经济组织　B. 使用该土地的村民委员会

C. 使用该土地的村民小组　　D. 使用该土地的家庭承包经营者

E. 土地所在地的乡级政府

68. 关于不动产登记审核申请材料，以下说法正确的是（　）。

A. 申请人提交的人民法院、仲裁委员会的法律文书，具备条件的，不动产登记机构可以通过相关技术手段查验法律文书编号、人民法院以及仲裁委员会的名称等是否一致，查询结果需打印、签字及存档

B. 对已实现信息共享的其他申请材料，不动产登记机构可根据共享信息对申请材料进行核验，不动产登记机构应当查验不动产界址、空间界限、面积等

C. 不动产地籍调查成果是否完备，权属是否清楚、界址是否清晰、面积是否准确

D. 尚未实现信息共享的，应当审核其内容和形式是否符合要求

E. 因通过协议改变不动产的面积申请变更登记，对抵押权人产生不利影响的，可以出具抵押权人同意变更的书面材料

69. 在国有建设用地使用权及房屋所有权变更登记审核过程中，不存在不予登记情形时，（　）。

A. 不动产登记机构应该及时将登记事项记载于不动产登记簿

B. 应当增加审核环节

C. 应该更换颁发新的不动产权属证书

D. 应当审核国有建设用地使用权及房屋所有权的变更材料是否齐全、有效

E. 应当审核申请登记事项与不动产登记簿的记载是否冲突

70. 一处不动产位于M县和L县交界处，该不动产80%部分位于M县境内，但无法分割办理登记。该不动产办理登记时，M县和L县不动产登记机构正确的处理方式是（　）。

A. M县登记机构可直接办理

B. M 县和 L 县登记机构协商办理

C. 由 M 县和 L 县共同的上一级不动产登记机构办理

D. 由 M 县和 L 县共同的上一级人民政府不动产登记主管部门指定办理

E. 只能由 M 县不动产登记机构办理

71. 下列情形中，不动产登记机构应当不予登记的有（　）。

A. 存在尚未解决的权属争议的

B. 申请人无民事权利能力的

C. 申请登记的不动产权利超过规定期限

D. 违反法律或行政法规的

E. 申请处分的不动产被依法查封登记的

72.《自然资源部办公厅 国家林业和草原局办公室关于强化业务协同加快推进林权登记资料移交数据整合和信息共享的通知》（自然资办发〔2023〕2 号）要求，林草部门要以（　）为单位，对原林权登记资料进行逐宗清查、分类整理，纸质和电子数据关联挂接。

A. 村　　B. 组　　C. 林场

D. 家庭户　　E. 乡镇

73. 关于《民法典》对建筑区域内的车位、车库的所有权归属的规定，下列说法正确的有（　）。

A. 建筑区划内，规划用于停放汽车的车位、车库应当首先满足业主的需要

B. 建筑区划外，规划用于停放汽车的车位、车库的归属，由当事人通过出售、附赠或者出租等方式约定

C. 占用业主共有的道路或者其他场地用于停放汽车的车位，属于业主共有

D. 建筑区划外，规划用于停放汽车的车位、车库，按其他相关规定实施

E. 建筑区划内的道路，包括城镇公共道路，属于业主共有

74. 下列关于依嘱托登记的说法正确的有（　）。

A. 人民政府依法征收、收回不动产的可通过作出嘱托文件办理相关不动产登记

B. 在人民法院依法为嘱托时，若不动产登记机构认为嘱托文件存在错误，可以向为嘱托的人民法院提出审查建议，并停止办理登记

C. 查封嘱托到达不动产登记机构时，其他人民法院已向该登记机构嘱托转移登记的，应当优先办理转移登记

D. 嘱托在前、申请在后的，或嘱托和申请同时到达不动产登记机构的，嘱

托先于申请

E. 申请受理在前、嘱托在后的，申请先于嘱托

75. 下列属于不动产登记机构在审核阶段需要履行的职责有（　）。

A. 登记　　B. 查验　　C. 查看

D. 调查　　E. 归档

76. 实地查看的具体内容包括（　）。

A. 房屋等建筑物、构筑物所有权首次登记，查看房屋坐落及其建造完成等情况

B. 在建建筑物抵押权登记，查看抵押的在建建筑物坐落及其建造等情况

C. 因不动产灭失导致的注销登记，查看不动产灭失等情况

D. 以房屋所有权申请抵押权登记的，查看抵押的房屋是否存在违法建设等情况

E. 因同一权利人名下不动产合并申请变更登记的，查看不动产现状情况

77. 不动产登记机构不予登记的情形有（　）。

A. 监护人处分不动产申请登记，未出具为了被监护人利益而处分不动产的书面保证的

B. 未依法缴纳土地出让金价款的

C. 申请登记的不动产不符合不动产单元设定条件的

D. 不动产被依法查封期间，权利人处分该不动产申请登记的

E. 申请人和委托代理人未到场签订授权委托书的

78. 根据《不动产登记资料查询暂行办法》，下列可以作为权利人查询不动产登记资料的主体有（　）。

A. 清算组　　B. 破产管理人　　C. 财产代管人

D. 监护人　　E. 权利人的直系亲属

79. 当事人应当申请抵押权变更登记的情形有（　）。

A. 主债权消灭的　　B. 债务履行期限改变的　　C. 抵押权顺位改变的

D. 主债权转让的　　E. 抵押权人放弃抵押权的

80. 依职权更正登记公告的主要内容有（　）。

A. 拟予登记的不动产权利人姓名或名称

B. 拟予登记的不动产坐落、面积、用途、权利类型等

C. 错误登记的不动产坐落、面积、用途、权利类型等

D. 提出异议的期限、方式和受理机构及需要公告的其他事项

E. 不动产登记单元附图

81. 根据《国务院办公厅关于加快推进电子证照扩大应用领域和全国互通互认的意见》（国办发〔2022〕3 号）要求，以下（　）项是推进电子证照扩大应用领域和全国互通互认的基本原则。

A. 坚持系统观念　　B. 坚持便民高效　　C. 坚持创新引领

D. 坚持安全可控　　E. 坚持依法依规

82. 关于国有建设用地使用权首次登记的审核要求，下列说法正确的是（　）。

A. 登记审核是地方人民政府的重要法定职责，必须严格依法履行到位

B. 应当审核不动产登记申请书、权属来源材料等记载的主体是否一致

C. 如果存在不予登记情形，不动产登记机构应当将有关登记事项记载于不动产登记簿后，向申请人作出书面说明

D. 审核依法应当纳税的，是否已完税

E.《不动产登记操作规范（试行）》是审核的具体依据

83. 土地使用权出让中，出让方包括（　）。

A. 市人民政府自然资源主管部门　　B. 县人民政府自然资源主管部门

C. 开发区管理委员会　　D. 区人民政府自然资源主管部门

E. 乡（镇）人民政府

84. 关于抵押权注销登记，下列说法错误的是（　）。

A. 不动产登记簿记载的抵押权人与抵押人可以共同申请抵押权的注销登记

B. 抵押权人放弃抵押权的，抵押人可以单方申请抵押权的注销登记

C. 人民法院、仲裁委员会作出的生效法律文书确认抵押权消灭的，抵押人不可以单方申请抵押权的注销登记

D. 已经登记的抵押权，抵押权已经实现的，当事人可以申请抵押权注销登记

E. 债权消灭或抵押权人放弃抵押权的，抵押权人可以单方申请抵押权的注销登记

85. 在房屋尚未办理首次登记时，下列（　）项情形应当申请预告登记的转移。

A. 王某购买了一处商品房，办理了预告登记后，王某去世，房屋归其儿子继承

B. 李某购买了一处商品房，办理了预告登记后，李某将房屋卖给张某

C. 孙某购买了一处商品房，办理了预告登记后，房屋被法院强制执行给黄某抵债

D. 赵某购买了一处商品房，办理了预告登记后，赵某将房屋赠与给其儿子

E. 张某购买了一处商品房，办理了预告登记后，买卖房屋的协议被认定无效

86. 申请商品房预告登记，申请人提交的材料包括（　　）。

A. 申请人身份证明

B. 当事人关于预告登记的约定

C. 经市级以上人民政府住房城乡建设主管部门或自然资源主管部门备案的商品房预售合同

D. 不动产登记申请书

E. 预告登记内容发生变更的材料

87. 以预购商品房等不动产设定抵押权的，需提交（　　）。

A. 不动产登记证明　　B. 不动产抵押合同

C. 主债权合同　　D. 房屋评估报告

E. 建设用地规划许可证

88. 下列（　　）项情形可以申请预告登记的变更。

A. 甲公司办理完预告登记后更改了公司名称

B. 乙公司办理完预告登记后房屋被查封

C. 丙公司办理完预告登记后营业执照号码变更

D. 丁公司办理完预告登记后和戊公司合并

E. 戊公司办理完预告登记后宣告破产

89. 不动产登记机构发现不动产登记簿记载的事项有错误，可以依职权予以更正，但下列（　　）项情形除外。

A. 不动产登记机构应书面通知当事人在30个工作日内申请办理更正登记，当事人逾期不办理

B. 错误登记之后已经办理了涉及不动产权利处分的登记

C. 错误登记之后已经办理了预告登记

D. 错误登记之后已经办理了查封登记

E. 错误登记之后已经办理了变更登记

90. 根据《民法典》，兄弟姐妹包括（　　）。

A. 同父母的兄弟姐妹

B. 同父异母或者同母异父的兄弟姐妹

C. 养兄弟姐妹

D. 有扶养关系的继兄弟姐妹

E. 曾有扶养关系的继兄弟姐妹

91. 李某死后留下一套房屋，生前未立遗嘱。李某有3个女儿，并收养了一子。

大女儿中年病故，留下一子。养子收入丰厚，却拒绝赡养李某。在两个女儿办理丧事期间，小女儿因交通事故意外身亡，留下一女。下列说法正确的是（　）。

A. 二女儿和小女儿之女均是第一顺序继承人

B. 大女儿之子对李某遗产的继承属于代位继承

C. 小女儿之女属于转继承人

D. 分配遗产时，养子应当不分或少分

E. 因未赡养李某，养子丧失继承权

92. 下列属于第一顺序继承人的是（　）。

A. 对岳父母尽了主要赡养义务的丧偶女婿且再婚的

B. 有抚养关系的继子女

C. 子女

D. 配偶

E. 祖父母

93. 下列关于土地用途变更的说法正确的是（　）。

A. 土地使用者需要改变土地使用权出让合同约定的土地用途的，只需取得规划许可

B. 以出让方式取得土地使用权的，转让房地产后，受让人改变原土地使用权出让合同约定的土地用途的，必须取得原出让方同意

C. 人民政府或主管部门的行政审批是不动产用途和面积变更的前置要件

D. 依法改变土地用途的，必须持批准文件，向土地所在地的市级以上人民政府自然资源主管部门提出土地变更登记申请

E. 土地使用者需要改变土地使用权出让合同约定的土地用途的，必须签订土地使用权出让合同变更协议或者重新签订土地使用权出让合同，相应调整土地使用权出让金

94. 自然资源确权登记的登记类型包括（　）。

A. 首次登记　　B. 变更登记　　C. 更正登记

D. 注销登记　　E. 预告登记

95. 不动产权利通常分为（　）。

A. 使用权　　B. 用益物权　　C. 所有权

D. 处置权　　E. 担保物权

96. 家庭土地承包经营权可以办理的登记类型包括（　）。

A. 首次登记　　B. 变更登记　　C. 转移登记

D. 抵押登记　　E. 注销登记

97. 下列情形中，申请人可以一并申请登记的有（　）。

A. 不动产转移登记与抵押权首次登记

B. 预购商品房预告登记与预购商品房抵押预告登记

C. 预购商品房预告登记转房屋所有权登记与预购商品房抵押预告登记转抵押权登记

D. 抵押权变更的，不动产变更登记与抵押权变更登记

E. 地役权变更、转移的，不动产变更登记、转移登记与地役权变更、转移登记

98. 关于人民法院可以进行预查封的不动产，下列说法正确的有（　）。

A. 土地使用权和房屋所有权归属不一致的，人民法院应当同时查封

B. 登记在案外人名下的土地使用权、房屋，登记名义人（案外人）书面认可该土地、房屋实际属于被执行人时，执行法院可以查封

C. 对被执行人因继承、判决或者强制执行取得，但尚未办理过户登记的不动产的查封，执行法院应当向不动产登记机构提交被执行人取得财产所依据的继承证明、生效判决书或者执行裁定书及协助执行通知书，由不动产登记机构办理过户登记手续后，办理查封登记

D. 登记名义人否认该土地、房屋属于被执行人，而执行法院、申请执行人认为登记为虚假时，可以直接查封

E. 不动产登记机构已经受理被执行人转让不动产的过户登记申请的，人民法院不得进行查封

99. 不动产登记应遵循的原则是（　）。

A. 依申请登记原则　　B. 分别登记原则

C. 连续登记原则　　D. 属地登记原则

E. 依嘱托登记原则

100. 自然资源登记单元类型分为（　）。

A. 海域、无居民海岛

B. 自然保护地

C. 水流

D. 山岭

E. 国务院确定的重点国有林区

F. 湿地、森林、草原、荒地、探明储量的矿产资源

多项选择题（二）

1. 关于承包期内，因自然灾害严重毁损承包地等特殊情形对个别农户之间承包的耕地和草地需要适当调整的，下列说法正确的是（　）。

A. 经村委会研究同意后直接进行调整

B. 必须经本集体经济组织成员的村民会议 2/3 以上成员或者 2/3 以上村民代表的同意

C. 报乡镇人民政府批准

D. 报县级人民政府农业农村、林业和草原等主管部门批准

E. 县级以上人民政府批准

2. 甲村乙的儿子是新增人口，一直没有承包土地，下列（　）项的土地可以由他承包。

A. 集体经济组织依法预留的机动地

B. 通过依法开垦等方式增加的土地

C. 承包方依法、自愿交回的土地

D. 承包方闲置但未被依法收回的

E. 开垦未经批准但长期无人使用的耕地

3. 发包方将农村土地发包给本集体经济组织以外的单位或者个人承包，在签订承包合同前，需对承包方的（　）进行审查。

A. 资信情况　　B. 财务状况　　C. 经营能力

D. 工资水平　　E. 投资能力

4. 农村土地承包经营权流转的主体是（　）。

A. 承包方　　B. 发包方　　C. 第三方

D. 上级机关　　E. 乡（镇）人民政府

5. 发包方就同一土地签订两个以上承包合同，承包方均主张取得土地承包经营权的，下列情形下，处理正确的有（　）。

A. 已经依法登记的承包方，取得土地承包经营权

B. 均未依法登记的，生效在先合同的承包方取得土地承包经营权

C. 强行先占承包地一方，取得土地承包经营权

D. 未签订合同而使用土地的第三方，取得土地承包经营权

E. 首先使用该承包地的农户，取得土地承包经营权

6. 关于共有，下列说法正确的是（　　）。

A. 对于共有财产，部分共有人主张按份共有，部分共有人主张共同共有，如不能证明财产是按份共有的，应当认定为共同共有

B. 按份共有人对共有不动产或者动产享有的份额，没有约定或者约定不明确的，按照出资额确定；不能确定出资额的，视为等额享有

C. 夫或妻在处理夫妻共同财产上权利平等，因日常生活需要而处理夫妻共同财产的，任何一方均有权决定

D. 对共有物的分割，当事人没有约定或者约定不明确的，按份共有人可以随时请求分割，共同共有人在共有的基础丧失或者有重大理由需要分割时可以请求分割

E. 两个以上其他共有人主张行使优先购买权的，按照转让时各自的份额比例行使优先购买权

7. 发生下列（　　）项情形，当事人应当在有关法律文件生效或者事实发生后申请国有建设用地使用权及房屋所有权转移登记。

A. 以房屋出资入股的

B. 不动产坐落、界址、用途、面积等状况发生变化的

C. 房屋分割、合并，导致所有权发生转移的

D. 同一权利人名下的不动产分割或者合并的

E. 继承、受遗赠的

8. 根据《国土资源部 国家林业局关于国务院确定的重点国有林区不动产登记有关事项的通知》（国土资发〔2016〕190号），重点国有林区的林业单位对森林、林木和林地申请首次登记的，应当提交下列（　　）项材料。

A. 经过国家批准的建局文件等权属来源材料

B. 地籍调查成果

C. 建设用地规划许可证

D. 与毗邻单位的边界协议书或地块认定协议书等材料

E. 完税凭证

9. 关于不动产登记的原则，下列表述正确的是（　　）。

A. 依申请登记原则　　B. 分别登记原则　　C. 连续登记原则

D. 属地登记原则　　E. 严格管理、稳定连续、方便群众原则

10. 甲公司名下有一处商业网点，不动产权证上记载面积 200 平方米。后由于

拆除了一部分，面积变更为 100 平方米，甲公司申请办理不动产权证面积变更登记。下列关于登记费的说法正确的是（　）。

A. 登记费应按照房屋面积收取　　B. 登记费按件收取

C. 面积变更不收登记费　　D. 甲公司应缴登记费 550 元

E. 登记费按房屋体积收取

11.《自然资源部关于开展不动产登记队伍作风常态化建设的通知》（自然资发〔2022〕144 号）提出的“三个经常”是指（　）。

A. 经常对标党中央精神，时刻把准政治方向和工作重点

B. 经常开展为民服务宗旨教育，切实增强群众观念和服务意识

C. 经常以办事群众身份体验登记业务流程，真切感受难点痛点和群众期盼

D. 经常了解政策法规在登记窗口落实情况，及时发现问题并指导纠偏

E. 经常进行自我批评和自我反省，确保个人行为和工作符合组织要求

12. 下列不属于限制民事行为能力人的是（　）。

A. 差一天过 8 周岁生日的甲

B. 以自己收入为主要生活来源的 16 周岁的乙

C. 不能完全辨认自己行为后果的成年人丙

D. IQ 高达 200 的 6 周岁的丁

E. 正在读小学的年满 10 周岁的戊

13. 关于已经登记的地役权，申请需役地转移登记的，或者需役地分割转让，转让部分涉及已登记的地役权的，下列说法正确的是（　）。

A. 当事人应当一并申请地役权转移登记，但当事人另有约定的除外

B. 当事人拒绝一并申请地役权转移登记的，应当出具书面材料

C. 当事人应当单独申请地役权转移登记

D. 不动产登记机构办理转移登记时，应当同时办理地役权注销登记

E. 需役地权利人必须一并申请地役权转移登记

14. 申请地役权首次登记，除提交不动产登记申请书，还应当提交（　）。

A. 申请人身份证明

B. 需役地和供役地的不动产权属证书

C. 地役权合同

D. 地役权设立后，办理首次登记前发生变更、转移的，还应提交相关材料

E. 地役权期限届满的材料

15. 下列情形中承包方可以单方解除土地经营权流转合同的有（　）。

A. 擅自改变土地的农业用途

B. 弃耕抛荒连续两年以上

C. 将承包土地交由他人代耕超过两年

D. 给土地造成严重损害或者严重破坏土地生态环境

E. 弃耕抛荒一年后又继续耕种

16. 根据《农业农村部 自然资源部关于规范农村宅基地审批管理的通知》（农经发〔2019〕6 号），宅基地审批工作中，自然资源部门负责审查（　），其中涉及占用农用地的，应在办理农用地转用审批手续后，核发乡村建设规划许可证。

A. 用地建房是否符合国土空间规划

B. 宅基地和建房（规划许可）申请是否经过村组审核公示

C. 用途管制要求

D. 拟用地是否符合宅基地合理布局要求和面积标准

E. 是否征求了用地建房相邻权利人意见

17. 不动产登记类型包括（　）。

A. 首次登记、变更登记

B. 异议登记、更正登记

C 总登记、初始登记

D. 预告登记、查封登记

E. 转移登记、注销登记

18. 集体建设用地使用权及建筑物、构筑物所有权注销登记的申请材料包括（　）。

A. 不动产申请书

B. 县级以上行政主管部门的批准文件

C. 本集体经济组织 2/3 以上村民代表同意的材料

D. 不动产权属证书

E. 集体建设用地使用权及建筑物、构筑物所有权消灭的材料

19. 根据所有权的行使及法律关系，以下关于所有权的主要特征的说法正确的有（　）。

A. 无须他人干预，所有权人自己便能实现其权利体现的是所有权的绝对性

B. 所有权人有权排除他人对其行使权利的干涉和“一物一权”原则体现的是所有权的排他性

C. 所有权包含占有、使用、收益、处分四大权能，是完全的自物权，体现的是所有权的完全性

D. 所有权的权能可以分割，也可以设定他项权利，体现的是所有权的不可分割性

E. 所有权会随着标的物的灭失而消灭，体现的是所有权的暂时性

20. 申请抵押权首次登记，需要提交下列（　）项材料。

A. 不动产权属证书

B. 主债权合同

C. 抵押合同

D. 在建建筑物抵押的，应当提交建设工程规划许可证

E. 建设用地规划许可证

21.（　）有权采取查封措施并要求不动产登记机构办理查封登记。

A. 人民检察院　B. 人民法院　C. 税务机关

D. 中国证监会及其派出机构

E. 公安机关和国家安全机关

22. 有下列（　）项情形，不动产登记机构不予查询，并书面告知理由。

A. 申请查询的不动产不属于不动产登记机构管辖范围的

B. 查询人提交的申请材料不符合规定的

C. 申请查询的主体或者查询事项不符合规定的

D. 申请查询的目的不合法的

E. 查询申请材料齐全且符合法定形式

23. 根据《不动产登记暂行条例实施细则》，下列程序不计入不动产登记办理时限的是（　）。

A. 测绘　B. 公告　C. 受理后查档审查

D. 公证　E. 实地调查

24. 下列情形可以申请最高额抵押权变更登记的是（　）。

A. 抵押权顺位变更的　B. 最高债权额变更的

C. 部分债权转让的　D. 债权范围变更的

E. 抵押权人放弃抵押权的

25.（　）首次登记，不动产登记机构可以实地查看。

A. 房屋等建筑物所有权　B. 集体土地所有权

C. 宅基地使用权　D. 土地承包经营权　E. 构筑物所有权

26. 自然资源确权登记以自然资源登记单元为基本单位，记载自然资源的____、____，同时关联____、____，以及公共管制要求等。（　）

A. 自然状况　　B. 权属状况　　C. 不动产权利
D. 许可证信息　　E. 权利限制状况

27. 属于第二顺序继承人的有（　）。
A. 养父母　　B. 非婚生子女　　C. 兄弟姐妹
D. 祖父母　　E. 配偶

28. 下列情形中，不动产权利人可以向不动产登记机构申请变更登记的有（　）。
A. 作价出资（入股）的　　B. 不动产继承的
C. 土地用途变更的　　D. 不同权利人合并不动产的
E. 共有性质发生变更的

29. 根据《自然资源部 国家税务总局 中国银行保险监督管理委员会关于协同推进“互联网＋不动产登记”方便企业和群众办事的意见》（自然资发〔2020〕83 号），不动产单元代码要在（　）等材料中予以记载，用不动产单元代码关联起不动产交易、税款征收、确权登记等各项业务，实现“一码关联”，确保业务环节前后衔接一致、真实准确，便利共享查询追溯。
A. 建设用地规划许可证　　B. 建设工程规划许可证
C. 建设工程施工许可证　　D. 土地有偿使用合同（划拨决定书）
E. 完税凭证

30. 根据《自然资源部 中国银行保险监督管理委员会关于协同做好不动产“带押过户”便民利企服务的通知》（自然资发〔2023〕29 号），下列关于“带押过户”的适用范围和地方实践探索形成的不同模式下办理不动产登记的说法，正确的是（　）。
A. “带押过户”主要适用于当事人申请办理已抵押不动产的转移登记时，在银行业金融机构存在未结清的按揭贷款
B. 不动产登记簿已记载禁止或限制转让抵押不动产的约定，或者《民法典》实施前已经办理抵押登记的，不适用“带押过户”
C. 当事人采用新旧抵押权组合模式实现“带押过户”的，不动产登记机构合并办理转移登记、新抵押权首次登记与旧抵押权注销登记
D. 当事人采用新旧抵押权分段模式实现“带押过户”的，不动产登记机构合并办理转移登记、新抵押权首次登记等，卖方贷款结清后及时办理旧抵押权注销登记
E. 当事人采用抵押权变更模式实现“带押过户”的，不动产登记机构合并办理转移登记、抵押权转移登记以及变更登记

31. 利害关系人申请更正登记，不动产登记机构应当予以更正的必要条件有（　）。

A. 利害关系材料能够证实申请人与被更正的不动产有利害关系

B. 申请更正的登记事项已在不动产登记簿记载

C. 申请人提交了不动产登记簿确有错误的证明材料和权利人同意更正的书面材料

D. 错误登记之后已经办理预告登记和抵押预告登记

E. 错误登记之后未办理变更登记、异议登记

32. 2018年3月，甲借用乙的名义购买了一套商品房。双方约定该房屋归甲所有，房屋由甲使用，不动产权证书也由甲保管。后甲、乙因情感纠纷对该房屋所有权归属产生争议。对此，下列说法正确的是（　）。

A. 甲可以向不动产登记机构申请异议登记，不动产登记机构应当受理

B. 甲可以向不动产登记机构申请更正登记，不动产登记机构应当受理

C. 甲应当向人民法院确认该房屋的所有权归属

D. 甲可凭人民法院确认其所有权的判决书单方申请更正登记

E. 不动产登记机构可凭甲提供的出资证明等材料依职权办理更正登记

33. 乙公司向甲公司销售玻璃，双方订立了一份期限为3年的玻璃连续供应合同，甲以其不动产向乙提供最高额抵押担保，并于2015年4月12日签订最高额抵押合同，2015年4月15日办理了最高额抵押权登记。合同约定，债权确定的期间为2015年10月1日至2016年2月1日，最高债权额为2000万元。甲于2015年5月15日、2015年11月6日和2016年4月1日先后从乙处购买价值500万元、1200万元、600万元的货物。下列说法正确的是（　）。

A. 抵押合同自2015年4月15日起生效

B. 最高额抵押权自2015年4月15日起设立

C. 乙享有抵押权的债权数额为2000万元

D. 乙享有优先受偿权的债权数额为1200万元

E. 乙享有优先受偿权的债权数额为1700万元

34. 登记错误即登记簿记载与真实状况不一致情形发生的原因具体包括（　）。

A. 登记行为中的瑕疵

B. 登记行为本身并不存在瑕疵，但登记基础关系不成立或者无效

C. 新的法律事实出现

D. 登记人员的专业能力差

E. 规范制度不严谨

35. 申请出让国有建设用地使用权首次登记，提交的材料包括（　）。

A. 土地权属来源材料　　B. 地籍调查表、宗地图

C. 宗地界址点坐标　　D. 土地价格评估报告

E. 土地出让价款、土地租金、相关税费等缴纳凭证

36. 在不动产登记簿记载存在禁止转让抵押不动产的约定的，可以共同申请不动产转移登记的是（　）。

A. 受让人　　B. 抵押人　　C. 抵押权人

D. 债权人　　E. 债务人

37. 农村集体土地所有权主体遵循（　）原则，把农村集体土地所有权确认到每个具有所有权的农民集体。

A. 主体平等　　B. 权属合法　　C. 村民自治

D. 界址清楚　　E. 面积准确

38. 企业以招标、拍卖、挂牌方式取得国有土地使用权，办理登记的办事主体环节包括（　）。

A. 开展测绘并确定供地位置、面积

B. 参与政府组织的土地招标、拍卖、挂牌并竞拍成功

C. 与规划自然资源部门签订出让合同，缴纳土地出让价款

D. 申请核税

E. 向不动产登记机构提交登记申请材料

39. 以下说法正确的是（　）。

A. 无民事行为能力人或者限制民事行为能力人所立的遗嘱无效

B. 遗嘱必须表示遗嘱人的真实意思，受欺诈、胁迫所立的遗嘱无效

C. 伪造的遗嘱无效

D. 遗嘱被篡改的，篡改的内容无效

E. 遗嘱有错别字修改痕迹的，遗嘱一定无效

40. 以下（　）项情形，适用于不动产权利人查询的规定。

A. 继承人查询被继承人不动产登记资料

B. 清算组、破产管理人查询破产企业不动产登记资料

C. 财产代管人查询代管企业不动产登记资料

D. 不动产购买人查询出卖人不动产登记资料

E. 有购买意向的购房人查询卖方不动产登记资料

41. 授权经营建设用地使用权是指以划拨使用权的价值作为评估价值授权给经国务院批准设立的（　）。

A. 国家控股公司　　B. 国有独资公司　　C. 中外合资企业

D. 个体工商户　　E. 国有集团公司

42. 农村村民申请宅基地的，应当以户为单位向农村集体经济组织提出申请；没有设立农村集体经济组织的，应当向所在的（　）提出申请。

A. 村民小组　　B. 村民委员会　　C. 乡镇集体经济组织

D. 乡镇人民政府　　E. 县级人民政府

43. 各级不动产登记机构登记的信息应当纳入统一的不动产登记信息管理基础平台，确保（　）层级实现登记信息的实时共享。

A. 国家　　B. 省　　C. 市

D. 县　　E. 乡

44. 土地承包经营权人依照《农村土地承包法》的规定，有权将土地承包经营权采取（　）等方式流转。流转的期限不得超过承包期的剩余期限。

A. 出租　　B. 互换　　C. 分包

D. 转让　　E. 赠与

45. 下列关于不动产抵押的说法正确的有（　）。

A. 当事人申请办理抵押登记时，因不动产登记机构的过错致使其不能办理抵押登记，当事人请求不动产登记机构承担赔偿责任的，人民法院依法予以支持

B. 当事人以建设用地使用权依法设立抵押，抵押人以土地上存在违法建筑物为由主张抵押合同无效的，人民法院不予支持

C. 抵押人以划拨建设用地上的建筑物抵押，当事人以该建设用地使用权不能抵押或者未办理批准手续为由主张抵押合同无效或者不生效的，人民法院不予支持

D. 当事人仅以建设用地使用权抵押，债权人主张抵押权的效力及于土地上已有的建筑物以及正在建造的建筑物已完成部分的，人民法院应予支持

E. 当事人按照担保合同的约定，主张抵押权的效力及于续建部分、新增建筑物以及规划中尚未建造的建筑物的，人民法院应予支持

46. 关于不动产权利人因用水、排水、通行、铺设管线等利用相邻不动产，下列说法正确的是（　）。

A. 应当尽量避免对相邻的不动产权利人造成损害

B. 造成损害的，应当给予赔偿

C. 不动产权利人和相邻的不动产权利人的利益不相关

D. 造成损害的，因未签订地役权合同，不予赔偿

E. 处理相邻关系，不得按照当地习惯

47. 关于不动产权利人和相邻权利人用水、排水的问题，下列说法正确的是（　）。

A. 不动产权利人应当为相邻权利人用水、排水提供必要的便利

B. 对自然流水的利用，应当在不动产的相邻权利人之间合理分配

C. 对自然流水的排放，应当尊重自然流向

D. 非经签订地役权有偿使用合同，不动产权利人不得为相邻权利人用水、排水提供便利

E. 对自然流水的排放，经相邻权利人同意后，可以随意改变自然流向

48. 地役权合同一般包括当事人的姓名或者名称和住所、供役地和需役地的位置，以及（　）。

A. 利用目的和方法　　B. 利用期限

C. 费用及其支付方式　　D. 解决争议的方法

E. 利用的条件和要求

49. 农民集体所有和国家所有由农民集体使用的（　）以及其他用于农业的土地，依法实行土地承包经营制度。

A. 集体建设用地　　B. 耕地　　C. 林地

D. 草地　　E. 水流

50. 土地承包经营权人依法对其承包经营的耕地、林地、草地等享有占有、使用和收益的权利，有权从事（　）等农业生产。

A. 种植业　　B. 林业　　C. 畜牧业

D. 建造宅基地　　E. 扩建农村道路

51. 承包期内发包人不得收回承包地。但是根据《农村土地承包法》等法律规定，以下情况可以收回承包地。（　）

A. 承包期内，以承包方进城务工为由收回其承包地的

B. 承包期内，承包方交回承包地并获得相应补偿的

C. 承包期内，发包方依法收回承包地并对其在承包地上投入而提高土地生产力作出相应补偿的

D. 承包期内，承包方低效利用承包地的

E. 承包期内，妇女结婚，在新居住地未取得承包地的

52. 不动产权利人对相邻权利人因通行等必须利用其土地的，下列说法正确的是（　）。

A. 应当提供必要的便利

B. 可以直接通行等，无偿利用其土地

C. 可以签订地役权合同，有偿利用其土地

D. 不动产权利人没有义务提供便利，可以直接拒绝相邻权利人通行等

E. 只能通过有偿方式利用其土地

53. 根据《自然资源部办公厅关于持续深化集体土地所有权登记成果更新应用的通知》（自然资办发〔2024〕3 号），因互换、农民集体合并或撤销等其他原因，导致集体土地所有权变化的，要充分发挥（　）作用，组织农民集体及时申请办理登记。

A. 乡镇人民政府　　B. 县级以上人民政府　　C. 村委会

D. 集体经济组织　　E. 登记机构

54. 甲公司以一地块的建设用地使用权为抵押物向乙银行借款 6000 万元，办理了抵押登记。其后，甲公司在该地块上开发建设住宅楼，由丙公司承建。甲公司在取得预售许可后与丁订立了商品房买卖合同，丁交付了购房款。现住宅楼已竣工验收，但甲公司未能按期偿还乙银行借款，并欠付丙公司工程款 3000 万元，乙银行和丙公司同时主张权利，法院拍卖了该住宅楼。下列说法正确的有（　）。

A. 乙银行对建设用地使用权拍卖所得价款享有优先受偿权

B. 乙银行对该住宅楼拍卖所得价款享有优先受偿权

C. 丙公司对该住宅楼及其建设用地使用权的优先受偿权优先于乙银行的抵押权

D. 丙公司对该住宅楼及其建设用地使用权的优先受偿权不得对抗丁对其所购商品房的权利

E. 丁所购商品房未办理预告登记，不能对抗丙公司对该住宅楼及其建设用地使用权的优先受偿权

55. 按《民法典》相关司法解释的规定，下列有关结婚的表述正确的是（　）。

A. 1994 年 2 月 1 日民政部《婚姻登记管理条例》公布实施以前，男女双方已经符合结婚实质要件的，按事实婚姻处理

B. 1994 年 2 月 1 日民政部《婚姻登记管理条例》公布实施以后，男女双方

符合结婚实质要件的，人民法院应当告知其补办结婚登记

C. 1994 年 2 月 1 日民政部《婚姻登记管理条例》公布实施以前，男女双方已经符合结婚实质要件的，仍需补办结婚登记

D.1994 年 2 月 1 日民政部《婚姻登记管理条例》公布实施以前，男女双方已经符合结婚实质要件的，不需补办结婚登记

E.1994 年 2 月 1 日民政部《婚姻登记管理条例》公布实施以后，男女双方已经符合结婚实质要件的，不需补办结婚登记

56. 有下列（　）项情形的，当事人可申请预告登记的注销。

A. 买卖不动产物权的协议被认定无效

B. 买卖不动产物权的协议被撤销

C. 买卖不动产物权的协议被解除

D. 预告登记的义务人放弃预告登记的

E. 预告登记的权利人放弃预告登记的

57. 不动产登记机构应当通过查阅不动产登记簿的记载信息，审核（　）。

A. 申请人与不动产登记簿记载的权利人是否一致

B. 对申请人提交的登记材料进行实质审查

C. 申请人申请登记的不动产与不动产登记簿的记载是否一致

D. 不动产是否存在抵押、异议登记、预告登记、预查封、查封等情形

E. 申请材料形式是否符合要求

58. 下列关于地役权和相邻关系的叙述正确的是（　）。

A. 地役权是一种独立的物权，相邻关系不是一种独立的物权

B. 地役权是通过当事人签订合同产生的，相邻关系的发生基于法律的规定

C. 地役权合同一般是有偿的，相邻关系的取得是无偿的

D. 地役权和相邻关系都是按照有利生产、方便生活、团结互助、公平合理的原则处理，因此，二者没有区别

E. 地役权必须经登记生效，相邻关系基于法律规定产生

59. 以下属于不动产登记机构依职权更正登记审核要点的是（　）。

A. 不动产登记机构是否已书面通知相关权利人在规定期限内申请办理更正登记，而当事人无正当理由逾期不申请办理的

B. 查阅不动产登记资料，审查登记材料或者有效的法律文件是否能证实不动产登记簿记载错误的

C. 在错误登记之后是否已经办理了涉及不动产权利处分的登记、预告登记

和查封登记

D. 书面通知的送达对象、期限及时间是否符合规定

E. 更正登记事项是否已按规定进行公告

60. 申请抵押权首次登记的，下列属于不动产登记机构在审核过程中应注意的要点的是（　）。

A. 抵押财产是否属于法律、行政法规禁止抵押的不动产

B. 申请人与不动产权证书或不动产登记证明、主债权合同、抵押合同、最高额抵押合同等记载的主体是否一致

C. 在建建筑物抵押的，抵押财产不包括已经办理预告登记的预购商品房和已办理预售合同登记备案的商品房

D. 抵押物是否有评估报告

E. 有查封登记的，不予办理抵押登记，但在商品房抵押预告登记后办理的预查封登记，不影响商品房抵押预告登记转抵押权首次登记

F. 同一不动产上设有多个抵押权的，应当按照受理时间的先后顺序依次办理登记

61. 不动产当事人申请登记，应当根据不同登记事项提供（　）等必要材料。

A. 不动产权属来源证明
B. 不动产界址
C. 不动产面积
D. 经公证的授权委托书
E. 查询申请书

62. 依据《民法典》，赵先生和钱女士夫妻在婚姻关系存续期间所得的（　）为夫妻的共同财产，归夫妻共同共有。

A. 赵先生的工资
B. 钱女士经营咖啡厅的收入
C. 赵先生因工伤所得赔偿款
D. 赵先生出版作品的报酬
E. 婚后购买登记在赵先生名下单独所有的房子

63. 集体经营性建设用地的出租，集体建设用地使用权的出让及其最高年限、（　）、赠与、抵押等，参照同类用途的国有建设用地执行，法律、行政法规另有规定的除外。

A. 出租
B. 转让
C. 转移
D. 互换
E. 出资

64. 根据《国务院办公厅关于完善建设用地使用权转让、出租、抵押二级市场的指导意见》（国办发〔2019〕34 号），下列（　）项涉及建设用地使用权转移的形式可以被视为建设用地使用权转让。

A. 买卖　　B. 出资　　C. 司法处置
D. 法人或其他组织合并或分立　　E. 出租

65. 不动产登记机构需要在登簿前公告的登记事项是（　）。
A. 宅基地使用权及房屋所有权首次登记
B. 集体建设用地使用权及建筑物、构筑物所有权首次登记
C. 依嘱托的查封登记
D. 依职权的注销登记
E. 土地承包经营首次登记

66. 无处分权人将不动产转让给受让人，受让人可依《民法典》取得该不动产所有权的条件有（　）。
A. 受让人实际占有不动产　　B. 受让人受让不动产时是善意的
C. 不动产以合理的价格转让　　D. 已办理不动产转移预告登记
E. 不动产已经办理转移登记

67. 下列物权中可申请进行不动产登记的有（　）。
A. 国家土地所有权　　B. 集体土地所有权　　C. 土地承包经营权
D. 海域使用权　　E. 居住权

68. 不经登记便发生物权效力的有（　）。
A. 继承房屋
B. 合法建造房屋
C. 因人民法院生效的法律文书取得房屋
D. 买受房屋
E. 权利人放弃房屋

69. 农民集体成员经过批准建房占用宅基地的，按照批准面积予以确权登记，未履行批准手续建房占用宅基地的，分阶段依法处理宅基地超面积问题。以下说法正确的有（　）。
A. 1982 年《村镇建房用地管理条例》实施前，农民集体成员建房占用的宅基地，无论是否超过其后当地规定面积标准，均按实际使用面积予以确权登记
B. 1982 年《村镇建房用地管理条例》实施起至 1987 年《土地管理法》实施时止，农民集体成员建房占用的宅基地，超过当地规定面积标准的，超过面积按国家和地方有关规定处理的结果予以确权登记
C. 1987 年《土地管理法》实施后，农民集体成员建房占用的宅基地，符合

规划但超过当地面积标准的，在补办相关用地手续后，依法对标准面积予以确权登记，超占面积在不动产登记簿和权属证书附记栏中注明

D. 宅基地或者房屋实际面积超过规定面积标准或者批准面积，不可以申请分户登记

E. 1982 年《村镇建房用地管理条例》实施起至 1987 年《土地管理法》实施时止，农民集体成员建房占用的宅基地，无论是否超过其后当地规定面积标准，均按实际使用面积予以确权登记

70. 自然资源地籍调查工作内容主要包括（　）。

A. 权属调查　　B. 自然状况调查　　C. 公共管制调查

D. 调查成果核实　　E. 调查成果编制

71. 权利人申请办理宅基地使用权及房屋所有权注销登记时，不动产登记机构在审核时应注意（　）。

A. 放弃的宅基地使用权及房屋所有权是否设有地役权；设有地役权的，应经地役权人同意

B. 宅基地、房屋灭失的，是否已按规定进行实地查看

C. 宅基地使用权及房屋所有权的注销材料是否齐全、有效

D. 是否已按规定进行公告

E. 不动产权籍调查成果资料是否齐全、规范，权籍调查表记载的权利人、权利类型及其性质等是否准确，宗地图、界址坐标、面积等是否符合要求

72. 按照《自然资源部 国家税务总局 中国银行保险监督管理委员会关于协同推进“互联网 + 不动产登记”方便企业和群众办事的意见》（自然资发〔2020〕83 号）及《中国银监会 国土资源部关于金融资产管理公司等机构业务经营中不动产抵押权登记若干问题的通知》（银监发〔2017〕20 号）的规定，下列（　）可以作为抵押权人申请办理不动产抵押登记。

A. 保险公司　　B. 金融资产投资公司

C. 保险资产管理公司　　D. 银行理财子公司

E. 金融投资理财公司

73. 根据《国务院办公厅关于压缩不动产登记办理时间的通知》（国办发〔2019〕8 号），对非因权利人原因发生的（　），需要变更登记的，由政府相关部门通过信息共享和内部协调方式处理。

A. 不动产坐落变更　　B. 登记簿记载错误　　C. 界址变化

D. 地址变化　　　　E. 面积变化

74. 不动产登记原始资料包括（　）。

A. 不动产登记申请书　　　　B. 申请人身份证明材料

C. 不动产权属来源材料　　　　D. 不动产地籍调查表

E. 登记原因文件

75. 以下可以作为遗产管理人的主体有（　）。

A. 遗嘱执行人　　　　B. 由继承人推选确定的人

C. 公证机构　　　　D. 人民法院指定的人

E. 第一顺序继承人

76. 业主对建筑物内的（　）等专有部分享有所有权，对专有部分以外的共有部分享有共有和共同管理的权利。

A. 建筑区划内的绿地　B. 建筑区划内的道路　C. 住宅

D. 经营性用房　E. 物业服务用房

77. 下列情形中，属于不予登记的有（　）。

A. 申请登记的不动产权利超过规定期限

B. 不动产存在异议登记

C. 不符合不动产单元设定条件

D. 未按要求补充材料

E. 申请内容与询问记录冲突

78. 下列关于异议登记的说法正确的是（　）。

A. 异议登记申请人应当在异议登记之日起 15 日内提交人民法院受理通知书、仲裁机构受理通知书等提起诉讼、申请仲裁的材料

B. 异议登记应当向申请人出具登记证明

C. 异议登记的申请主体是与不动产登记簿所记载的权利人存在利害关系的人

D. 异议登记期间，不动产登记簿上记载的权利人处分权利申请登记的，不动产登记机构不予受理

E. 异议登记失效后，申请人可以就同一事项以同一理由再次申请异议登记

79. 国有土地使用权转让包括（　）。

A. 出售　B. 交换　C. 赠与

D. 出租　E. 继承

80. 下列情形中，会导致登记错误的是（　）。

A. 登记人员贾某在登记时发生笔误

B. 一女子窃取其母亲的不动产权证和身份证，在邻居中找到一个年龄、相貌近似的老人，冒充其母申请了房屋转移登记
C. 因公证文书对继承权的认定错误导致因继承办理的转移登记错误
D. 孙某从李某处购得房屋，在办理房屋所有权转移登记过程中不存在任何瑕疵
E. 人民法院判决登记在孙某名下的房屋为李某实际所有，但真正所有权人李某尚未办理转移登记

81. 下列（　）项中征用土地的补偿费标准及移民安置办法，不适用《土地管理法》的规定。
A. 大型水利工程　　B. 中型水电工程　　C. 大型交通设施建设
D. 中型通信设施建设　　E. 农用地

82. 依据《民法典》，下列财产不可以抵押的是（　）。
A. 公办大学的某教学楼　　B. 依法被查封的集体建设用地使用权
C. 老李家自留山的林地使用权　　D. 某合作社的土地经营权
E. 张某的小轿车

83. M 市不动产登记机构为张某办理了新建房屋所有权转移登记，并核发了不动产权证书。张某取得该不动产权证书后以该房屋抵押向 H 银行贷款，抵押双方向不动产登记机构申请办理抵押登记。在办理抵押登记时，M 市不动产登记机构发现为不动产登记簿及张某所持不动产权证书记载的房屋面积有误，应当进行更正。M 市不动产登记机构的下列做法错误的是（　）。
A. 暂缓办理抵押登记，直接依职权办理更正登记后再办理抵押登记
B. 暂缓办理抵押登记，通知当事人依法办理更正登记后再办理抵押登记
C. 继续办理抵押登记，因当事人已经处分了不动产，不能办理更正登记
D. 不予办理抵押登记，因当事人已经处分了不动产，也不能办理更正登记
E. 继续办理抵押登记，之后直接依职权办理更正登记

84. 根据《司法部 自然资源部关于印发〈关于推进公证与不动产登记领域信息查询共享机制建设的意见〉的通知》（司发通〔2018〕132 号），自然资源主管部门提交的查询申请应当载明以下（　）项内容。
A. 不动产登记机构名称　　B. 公证文书编号
C. 查询人员及联系方式　　D. 具体查询事项
E. 公证文书内容

85. 关于人民法院审理房屋登记案件，下列说法正确的有（　）。

A. 被诉房屋登记行为合法的，人民法院应当判决驳回原告的诉讼请求

B. 被诉房屋登记行为涉及多个权利主体或者房屋可分，其中部分主体或者房屋的登记违法应予撤销的，可以判决部分撤销

C. 被诉房屋登记行为违法，但该行为已被登记机构改变的，判决驳回原告的诉讼请求

D. 被诉房屋登记行为违法，但房屋已为第三人善意取得的，判决撤销登记行为

E. 被诉房屋登记行为违法，但判决撤销将给公共利益造成重大损失的，判决撤销登记行为

86. 根据《最高人民法院关于审理房屋登记案件若干问题的规定》（法释〔2010〕15 号），登记机构为债务人办理房屋转移登记，债权人不服，提起诉讼。符合下列情形之一的，人民法院应当依法受理。（　）

A. 以房屋为标的物的债权已办理预告登记

B. 债权人为抵押权人且房屋转让未经其同意的

C. 人民法院依债权人申请对房屋采取强制执行措施并已通知不动产登记机构的

D. 不动产登记机构工作人员与债务人恶意串通的

E. 债务人办理房屋转移登记时已提交抵押权人知悉并同意的书面材料

87. 异议登记审查要点为（　）。

A. 利害关系材料是否能够证实申请人与被异议的不动产权利有利害关系

B. 同一申请人是否就同一异议事项提出过异议登记申请

C. 异议登记事项的内容是否已经记载于不动产登记簿

D. 不动产被查封、抵押或设有地役权的，不得办理不动产的异议登记

E. 申请人是否是不动产的权利人或利害关系人

88. 不动产登记机构依职权更正登记应当具备的材料包括（　）。

A. 证实不动产登记簿记载事项错误的材料

B. 通知权利人在规定期限内办理更正登记的材料和送达凭证

C. 不动产权属证书

D. 法律、行政法规以及《不动产登记暂行条例实施细则》规定的其他材料

E. 申请人身份证明

89. 申请异议登记需提交的材料有（　）。

A. 不动产登记申请书

B. 申请人身份证明

C. 证实对登记的不动产权利有利害关系的材料

D. 证实不动产登记簿记载的事项错误的材料

E. 不动产权属证书

90. 已经登记的地役权，有下列情形之一，或者依法解除地役权合同和其他导致地役权消灭的事由发生的，当事人可以申请地役权注销登记。（　）

A. 地役权期限届满的

B. 供役地、需役地归于同一人的

C. 供役地或者需役地灭失的

D. 人民法院、仲裁委员会的生效法律文书等导致地役权消灭的

E. 需役地自然状况发生变化的

91. 不动产登记风险防控的管理机制是（　）。

A. 不动产登记的审核、登簿应当由与其岗位相适应的不动产登记工作人员负责

B. 不动产登记机构宜建立不动产登记风险管理制度，设置登记质量管理岗位，负责登记质量检查、监督和登记风险评估、控制工作

C. 不动产登记机构可以建立不动产登记会审制度，会审管辖范围内的不动产登记重大疑难事项

D. 不动产登记机构宜根据相关业务规则，通过信息化手段对相互冲突的业务进行限制或者提醒，以降低登记风险

E. 采用电子登记簿的，查封登记或者异议登记失效后，不动产登记机构宜在不动产登记簿附记中注明相应的法律依据

92. 下列关于共有不动产的说法不正确的是（　）。

A. 共有人对共有的不动产没有约定为按份共有或共同共有，或者约定不明确的，除共有人具有家庭关系等外，视为共同共有

B. 按份共有人对共有的不动产享有的份额没有约定或约定不明确的，视为等额共有

C. 未经其他共有人同意，按份共有人不得转让其享有的共有不动产份额

D. 不动产可以由两个或两个以上的组织、个人共有

E. 处分共有的不动产，应当经占份额 2/3 以上的按份共有人或者全体共同共有人同意，但是共有人之间另有约定的除外

93. 根据 2019 年新修订的《土地管理法》，土地利用总体规划编制的原则包括

（　）。

A. 落实国土空间开发保护要求，严格土地用途管制

B. 提高土地节约集约利用水平

C. 占用耕地与开发复垦耕地数量平衡、质量相当

D. 严格保护永久基本农田，严格控制非农业建设占用农用地

E. 提高土地节约集约利用水平；合理安排城乡生产、生活、生态用地，满足乡村产业和基础设施用地基本需求，促进城乡融合发展

94. 不动产预查封期间，可以办理（　）。

A. 抵押权预告登记

B. 房屋所有权注销登记

C. 预购商品房预告登记转房屋所有权登记

D. 商品房抵押预告登记转抵押权首次登记

E. 预购商品房预告登记

95. 下列情形中，当事人可申请办理注销预告登记的有（　）。

A. 预售商品房已办理首次登记的

B. 买卖不动产物权的协议被认定无效的

C. 买卖不动产物权的协议被撤销的

D. 预告登记的权利人死亡的

E. 预告登记的权利人放弃预告登记的

96. 利害关系人对不动产登记结果有异议的，可以（　）。

A. 申请更正登记　B. 申请行政复议　C. 申请异议登记

D. 提起行政诉讼　E. 申请调处权属争议

97. 甲通过向不动产登记机构提供虚假证明材料将乙的不动产登记到自己名下，之后又将该不动产卖给丙。根据《民法典》，丙可以取得不动产物权的条件有（　）。

A. 不动产转让价款已全部支付　B. 不动产以合理的价格转让

C. 丙不知道该不动产为乙所有　D. 不动产已登记到丙名下

E. 不动产已交付丙

98.《不动产登记暂行条例》的立法目的是（　）。

A. 整合不动产登记职责　B. 规范登记行为

C. 方便群众申请登记　D. 保护权利人合法权益

E. 及时办理不动产登记

99. 下列登记中，核发不动产权属证书或不动产登记证明的有（　）。

A. 查封登记　　B. 地役权登记　　C. 预告登记

D. 异议登记　　E. 土地承包经营权登记

100. 根据《全国一体化在线政务服务平台 电子证照 不动产权证书》（C 0203—2020），电子不动产权证书上的电子印章应符合的要求包括（　）。

A. 电子印章的印模应与印章治安管理部门备案的保持一致

B. 签署用的电子印章应在全国一体化政务服务平台注册

C. 签章数据应符合《信息安全技术　安全电子签章密码技术规范》（GB/T 38540—2020）相关要求

D. 签署和验证的过程应符合《信息安全技术 安全电子签章密码技术规范》（GB/T 38540—2020）相关要求

E. 电子印章的印模应与印章服务管理部门备案的保持一致

多项选择题（三）

1. 关于不动产登记机构进行实地查看的表述正确的是（　）。
   A. 房屋等建筑物、构筑物所有权首次登记，查看房屋坐落及其建造完成等情况
   B. 在建建筑物抵押权登记，查看抵押的在建建筑物坐落及其建造等情况
   C. 因不动产灭失导致的注销登记，查看不动产灭失等情况
   D. 不动产转移登记，查看不动产是否进行了扩建、改建
   E. 不动产抵押登记，查看不动产坐落与不动产登记簿记载是否一致
2. 工业、商业等经营性用地以及同一土地有两个以上意向用地者的，应当采取（　）等公开竞价的方式出让。
   A. 招标　　B. 出让　　C. 拍卖
   D. 挂牌　　E. 协商
3. 申请国有建设用地使用权首次登记，应当提交的材料包括（　）。
   A. 属于出让方式取得的，应当提交出让合同及缴清出让金价款的凭证
   B. 以划拨方式取得的，应当提交划拨决定书和用地规划许可证
   C. 以租赁方式取得的，应当提交土地租赁合同和土地租金缴纳凭证
   D. 地籍调查表、宗地图以及宗地界址点坐标等地籍调查成果
   E. 应当纳税的，应提交完税凭证
4. 关于集体土地所有权确权登记工作，下列说法正确的有（　）。
   A. 国有建设用地供应后，未办理集体土地所有权注销或变更登记的，不得办理国有建设用地使用权首次登记
   B. 征收集体土地时，县（市）人民政府统一组织拟征收土地的所有权人持不动产权属证书办理补偿登记、签订补偿安置协议，做好征收补偿工作
   C. 国有建设用地供应前，应审查原集体土地所有权是否已办理注销或变更登记，确保拟供应土地权属清晰、无重叠
   D. 集体经营性建设用地入市前，应依法完成集体土地所有权确权登记
   E. 申请集体土地所有权首次登记，土地属于村农民集体所有的，由村集体经济组织代为申请，没有集体经济组织的，由村民小组代为申请
5. 申请一般抵押权首次登记，当事人提供了包含抵押条款的主债权合同，还需要提交（　）。

A. 不动产权属证书　　B. 抵押合同

C. 抵押人身份证明　　D. 抵押权人身份证明

E. 建设用地规划许可证

6. 关于集体土地所有权宗地划分，下列说法正确的有（　）。

A. 同一所有者的集体土地被河流分割后仍按一宗地

B. 有争议的土地，不得划入任何宗地

C. 同一所有者的集体土地被铁路分割后原则上应分别划分宗地

D. 有争议的土地先单独划宗，待争议解决后再调整到某宗地

E. 属同一农民集体拥有的权属界址线所封闭的集体土地划分为一宗地

7. 下列（　）项自然资源登记单元内的所有自然资源全部为国家所有。

A. 海域登记单元　　B. 自然保护地登记单元

C. 水流登记单元　　D. 探明储量的矿产资源登记单元

E. 无居民海岛登记单元

8. 自然资源确权登记中发布通告可以通过（　）形式。

A. 召开利害关系人大会　　B. 户外张贴

C. 网站发布　　D. 新闻媒体宣传

E. 报刊刊登

9. 已经登记的海域使用权以及建筑物、构筑物所有权，有下列（　）情形，当事人可以申请办理注销登记。

A. 不动产灭失的

B. 因人民法院的生效法律文书等导致海域使用权以及建筑物、构筑物所有权消灭的

C. 因仲裁委员会的生效法律文书等导致海域使用权以及建筑物、构筑物所有权消灭的

D. 权利人放弃海域使用权以及建筑物、构筑物所有权的

E. 依法没收、收回海域使用权以及建筑物、构筑物所有权的

10. 关于登记资料查询，下列说法正确的是（　）。

A. 权利人可以查询、复制其全部的不动产登记资料

B. 权利人只能查询、复制登记结果，不得查询、复制原始资料

C. 人民法院可以查询、复制全部不动产登记资料

D. 查询不动产登记资料的单位和个人应当向不动产登记机构说明查询目的，不得将查询获得的不动产登记资料用于其他目的

E. 利害关系人只能查询、复制登记结果，不得查询、复制原始资料

11. 某房屋的不动产登记簿上所有权人为甲，但乙认为该房屋应当归自己所有，遂申请仲裁。仲裁裁决争议房屋归乙所有，但裁决书生效后甲、乙未办理变更登记手续。1 个月后，乙将该房屋抵押给丙银行，签订了书面合同，但未办理抵押登记。对此，下列说法正确的有（　）。

A. 房屋应归甲所有　B. 房屋应归乙所有　C. 房屋权属待定

D. 抵押合同有效　E. 抵押权未成立

12. 建设用地使用权包括（　）。

A. 国有建设用地使用权　B. 个人建设用地使用权

C. 集体建设用地使用权　D. 城市建设用地使用权

E. 农村建设用地使用权

13. 根据设立的方式，国有建设用地使用权可以分为（　）等类型。

A. 有偿出让方式取得的建设用地使用权

B. 赠与方式取得的建设用地使用权

C. 置换方式取得的建设用地使用权

D. 行政划拨方式取得的建设用地使用权

E. 租赁、作价出资（入股）和授权经营等方式设立的国有建设用地使用权

14. 属于下列（　）项的，可以由当事人单方申请不动产登记。

A. 尚未登记的不动产首次申请登记的

B. 继承、接受遗赠取得不动产权利的

C. 人民法院、仲裁委员会生效的法律文书或者人民政府生效的决定等设立、变更、转让、消灭不动产权利的

D. 权利人姓名、名称或者自然状况发生变化，申请变更登记的

E. 不动产灭失或者权利人放弃不动产权利，申请注销登记的

15. 应当办理不动产转移登记的情形有（　）。

A. 不动产权利期限、来源等状况发生变化的

B. 抵押权担保的债权数额发生变化的

C. 因需役地不动产权利转移引起地役权转移的

D. 共同共有的不动产转为按份共有的

E. 集体经济组织内部互换房屋导致不动产权利转移的

16. 下列引起物权变动的行为中，自法律事实发生之时物权变动就生效的是（　）。

A. 甲单位新建厂房　　B. 李某和王某签订存量房买卖合同
C. 李某继承遗产　　D. 因地铁建设拆除房屋
E. 法院判决房屋归吴某所有

17. 根据《自然资源部关于开展不动产登记队伍作风常态化建设的通知》（自然资发〔2022〕144 号）精神，下列表述正确的有（　）。
A. 突出政治引领，树牢为民服务意识
B. 优化登记业务，持续提升便利化水平
C. 健全防控机制，严守登记廉洁底线
D. 加强队伍建设，夯实登记工作基础
E. 强化组织领导，确保作风常态化建设取得实效

18. 登记机构应当履行的职责有（　）。
A. 查验申请人提供的权属证明和其他必要材料
B. 要求对不动产进行评估
C. 就有关登记事项询问申请人
D. 如实、及时登记有关事项
E. 以年检的名义核查登记覆盖率

19. 符合（　）条件的利害关系人可以申请查询有利害关系的不动产登记结果。
A. 因赠与不动产构成利害关系的
B. 因互换不动产构成利害关系的
C. 因不动产存在相关民事纠纷，尚未提起诉讼的
D. 因不动产存在相关民事纠纷，已经提起仲裁的
E. 有买卖不动产意向的

20. 甲某承包本集体经济组织土地后，享有下列（　）项权利。
A. 自主组织生产经营和处置产品　　B. 买卖自己承包的土地
C. 依法流转土地经营权　　D. 承包地使用、收益的权利
E. 维持土地的农业用途，未经依法批准不得用于非农建设

21. 地役权人有下列（　）项情形之一的，供役地权利人有权解除地役权合同，地役权消灭。
A. 地役权人合理利用地役权利
B. 地役权人在需役地上开发建设
C. 违反法律规定或者合同约定，滥用地役权
D. 有偿利用供役地，约定的付款期间届满后在合理期限内经两次催告未支

付费用

E. 地役权人在建设用地使用权的剩余期限内行使地役权

22. 已经登记的地役权，因下列（　）项情形，当事人应当申请变更登记。

A. 需役地或者供役地权利人姓名或者名称、身份证明类型或者身份证明号码发生变化的

B. 共有性质变更的

C. 需役地或者供役地自然状况发生变化的

D. 供役地的抵押权发生变化的

E. 供役地、需役地归于同一人的

23. 地役权变更登记的材料包括（　）。

A. 权利人姓名或者名称、身份证明类型或者身份证明号码发生变化的，提交能够证实其身份变更的材料

B. 需役地或者供役地的面积发生变化的，提交有批准权的人民政府或其主管部门的批准文件以及变更后的地籍调查表、宗地图和宗地界址坐标等不动产地籍调查成果

C. 共有性质变更的，提交共有性质变更协议

D. 地役权内容发生变化的，提交地役权内容变更的协议

E. 不动产权属证书

24. 依据人民法院、人民检察院等国家有权机关出具的相关嘱托文件办理不动产登记的程序是（　）。

A. 嘱托　　B. 接受嘱托　　C. 审核

D. 登簿　　E. 缮证

25. 下列情形中未经登记不发生物权效力的是（　）。

A. 因继承或受遗赠取得物权的

B. 夫妻财产由双方协商归单方所有

C. 合法建造房屋

D. 因经公证的房屋赠与行为，发生物权转移的

E. 因人民法院、仲裁委员会的法律文书导致物权转移的

26.（　）属于不动产登记机构协税内容。

A. 契税　　B. 个人所得税　　C. 增值税

D. 土地增值税　　E. 消费税

27. 甲合法建造的房屋尚未办理房屋所有权首次登记，现拟将该房屋抵押给乙。

下列说法正确的有（　）。

A. 甲的房屋未办理所有权首次登记，故甲抵押该房屋属于无权处分

B. 甲的房屋办理抵押权首次登记前，应当先办理房屋所有权首次登记

C. 甲可以单方申请房屋所有权首次登记

D. 甲抵押该房屋时，该房屋占用范围内的建设用地使用权一并抵押

E. 甲若与乙签订抵押合同，则抵押合同无效

28. 有购买房屋的意向，但不能提供购房合同等证明，当事人委托的律师可以查询的不动产登记信息包括（　）。

A. 验证所提供的被查询不动产权利主体名称以及与不动产登记簿的记载是否一致

B. 不动产是否存在共有情形及共有形式

C. 不动产是否存在抵押权登记、预告登记或者异议登记情形及具体登记信息

D. 不动产是否存在查封登记及查封机关

E. 不动产的自然状况

29. 下列物权中属于用益物权的是（　）。

A. 地役权　　B. 建设用地使用权　　C. 留置权

D. 土地承包经营权　　E. 质权

30. 下列属于物权的有（　）。

A. 土地承包经营权　　B. 房屋租赁权　　C. 土地使用权

D. 房屋抵押权　　E. 居住权

31.（　）属于集体所有。

A. 宅基地　　B. 农村和城市郊区的土地

C. 城市市区的土地　　D. 自留地、自留山　　E. 森林、山岭

32. 下列（　）项属于集体土地所有权确权登记需要收集的电子数据和纸质资料。

A. 集体土地所有权确权登记成果

B. 土地征收批准文件

C. 土地权属争议调解书

D. 最新行政区划数据、高分辨率正射遥感影像图

E. 用地规划许可证

33. 不动产登记机构在国有建设用地使用权及房屋所有权转移登记审核过程中，应注意的要点包括（　）。

A. 国有建设用地使用权与房屋所有权转移的登记原因文件是否齐全、有效
B. 申请转移的国有建设用地使用权和房屋所有权与登记原因文件记载是否一致
C. 有异议登记的，不予办理转移登记
D. 设有抵押权的，是否已经办理抵押权注销登记
E. 涉及买卖房屋等不动产，已经办理预告登记的，受让人与预告登记权利人是否一致

34. 开展自然资源统一确权登记要推动建立（　）的自然资源资产产权制度。
A. 归属清晰　B. 权责明确　C. 保护严格
D. 流转顺畅　E. 监管有效

35. 嘱托查封的主体包括（　）等国家有权机关。
A. 仲裁委员会　B. 人民检察院　C. 人民法院
D. 公安机关　E. 县级以上人民政府

36. 自然资源登记类型包括（　）。
A. 首次登记　B. 变更登记　C. 注销登记
D. 更正登记　E. 异议登记

37. 下列（　）项属于各地可结合实际选取的地籍测绘技术方法。
A. 解析法　B. 图解法　C. 正射影像法
D. 坐标分析法　E. 勘丈法

38. 根据中共中央办公厅、国务院办公厅印发的《深化集体林权制度改革方案》要求，到 2025 年，基本形成（　）、监管有效的集体林权制度。
A. 权属清晰　B. 责权利统一　C. 保护严格
D. 流转有序　E. 权责统一

39. 国家批准的（　）等各类自然保护地应当优先作为独立登记单元划定。
A. 重点国有林区　B. 自然保护区　C. 自然公园
D. 5A 风景区　E. 国家公园

40. 某人因病去世后，符合法律规定可以担任其遗产管理人的主体的情形有（　）。
A. 如有遗嘱，遗嘱执行人赵某可以担任
B. 在无遗嘱的情况下，继承人共同推举钱某担任遗产管理人
C. 继承人均放弃继承的，被继承人生前住所地的民政部门或者村民委员会担任遗产管理人

D. 因继承人之间存在争议，利害关系人孙某通过人民法院诉讼指定了李某作为遗产管理人

E. 继承人未推选遗产管理人的，由继承人之一的谢某担任遗产管理人

41. 下列关于不动产单元代码的第四层次宗地（宗海）特征码的说法正确的有（　）。

A. 第 1 位“G”表示国家土地（海域）所有权

B. 第 2 位“A”表示集体土地所有权宗地

C. 第 2 位“S”表示建设用地使用权宗地（地表）

D. 第 2 位“C”表示宅基地使用权宗地

E. 第 2 位“E”表示土地承包经营权宗地（林地）

42. 下列关于不动产登记簿的说法正确的有（　）。

A. 不动产登记簿具有权利正确性推定效力

B. 不动产登记簿以权利人为单位编成

C. 任何单位和个人不得擅自复制或者篡改不动产登记簿信息

D. 任何人不得擅自修改不动产登记簿的登记事项

E. 不动产登记簿是物权归属和内容的依据

43.《国务院办公厅关于加快推进政务服务“跨省通办”的指导意见》（国办发〔2020〕35 号）提出的涉及不动产登记“跨省通办”事项清单包括（　）。

A. 商品房预售、抵押涉及的不动产预告登记

B. 不动产登记资料查询

C. 商品房转移登记

D. 不动产抵押登记

E. 不动产变更登记

44. 甲委托乙出卖房屋，乙自己可否购买该房屋？（　）

A. 原则上，乙不得代表甲与自己签订买卖合同

B. 如果甲事前同意的，乙可以代表甲与自己签订买卖合同

C. 如果甲事后追认的，乙可以代表甲与自己签订买卖合同

D. 乙在任何情形下都不得代表甲与自己签订买卖合同，因为这会损害甲的利益

E. 乙可以转委托丙以甲的名义与自己签订买卖合同，无须经甲同意

45. 下列登记，不收或免收登记费的有（　）。

A. 抵押权首次登记

B. 预告登记

C. 查封登记

D. 因行政区划调整导致不动产坐落的街道、门牌号或房屋名称变更而申请变更登记的

E. 异议登记

46.《自然资源确权登记操作指南（试行）》规定的登记单元预划原则包括（　）。

A. 坚持资源公有、物权法定

B. 坚持登记连续、稳定有序

C. 坚持集中连片，保持生态功能完整性

D. 坚持应划尽划、不重不漏

E. 坚持依法依规、实事求是

47. 国家秘密的密级分为（　）。

A. 绝密　　B. 机密　　C. 隐私

D. 秘密　　E. 保密

48. 从实践来看，以下（　）项属于集体土地所有权代表所行使的权利内容。

A. 甲村村民委员会依法发包土地，并监督承包方按照合同约定合理利用土地

B. 乙村村民委员会依法将集体经营性建设用地出让给山水公司有偿使用

C. 丙村村民委员会协调解决村民张某和王某的土地承包经营纠纷

D. 丁村村民委员会因某工厂不按批准用途用地，经原批地政府批准，收回土地使用权

E. 戊村村民委员会在县政府征地过程中代表征地农民与政府签订补偿安置协议

49. 2022 年 8 月，甲以自有房产为担保向乙借款 50 万元，借款期限 1 年，并办理了抵押登记。到期后，甲无法偿还到期债务。对此，乙可以通过下列（　）项方式行使抵押权。

A. 甲、乙达成协议，甲将该房屋拍卖，乙就拍卖所得价款优先受偿

B. 甲、乙达成协议，甲将该房屋变卖，乙就变卖所得价款优先受偿

C. 如甲、乙在抵押合同约定，甲到期不履行债务，房屋所有权归乙，该约定有效

D. 如甲、乙未达成协议，乙可向人民法院申请拍卖该房屋，就拍卖所得价款优先受偿

E. 如甲、乙未达成协议，乙可向人民法院申请变卖该房屋，就变卖所得价款优先受偿

50. 根据《不动产登记资料查询暂行办法》，律师受当事人委托申请查询不动产登记资料的，应当提交（　）。

A. 查询申请书

B. 委托人的身份证明材料复印件、承诺函以及授权委托书

C. 律师证以及律师事务所出具的证明材料

D. 身份证

E. 户口簿

51. 划拨国有土地使用权设定登记的法律特征不包括（　）。

A. 划拨国有土地使用权是依国家行政行为而获得的权利

B. 划拨国有土地使用权的取得没有范围限制

C. 划拨国有土地使用权一般都有明确的期限

D. 城镇范围内的划拨土地使用权人不用缴纳土地使用税

E. 划拨国有土地使用权的处置受法律限制

52.《森林法》规定，保护、培育、利用森林资源应当尊重自然、顺应自然，坚持（　）的原则。

A. 生态优先　B. 利用优先　C. 保护优先

D. 保育结合　E. 可持续发展

53. 下列财产中，不得办理抵押登记的有（　）。

A. 土地所有权、海域所有权

B. 宅基地等集体所有的土地使用权

C. 营利法人的医疗卫生设施

D. 所有权、使用权不明或者有争议的不动产

E. 依法被查封的不动产

54. 根据《民法典》，不具有保证人资格的有（　）。

A. 营利法人的分支机构

B. 政府机关

C. 限制民事行为能力人

D. 以公益为目的的事业单位、社会团体

E. 具有代为清偿债务能力的公民

55. 电子不动产权证书按照电子证照国家标准编制证照目录，证照目录中的数

据项除证照的基本信息外，还应包括（　）。

A. 持证主体　　B. 持证主体代码

C. 持证主体代码类型　　D. 不动产单元号

E. 登记机构代码

56. 自然人有下列（　）项情形的，利害关系人可以向人民法院申请宣告该自然人死亡。

A. 下落不明满 4 年

B. 因意外事件，下落不明满 2 年

C. 因意外事件下落不明，经有关机关证明该自然人不可能生存的

D. 下落不明满 3 年

E. 战争期间下落不明，自战争结束之日起下落不明满 1 年

57. 下列属于继承人与被继承人之间的亲属关系证明的是（　）。

A. 户口簿

B. 婚姻证明

C. 被继承人或继承人单位出具的证明材料

D. 收养证明、出生医学证明

E. 军官证

58.《土地承包经营权和土地经营权登记操作规范（试行）》（自然资发〔2022〕198 号）规定，下列（　）项情形下可以申请土地经营权首次登记。

A. 已经办理首次登记的土地承包经营权人采取出租（转包）方式向他人流转土地经营权，且流转期限为 5 年以上的

B. 已经办理首次登记的土地承包经营权人采取入股方式向他人流转土地经营权，且流转期限为 5 年以上的

C. 不宜采取家庭承包方式的荒山、荒沟、荒丘、荒滩等农村土地，通过招标、拍卖、公开协商等方式承包的

D. 已经办理首次登记的土地承包经营权人与他人互换承包土地的

E. 已经办理首次登记的土地承包经营权人向他人转让土地承包经营权的

59. 在（　）等民事活动中，自然人（含农村承包经营户）、法人或非法人组织在土地经营权上依法设立抵押权的，可以由抵押人和抵押权人共同申请办理不动产抵押权首次登记。

A. 买卖　　B. 运输　　C. 借贷

D. 租赁　　E. 以上选项均正确

60. 对于国有土地上房屋已销售且已入住的住宅项目，有下列（　）项情形之一的，可报经地方人民政府同意，按照"证缴分离"原则，在有关部门追缴土地出让价款和税费的同时，办理不动产登记手续。

A. 开发单位未按出让合同约定足额缴纳土地出让价款

B. 将经济适用房等政策性住房按商品房对外出售但未补缴土地出让价款

C. 开发单位欠缴税费的

D. 开发单位即将破产

E. 开发单位已灭失，但未按出让合同约定足额缴纳土地出让价款

61. 因开发企业或有关单位灭失，如何申请办理不动产登记？（　）

A. 有承继单位或上级主管部门的，由承继单位或上级主管部门办理

B. 不动产登记机构直接办理

C. 若已办理首次登记，购房人可单方申请办理转移登记

D. 由不动产所在地县级人民政府指定单位办理

E. 没有承继单位和上级主管部门的，可以由不动产所在地县级人民政府指定的机构或组织代为申请办理

62. 下列（　）项属于不动产登记机构应当根据申请在不动产登记簿"担保范围"栏记载的内容。

A. 主债权　　B. 利息　　C. 违约金

D. 损害赔偿金　　E. 实现抵押权费用

63. 对于当事人申请办理不动产抵押权首次登记时约定了禁止或限制转让抵押不动产的，抵押期间依法转让抵押不动产的，由（　）申请转移登记。

A. 受让人　　B. 抵押人（转让人）

C. 抵押权人　　D. 债权人

64. 下列属于一般抵押权变更登记类型的是（　）。

A. 抵押权顺位发生变化　　B. 缩短债务履行期限

C. 增加抵押标的物　　D. 担保的主债权发生转移

E. 最高债权额发生变化

65. 不动产登记机构需要审查土地出让金缴纳的情况有（　）。

A. 某公司出让取得的土地使用权的首次登记

B. 某公司将工业用地经批准变更为住宅用地申请的变更登记

C. 某公司经批准增加容积率后申请房屋所有权首次登记

D. 某公司经批准将土地分割的变更登记

E. 某公司名称发生变化的变更登记

66. 对申请集体建设用地使用权及建筑物、构筑物所有权首次登记的，不动产登记机构审核应注意把握的要点有（ ）。

A. 集体建设用地使用权是否已登记，已登记的，不动产登记簿记载的权利主体与建设工程符合规划的材料、建设工程竣工材料等记载的权利主体是否一致

B. 集体建设用地使用权未登记的，集体建设用地土地权属来源是否合法有效

C. 房屋等建筑物、构筑物是否提交了符合建设工程规划和房屋已竣工的材料

D. 不动产地籍调查成果资料是否齐全、规范，地籍调查表记载的权利人、权利类型及其性质等是否准确，宗地图和房屋平面图、界址坐标、面积等是否符合要求

E. 集体建设用地使用权是否被查封，若被查封，则不予受理

67. 不动产权证书分为（ ）等版式。

A. 单一版　B. 多人版　C. 集成版

D. 集合版　E. 复合版

68. 不动产权利人或者利害关系人申请更正登记，不动产登记机构认为不动产登记簿记载确有错误的，应当予以更正，但在错误登记之后已经办理了（ ）的除外。

A. 涉及不动产权利处分的登记　B. 预告登记

C. 异议登记　D. 查封登记　E. 地役权登记

69. 下列不动产登记机构可以实地查看的是（ ）。

A. 填海项目申请海域使用权注销登记

B. 在建建筑物抵押权登记

C. 房屋被征收申请注销登记

D. 土地使用权提前收回申请注销登记

E. 不动产单元分割的登记

70. 根据《民法典》，“土地承包经营权人可以自主决定依法采取（ ）向他人流转土地经营权”。

A. 出租　B. 入股　C. 其他方式

D. 转包　E. 向发包方备案

71. 不动产单元编码的主要特征是唯一性，具体的单元码意义包含（ ）。

A. 县级行政区划代码

B. 地籍区和地籍子区代码

C. 宗地（宗海）特征码和顺序号

D. 定着物特征码和单元号

E. 构筑物特征码和顺序号

72. 承包期内，下列情形出现导致承包合同变更的是（　）。

A. 承包方依法合并承包地的　　B. 发包方依法调整承包地的

C. 承包方消亡的　　D. 土地承包经营权互换的

E. 承包方家庭成员情况发生变化的

73. 不动产登记机构在审核更正登记过程中应注意（　）。

A. 错误登记之后是否已经办理了该不动产转移登记

B. 申请人是否是不动产的权利人或利害关系人

C. 是否办理了抵押权或地役权首次登记且未注销

D. 同一申请人是否就同一事项提出过异议登记申请

E. 不动产登记申请书、权属来源材料等记载的主体是否一致

74.（　）可以由当事人单方申请。

A. 继承、受遗赠取得不动产权利的

B. 不涉及不动产权利归属的变更登记

C. 异议登记

D. 更正登记

E. 同一权利人分割或者合并不动产的

75. 申请注销异议登记提交的材料包括（　）。

A. 不动产登记申请书

B. 申请人身份证明

C. 异议登记申请人申请注销登记的，提交不动产登记证明

D. 异议登记申请人的起诉被人民法院裁定不予受理或者予以驳回诉讼请求的材料

E. 不动产权属证书

76. 物权的取得分为原始取得和继受取得。以下属于继受取得的是（　）。

A. 甲通过买卖取得的一幢写字楼

B. 乙通过建造取得的一套别墅

C. 丙通过赠与取得的一间储藏间

D. 丁通过遗赠取得的一块宅基地

E. 戊通过先占取得的一颗苹果树

77. 申请预告登记的变更，需要提交（　）。

A. 不动产登记申请书　　B. 不动产权证书

C. 不动产登记证明　　D. 申请人身份证明

E. 预告登记内容发生变更的材料

78. 下列关于国家租赁国有土地使用权变更的叙述不正确的有（　）。

A. 国有土地租赁，承租人取得承租土地使用权

B. 承租人可将承租土地使用权转租、转让，但是不能办理抵押

C. 承租土地使用权转租和转让必须依法登记

D. 承租国有建设用地使用权由第三人取得，若租赁合同更名，则合同失效

E. 承租人转让土地租赁合同的，租赁合同约定的权利义务随之转给第三人

79. 不动产登记簿应当记载的事项包括（　）。

A. 涉及不动产权利限制的事项

B. 不动产的坐落、界址、空间界限、面积、用途等自然状况

C. 涉及不动产权利提示的事项

D. 不动产权利的主体、类型、内容、来源、期限、权利变化等权属状况

E. 不动产权利人与他人利害关系的说明

80.《自然资源部办公厅关于印发〈不动产登记队伍作风和素质提升专项行动方案〉的通知》（自然资办函〔2022〕2766号）部署的典型问题整治，主要是指（　）。

A. 整治思想认识不到位问题，提升服务意识

B. 整治监督管理不到位问题，提升服务能力

C. 整治政策执行不到位问题，提升服务水平

D. 整治制度执行不到位问题，提升服务效能

E. 整治流程优化不到位问题，提升服务规范

F. 整治廉洁防控不到位问题，提升服务形象

81. 下列关于自然资源更正登记的说法正确的是（　）。

A. 自然资源所有权代表（代理）行使主体发现自然资源登记簿记载的事项存在错误的，应当嘱托登记机构办理变更登记

B. 涉及的集体土地所有权存在错误的，按照《不动产登记暂行条例》的规定办理

C. 更正登记涉及所有权权属界线的，应当在登簿前进行公告

D. 登记机构发现自然资源登记簿记载的事项存在错误的，应当书面通知自然资源所有权代表（代理）行使主体 30 个工作日内嘱托办理更正登记

E. 人民法院、仲裁委员会的生效法律文书确定自然资源权利归属、内容与自然资源登记簿记载的内容不一致的，自然资源主管部门依据生效的法律文书直接办理更正登记

82. 关于不动产预告登记，下列说法正确的是（　）。

A. 以预购商品房设定抵押权的，当事人可以按照约定申请不动产预告登记

B. 预告登记的申请主体应当为买卖房屋或者其他不动产物权的协议的双方当事人

C. 预购商品房的预售人和预购人订立商品房买卖合同后，预售人未按照约定与预购人申请预告登记时，预购人不可以单方申请预告登记

D. 预售人与预购人在商品房预售合同中对预告登记附有条件和期限的，预购人应当提交相应材料

E. 买卖房屋或者其他不动产物权的协议中包括预告登记的约定或对预告登记附有条件和期限的约定，应当单独提交相应材料

83. 已经登记的土地承包经营权，当事人可申请土地承包经营权转移登记的情形有（　）。

A. 集体经济组织内部互换、转让

B. 因人民法院、仲裁机构的生效法律文书导致权利发生转移的

C. 同一权利人分割或者合并承包土地的

D. 因家庭关系、婚姻关系等变化导致土地承包经营权发生转移的

E. 承包期限届满，承包方按照国家有关规定继续承包的

84. 国有建设用地使用权首次登记申请材料中，土地权属来源材料是指（　）。

A. 以出让方式取得的，出让合同和缴清土地出让价款凭证等相关材料

B. 以划拨方式取得的，国有建设用地使用权划拨决定书或者县级以上人民政府同意用地的会议纪要

C. 以作价出资或者入股方式取得的，作价出资或者入股批准文件和其他相关材料

D. 以授权经营方式取得的，土地资产授权经营批准文件和其他相关材料

E. 以租赁方式取得的，土地租赁的批准文件和土地租金缴纳凭证等相关材料

85. 对于集体所有的土地和森林、山岭、草原、荒地、滩涂等，依照下列（　）规定行使所有权。

A. 属于村农民集体所有的，由村集体经济组织或者村民委员会代表集体行使所有权
B. 属于村农民集体所有的，由村集体经济组织和村民委员会共同代表集体行使所有权
C. 分别属于村内两个以上农民集体所有的，由村内各该集体经济组织或者村民小组代表集体行使所有权
D. 属于乡镇农民集体所有的，由乡镇集体经济组织代表集体行使所有权
E. 属于乡镇农民集体所有的，由乡镇政府代表集体行使所有权

86. 按照《民法典》规定，所有权包括（　）。
A. 国家所有权　B. 集体所有权　C. 共有所有权
D. 私人所有权　E. 混合所有权

87. 以下（　）等不动产禁止抵押。
A. 土地所有权　B. 教育公益设施　C. 宗教活动场所
D. 法院查封的不动产　E. 历史文物建筑

88. 张某、王某双方于 2021 年 7 月 7 日签订设备供应合同，王某以自己的土地使用权为其价款支付提供了最高额抵押，约定 2024 年 7 月 6 日为债权确定日，并办理了登记。张某在 2022 年 10 月将自己对王某已取得的债权全部转让给高某，但未告知王某。下列说法不正确的是（　）。
A. 张某将上述债权转让给高某后，最高额抵押权不随之转让
B. 张某的行为将导致其最高额抵押权消灭
C. 张某将上述债权转让给高某后，高某取得最高额抵押权
D. 2024 年 7 月 6 日前，张某对王某的任何债权均不得转让
E. 最高额抵押权设立前，如果张某、李某之间已经存在债权，经当事人同意，可以转入最高额抵押担保的债权范围

89. 下列可以一并申请不动产登记的情形有（　）。
A. 不动产转移登记导致抵押权变更的，不动产转移登记与抵押权变更登记
B. 建筑物所有权首次登记与在建建筑物抵押权登记转建筑物抵押权登记
C. 预购商品房预告登记转房屋所有权登记与预购商品房抵押预告登记转抵押权登记
D. 预购商品房预告登记与预购商品房抵押预告登记
E. 不动产转移登记致使土地经营权变更的，不动产转移登记与土地经营权变更登记

90. 土地承包经营权注销登记时，下列（　）项情形可由发包方申请。

A. 承包经营的土地灭失的

B. 承包经营的土地被依法征收

C. 发包方依法收回或者承包方依法、自愿交回的

D. 人民法院或者仲裁机构的生效法律文书

E. 农村承包经营户（承包方）消亡的

91. 按照《行政诉讼法》的规定，人民法院在审理行政案件，以（　）为依据。

A. 法律

B. 行政法规

C. 地方性法规

D. 部门规章

E. 规范性文件

92. 不动产登记资料包括（　）。

A. 不动产登记簿等不动产登记结果

B. 不动产登记申请书

C. 申请人身份证明材料

D. 不动产登记机构审核材料

E. 维修基金缴纳凭证

93. 下列属于《不动产登记资料查询暂行办法》规定的利害关系人的是（　）。

A. 因不动产交易涉及的利害关系人

B. 因不动产继承涉及的利害关系人

C. 因不动产的使用涉及的利害关系人

D. 因不动产维修涉及的利害关系人

E. 因不动产抵押意向涉及的利害关系人

94. 下列关于代理关系法律特征的叙述，正确的有（　）。

A. 代理关系的主体是代理人，客体是被代理人和相对人

B. 代理人在代理权限范围内实施代理行为

C. 代理人以被代理人的名义进行代理行为

D. 代理主要是实施法律行为

E. 代理人对代理行为承担民事责任

95. 小王今年 8 岁，父母突发事故双双去世，祖母、外祖母早年也都去世了，现有一个姑姑和两个阿姨。姑姑、阿姨对小王的监护人确定有争议。假设监护人的指定均尊重小王意愿，对此，下列说法正确的有（　）。

A. 可由当地的居民委员会指定小王的监护人

B. 可由当地的民政部门指定小王的监护人

C. 可由当地的社会保障部门指定小王的监护人

D. 如姑姑、阿姨对指定监护人不服，可向人民法院申请指定监护人

E. 姑姑、阿姨可以直接向人民法院申请指定监护人

96. 房屋被依法拆除，按照《民法典》的规定，下列说法错误的是（　）。

A. 房屋的物权自注销登记时消灭

B. 房屋的物权自拆除时消灭

C. 房屋的物权自征收决定生效时消灭

D. 房屋的物权自签订拆迁补偿协议时消灭

E. 房屋的物权自人民法院的法律文书生效时消灭

97.《自然资源部 国家税务总局 中国银行保险监督管理委员会关于协同推进“互联网 + 不动产登记”方便企业和群众办事的意见》（自然资发〔2020〕83号）提出，加快建立集成统一的网上“一窗受理”平台，要求线上“一窗”和线下“一窗”融合衔接，实行（　）；线上线下人员力量和窗口科学配备，做到全面提供服务。

A. 一套服务标准　　B. 一个办理平台　　C. 一套办理流程

D. 一个登记流程　　E. 一套办事标准

98. 根据《自然资源部 国家税务总局 中国银行保险监督管理委员会关于协同推进“互联网 + 不动产登记”方便企业和群众办事的意见》（自然资发〔2020〕83号），各地要通过网上“一窗受理”平台及其手机App、微信小程序等，推进网上便捷办、更快办、优先办，并逐步实现（　）。

A. 全城通办　　B. 就近能办　　C. 异地可办

D. 跨域通办　　E. 少跑快办

99. 对于申请集体建设用地使用权及建筑物、构筑物所有权注销登记的，不动产登记机构在审核过程中应注意的要点有（　）。

A. 集体建设用地使用权及建筑物、构筑物所有权的注销材料是否齐全、有效

B. 集体建设用地及建筑物、构筑物已设立抵押权的，权利人放弃权利申请注销登记的，是否已经提供抵押权人书面同意的材料

C. 申请登记事项与不动产登记簿的记载是否冲突

D. 土地或建筑物、构筑物灭失的，是否已按规定进行公告

E. 有异议登记的，受让方是否已签署知悉存在异议登记并自担风险的书面承诺

100. 下列关于居住权的说法正确的有（　　）。

A. 居住权可以继承、转让

B. 居住权可以依合同或者遗嘱设立

C. 居住权自登记时设立

D. 居住权可以无偿设立，也可以有偿设立

E. 居住权最长期限为 20 年

多项选择题（四）

1.（　）分别依照国务院规定的职责负责全国农村土地承包经营及承包经营合同管理的指导。

A. 省级政府　　B. 国务院农业农村主管部门

C. 国务院林业和草原主管部门　　D. 国务院自然资源主管部门

E. 乡级人民政府

2. 土地承包经营权登记簿和承包合同信息数据共享工作，下列数据共享方式正确的是（　）。

A. 建立专线联通的，在符合信息安全要求的条件下，通过在线方式批量推送电子数据

B. 在线共享条件不具备的，可暂时采取数据复制方式进行

C. 尚未数字化的，可采取纸质资料复制方式

D. 已共享电子数据，且电子数据与纸质资料一致的，也应另行复制纸质资料

E. 未建立专线联通的，可以通过互联网在线推送电子数据

3. 下列易地扶贫搬迁安置住房，可以办理不动产登记的有（　）。

A. 国有划拨土地建设的安置房

B. 国有出让土地建设的安置房

C. 宅基地建设的安置房

D. 宅基地外的集体建设用地建设的安置房

E. 原址重建的安置房

4. 根据《不动产登记操作规范（试行）》，不动产登记资料库房应安装温湿度记录仪，配备空调及去湿、增湿设备，并应定期进行检修、保养；库房的温度和相对湿度应控制的状态为（　）。

A. 温度应控制在 15℃～25℃ 之间　　B. 相对湿度应控制在 45%～60% 之间

C. 温度应控制在 14℃～24℃ 之间　　D. 相对湿度应控制在 50%～60% 之间

E. 温度夏季应控制在 14℃～24℃之间，冬季应控制 15℃～25℃之间

5. 根据《不动产登记操作规范（试行）》，符合资料库房照明方式的是（　）。

A. 光源宜选用白炽灯，照度不宜超过 100 勒克斯（Lx）

B. 当采用荧光灯时，应对紫外线进行过滤

C. 不宜采用自然光源，当有外窗时应采取遮阳措施，资料在任何情况下均应避免阳光直射

D. 可采用自然光源，但不宜阳光直射

E. 光源宜选用白炽灯，照度不宜低于 80 勒克斯

6. 根据《中华人民共和国保守国家秘密法》，国家秘密的知悉范围以外的人员，因工作需要知悉国家秘密的，应当经（　）批准。

A. 机关、单位主要负责人　　B. 机关、单位主要负责人指定的人员

C. 单位纪检监察机构　　D. 党支部书记

E. 单位部门负责人

7. 不动产登记机构依职权办理不动产登记事项的程序是（　）。

A. 启动　　B. 申请　　C. 公告

D. 审核　　E. 登簿

8. 下列关于不动产权属证书和不动产登记簿的说法正确的有（　）。

A. 不动产权属证书的效力比不动产登记簿高

B. 两者记载事项不一致的，除能证明不动产登记簿有误外，以不动产登记簿为准

C. 不动产权属证书记载的事项，应当与不动产登记簿一致

D. 不动产权属证书是物权归属与内容的最终根据

E. 不动产权属证书根据不动产登记簿来缮写

9. 依照《民法典》有下列（　）项情形的，赠与人自知道或者应当知道撤销事由之日起 1 年内可以行使赠与的撤销权。

A. 受赠人严重侵害赠与人或者赠与人近亲属的合法权益

B. 受赠人对赠与人有扶养义务而不履行

C. 受赠人不履行赠与合同约定的义务

D. 经过公证的赠与合同但权利尚未转移

E. 捐助救灾的赠与合同但权利尚未转移

10. 根据《自然资源部办公厅 国家林业和草原局办公室关于强化业务协同加快推进林权登记资料移交数据整合和信息共享的通知》（自然资办发〔2023〕2 号），关于推进林权登记资料移交的事项，下列说法正确的有（　）。

A. 尚未完成数据整合的地方，自然资源部门会同林草部门要结合实际，力争用 5 年左右的时间基本完成数据整合汇交

B. 林权合同签订前，应当开展地籍调查，明确界址、面积等信息

C. 自然资源和林草部门要建立内部协调工作机制，共同化解权属重叠、地类冲突等历史遗留问题

D. 要基于同一平台、同一张底图，最大化利用原林权登记资料，以“外业为主、内业为辅”开展数据整合

E. 自然资源部门登记后，应向不动产登记机构共享林权权利人、不动产单元号、坐落、权利类型等登记信息

11. 根据《不动产登记操作规范（试行）》，不动产登记申请前，需要进行不动产地籍调查的，应当依据不动产地籍调查相关技术规定开展不动产地籍调查。下列关于不动产地籍调查成果应用的说法正确的是（　）。

A. 申请不动产变更、转移等登记，不动产界址未发生变化的，可以沿用原不动产地籍成果

B. 不动产界址发生变化的，应当补充或重新开展不动产地籍调查

C. 前期行业管理中已经产生或部分产生，符合不动产登记要求的不动产地籍调查成果，可以继续沿用

D. 申请人无法提供不动产地籍调查成果的，应当补充或重新开展不动产地籍调查

E. 不动产登记机构应当加强不动产地籍调查成果确认工作，结合日常登记实时更新地籍调查数据库

12. 申请人委托代理人申请不动产登记的，代理人应当向不动产登记机构提交（　）。

A. 申请人身份证明　　B. 授权委托书

C. 代理人的身份证明　　D. 代理人和申请人的关系证明

E. 见证委托书

13. 下列关于居住权的说法错误的是（　）。

A. 设立居住权的住宅不得出租

B. 居住权期限届满或者居住权人死亡的，居住权消灭

C. 居住权应无偿设立

D. 居住权自居住权书面合同生效时设立

E. 居住权只能通过书面协议设定，遗嘱设立的居住权无效

14. 下列不动产可以设立抵押权的有（　）。

A. 张某合法拥有的国有出让土地使用权

B. 某寺合法拥有的寺庙

C. 某公司名下的出让用地上建设的医院

D. 某公司开发并取得预售许可的在建工程项目

E. 刘村已确权登记的集体土地所有权

15. 根据《自然资源部办公厅关于持续深化集体土地所有权登记成果更新应用的通知》（自然资办发〔2024〕3号），项目办理____和____阶段，开展土地勘测定界（地籍调查）时应套合最新的集体土地所有权登记数据，准确反映项目用地权属现状。（　）

A. 土地供应　　B. 竣工验收　　C. 农用地转用

D. 用地审批　　E. 土地征收

16.（　）的征收，由国务院批准。

A. 其他土地超过30公顷

B. 其他土地超过50公顷

C. 其他土地超过70公顷

D. 永久基本农田以外的耕地超过30公顷

E. 永久基本农田以外的耕地超过35公顷

17. 已经登记的土地承包经营权，有下列（　）项情形之一的，当事人可申请土地承包经营权注销登记。

A. 承包经营的土地灭失的

B. 承包经营的土地被依法征收或者转为建设用地的

C. 发包方依法收回或者承包方依法、自愿交回的

D. 承包方放弃土地承包经营权的

E. 农村承包经营户（承包方）消亡的

18. 按照《优化营商环境条例》的规定，不动产登记机构应当按照国家有关规定，加强部门协作，实行不动产（　）一窗受理、并行办理，压缩办理时间，降低办理成本。

A. 登记　　B. 交易　　C. 缴税

D. 备案　　E. 水电气

19. 根据《司法部 自然资源部关于印发〈关于推进公证与不动产登记领域信息查询共享机制建设的意见〉的通知》（司发通〔2018〕132号），各级司法行政机关和自然资源主管部门通过专线或其他方式建立信息查询共享通道，依法查询核实公证和不动产登记申办当事人提供的不动产登记信息、公证信息的____和____。（　）

A. 真实性　　B. 有效性　　C. 准确性
D. 一致性　　E. 完整性

20. 申请土地承包经营权首次登记的材料包括（　）。
A. 不动产登记申请书
B. 申请人身份证明
C. 土地承包经营权合同（土地承包合同）
D. 地籍调查表、宗地图、宗地界址点坐标等地籍调查成果
E. 农业部门备案证明

21. 下列关于胎儿继承能力的说法正确的是（　）。
A. 如胎儿出生是死体的，由其继承人继承
B. 为胎儿保留的遗产份额，胎儿出生后死亡的，由其他继承人继承
C. 遗产分割时，应当保留胎儿的份额
D. 胎儿娩出时是死体的，保留的份额按照法定继承办理
E. 胎儿因不具备民事权利能力，无继承能力

22. 已经登记的土地经营权，因下列（　）项情形导致权利发生转移的，可申请土地经营权转移登记。
A. 同一权利人合并土地的
B. 依法采取出租（转包）、入股或者其他方式向他人流转土地经营权后，受让方再流转土地经营权的
C. 因人民法院、仲裁机构的生效法律文书导致权利发生转移的
D. 已经办理土地承包经营权首次登记，承包方依法采取出租（转包）、入股或者其他方式向他人流转土地经营权且土地经营权流转期限为 5 年以上的
E. 贷款抵押土地经营权的

23. 永久基本农田保护方针是（　）。
A. 全面规划　　B. 合理利用　　C. 用养结合
D. 严格保护　　E. 占一补一

24. 根据《不动产登记资料查询暂行办法》，查询人在查询时应当保持不动产登记资料的完好，严禁以下（　）行为。
A. 咨询
B. 遗失、拆散、调换、抽取、污损登记资料
C. 损坏查询设备

D. 长时间查询

E. 滥用查询结果证明

25. 根据《不动产登记资料查询暂行办法》，下列（　　）项属于不动产登记原始资料。

A. 不动产登记申请书　　B. 申请人身份材料

C. 登记适用的法律法规　　D. 不动产权属来源

E. 不动产登记簿

26. 根据《不动产登记操作规范（试行）》，关于不动产登记档案卷内目录编制的做法正确的是（　　）。

A. 顺序号应按卷内材料的排列顺序，每份材料应编一个顺序号，不得重复、遗漏

B. 材料题名应为材料自身的标题，不得随意更改和省略

C. 材料自身没有标题的，可拟写一个标题或无标题

D. 页次应填写该材料所在的起始页，最后页应填起止页号

E. 备注应填写需注明的内容

27. 下列情形中，不影响不动产权证书和不动产登记证明的换发或补发的是（　　）。

A. 不动产被查封　　B. 不动产存在异议登记

C. 不动产存在预告登记　　D. 不动产被抵押

E. 不动产设有地役权

28. 集体土地所有权登记的类型包括（　　）。

A. 首次登记　　B. 设立登记　　C. 变更登记

D. 转移登记　　E. 注销登记

29. 根据《民法典》，被代理人死亡后，下列（　　）项委托代理人实施的代理行为依然有效。

A. 代理人不知道且不应当知道被代理人死亡

B. 被代理人的继承人予以承认

C. 授权中明确代理权在代理事务完成时终止

D. 被代理人死亡前已经实施，为了被代理人的继承人的利益继续代理

E. 被代理人的遗产管理人予以承认

30. 根据《民法典》有关规定，以下属于近亲属的是（　　）。

A. 兄弟姐妹　　B. 孙子女　　C. 祖父母

D. 配偶　　　　E. 表兄妹

31. 建设用地使用权是自然人、法人或其他组织依法享有的在国有或集体土地的（　）建造建筑物、构筑物及其附属设施的用益物权。

A. 周围　　　　B. 地表　　　　C. 地上

D. 附近　　　　E. 地下

32. 下列登记完成时，应核发不动产权证书的是（　）。

A. 集体土地所有权登记　　　　B. 预告登记

C. 异议登记　　　　D. 林地使用权登记　　　　E. 抵押登记

33. 根据《民法典》，建设用地权利人依法对国家所有的土地享有占有、使用和收益的权利，有权利用该土地建造（　）。

A. 建筑物　　　　B. 构筑物　　　　C. 娱乐设施

D. 工业园区　　　　E. 附属设施

34. 下列（　）项情形下，不动产权利人可以向不动产登记机构申请变更登记。

A. 权利人的姓名、名称、身份证明类型或者身份证明号码发生变更的

B. 不动产的坐落、界址、用途、面积等状况变更的

C. 共有人增加或者减少以及共有不动产份额变化的

D. 不动产权利期限、来源等状况发生变化的

E. 抵押担保的范围、主债权数额、债务履行期限、抵押权顺位发生变化的

35. 根据《国务院办公厅关于压缩不动产登记办理时间的通知》（国办发〔2019〕8号）要求，下列（　）项材料不得要求群众重复提交。

A. 自然资源部门自身产生的

B. 自然资源部门从其他主体处获得的

C. 能够通过部门实时信息共享获取的前期行政许可的材料

D. 自然资源部门从其他登记案件中查询到的

E. 自然资源部门通过互联网获得的

36. 根据《自然资源部关于开展不动产登记队伍作风常态化建设的通知》（自然资发〔2022〕144号）精神，下列表述正确的有（　）。

A. 因地制宜打造"党建+不动产登记"品牌

B. 组建不动产登记党员先锋队，设置党员先锋岗

C. 鼓励设置"办不成事"反映窗口，提供兜底服务

D. 常态化开展人员培训，在岗人员培训时间每年不少于60学时

E. 确保一般登记和抵押登记在5个工作日内办结

37. 孤寡老人甲与乙签订房屋买卖合同和居住权合同，约定在办理不动产转移登记时一并申请居住权登记。双方办理转移登记时，因故未办理居住权登记，遂约定延后办理。后甲再找乙配合办理居住权登记时，乙拒绝。根据《民法典》，下列表述正确的是（　）。

A. 甲与乙的约定在双方之间具有债权效力

B. 甲有权请求乙承担迟延履行的违约责任

C. 居住权作为物权没有有效设立

D. 甲无权请求乙继续登记并设立居住权

E. 甲可凭居住权合同单方申请居住权登记

38. 根据《自然资源部办公厅关于印发〈宅基地和集体建设用地使用权确权登记工作问答〉的函》（自然资办函〔2020〕1344 号）要求，宅基地和集体建设用地权属调查可采取下列（　）项灵活方式。

A. 集中收集材料

B. 集中指界利用

C. “国土调查云”软件现场采集录入信息等方式

D. 权利人无法参与实地指界的，可采取委托代理指界

E. 电话确认

39. 下列关于不动产登记对法律文书要求的说法正确的是（　）。

A. 申请人提交的人民法院裁判文书、仲裁委员会裁决书应当为已生效的法律文书

B. 香港特别行政区、澳门特别行政区、台湾地区形成的司法文书，应经境内不动产所在地中级人民法院裁定予以承认或执行

C. 外国司法文书应经境内不动产所在地最高人民法院按国际司法协助的方式裁定予以承认或执行

D. 香港特别行政区、澳门特别行政区、台湾地区的公证文书按照司法部等国家有关规定进行认证与转递

E. 即时生效的裁定书、经双方当事人签字的调解书应提交人民法院出具的裁判文书已经生效的证明文件等相关材料

40. 下列关于查封登记的说法正确的是（　）。

A. 不动产登记机构应对查封机关送达的嘱托文件进行实体审查

B. 不动产登记机构认为登记事项存在异议的，不动产登记机构应当办理查封登记，并向嘱托机关提出审查建议

C. 因两个或以上嘱托事项查封同一不动产的，不动产登记机构应当为先送达查封通知书的嘱托机关办理查封登记，对后送达的嘱托机关办理轮候查封登记

D. 轮候查封登记的顺序按照嘱托机关嘱托文书依法送达不动产登记机构的时间先后进行排列

E. 登记在第三人名下的不动产，第三人书面确认属于被执行人的，应由不动产登记机构依据人民法院协助执行通知书转移登记至被执行人名下后，办理查封登记

41. 根据《自然资源部 中国银保监会关于加强便民利企服务合作的通知》（自然资发〔2019〕42 号），不动产登记机构与相关银行业金融机构要积极服务民营企业、实体经济和小微企业，逐步实现“延期续贷”“借新还旧”等贷款的审批与抵押登记的（　）的无缝衔接，减少企业融资时间，避免企业借用“过桥资金”，规避抵押物“悬空”风险。

A. 转移登记　　B. 变更登记　　C. 注销登记

D. 首次登记　　E. 更正登记

42. 下列（　）项情形，可以查询、复制与其相关的不动产登记簿等登记结果。

A. 因不动产买卖、互换、赠与或其他原因受让不动产的购房人、换房人（换入方）、受赠人或其他受让人

B. 因不动产抵押的抵押权人

C. 有债务纠纷的债权人

D. 已经离婚的原配偶

E. 已经被他人收养的亲生子女

43. 律师受准利害关系人委托查询的，可以申请查询相关不动产登记簿记载的下列（　）项信息。

A. 被查询不动产权利主体名称

B. 不动产是否有抵押查封信息

C. 不动产的共有形式

D. 要求办理查封登记或者限制处分机关的名称

E. 不动产异议登记申请人的姓名

44. （　）可以查询、复制与调查、处理事项有关的不动产登记资料。

A. 人民法院　　B. 人民检察院　　C. 公安机关

D. 小区物业　　E. 居委会

45. 下列关于可以依法查询不动产登记资料的说法正确的是（　）。

A. 权利人不能查询、复制其全部的不动产登记资料

B. 因不动产交易、继承、诉讼等涉及的利害关系人不能查询、复制不动产自然状况、权利人及其不动产查封、抵押、预告登记、异议登记等状况

C. 人民法院、人民检察院、国家安全机关、监察机关以及其他因执行公务需要的国家机关可以依法查询、复制与调查和处理事项有关的不动产登记资料

D. 社会公众可以对不动产权属证书记载的不动产信息真伪及权属状态申请验证

E. 社会公众可以申请政府信息公开的方式申请查询不动产登记资料

46. 利害关系人申请查询、复制不动产登记资料，应当提交（　）。

A. 查询申请书　　B. 权利人的身份证明材料

C. 申请人的身份材料　　D. 提交证实存在利害关系的材料

E. 不动产权证书复印件

47. 人民法院不得查封、扣押、冻结的被执行人的财产有（　）。

A. 被执行人及其所扶养家属所必需的生活费用。当地有最低生活保障标准的，必需的生活费用依照该标准确定

B. 被执行人及其所扶养家属完成义务教育所必需的物品

C. 被执行人及其所扶养家属用于身体缺陷所必需的辅助工具、医疗物品

D. 被执行人所得的勋章及其他荣誉表彰的物品

E. 被执行人的股票，债券

48. 人民法院可以进行预查封的房屋有（　）。

A. 被执行人租住的房屋

B. 被执行人购买的办理了商品房预售合同登记备案的房屋

C. 被执行人购买的办理了商品房预告登记的房屋

D. 被执行人购买的已签订商品房买卖合同但未备案的房屋

E. 被执行人与开发商签订了购买意向书的房屋

49. 根据《国务院办公厅关于压缩不动产登记办理时间的通知》（国办发〔2019〕8号），推进“互联网+不动产登记”，依托网上政务服务平台，建立不动产“网上（掌上）登记中心”，推出的不动产登记网上申请平台有（　）。

A. 网页版　　B. 微信版　　C. 自助终端版

D. 支付宝版　　　　　　　E. 钉钉版

50. 甲、乙为夫妻，婚姻关系存续期间共同出资购买一处房产，登记在甲名下。后甲、乙之间产生矛盾，甲决意离婚，私自将房产出卖给不知情的丙，二人签订房屋买卖合同，并办理过户登记，但丙尚未付清房款。按照《民法典》的规定，下列说法错误的是（　）。

A. 因甲无权处分夫妻共同财产，乙可主张买卖合同无效，要求丙返还房产

B. 该房产登记在甲名下，为甲个人财产，乙无权干预甲对房产的处置

C. 丙善意取得该房产，乙只能要求甲赔偿损失

D. 该房产为甲、乙共同共有，因房款未付清，丙尚未成为所有权人，乙可与甲、丙协商，解除买卖合同

E. 乙可凭证明该房产系夫妻共同财产的材料直接向不动产登记机构申请更正登记

51.《自然资源部办公厅 国家林业和草原局办公室关于进一步规范林权类不动产登记做好林权登记与林业管理衔接的通知》（自然资办发〔2020〕31 号）要求，各地不动产登记机构要将林权登记纳入不动产登记一窗受理。下列关于林权登记业务受理的说法正确的是（　）。

A. 原有权机关依法颁发的林权证书继续有效，不变不换；权利人申请换发不动产权证书的，不动产登记机构应当予以受理

B. 权利人单独申请森林、林木登记的，不动产登记机构应当予以受理

C. 当事人“愿联则联、愿单则单”，对已登记的联户林地拆宗申请登记的，不动产登记机构不予受理

D. 当事人以农民集体所有或者国家所有依法由农民集体使用的林地、林木依法抵押的，登记机构应当依法办理抵押登记

E. 原有权机关未移交登记资料，或者数据未整合、地类重叠、调查精度不够的，不动产登记机构可以拒绝受理

52. 申请集体土地所有权首次登记，提交的材料包括（　）。

A. 不动产地籍调查表、宗地图以及宗地界址点坐标

B. 不动产登记申请书

C. 申请人身份证明

D. 建设用地规划许可证

E. 土地权属来源材料

53. 监护人代为申请不动产登记时，监护关系证明材料可以是（　）。

A. 户口簿　　B. 监护关系公证书
C. 出生医学证明　　D. 所在单位的证明材料
E. 遗嘱指定监护、协议确定监护、意定监护的材料

54. 为充分尊重当事人的自主意愿，目前，房地产开发过程中，房地产开发企业签订土地出让合同后，（　）。
A. 可以遵照规定先行提出国有建设用地使用权登记申请
B. 待后续开发建设完成后，另行申请办理房屋等建筑物、构筑物所有权登记
C. 后续开发建设完成后，登记机构自动办理房屋等建筑物、构筑物所有权登记
D. 直接申请国有建设用地使用权及房屋所有权登记
E. 不能直接申请国有建设用地使用权及房屋所有权登记

55. 人民法院嘱托不动产登记机构办理查封登记，须出具以下（　）项材料。
A. 查封裁定书　　B. 协助执行通知书　　C. 执行公务证明文件
D. 身份证　　E. 工作证

56. 不动产登记簿的内容包括（　）。
A. 不动产自然状况　　B. 不动产权利状况　　C. 不动产查封状况
D. 不动产抵押状况　　E. 不动产出租状况

57. 办理注销查封登记需提交的材料有（　）。
A. 人民法院解除查封的，提交解除查封或解除预查封的协助执行通知书
B. 人民检察院解除查封的，提交解除查封函
C. 公安机关等人民政府有权机关解除查封的，提交协助解除查封协助执行函
D. 委托其他法院送达的，还应提交委托送达函
E. 不动产登记申请书

58. 不动产登记机构接收嘱托文件时应审查（　）。
A. 嘱托机关送达人的工作证和执行公务的证明文件
B. 委托其他法院送达的，委托送达函是否已加盖委托机关公章，是否注明委托事项、受委托机关等
C. 嘱托文件是否齐全、是否符合规定
D 嘱托文件所述解除查封事项是否清晰，包括是否注明了解封不动产的名称、权利人及有效的不动产权属证书号
E. 查封不动产上设有抵押权、地役权或者已经办理预告登记的，是否已经提供抵押权人、地役权人、预告登记权利人的书面同意材料

59. 根据《民法典》，下列属于第一顺序继承人的是（　）。

A. 养子女　　B. 有扶养关系的继父母

C. 已离异配偶　　D. 没有扶养关系的继子女

E. 将子女送与他人收养的生父母

60. 有下列（　）情形的，不动产登记机构直接办理不动产登记。

A. 人民检察院依据法律规定持协助查封通知书要求办理查封登记的

B. 人民政府依法做出征收或者收回不动产权利决定并生效后，要求不动产登记机构办理注销登记的

C. 人民法院持生效法律文书和协助执行通知书要求不动产登记机构办理登记的

D. 公安机关依据法律规定持协助查封通知书要求办理查封登记的

E. 海关依据法律规定持协助查封通知书要求办理查封登记的

61. 根据《自然资源部办公厅关于完善信息平台网络运维环境推进不动产登记信息共享集成有关工作的通知》(自然资办函〔2019〕1041号)，在互联网上构建“一窗受理、并行办理”的不动产登记网上办事大厅，推行线上____、____和____。（　）

A. 统一申请　　B. 集中受理　　C. 分别受理

D. 自助查询　　E. 自动登簿

62. 根据《土地管理法》及相关规定，下列（　）项土地属于国家土地所有权的客体。

A. 甲市在1950年没收的地主王某的房屋及其所占用的土地

B. 乙县在1983年因建设公路征用的汪洋村的10亩林地

C. 丙县某机关在1968年接受山水村农民集体馈赠的10亩耕地

D. 丁县在1993年因建设铁路向山阳村临时租赁的林地

E. 戊市在2008年因救灾向山河村农民集体征用的耕地

63.《国务院办公厅关于压缩不动产办理时间的通知》（国办发〔2019〕8号）中提出要推动流程集成，具体体现在（　）。

A. 一窗受理，并行办理

B. 取消不必要环节，合并相近环节

C. 优化测绘成果获取方式

D. 集中办公，设立综合受理窗口

E. 构建“外网申请、内网审核”模式

64. 发包方将农村土地发包给本集体经济组织以外的单位或者个人承包的，需要履行下列（ ）项程序。
A. 应当事先经本集体经济组织成员的村民会议 2/3 以上成员或者 2/3 以上村民代表的同意
B. 应当经村主任同意
C. 报乡镇人民政府批准
D. 报县级人民政府批准
E. 报农业农村或林业和草原等主管部门批准

65. 农村土地承包后，下列（ ）项承包方行为符合土地承包的要求。
A. 对承包地进行流转，发包给他人
B. 对承包地进行买卖，卖给他人
C. 改变承包地的土地用途，用于非农建设
D. 以承包地的土地经营权为担保进行融资活动
E. 在承包耕地里挖塘养鱼

66. 通过（ ）等方式承包农村土地，经依法登记取得不动产权证书或者林权证等证书的，其土地经营权可以依法采取出租、入股、抵押或者其他方式流转。
A. 招标 B. 拍卖 C. 挂牌
D. 公开协商 E. 协议

67. 自然资源确权登记坚持（ ）的原则。
A. 资源公有 B. 物权法定 C. 统一确权登记
D. 产权明晰 E. 权责统一

68. 下列属于防护林的有（ ）。
A. 国防林 B. 护岸林 C. 水土保持林
D. 水源涵养林 E. 木本油料林

69. 根据《国务院办公厅关于依托全国一体化政务服务平台建立政务服务效能提升常态化工作机制的意见》（国办发〔2023〕29 号），要加强针对办事堵点的数据分析研究，查找政务服务优化、效能提升的薄弱环节，对（ ）问题提前研判，推动破解问题的关口前移，为优化流程、创新服务等提供参考。
A. 苗头性 B. 典型性 C. 统一性
D. 集中性 E. 现势性

70. 根据《农村土地承包法》，因土地承包经营发生纠纷的，双方当事人可以通过协商解决，也可以请求（　）等调解解决。

A. 村民委员会　　B. 乡镇人民政府　　C. 县人民政府

D. 法院　　E. 自然资源主管部门

71.《自然资源部关于加快解决不动产登记若干历史遗留问题的通知》（自然资发〔2021〕1号）主要就化解（　），给出了具体方法。

A. 关于用地手续不完善的问题

B. 关于欠缴土地出让价款和相关税费的问题

C. 关于未通过建设工程规划核实的问题

D. 关于开发建设主体灭失的问题

E. 关于原分散登记的房屋、土地信息不一致，项目跨宗地建设问题

72.《自然资源部关于开展不动产登记队伍作风常态化建设的通知》（自然资发〔2022〕144号）中规定："不动产登记机构在办理涉及继承类的不动产登记时，鼓励通过（　）方式逐步实现继承涉及的不动产登记便捷高效"。

A. 继承人公证　　B. 告知承诺　　C. 遗产管理人

D. 政府购买公证服务　　E. 免申即享

73. 土地承包经营权流转遵循（　）原则，任何组织和个人不得强迫或者阻碍承包方进行土地承包经营权流转。

A. 平等协商　　B. 自愿　　C. 有偿

D. 无偿　　E. 免申即享

74. 根据中共中央办公厅、国务院办公厅印发的《深化集体林权制度改革方案》要求，加快推进"三权分置"，实行集体林地（　）"三权分置"。

A. 所有权　　B. 使用权　　C. 承包权

D. 经营权　　E. 资格权

75. 特种用途林是以（　）等为主要目的的森林和林木。

A. 国防　　B. 环境保护　　C. 科学实验

D. 防风固沙　　E. 生产燃料

76. 按照用途可将森林分为防护林、____经济林、____、____5类。（　）

A. 用材林　　B. 能源林　　C. 生态林

D. 特种用途林　　E. 商品林

77. 根据《地籍调查规程》（GB/T 42547—2023），下列（　）项是属于林木调查表填写的内容。

A. 不动产单元代码　B. 造林年度　C. 森林类别
D. 权利类型　E. 林木用途

78. 根据《森林法》，单位之间发生的林木、林地____和____争议，由县级以上人民政府依法处理。（　）

A. 所有权　B. 承包权　C. 经营权
D. 使用权　E. 收益权

79.《自然资源部 中国银行保险监督管理委员会关于协同做好不动产“带押过户”便民利企服务的通知》（自然资发〔2023〕29 号）中，“带押过户”的办理模式有（　）。

A. 抵押权转移模式　B. 新旧抵押权组合模式
C. 新旧抵押权分段模式　D. 抵押权变更模式
E. 新旧抵押权合并模式

80. 经济林是以生产（　）、调料、工业原料和药材等为主要目的林木。

A. 果品　B. 油料　C. 饮料
D. 燃料　E. 木材

81. 根据《森林法》，（　），是公民应尽的义务。

A. 植树造林　B. 保护森林　C. 科学间伐
D. 保护林地　E. 合理利用

82. 根据《自然资源部办公厅 国家林业和草原局办公室关于强化业务协同加快推进林权登记资料移交数据整合和信息共享的通知》（自然资办发〔2023〕2 号），在林权登记存量数据标准化转换过程中，发现图件缺失的，自然资源部门会同林草部门组织（　）根据权属来源资料，补充开展内、外业调查，形成林权宗地图。

A. 权利人　B. 利害关系人　C. 所在地村干部
D. 林权登记原工作人员　E. 第三方工作人员

83.《刑法》第三百四十二条规定，违反土地管理法规，非法占用耕地、林地等农用地，改变被占用土地用途，数量较大，造成（　）等农用地大量毁坏的，处 5 年以下有期徒刑或者拘役，并处或者单处罚金。

A. 耕地　B. 园地　C. 林地
D. 草地　E. 湿地

84. 林地承包经营权人在（　）前提下，可以采取多种方式流转林地经营权和林木所有权。

A. 依法　　B. 公正　　C. 自愿
D. 有偿　　E. 公平

85. 根据《自然资源部办公厅关于持续深化集体土地所有权登记成果更新应用的通知》（自然资办发〔2024〕3号），各级自然资源主管部门要坚持建用结合、以用促建，切实维护好应用好这一重大成果，实现（　）闭环管理，确保集体土地所有权登记成果用起来、数据库活起来。

A. 更新　　B. 汇交　　C. 应用
D. 征收　　E. 登记

86. 根据《国务院办公厅关于加快推进电子证照扩大应用领域和全国互通互认的意见》（国办发〔2022〕3号）要求，通过____及其____、____、人工服务窗口等渠道，便捷企业和群众依申请领取和使用电子证照，并做到线上线下融合、数据同源、同步更新。（　）

A. 政务服务平台　　B. 移动端　　C. 自助终端
D. 手机 App　　E. 网页端

87. “四荒地”包括（　）。

A. 荒岗　　B. 荒山　　C. 荒丘
D. 荒沟　　E. 荒滩

88. 根据《中华人民共和国电子签名法》，下列（　）项文书不适用于电子签名。

A. 离婚协议　　B. 收养协议　　C. 自书遗嘱
D. 房屋买卖合同　　E. 房屋借款抵押合同

89. 申请人可以在（　）阶段撤回登记申请。

A. 实地查看　　B. 登簿　　C. 缮证
D. 审核　　E. 领证

90. 根据《自然资源部办公厅 国家市场监督管理总局办公厅关于推动信息共享促进不动产登记和市场主体登记便利化的通知》（自然资办发〔2019〕44号），实际工作中，对于当事人提供的____或____等信息不规范的，各级自然资源主管部门和市场监管部门应尽量利用信息化手段提高查询效率，切实做到便民利企。（　）

A. 不动产坐落　　B. 产权证号　　C. 共有情况
D. 不动产单元号　　E. 证书编号

91. 下列（　）项不动产首次登记收费标准为0元。

A. 廉租住房　　B. 公共租赁住房　　C. 限价商品住房

D. 经济适用住房　　　　E. 工业厂房

92. 下列（　）项，不动产登记机构不得收取不动产登记费。

A. 异议登记　　　　B. 预告登记　　　　C. 查封登记

D. 注销登记　　　　E. 地役权登记

93. 下列（　）项，只收取不动产权属证书工本费。

A. 单独申请宅基地使用权登记的

B. 申请宅基地使用权及地上房屋所有权登记的

C. 夫妻间不动产权利人变更，申请登记的

D. 申请国有建设用地使用权首次登记的

E. 单独申请车位登记的

94. 王某申请办理的下列（　）项登记，免收不动产登记费。

A. 耕地承包经营权　　　　B. 草地承包经营权

C. 水域抵押权　　　　D. 单独申请宅基地使用权登记

E. 国有建设用地抵押权首次登记

95. 王某持有单位房改房一处，王某去世后，房屋归王某的妻子继承。关于办理该房屋继承登记，下列说法正确的是（　）。

A. 需缴纳登记费 80 元　　　　B. 登记费减半，收取 40 元

C. 按规定缴纳土地收益金　　　　D. 无须缴纳土地收益金

E. 无须缴纳登记费

96. 王某持有一套 100 平方米的商品住房，张某持有一套 80 平方米的商品住房，现二人申请互换两处住房的登记。下列说法错误的是（　）。

A. 每套房屋均需缴纳 80 元登记费

B. 两套房屋共需缴纳 80 元登记费

C. 面积小的一处房屋需缴纳 20 平方米面积差的登记手续费

D. 每套房屋都需要缴纳全部面积的登记手续费

E. 房屋互换属于不动产转移登记

97. 甲公司向乙公司借款 200 万元，并将甲公司名下的一处办公用房抵押给乙公司用于担保。关于登记费的说法错误的是（　）。

A. 抵押登记费应甲公司缴纳

B. 抵押登记费应由乙公司缴纳

C. 抵押登记费 80 元

D. 抵押登记费 550 元

E. 缴纳登记费的一方作出小微企业书面承诺后，不动产登记机构可免收登记费

98. 甲申请将住房的土地证和房产证合并为一本新的不动产权证书，关于两证合一的登记费用，邻居们说法不一。下列说法错误的是（ ）。

A. 邻居乙说需要缴纳登记费 80 元

B. 邻居丙说需要缴纳登记费 40 元

C. 邻居丁说不需要缴纳登记费

D. 邻居戊说需要缴纳工本费 10 元

E. 邻居戊说需缴纳登记费 160 元

99. 下列不动产登记免收不动产登记费的是（ ）。

A. 森林、林木所有权及其占用的林地使用权登记

B. 林地承包经营权登记

C. 耕地、草地、水域、滩涂等土地承包经营权登记

D. 国有农用地使用权登记

E. 异议登记

100. 甲市由于棚户区改造，需要征收注销 50 套住宅房屋，办理一笔征收注销登记。关于登记费，下列说法错误的是（ ）。

A. 征收注销免缴登记

B. 共缴纳登记费 80 元

C. 按照房屋套数缴纳 4000 元

D. 按照房屋套数减半，缴纳 2000 元

E. 共缴纳登记费 500 元

多项选择题（五）

1. 甲系工业企业，依法通过出让方式取得 H 地块国有建设用地使用权，后因融资需要，将该地块依法转让给乙企业，乙企业严格按照规划条件使用土地。对此，以下说法正确的是（　　）。

A. 甲企业行使了依法转让 H 地块的权利

B. 乙企业享有按照规划条件使用土地的权利

C. 乙企业享有依法转让 H 地块的权利

D. 乙企业享有利用该地块合法建造建筑物、构筑物及附属设施的权利

E. 若因公共利益需要提前收回 H 地块，乙企业有权获得相应补偿

2. 甲系房地产开发公司，依法取得 H 地块建设用地使用权，拟在该地块上开发建设商品房进行销售。对此，下列说法正确的有（　　）。

A. H 地块既可以是国家所有的土地，也可以是集体所有的土地

B. 甲公司应当通过招标、拍卖等方式取得该土地的使用权，并签订书面合同

C. 甲公司建成商品房销售时，建设用地使用权不发生转移，仍归甲公司所有

D. 住宅建设用地使用权的最长期限为 70 年，期满后自动续期

E. 甲公司取得建设用地使用权必须缴纳出让金和相关税费

3. 以下可以以划拨方式取得国有建设用地使用权的有（　　）。

A. 甲县用于建设公办学校的土地

B. 乙县用于建设部队训练基地的土地

C. 丙县用于建设社区卫生院的土地

D. 丁县用于建设民营高速铁路的土地

E. 戊县用于建设看守所的土地

4. 以下（　　）项情形属于土地承包经营权消灭的法律事由。

A. 甲依法通过家庭承包方式承包耕地的土地承包经营权，承包期届满，甲不继续承包的

B. 乙依法通过招标方式承包“四荒地”的土地经营权，承包期届满，乙不继续承包的

C. 丙依法通过家庭承包方式承包草地的土地承包经营权，承包期内丙因进城落户主动向发包方交回承包地的

D. 丁依法通过家庭承包方式承包林地的土地承包经营权，承包期内土地被依法征收的

E. 戊依法通过家庭承包方式承包耕地的土地承包经营权，承包期内家庭成员全部死亡的

5. 甲系山水村村民，2015年5月，依法以家庭承包方式取得耕地5亩、林地5亩、草地5亩，承包期限都是30年。1年后，甲进城务工。甲、乙约定，甲将5亩耕地交给乙耕种6年，乙每年支付甲500元，并签订书面合同。甲将5亩林地转让给同村村民丙，并签订书面合同。2022年，甲因融资需要，将其承包地抵押给银行。对此，下列说法正确的是（　　）。

A. 甲、乙之间的合同，应当经发包方同意

B. 甲、乙之间的合同，可以认定是甲向乙流转土地经营权

C. 甲、丙之间的合同，应当经发包方同意

D. 甲向丙转让承包地，应当向不动产登记机构申请登记。未经登记，不得对抗善意第三人

E. 甲将承包地抵押给银行融资，须经发包方同意，抵押权自登记时设立

6. 2022年2月13日，山河村村民委员会依法将村农民集体所有的20亩果林发包给本村村民甲，承包期限30年，每年承包费为3000元，签订了土地承包合同。同日，甲预交了当年的承包费，村民委员会将果林交给甲，由甲经营。不久，村民委员会改选，新主任上任后，撕毁了与甲的承包合同，将果林承包给乙，乙也预交了承包费，双方签订了土地承包合同。甲和乙发生纠纷，甲以村民委员会发生违约，侵害其承包经营权为由提起诉讼，请求人民法院判令村民委员会继续履行合同。对此，下列说法错误的是（　　）。

A. 甲的土地承包经营权由于未登记，不能获得承包经营权

B. 在承包期内，作为发包方的村民委员会有权收回土地

C. 村民委员会擅自撕毁合同属于违约行为，应当承担违约责任

D. 村民委员会的行为虽然违约，但甲只能要求损害赔偿，不能要求继续履行合同

E. 甲虽然先取得承包经营权，但未经登记，不得对抗善意第三人，所以乙取得土地承包经营权

7. 2022年1月，山水村村民甲和乙各自依法以家庭承包方式取得了5亩耕地。2022年8月，双方为了土地耕作的方便，将各自承包地互换，并签订了互换协议，在村民委员会处进行了备案。对此，下列说法正确的是（　　）。

A. 甲、乙之间互换承包地的协议未经发包方同意不发生效力，该互换行为无效，应当换回

B. 甲、乙之间互换承包地的协议未经本集体经济组织成员的村民会议 2/3 以上成员或者 2/3 以上村民代表的同意，该互换行为无效

C. 甲、乙双方有权根据各自需要互换承包地，并向发包方备案，该互换行为有效

D. 甲、乙双方互换承包地，应当向不动产登记机构申请登记，未经登记，不发生效力

E. 甲、乙双方互换承包地，即使未经登记，也发生效力

8. 2022 年，山水村村民甲依法以家庭方式承包了 5 亩耕地。在农忙季节，甲以节省时间为由在该耕地上建造了一座土坯房，以便日夜耕作。村民委员会发现后多次劝说他拆房，但甲借口农忙后再拆。农忙季节过后，甲不仅没有拆房，还将家人搬到土坯房居住，并称："土地承包给个人，做什么用应当由自己说了算，村里无权干涉。"对此，下列说法正确的是（　）。

A. 甲有权自主利用自家承包的土地，耕地上建房方便耕作应当支持

B. 村民委员会不得干涉承包方生产经营，要求甲拆除房屋做法不当

C. 甲应当维持土地的农业用途，建造房屋做法不当，应当拆除

D. 村民委员会有权监督甲合理利用土地，让其拆除房屋的做法正确

E. 如甲不拆除房屋，村民委员会应当责令其限期改正，并处罚款

9. 2017 年，甲依法通过出让方式取得 H 地块国有建设用地使用权，合法建造了一幢 4 层小楼，并取得不动产权证。2018 年，将小楼一层、二层出租给乙，签订了租赁合同，租期 5 年。2020 年，甲因融资需要将该幢楼抵押给丙银行，办理了抵押登记。2021 年，甲又将小楼三层、四层出租给丁，签订了租赁合同，租期 5 年。2022 年，甲无力偿还银行贷款，该楼将被依法拍卖。对此，下列说法正确的是（　）。

A. 如果乙参与拍卖，则乙享有优先购买权

B. 如果乙、丁都参与拍卖，则乙的优先购买权顺位在前

C. 如果该房屋被拍卖给戊，不影响乙的租赁合同效力

D. 如果该房屋被拍卖给戊，不影响丁的租赁合同效力

E. 丁基于租赁关系享有的租赁权不得对抗丙银行的抵押权

10. 以下可以设定为一个不动产单元的是（　）。

A. 甲县一块界线封闭无定着物的土地

B. 乙村一块宅基地上的独幢房屋和独幢厨房

C. 丙写字楼内可由公共楼梯到第三层的整层商场

D. 丁、戊两兄弟仅邻的权属界线清晰的宅基地

E. 商家结建地下室的配电间

11. 甲以自有房产担保向乙借款 10 万元，并办理了抵押登记。现甲认为主债权消灭，乙应当申请抵押权注销登记。下列情形中，符合甲认为的主债权消灭的是（　）。

A. 甲已经归还欠款

B. 乙对甲也负有 10 万元的债务，甲、乙债务相互抵消

C. 甲将债务转让给丙，乙将债权转让给丙

D. 乙免除甲的债务

E. 乙主动放弃抵押权

12. 甲系房地产开发企业，依法建造了商品房住宅并进行预售。乙买了甲开发的期房商品房住宅一套，并办理了预告登记。下列关于预告登记的说法正确的是（　）。

A. 乙办理预告登记是为了最终取得房屋所有权的需要

B. 乙作为预告登记权利人，享有对其购买住宅的支配权

C. 乙办理的预告登记担保的是债权请求权，具有从属性。债权消灭，预告登记随之消灭

D. 如果甲企业在未经乙同意的情况下将该期房抵押权给不知情的丁，则该抵押权无效

E. 乙基于预告登记享有的请求权可以对抗强制执行的效力体现了预告登记的增强效力

13. 甲、乙系好朋友，2022 年，各自依法取得建设用地使用权。两地块前后毗邻，但分属两县。甲、乙二人约定，为了满足乙的采光需求，甲在 20 年内不得建造 6 米高以上的建筑，乙每年支付甲 1000 元，并签订书面合同。对此，下列说法正确的是（　）。

A. 地役权自该合同生效时设立，乙是地役权人

B. 甲的地块是供役地，乙的地块是需役地

C. 地役权采取的是登记对抗而非登记生效主义

D. 以地役权的实现方式为标准，该地役权属于消极地役权

E. 甲、乙二人申请地役权首次登记可由县级登记机构协商办理或接受上级

指定办理

14. 关于海域使用权，下列说法正确的有（　）。

A. 海域使用权是指权利人对特定的海域享有的排他性占有、使用、收益的用益物权

B. 海域属于自然资源，自然资源部代表国家行使海域所有权

C. 海域使用权可通过申请取得，也可通过招标、拍卖和协议方式取得

D. 海域使用必须符合海洋功能区划

E. 海域使用权期间届满、提前收回、抛弃、海域灭失等，海域使用权消灭

15. 甲厂是一个生产儿童玩具的乡镇企业，受金融危机的影响，业绩逐年下滑，濒临破产。乙公司是非乡镇企业，拟使用甲厂土地建设儿童乐园，跟甲厂签订了土地使用权转让协议。根据规定，乙企业应当办理（　）手续才能获得土地使用权。

A. 集体土地出让　　B 集体土地转让　　C. 集体土地征收

D. 国有土地出让　　E. 集体土地租赁

16. 2022 年 1 月，甲村农民集体依法将 H 地块分配给了张某作为其宅基地。2022 年 10 月，乙公司在该村投资建厂，需要修建一条公路用来运输建筑材料，该公路正好经过张某的宅基地。乙公司想通过设立地役权解决其运输问题。对此，下列说法正确的是（　）。

A. 甲村农民集体可以和乙公司签订地役权合同，乙公司取得地役权

B. 未经张某同意，甲村农民集体不得为乙公司设立地役权

C. 即使张某同意，未经登记，乙公司也不能取得地役权

D. 张某可以和乙公司签订地役权合同，乙公司取得地役权

E. 因张某取得的宅基地使用权无期限限制，所以该地役权利用期限也无限制

17. 王某原为山水村村民，后到县城工作，随后其全家均转为城市户口，王某在村里的 4 间草房由其兄居住。后来村里给其兄另行分配了宅基地，并将 4 间草房推倒，将该处宅基地分给了他人。王某得知后，多次与村民委员会交涉无果。后王某起诉到人民法院。下列说法错误的是（　）。

A. 王某虽然享有房屋所有权，但宅基地所有权属于集体，村农民集体有权处分其房屋

B. 村民委员会如需收回宅基地，应先征得王某的同意并给予适当补偿

C. 宅地基使用权的主体只能是村集体经济组织成员，王某进城落户，已不具备主体资格

D. 王某虽然进城落户，但其合法取得的宅基地使用权应予以确权登记

E. 王某与村委的诉讼纠纷属于行政诉讼

18. 甲公司因融资需要向乙公司借款 200 万元，以公司名下一套公寓抵押担保，担保金额 100 万元，剩余 100 万元由丙公司与丁公司提供保证担保，保证方式为一般保证。借款到期后，甲公司尚未还款，但鉴于与甲公司一直合作愉快，乙公司决定放弃对甲公司公寓的抵押权，但未放弃丙公司与丁公司承担的保证责任。对此，下列说法正确的是（　）。

A. 因未通知丙、丁公司，丙、丁公司有权拒绝承担保证责任

B. 因未经过丙、丁公司同意，甲公司的放弃行为无效

C. 丙、丁公司应承担 100 万元的保证责任

D. 丙、丁公司应承担 200 万元的保证责任

E. 如甲公司不履行到期债务，乙公司未在保证期间对甲公司提起诉讼或仲裁，丙、丁公司不再承担保证责任

19. 王某老伴去世得早，独自将三子（甲、乙、丙）一女（丁）抚养长大。2018 年，甲病故，其妻独自抚养甲子，并经常照顾王某。2019 年，王某去世，留有遗产 3 套房屋。在办理完丧事后协商如何处理遗产时，丙因交通意外不治身亡，丙妻独自抚养 1 周岁女儿。下列关于继承王某遗产的说法，正确的有（　）。

A. 甲妻可作为第一顺序继承人

B. 甲子可以代为继承甲有权继承的份额

C. 乙、丁是第一顺序继承人

D. 丙妻可以作为转继承人继承丙应当继承的遗产

E. 丙女可以代位继承丙有权继承的份额

20. 在收回国有土地使用权之时，出现以下（　）项情形时，需要对土地使用权人给予适当补偿。

A. 甲厂房土地使用期限届满，未申请续期的

B. 乙行政机关搬迁，停止使用原划拨机关用地的

C. 丙飞机场被核准报废的

D. 丁商场因修建中央公园需要使用其土地的

E. 戊店面因实施城市更新计划需要使用其土地的

21. 以下（　）项情形下，农村集体经济组织报经原批准用地的人民政府批准，可以收回土地使用权。

A. 甲村因修建卫生室，需要使用小王家猪圈占用的土地，并给予适当补偿

B. 乙村小李为开办茶叶加工厂取得用途为工业的村集体建设用地，但在该地上种植大棚蔬菜

C. 丙村村办企业 H 公司迁移去工业园区，停止使用村内土地

D. 丁村因兴办企业，需要使用小赵家的宅基地，并给予适当补偿

E. 戊村因美丽乡村建设，需要使用小王家的停车库用地

22. 胡某有一子小军，30 岁，未婚。胡某战友之女小慧端庄贤惠。胡某希望其子能与战友之女结婚，于是在其临终前留下一份遗嘱，对自己的个人财产作了处理，其中一项为“有现金 2 万元，暂由小军母亲保管。如小军和小慧结婚，则该笔现金由小军继承。”对此，下列关于这份遗嘱的说法正确的是（　）。

A. 涉及现金 2 万元的部分无效

B. 该部分无效是因为违反了遗嘱自由原则

C. 该部分无效是因为所附条件违法，侵犯了他人的婚姻自由

D. 该部分无效，不影响遗嘱其他部分的效力

E. 该部分无效，遗嘱无效

23. 下列行为中，不属于代理的有（　）。

A. 甲朋友到甲家看望甲，但甲不在家，邻居乙代甲招待该客人

B. 甲是公司董事长、法定代表人，甲以该公司的名义与乙公司签订商务合同

C. 甲希望与乙去电影院看电影，将该意思委托丙代为告知

D. 某房产中介丙促成甲、乙之间房屋交易的完成

E. 甲以张三的名义与乙签订借款合同

24. H 厂老板王某用的一台电脑损坏了，让工人张某扔到垃圾站。张某将电脑搬到垃圾站后想着与其扔了不如自己用，便将电脑搬回家，经修理后又能正常使用。王某得知电脑能够正常使用后，要求张某返还。对此，下列说法错误的是（　）。

A. 张某违反了委托合同，不能取得电脑的所有权

B. 张某基于先占取得电脑的所有权

C. 王某有权要回电脑，但应当向张某予以补偿

D. 因抛弃行为尚未完成，王某可以撤回其意思表示，收回对电脑的所有权

E. 王某的抛弃行为已经完成，不能收回电脑

25. 高某将住宅卖与邓某，签订了房屋买卖合同。合同约定，合同签订当日，

邓某支付房款的25%作为定金，同时约定若一方违约，则支付房款的30%作为违约金。邓某按照约定支付了定金。但是，在交房前，高某与刘某签订房屋买卖合同，将房屋转让给刘某，并与刘某办理了转移登记。下列说法错误的是（　）。

A. 邓某与高某签订合同在先，且支付了定金，可以主张高某与刘某买卖合同无效

B. 邓某可以要求高某双倍返还已交付购房款25%的定金

C. 邓某可以要求高某同时返还双倍定金和支付合同约定的违约金

D. 邓某不能并用违约金或定金条款，但可以选择适用违约金或者定金条款。但邓某认为定金不足以弥补高某违约造成的损失，可以请求赔偿超过定金数额的损失

E. 邓某选择违约金条款时，高某认为约定的违约金过分高于造成的损失，可以请求人民法院或者仲裁机构予以适当减少

26. 关于土地承包经营权登记簿中土地承包经营权登记信息（耕地等农用地）的填写，下列说法正确的是（　）。

A. “地块代码”填写按照《不动产单元设定与代码编制规则》（GB/T 37346—2019）规定编制的不动产单元号

B. “发包方代码”填写按照《农村土地承包经营权要素编码规则》（GB/T 35958—2018）规定生成的发包方代码，即土地承包合同代码的前14位

C. “共有情况”单独一户承包的，填写共同共有；确权确股不确地属于按份共有的，填写共有的份额

D. “承包方式”填写“家庭承包”

E. “土地所有权性质”填写集体所有

27. 关于土地经营权登记簿使用和填写，下列说法错误的是（　）。

A. “宗地面积”填写承包合同或流转合同上记载的土地面积。如流转的土地集中连片，设定为一个不动产单元的，填写整个不动产单元的面积。单位为“m^2”或“公顷”

B. “用途”填写流转合同或承包合同记载的用途

C. “等级”填写农用地分等定级结果中记载的质量等级

D. “权利类型”填写土地承包经营权

E. “不动产单元号”中宗地特征码第二位用“O”表示。

28. 张某以其8岁的儿子张子的名义购买了一套住房。下列关于不动产登记的

说法错误的有（　）。

A. 张某可以作为权利人与卖方共同申请转移登记

B. 张子可以申请登记为该房屋的权利人

C. 张子可以自行与卖房共同申请转移登记

D. 张某可以代为申请该房屋转移登记

E. 假设该房屋已被查封，但张某不知情，该房屋亦不能办理转移登记

29. 张某（男）和王某（女）系夫妻。一日，夫妻俩带着张某父亲老张一起去郊外游玩。行驶途中，不幸发生车祸，张某和老张当场死亡。王某怀有身孕，送至医院，剖宫产生下女儿小张。对此，下列关于继承的说法正确的是（　）。

A. 若无法确定张某和老张的死亡时间，且老张没有其他继承人的情况下，则老张死亡时间在前，张某享有老张财产的继承权

B. 若无法确定张某和老张的死亡时间，且老张还有其他继承人的情况下，则老张死亡时间在前，张某享有老张财产的继承权

C. 若无法确定张某和老张的死亡时间，且老张还有其他继承人的情况下，则老张和张某同时死亡，相互之间不发生继承

D. 若小张分娩后不到几分钟就死亡，小张享有张某财产的继承权

E. 若小张因车祸在王某腹中已死亡，小张享有张某财产的继承权

30. 下列财产中，（　）项可以申请抵押登记。

A. 甲公司正在建造的商品房住宅

B. 乙村民在本村享有的宅基地及地上住房

C. 丙企业的建设用地使用权

D. 丁公司的“四荒地”土地经营权

E. 戊公司的海域使用权

31. 山水村集体建设用地 H 地块在该县国土空间规划为工业和经营性用途，现该村想将该地块通过集体经营性建设用地制度入市。对此，下列说法错误的是（　）。

A. 集体经营性建设用地应当用于乡村重点产业和项目，其他项目不予批准

B. 若该地块以集体经营性建设用地入市，须先办理集体建设用地使用权证

C. 该村村民委员会可以通过出让、出租等方式将集体经营性建设用地交由单位和个人使用

D. 该县生态环境主管部门应当会同有关部门提出产业准入和生态环境保护要求

E. 该集体经营性建设用地出让、出租等方案中，应当包含规划条件、产业准入、生态环境保护要求等，否则合同失效

32. 甲系山水村村民，常年在外打工。该村现在正组织开展宅基地和集体建设用地使用权确权登记工作，但甲暂时无法回家参与实地指界。根据《自然资源部关于加快宅基地和集体建设用地使用权确权登记工作的通知》（自然资发〔2020〕84 号），下列说法正确的是（　）。

A. 甲可以委托好朋友（非邻居）代为指界

B. 甲可以委托相邻邻居代为指界

C. 甲可以通过网络视频确认指界

D. 甲可以委托调查员代为指界

E. 甲可以对界址范围先承诺确认，回来后补签

33. 甲以自有房产作为担保向乙借款 25 万元，期限 1 年，但未办理抵押登记。到期后，甲未还款。于是，乙委托律师丙向不动产登记机构查询该房产。根据《不动产登记资料查询暂行办法》，下列说法正确的是（　）。

A. 丙应提交甲、乙双方身份证明原件和授权委托书，还应当提交律师证和律师事务所出具的证明材料

B. 丙可以以不动产具体坐落位置、不动产权属证书号和不动产单元号作为索引信息申请查询不动产登记资料

C. 丙只可以申请查询该房产的自然状况、是否存在共有情形、是否存在抵押权登记、预告登记、异议登记、查封登记等限制或查封情形

D. 丙可以申请查询该房产的权利人是否为乙

E. 丙可以申请查询该房产的土地使用权年限

34. 根据《自然资源部办公厅 国家林业和草原局办公室关于进一步规范林权类不动产登记做好林权登记与林业管理衔接的通知》（自然资办发〔2020〕31 号），关于林权地籍调查，下列说法正确的是（　）。

A. 林业管理部门要按照相关标准规范，充分利用已有成果，创新方式开展地籍调查，做好林权地籍资料核验

B. 整宗林地的变更、转移、抵押等登记，要充分利用已有登记资料，形成宗地图层，林草部门和权利人配合核实确认界址，不得要求申请人提交调查成果

C. 原林权登记档案因图件缺失、界址不清楚无法确定位置的，应根据权属来源资料，在不低于 1 ∶ 10000 的遥感影像图上绘制边界

D. 本集体经济组织及其成员的林权首次登记未完成或者确需开展补充调查的，由不动产登记机构采取“办理一宗、更新一宗”的方式，通过购买服务或组织专业调查队伍，逐宗开展地籍调查

E. 林权转移、抵押、流转等涉及已登记的林权界址发生变化的，由不动产登记机构内部提供地籍调查成果

35. 小李 5 岁时，小李的父母购买了一套商品房，登记在小李名下。小李今年 17 岁了，正读高中。小李的父母想将该商品房出售给王某，现向不动产登记机构申请转移登记。对此，下列说法正确的是（　）。

A. 小李个人和王某可以共同申请转移登记

B. 小李父母应代为小李和王某申请转移登记

C. 小李父母其中一人可以代小李申请转移登记

D. 出售房产所得的价款可以用于商业经营

E. 不动产登记机构可以询问小李是否愿意出售房产

36. 王某 6 岁时，父母离婚，王某随父亲生活。9 岁时，父亲再婚，后养育一子。王某成年后开始独立生活，25 岁时结婚。35 岁时夫妻共同收养了一子。40 岁时，王某离婚。之后，王某随弟弟一起生活。45 岁时，王某去世。对此，依法对王某的遗产享有继承权的有（　）。

A. 王某的父亲　　B. 王某的生母　　C. 王某的继母

D. 王某的养子　　E. 王某的弟弟

37. 2023 年 8 月 1 日，甲向银行借款 100 万元，由乙以自有房产提供抵押担保，三方签订借款抵押合同，并约定 8 月 10 日去不动产登记机构申请抵押登记。8 月 5 日，乙的好友丙欲购买该拟抵押房产。乙告知丙担保事宜，丙知悉后仍坚持购买。乙看价格合适，就将房屋转让给丙，当日办理了过户手续。对此，下列说法错误的是（　）。

A. 因该抵押合同已生效，所以乙对银行应承担违约责任

B. 因该抵押权尚未登记，所以乙对银行不承担违约责任

C. 如甲到期未还款，丙应代为还款

D. 银行可以凭借款抵押合同主张乙、丙之间的买卖行为无效

E. 不动产登记机构为乙、丙办理转移登记的行为错误

38. 乙公司是甲公司的上游供货商。2022 年 9 月，甲公司向乙公司进货 200 万元；10 月，甲公司向乙公司进货 150 万元。以上两次进货均未付款。11 月，张某为以上债权提供房产抵押担保，担保最高债权额 800 万元，并办理了最

高额抵押权登记。债权确定期间为2022年10月10日至2023年10月9日。2023年5月，甲公司向乙公司进货200万元；6月，甲公司向乙公司共进货200万元；11月，甲公司向乙公司进货150万元。以上3次进货也均未付款。对此，下列说法正确的是（　）。

A. 2023年10月10日，乙公司的债权确定

B. 乙公司享有的优先受偿债权额为350万元

C. 乙公司享有的优先受偿债权额为750万元

D. 乙公司享有的优先受偿债权额为900万元

E. 抵押权期间为主债权诉讼期间

39. 2020年5月，赵、钱、孙、李共同购买了一间沿街店面，并办理了不动产权证书，共有形式为按份共有，4人份额比例均为25%。2022年，赵、钱因资金周转欲将各自份额转让。对此，下列说法正确的是（　）。

A. 孙、李对赵、钱的份额有优先购买权，未经孙、李同意，赵、钱不得转让份额

B. 赵、钱转让份额应当及时向孙、李发出包含同等条件内容的通知

C. 若赵、钱未通知孙、李转让份额，孙、李应当在知道最终的同等条件之日起15日内行使优先购买权

D. 若赵、钱将份额转让给张三，孙、李可仅以侵害优先购买权为由请求撤销合同

E. 若赵、钱将份额转让孙，则李没有优先购买权

40. 2010年2月，张大、张二、张三兄弟3人合伙出资购买一套商品房，登记在张三名下。2020年2月，三兄弟因家庭矛盾签订房屋分割协议，约定该房屋归张大、张二所有，但张三未履行该协议，后张大、张二诉至人民法院。2021年2月，法院判决该房屋归张大、张二共有。3月，张三将房屋赠与女友赵某，并办理了过户手续。对此，下列说法错误的是（　）。

A. 2020年2月，张大、张二按份共有该房屋

B. 2021年2月，张大、张二共同共有该房屋

C. 2021年2月，张大、张二按份共有该房屋

D. 2021年3月，赵某取得该房屋所有权

E. 张大、张二可凭生效的人民法院判决书向不动产登记机构申请更正登记

41. 下列情形中，担保合同有效的有（　）。

A. 甲社区居民委员会以其名下办公用房为担保，向银行贷款建设公益项目

B. 乙市住房城乡建设局以其名下房产为担保，向银行贷款建设职工公寓

C. 丙村村民委员会经法定程序以村办企业为担保，向银行贷款建设村内交通设施

D. 丁公司以其名下办公楼为担保，向银行贷款建设商品房住宅

E. 戊企业以其名下的荒地土地经营权为担保，向银行贷款购买生产设备

42. 下列关于不动产单元代码的说法正确的是（　　）。

A. 不动产单元代码采用 7 层 28 位层次码结构，由宗地（宗海）代码与定着物单元代码构成

B. 第一层次为县级行政区划代码，码长为 6 位。跨县级行政区的，行政区划代码采用“860000”表示

C. 第二层次为地籍区代码，码长为 3 位。公路、铁路等线性地物地籍区代码可用“999”表示

D. 第三层次为地籍子区代码，码长为 3 位。公路、铁路等线性地物地籍子区代码可用“000”表示

E. 第四层次为宗地（宗海）特征码，码长为 2 位。第一位代码 G 表示国家土地（海域）使用权

43. 2018 年 8 月，甲、乙登记结婚。2021 年 10 月，甲、乙共同购买了一套商品房住宅，但商品房买卖合同上购房人一栏甲签字了，乙没有签字。不动产登记机构依据商品房买卖合同，将该房屋登记到甲一人名下。对此，下列说法正确的是（　　）。

A. 该住宅是夫妻婚后购买，即使只登记到一人名下，除有约定外，该房屋应属于夫妻共同财产

B. 不动产登记簿权利人只有甲，所以该住宅属于甲单独所有，不属于夫妻共同财产

C. 乙可以按照《不动产登记资料查询暂行办法》中的权利人查询该住宅

D. 乙可以按照《不动产登记资料查询暂行办法》中的利害关系人查询该住宅

E. 甲、乙双方可以约定该住宅归乙单独所有，也可以约定为甲、乙共同共有

44. 2021 年 2 月，张某和李某因民间借贷纠纷诉至人民法院，后李某委托律师甲查询张某名下不动产。甲持《受理案件通知书》、律师执业证等相关材料到不动产登记机构申请查询。不动产登记机构按照《不动产登记资料查

询暂行办法》规定，因甲未能提供被查询人房屋坐落等相关信息，只提供了张某的个人信息，拒绝了甲的查询申请。对此，下列说法正确的是（　）。

A. 甲可以按照李某的委托申请查询，也可以执业律师身份申请查询，二者的查询范围相同

B. 因该民事纠纷已向人民法院起诉，甲提供张某个人信息申请查询，不动产登记机构应当受理

C. 不动产登记机构拒绝甲的查询申请违反了《律师法》《民事诉讼法》的相关规定

D. 即使律师有权调查取证，但依然要遵守不动产登记资料查询具体规则，不动产登记机构的做法正确

E. 甲可以申请以不动产坐落、不动产权属证书号和不动产单元号作为索引信息申请查询

45. 张某是一名公司职员，在办理某项公司业务时需要了解相关不动产的登记信息。张某认为不动产登记机构属于行政机构，应当依据《政府信息公开条例》相关规定，社会公众可以以申请政府信息公开方式获取不动产登记资料。对此，下列说法正确的是（　）。

A. 不动产的物权公示原则是登记，针对的是不特定的人，也就是全社会的人。所以，除涉及国家秘密外，不动产登记簿具有公开性，适用于《政府信息公开条例》

B. 不动产登记资料查询属于特定行政管理领域的业务查询事项，与《政府信息公开条例》所调整的政府信息公开行为存在根本性差别，不属于政府信息公开范围

C.《民法典》的效力层级高于《政府信息公开条例》，对不动产登记资料查询有明确规定。《不动产登记暂行条例》依据《民法典》对此有特别规定，所以不动产登记资料查询应当适用《民法典》《不动产登记暂行条例》的相关规定

D.《不动产登记资料查询暂行办法》是对不动产登记资料查询的具体规则，张某以政府信息公开的方式申请查询不动产登记资料，应当告知其按照本办法规定申请查询

E. 不动产登记资料涉及个人隐私、商业秘密和国家秘密，应严加保护。所以，只有权利人和利害关系才可以申请查询、复制登记资料，其他社会公众无法查询

46. 下列材料中，（　）项属于不动产登记资料。

A. 甲自有房屋上存在某基层人民法院的查封登记情形

B. 乙在一不动产登记受理窗口因购买二手房办理转移登记时提交的结婚证和户口本

C. 丙办理宅基地使用权首次登记时不动产登记机构出具的公告材料

D. 丁办理房屋所有权首次登记时不动产登记机构工作人员填写的查看记录表

E. 戊村农民集体办理集体所有权首次登记时提交的土地所有权界线协议书

47. 关于不动产登记原始资料的销毁，下列说法错误的有（　）。

A. 不动产登记资料应当永久保存，所以纸质不动产登记原始资料任何情况下不得销毁

B. 如果纸质不动产登记原始资料已有电子介质，在满足一定条件可以进行销毁

C. 已有电子介质，抵押权登记、地役权登记、查封登记、预告登记、异议登记已经注销且自注销之日起满 3 年的，其纸质不动产登记原始资料可以销毁

D. 已有电子介质，国有建设用地使用权及房屋所有权已转移且自转移之日起满 5 年的，其国有建设用地使用权及房屋所有权首次登记纸质不动产登记原始资料可以销毁

E. 销毁纸质不动产登记应当在不动产登记机构指定场所，并建立销毁清册，负责销毁及监督销毁的人员应当在清册上签名

48. 2023 年 12 月，某县不动产登记机构在收到下列情形的不动产登记申请时，申请人的身份证明材料提交正确的有（　）。

A. 甲（公司）在办理国有建设用地使用权及房屋所有权首次登记时，应当提交营业执照或组织机构代码证

B. 乙（村民）在办理宅基地使用权及房屋所有权首次登记时，应当提交身份证和户口本

C. 丙（个人）因离婚办理国有建设用地使用权及房屋所有权转移登记时，应当提交离婚证和户口本

D. 丁（未成年人）在其父母代理下购买房屋办理国有建设用地使用权及房屋所有权转移登记时，应当提交身份证或户口本

E. 戊（外国自然人）在购买房屋办理国有建设用地使用权及房屋所有权转移登记时，应当提交其所在国护照和永久居留证

49. 甲在某房产网上看中了乙的一套住宅，担心该房屋已出售，想去不动产登记机构查询该住宅上的具体情况。关于不动产登记资料查询，下列说法错误的是（　）。

A. 不动产登记资料公开查询制度只是为了保障交易安全，防止出现“一房二卖”

B. 我国采取的是有限查询模式，只有权利人、利害关系人可以查询不动产登记资料

C. 因甲是有意向的购房人，所以甲可以作为利害关系人申请查询该住宅

D. 不动产登记机构应当提供互联网查询、自助终端查询、设置查询窗口和“跨省通办”查询等方式提供查询服务

E. 不动产登记机构应为甲出具查询结果，并注明查询时间，同时加盖不动产登记机构查询专用章

50. 甲、乙同为山水村村民，各自依法承包了 5 亩耕地，二人承包的土地相邻。甲为了方便灌溉，与乙签订合同，约定甲修建一条经过乙承包土地的水渠，乙也可以用水渠进行灌溉，甲每年支付乙 600 元。水渠建好后，甲、乙都用水渠灌溉。后来，该水渠被洪水冲毁，甲花钱用好了。甲觉得乙也因水渠收益颇多，于是要求乙承担部分修复费用。乙以合同约定为由拒绝承担。对此，下列说法错误的有（　）。

A. 甲、乙之间的纠纷属于相邻关系纠纷

B. 甲、乙之间的合同应当认定是设立地役权的合同

C. 由于合同没有约定，所以乙不用承担修复费用

D. 由于甲是地役权人，所以该费用应当由甲一人承担

E. 即使合同没有约定，但乙也使用该水渠，依据公平原则，乙应当承担部分费用

51. 小李经营一家面馆，系个体工商户，营业执照上的名称是小李记面馆。后小李以个体工商户名义购买了一间店面，现申请办理不动产转移登记。对此，下列说法错误的是（　）。

A. 小李需提供营业执照原件

B. 小李需缴纳登记费 550 元

C. 小李可凭营业执照直接免缴登记费，无须承诺

D. 小李若想将店面登记到个人名下，可在办完转移登记后再办理变更登记

E. 不动产登记机构应当将个体工商户免收登记费内容纳入询问笔录

52. 小红今年 13 岁，小红的父母近年因生意经营不善经常发生争执，小红身心健康受到严重影响，想和爷爷奶奶一起生活。对此，下列说法中属于撤销监护人资格的法定情形的有（　）。

A. 小红年满 18 周岁或已满 16 周岁以劳动收入作为生活来源

B. 小红父母被人民法院认定为失信被执行人

C. 小红父母经常打骂小红，情形严重

D. 小红父母以经营生意为由以低价售卖小红名下的房产

E. 小红父母对小红的生活不管不问，怠于履行监护职责

53. 不动产登记机构收到下列查询申请时，应当出具不予查询告知书。（　）

A. 甲购买了一间店面并签订了买卖合同，申请查询该店面的产权人与买卖合同上是否一致，但未提供买卖合同

B. 乙凭遗嘱公证书继承了其父的住宅，未办理继承登记，现申请查询该房屋的原始登记资料，但未提交其父的死亡证明

C. 丙在某房产网上看中了一套住宅，欲购买居住，申请查询该住宅是否存在抵押、查封的情形

D. 丁租了市区的一套公寓并签订了租房合同，现联系不上房东，申请查询房东的住址信息

E. 戊在某房产网上看中了 H 县一幢写字楼，欲租下经营，在 J 县（H、J 县在同一地级市）不动产登记机构申请查询该幢写字楼的自然状况

54. 小明在清河区有一套住宅，小明的姐姐小红在清河区工作，租房压力大，于是小明为小红在该住宅上设立了居住权。小红很感谢弟弟，但也担心居住权不知道哪天就消灭了。下列（　）项属于居住权消灭的情形。

A. 居住权期限届满

B. 居住权人死亡

C. 房产权利人死亡

D. 居住权人放弃居住权

E. 居住权人丧失民事行为能力

55. 高某是山水村村民，2023 年 12 月，准备申请宅基地建造住宅和附属设施，但高某不知道农村建房的相关要求，于是热心的周围邻居将一些情况告诉高某。邻居们的下列说法错误的有（　）。

A. 甲说，高某利用自家承包地建房无须批准

B. 乙说，高某现在的宅基地留给自己进行拆旧建新，同时可以 10 岁的儿子名义申请新的宅基地

C. 丙说，高某现在的宅基地小轿车不能到家，可以与隔壁张某承包交通便

利的永久基本农田调换建房，但要经过批准

D. 丁说，高某可利用自留地建房，但须报乡人民政府批准

E. 戊说，高某应该按照村庄规划确定的空闲地和少量的一般耕地建房，但涉及占用少量一般耕地要依法办理审批手续

56. 甲以其名下汽车为担保向乙借款 20 万元，并办理了抵押登记。一日，甲在上班途中，被另一辆汽车相撞，致使甲的汽车报废，甲轻伤，对方全责。甲从保险公司处获得 20 万元赔偿金，其中 18 万元是汽车赔偿金，2 万元是医疗赔偿金。之后，甲将汽车卖给废品收购站获得 1 万元。关于甲、乙之间的担保合同，下列说法正确的是（　）。

A. 因非抵押人原因导致抵押物汽车报废，担保合同无效

B. 乙作为抵押权人仍然享有优先受偿权

C. 乙对汽车剩余价值 1 万元享有优先受偿权

D. 乙对汽车赔偿金 18 万元享有优先受偿权

E. 乙对医疗赔偿金 2 万元享有优先受偿权

57. 甲公司向乙公司借款 50 万元，以本公司厂房和丙公司办公用房提供抵押担保，丁公司担任保证人，四方共同签订了借款合同和担保合同，并办理了相关不动产的抵押权登记。后甲公司不履行到期债务，乙公司决定行使抵押权。对此，下列说法正确的有（　）。

A. 乙公司应当先行使甲公司厂房的抵押权

B. 乙公司可以行使甲公司厂房、丙公司办公用房的抵押权，同时要求丁公司承担保证责任

C. 如甲公司没有提供任何担保，乙公司应先行使丙公司办公用房的抵押权

D. 如甲公司没有提供任何担保，乙公司可以行使丙公司办公用房的抵押权，也可请求丁公司承担保证责任

E. 如乙公司对甲公司行使抵押权之后仍有剩余债权未实现，承担了担保责任的丙公司和丁公司之间可相互追偿

58. 山水公司以其办公楼设定抵押权，向甲银行借款 200 万元，向乙银行借款 300 万元，向丙银行借款 400 万元，向丁银行借款 500 万元，并依次办理了抵押登记。后来，丁银行与甲银行约定互换各自抵押权的顺位，并办理了变更登记，但乙、丙银行均不知情。后山水公司无法履行到期债务，银行拍卖其房屋，得到价款 1300 万元。关于 4 家银行对价款的分配，下列说法正确的有（　）。

A. 甲银行 100 万元　B. 甲银行 200 万元　C. 乙银行 300 万元
D. 丙银行 400 万元　E. 丁银行 500 万元

59. 老张离婚且带有一子小张，后与李某再婚，一家三口共享有甲村 6 亩农村土地承包经营权。后老张去世，小张认为李某无权享有该土地承包经营权，最终经法院判决，李某和小张各分得 3 亩。现两人来申请登记，应分别办理（　）。

A. 更正登记　B. 变更登记　C. 转移登记
D. 注销登记　E. 首次登记

60. 关于水流登记单元划分规则，下列描述错误的是（　）。

A. 水流自然资源类型等自然状况信息要充分依据第三次国土调查最新成果确定，不擅自进行改变
B. 河道管理范围内有堤坝，且没有集体土地，但有违法建设的，不能直接依据河道管理范围划定登记单元
C. 河道管理范围内，无堤坝的，存在合法的城镇开发建设项目、集体土地的，合理避让后划定登记单元
D. 江心洲、江心岛上有落户居民，无河道管理范围的，原则上依据最高洪水位或设计洪水位线，结合挡墙等自然地物初步划出登记单元
E. 水库、湖泊管辖级别低于河流的，将水库、湖泊单独划分登记单元

61. 土地使用权出让的方式有（　）。

A. 赠与　B. 招标　C. 拍卖
D. 双方协议　E. 挂牌

62. 已有电子介质，不动产登记已经注销且自注销之日起满 5 年的，纸质不动产登记原始资料可以销毁的是（　）。

A. 建设用地使用权及房屋所有权登记　B. 抵押权登记
C. 地役权登记　D. 查封登记
E. 买卖存量房的预告登记　F. 异议登记

63. 关于建设用地使用权，下列说法正确的有（　）。

A. 包括国有建设用地使用权和集体建设用地使用权，可以在土地的地表、地上或者地下分别设立、分别登记
B. 依法取得建设用地使用权的，可以单独申请建设用地使用权登记
C. 依法利用建设用地建造房屋等建筑物、构筑物的，可以申请建设用地使用权及房屋等建筑物、构筑物所有权登记

D. 地表和地下结建的房屋等建筑物、构筑物，可以与其建设用地使用权一并办理登记

E. 地下单建的房屋等建筑物、构筑物与地下建设用地使用权，可以由建设单位单独申请一并登记

F. 经依法批准建设的非人防设施的地下车库（位）等地下建筑物、构筑物，直接按照实际建成范围办理登记

64. 根据《自然资源部办公厅关于印发〈不动产登记信息安全防护工作指引〉的通知》（自然资办发〔2023〕11 号），边界访问控制设备的访问控制规则应控制到源地址、目的地址、（　）。

A. 源端口　　B. 目的端口　　C. 传输协议

D. 控制协议　　E. 访问协议

65. 根据《个人信息保护法》，敏感个人信息包括生物识别、____、____、____、金融账户、____等信息，以及不满 14 周岁未成年人的个人信息。（　）

A. 宗教信仰　　B. 特定身份　　C. 医疗健康

D. 行踪轨迹　　E. 婚姻状况

66. 集体建设用地使用权及建筑物、构筑物所有权转移登记的申请材料包括（　）。

A. 不动产登记申请书

B. 身份证明

C. 不动产权属证书

D. 本集体经济组织 1/3 以上村民代表同意的材料

E. 集体建设用地使用权及建筑物、构筑物所有权转移的材料

67. 农村村民可以申请宅基地的情形有（　）。

A. 农村村民户无宅基地的

B. 因自然灾害需要搬迁的

C. 原有宅基地出售后没有住所的

D. 因结婚等原因，确需分户建房，原宅基地面积低于分户标准的

E. 选择交通便利的路边再建新房

68. 王某在甲市有一套自住商品住宅，在乙市有一套商品房住宅供父母居住，父母无收入来源，常年靠甲扶养。王某除此之外，无其他房产和住所。2023 年 5 月，王某的债权人张某因债务纠纷向人民法院申请查封王某名下的两套房产。对此，下列说法错误的是（　）。

A. 人民法院可以查封王某自住的房产，但不得查封王某父母居住的房产
B. 人民法院不可以查封王某自住的房产，但可以查封王某父母居住的房产
C. 人民法院既不可查封王某自住的房产，也不可查封王某父母居住的房产
D. 王某的两套房产均可以被人民法院查封，之后依法拍卖、变卖或抵债
E. 王某的两套房产均可以被人民法院查封，但不得拍卖、变卖或抵债

69. 根据 2023 年 4 月王广华部长在全国自然资源和不动产确权登记工作会议上的讲话，（　）等首批重要生态空间实现登簿打通了自然资源统一确权登记“最后一公里”，标志着我国自然资源确权登记正式落地生效。

A. 海南热带雨林国家公园
B. 江苏大丰麋鹿国家级自然保护区
C. 山东昆嵛山国家级自然保护区
D. 大熊猫国家公园
E. 安徽黄山国家森林公园

70. 下列（　）项情形能申请宅基地使用权登记。

A. 李某在甲村已申请了一处宅基地建房，后嫁去乙村，又向乙村村民委员会提出申请，想取得在乙村的宅基地使用权
B. 王某想将自己在甲村的主房对面隔着一条道路的附属用房划入自己主房宗地当中，申请办理登记
C. 张某已经在甲村取得一处宅基地，后因其父亲去世，该户已无其他人，张某申请继承其父亲这块宅基地
D. 方某原为甲村集体经济组织成员，因易地扶贫搬迁，按照政府统一规划和批准使用乙村宅基地，在退出原甲村宅基地并办理注销登记后，现依法申请其在乙村的宅基地使用权
E. 吴某在甲村耕地上建造了一处房屋，现申请办理登记

71. 下列（　）项合同签订时未成立。

A. 老张欲购买 10 斤苹果，与水果店签订买卖合同，约定月底交货付款
B. 老钱在出国前准备将汽车交付给老孙保管，两人签订汽车保管合同，约定 10 日后交付汽车
C. 小李向数码店预订 20 台电脑，并签订定金合同，第二日交付定金 2 万元
D. 老赵与儿子签订了房屋赠与合同，约定 3 日后办理过户手续
E. 小方向小王借款 5 万元，两人签订借款合同，约定一周后提供借款

72. 下列（　）项自然资源登记资料不在查询范围内。

A. 自然资源地籍调查成果

B. 取水许可的原始资料

C. 权属来源材料

D. 自然资源登记单元内关联的某村集体土地所有权登记信息

E. 登记机构审核材料

73. 按照《民法典》，物权受到侵害的，权利人可以通过（　）等途径解决。

A. 和解　B. 信访　C. 仲裁

D. 诉讼　E. 调解

74. 根据《最高人民法院关于审理使用人脸识别技术处理个人信息相关民事案件适用法律若干问题的规定》（法释〔2021〕15 号），人脸信息的处理包括人脸信息的（　）、传输、提供、公开等。

A. 收集　B. 存储　C. 使用

D. 加工　E. 复制

75. 下列关于涉及不动产公证的说法错误的是（　）。

A. 申请办理涉及不动产的公证，应当向不动产所在地的公证机构提出

B. 申请办理涉及不动产的委托的公证，应当向不动产所在地的公证机构提出

C. 申请办理涉及不动产的声明的公证，应当向不动产所在地的公证机构提出

D. 申请办理涉及不动产的赠与的公证，应当向不动产所在地的公证机构提出

E. 申请办理涉及不动产的遗嘱的公证，应当向不动产所在地的公证机构提出

76. 公证机构根据当事人的申请，依法办理涉及不动产处分的委托书公证，委托书应当载明（　）等内容。

A. 代理人的姓名或者名称　B. 代理事项

C. 代理权限　D. 代理期限　E. 婚姻状况

77. 根据《公证法》和《公证程序规则》（司法部令第 145 号），用于不动产登记的公证书应当按照规定格式制作，包括以下（　）和出具日期等主要内容。

A. 公证书编号

B. 当事人及其代理人的基本情况

C. 公证证词

D. 承办公证员的签名（签名章）、公证机构印章

E. 公证书印制流水号

78. 根据《公证程序规则》（司法部令第 145 号），居住在我国香港地区的当

事人，委托他人代理申办涉及不动产继承的公证事项的，其授权委托书应当____，或者____。（　）

A. 经司法部指定的机构、人员证明

B. 经不动产所在地的公证人（机构）公证

C. 经其居住地的公证人（机构）公证

D. 经香港特区高等法院裁决

E. 经香港中联办认证

79. 我国台湾地区出具的公证材料应由海基会、海协会转递，地市级公证机构确认。海基会、海协会全称为（　）。

A. 海峡两岸协会　B. 海峡交流基金会　C. 海峡关系协会

D. 海峡两岸关系协会　E. 海峡基金会

80. 根据《司法部 自然资源部关于印发〈关于推进公证与不动产登记领域信息查询共享机制建设的意见〉的通知》（司发通〔2018〕132 号），各级司法行政机关和自然资源主管部门通过专线或其他方式建立信息查询共享通道，依法查询核实公证和不动产登记申办当事人提供的不动产登记信息、公证信息的真实性和有效性。司法行政机关提交的查询申请应当载明公证机构名称、（　）等内容。

A. 公证员及联系方式

B. 具体查询事项

C. 当事人的姓名或名称、特定主体身份信息

D. 当事人住址（地址）及联系方式

E. 不动产坐落、不动产权证书号或不动产单元号

81. 不动产登记人员在日常办理业务时，要按照《不动产登记数据库标准》（TD/T 1066—2021），借助（　）等辅助手段，完整、准确录入登记信息。

A. 自动审核　B. 系统校验　C. 自动提醒

D. 批量处理　E. 自动导入

82. 不动产登记人员办理登记业务时，要准确填写（　）等数据项，并按照要求，全面排查存量数据，补充填写空缺数据项。

A. 登记类型　B. 权利类型　C. 权属状态

D. 权利性质　E. 占地面积

83. 在不动产存量数据汇交时，要严格按照数据库导出模版，准确设置数据映射关系，导出所有数据，具体包括（　）等各类不动产登记数据。数据导出后，

按照《不动产登记存量数据成果汇交规范》，经软件质检和人工复核后汇交到自然资源部。

A. 历史数据和现势数据　　B. 城镇数据和农村数据

C. 调查数据和元数据　　D. 矢量空间图形数据和属性数据

E. 收件材料和登记结果

84. 按照《不动产登记数据一致性比对技术指南》，全量数据比对的内容分为____和____两大类。（　）

A. 不动产单元　　B. 不动产单元号　　C. 权利

D. 权利类型　　E. 不动产权证书号

85. 按照《不动产登记数据一致性比对技术指南》，增量数据比对的内容分为（　）4 部分内容。

A. 每日登簿日志和接入总量

B. 不动产单元和权利

C. 不动产权证书号和不动产登记证明号

D. 登簿日志详单和接入详单

E. 每日登簿量和接入日志

86. 按照《不动产登记数据一致性比对技术指南》，全量数据比对中不动产单元比对的字段为不动产单元号，不动产单元号详单分别从____、____、____和____等源表中抽取。（　）

A. 不动产单元表　　B. 宗地基本信息表　　C. 宗海基本信息表

D. 幢表　　E. 户表

87. 根据《不动产登记存量数据成果汇交规范》，各县市级不动产登记存量数据内容包括____、____、____和____等，具体内容参见修订的《不动产登记数据库标准》。（　）

A. 空间矢量　　B. 影像图　　C. 地形图

D. 属性表格　　E. 其他数据

88. 根据《不动产登记存量数据成果汇交规范》，各县（区）应对汇交的数据成果进行自检，检查合格后再向国家汇交。检查的内容主要包括数据成果的____、____、____、空间拓扑、____等，不动产单元号不能为空，且符合不动产单元编码规则，确保数据关联与挂接，保证数据成果质量。（　）

A. 数据完整性

B. 数据现势性

C. 空间数学基础与数据格式正确性

D. 标准符合性

E. 图属一致性

89. 根据《自然资源部办公厅关于印发〈不动产登记信息安全防护工作指引〉的通知》（自然资办发〔2023〕11号），关于为相关部门提供不动产登记信息共享服务，下列说法正确的是（　）。

A. 相关部门需求的不动产登记数据均可共享

B. 应建立共享机制

C. 应签订保密协议

D. 应制定相应技术标准

E. 应建立共享日志和监测机制，共享服务全程留痕，留痕时间最少为6个月

90. 根据《自然资源部办公厅关于印发〈不动产登记信息安全防护工作指引〉的通知》（自然资办发〔2023〕11号），关于不动产登记数据共享实现方式，以下说法正确的是（　）。

A. 以接口服务方式提供

B. 以全库复制形式共享数据

C. 通过“中间库”形式共享数据

D. 以数据库查询导出Excel表格形式共享数据

E. 能够自动识别对外发布的共享API接口，并且对API接口异常调用进行监控与阻断

91. 根据《自然资源部办公厅关于印发〈不动产登记信息安全防护工作指引〉的通知》（自然资办发〔2023〕11号），为做到对不动产登记的业务处理、数据更新、数据查询全程留痕、可追溯，不动产登记信息平台的日志审计功能应满足（　）。

A. 审计无须覆盖到每个用户

B. 审计记录包含事件的日期和时间、用户、事件类型、事件成功及其他与审计相关的信息

C. 审计内容包括业务办理情况、查询痕迹、用户的登录登出、口令修改、批量导出等敏感操作

D. 审计功能必须能够在界面上查询相关日志信息

E. 追溯时限至少6个月

92. 根据《自然资源部办公厅关于印发〈不动产登记信息安全防护工作指引〉

的通知》（自然资办发〔2023〕11 号），关于不动产登记个人信息保护，下列说法正确的是（　）。

A. 不动产登记系统应采用密码技术保证重要数据在存储过程中的保密性，包括但不限于不动产权利人姓名、证件号、通信方式、住址等个人敏感信息

B. 不动产登记系统应采用密码技术保证重要数据在传输过程中的保密性，包括但不限于不动产权利人姓名、证件号、通信方式、住址等个人敏感信息

C. 依据《个人信息保护法》，不动产登记系统应仅采集和保存业务必需的个人敏感信息

D. 依据《个人信息保护法》，禁止未授权访问和非法使用个人敏感信息

E. 工作时可以调取、查阅工作职责范围外的不动产登记信息

93. 根据《不动产登记登簿日志接口技术规范（2022 修订版）》，对于增量数据上报中失败报文重报和未上报数据补报，以下说法正确的是（　）。

A. 失败报文分为接入失败和入库失败两大类

B. 自然资源部形成失败报文和增量未上报数据问题台账，并监测两者的重报和补报情况，实现动态销账管理

C. 自然资源部每日反馈前一日失败报文清单至省级前置机，各省（自治区、直辖市）组织市县按照清单对失败报文进行整改并重新上报，重报报文应在原报文 ID 后增加 4 位字母标示“CBXZ”，该报文不应计入当日的登簿日志中，自然资源部接收并成功入库后，予以销账

D. 对于地方未上报的增量数据，通过接入通道进行补报，补报报文在报文 ID 后增加 4 位字母标识“BBXZ”，该报文不应计入当日的登簿日志中，自然资源部接收并成功入库后，予以销账

E. 补录的存量数据不可以通过接入通道进行补报

94. 根据《自然资源部关于印发〈国土空间调查、规划、用途管制用地用海分类指南〉的通知》（自然资发〔2023〕234 号），耕地（01）包括的二级类有（　）。

A. 水田　　B. 望天田　　C. 水浇地

D. 旱地　　E. 自留地

95. 根据《自然资源部关于印发〈国土空间调查、规划、用途管制用地用海分类指南〉的通知》（自然资发〔2023〕234 号），下列属于用地用海分类中

居住用地（07）二级分类的是（　）。

A. 城镇住宅用地　　B. 城镇社区服务设施用地

C. 工矿住宅用地　　D. 农村宅基地

E. 农村社区服务设施用地

96. 根据《自然资源部关于印发〈国土空间调查、规划、用途管制用地用海分类指南〉的通知》（自然资发〔2023〕234 号），下列属于用地用海分类中一级类的是（　）。

A. 湿地　　B. 未利用地　　C. 商业用地

D. 留白用地　　E. 游憩用海

97. 根据《自然资源部关于印发〈国土空间调查、规划、用途管制用地用海分类指南〉的通知》（自然资发〔2023〕234 号），关于农业设施建设用地（06），下列说法正确的是（　）。

A. 农业设施建设用地是指对地表耕作层造成破坏的，为农业生产、农村生活服务的乡村道路用地以及种植设施、畜禽养殖设施、水产养殖设施建设用地

B. 农村道路是指在村庄范围外，南方宽度≥ 1.0 米、≤ 8.0 米，北方宽度≥ 2.0 米、≤ 8.0 米，用于村间、田间交通运输，并在国家公路网络体系（乡道及乡道以上公路）之内，以服务于农村农业生产为主要用途的道路（含机耕道）

C. 村道用地是指用于村庄内部道路的用地

D. 田间道是指用于田间交通运输，为农业生产、农村生活服务的非硬化型道路

E. 晾晒场、粮食果品烘干设施、粮食和农资临时存放场所、大型农机具临时存放场所等规模化粮食生产所必需的配套设施用地属于设施农用地

98. 根据《自然资源部关于印发〈国土空间调查、规划、用途管制用地用海分类指南〉的通知》（自然资发〔2023〕234 号），下列说法正确的是（　）。

A. 南方宽度＜ 1.0 米，北方宽度＜ 2.0 米固定的沟、渠、路和地坎（埂）属于耕地（01）

B. 用于育苗的土地属于园地（02）

C. 河流、沟渠的护堤林用地属于林地（03）

D. 草地（04）是指生长草本植物为主的土地，包括乔木郁闭度＜ 0.1 的疏林草地、灌木覆盖度＜ 40%的灌丛草地，包括生长草本植物的湿地

E. 红树林苗圃属于湿地（05）

99. 根据《自然资源部关于印发〈国土空间调查、规划、用途管制用地用海分类指南〉的通知》（自然资发〔2023〕234 号），下列说法错误的是（　）。

A. 社区服务设施用地属于公共管理与公共服务用地（08）

B. 大学、学院、高等职业学校、高等专科学校、成人高校等高等学校用地属于高等教育用地（080401），但军事院校用地属于军事设施用地（1501）

C. 高尔夫练习场、赛马场属于商业服务业用地（09）

D. 仓储用地（11）不包括国家和省级的粮食、棉花、石油等战略性储备库用地

E. 教练场用地不属于交通运输用地（12）

100. 根据《自然资源部关于印发〈国土空间调查、规划、用途管制用地用海分类指南〉的通知》（自然资发〔2023〕234 号），下列属于公用设施用地（13）的是（　）。

A. 供水用地　　B. 排水河渠用地　　C. 邮政用地

D. 消防用地　　E. 社区服务设施用地

多项选择题（六）

1. 民法调整平等主体的（　）之间的人身关系和财产关系。

A. 公民　B. 自然人　C. 法人

D. 政府机关　E. 非法人组织

2. 根据《民法典》，民事主体从事民事活动应当遵循（　）原则。

A. 平等　B. 自愿　C. 公平

D. 诚实信用　E. 绿色

3. 不能辨认或者不能完全辨认自己行为的成年人，其利害关系人或者有关组织，可以向人民法院申请认定该成年人为无民事行为能力人或者限制民事行为能力人。有关组织包括（　）。

A. 学校　B. 医疗机构　C. 妇女联合会

D. 残疾人联合会　E. 依法设立的老年人组织

4. 父母对未成年子女负有（　）的义务。

A. 抚养　B. 扶养　C. 教育

D. 扶助　E. 保护

5. 根据《民法典》，下列（　）项属于担保物权。

A. 一般抵押权　B. 最高额抵押权　C. 居住权

D. 权利质权　E. 留置权

6. 根据《民法典》，用益物权包括（　）。

A. 土地承包经营权　B. 建设用地使用权　C. 宅基地使用权

D. 居住权　E. 地役权

7. 自然人（　），利害关系人可以向人民法院申请宣告该自然人死亡。

A. 下落不明满 4 年

B. 宣告失踪满 2 年

C. 因意外事件，下落不明满 2 年

D. 因意外事件下落不明，经有关机关证明该自然人不可能生存的

E. 因意外事件下落不明满 1 年，经有关机关证明该自然人不可能生存的

8. 根据《民法典》，依照（　）的规定，代表法人从事民事活动的负责人，为法人的法定代表人。

A. 法律　　B. 法规　　C. 行政规章
D. 法人章程　　E. 法人授权文件

9.（　）并依法完成清算、注销登记的，法人终止。
A. 法人解散　　B. 法人放弃经营　　C. 法人被宣告破产
D. 法人经营异常　　E. 法律规定的其他原因

10. 非营利法人包括（　）。
A. 事业单位　　B. 捐助法人　　C. 社会团体
D. 基金会　　E. 社会服务机构

11. 宗教活动场所用于宗教活动的房屋、构筑物及其附属的宗教教职人员生活用房不得（　）。
A. 转让　　B. 征收　　C. 重建
D. 抵押　　E. 作为实物投资

12. 不动产登记机构不得随意扩大登记申请材料的种类和范围，（　）没有规定的材料，不得作为登记申请材料。
A. 法律　　B. 行政法规
C.《不动产登记暂行条例实施细则》　D. 地方性法规
E.《房地产登记技术规程》

13. 不动产登记机构应当加强不动产地籍调查成果确认工作，结合日常登记实时更新地籍调查数据库，确保不动产地籍调查数据的（　）。
A. 现势　　B. 有效　　C. 可靠
D. 安全　　E. 完整

14. 不动产登记簿中应按照一个（　）设置一个登记簿页。
A. 不动产　　B. 权利类型　　C. 事项
D. 宗地　　E. 宗海

15. 查验不动产登记申请人身份证明时，（　）部门出具的身份证明号为统一社会信用代码。
A. 市场监管部门　　B. 编制管理部门　　C. 民政部门
D. 司法部门　　E. 外交部

16. 下列情形中，（　）应当进行公示。
A. 非公证继承受理后，对拟登记的不动产登记事项在登簿前
B. 不动产权属证书遗失，不动产权利人申请补发
C. 不动产登记证明遗失，不动产权利人申请补发

D. 不动产登记机构依职权办理更正登记

E. 不动产登记机构依职权办理注销登记

17.《取消外国公文书认证要求的公约》非缔约国的境外申请人处分不动产的，其授权委托书应当经____或____。（　）

A. 公证　　B. 法院裁定　　C. 见证

D. 认证　　E. 转递

18. 下列说法正确的有（　）。

A. 少数民族自治区域内，不动产登记申请材料所使用的文字应选用本民族通用文字

B. 不动产登记申请人（代理人）使用汉字译名时，可在申请材料中附记其身份证明记载的姓名或名称

C. 不动产登记申请材料传递过程中，可将其合于左上角封牢。补充申请材料拆开此前已封卷的资料直接添加

D. 按份共有不动产的，应明确相应具体份额，共有份额宜采取分数或百分数表示

E. 境外法人或其他组织申请不动产登记，提交其在境内设立分支机构或代表机构的批准文件和注册证明

19. 根据《民法典》，导致物权设立、变更、转让或者消灭的人民法院、仲裁机构出具的法律文书包括（　）。

A. 改变原有物权关系的一审人民法院判决书

B. 改变原有物权关系的裁决书

C. 改变原有物权关系的经双方当事人签字的调解书

D. 拍卖成交裁定书

E. 以物抵债裁定书

20. 根据《不动产登记暂行条例》，不动产登记遵循（　）的原则。

A. 严格管理　　B. 保护权益　　C. 稳定连续

D. 统一规范　　E. 方便群众

21. 根据《不动产登记暂行条例》，下列说法错误的有（　）。

A. 不动产登记簿应当采用电子介质，暂不具备条件的，可以采用纸质介质

B. 不动产登记簿记载的权属状况包括不动产权利的主体、类型、内容、来源、期限、用途、权利变化等

C. 任何人不得损毁不动产登记簿，除权利人同意更正外不得修改登记事项

D. 不动产登记资料由不动产登记机构永久保存

E. 不动产是指土地以及房屋、林木等定着物

22. 根据《不动产登记暂行条例》，不动产登记机构应当在（　）公开申请登记所需材料目录和示范文本等信息。

A. 办公场所　B. 门户网站　C. 微信公众号

D. 政务服务网　E. 官方微博

23. 根据《不动产登记暂行条例》，不动产登记机构受理不动产登记申请的，应当按照下列（　）项要求进行查验。

A. 不动产界址、空间界限、面积等材料与申请登记的不动产状况是否一致

B. 申请人、委托代理人身份证明材料以及授权委托书与申请主体是否一致

C. 有关证明材料、文件与申请登记的内容是否一致

D. 权属来源材料或者登记原因文件与申请登记的内容是否一致

E. 不动产界址、空间界限、面积等地籍调查成果是否完备，权属是否清楚、界址是否清晰、面积是否准确

24. 政务服务机构应当按照（　）要求编制办事指南，明确政务服务事项的受理条件、办事材料、办理流程等信息。办事指南应当在政务服务平台公布。

A. 法治化　B. 规范化　C. 标准化

D. 信息化　E. 体系化

25. 对可能存在权属争议，或者可能涉及他人利害关系的登记申请，不动产登记机构可以向（　）进行调查。

A. 申请人　B. 利害关系人　C. 相邻人

D. 上一手权利人　E. 有关单位

26. 国家建立（　）的统一电子印章系统。

A. 权威　B. 高效　C. 规范

D. 可信　E. 集成

27. 申请国有建设用地使用权及房屋所有权变更登记的，应当根据不同情况，提交的材料有（　）。

A. 房地产开发企业的营业执照　B. 不动产权属证书

C. 发生变更的材料　D. 所在地公安部门的批准文件

E. 国有建设用地使用权出让合同或者补充协议

28. 根据《不动产登记资料查询暂行办法》，下列说法正确的有（　）。

A. 不动产登记机构通过运用互联网技术、设置自助查询终端、在相关场所

设置登记信息查询端口等方式，为查询人提供便利

B. 查询人到非不动产所在地的不动产登记机构申请查询的，该机构应当告知不予查询

C. 申请查询不动产登记原始资料，可以优先调取纸质不动产登记原始资料

D. 不动产权利人、利害关系人委托代理人代为申请查询不动产登记资料的，被委托人应当提交被委托人身份证明原件和授权委托书

E. 代理人受委托查询、复制不动产登记资料的，其查询、复制范围由授权委托书确定

29. 下列说法错误的有（　）。

A. 不动产登记资料属于政府信息公开的范围

B. 权利人查询其不动产登记资料无须提供查询目的的说明

C. 各级不动产登记机构登记的信息应当纳入统一的不动产登记信息管理基础平台，确保省、市、县三级登记信息的实时共享

D. 有关国家机关可以依照法律、行政法规的规定查询、复制与调查处理事项有关的不动产登记资料

E. 涉及国家秘密的不动产登记资料的查询，按照《国家保密法》的有关规定执行

30. 房屋包括独立成幢、权属界线封闭的空间，以及区分（　）等可以独立使用、权属界线封闭的空间。

A. 套　　B. 户　　C. 层

D. 间　　E. 室

31. 根据《不动产登记暂行条例实施细则》，不动产登记机构依职权办理的登记类型有（　）。

A. 依职权更正登记　　B. 依职权登记公告　　C. 依职权注销登记

D. 依职权撤销登记　　E. 依职权转移登记

32. 根据《不动产登记暂行条例》，不动产登记机构工作人员有下列（　）行为的，依法给予处分；给他人造成损害的，依法承担赔偿责任；构成犯罪的，依法追究刑事责任。

A. 虚假登记

B. 擅自修改登记事项

C. 损毁、伪造不动产登记簿

D. 已经尽责但未发现当事人提交的虚假申请材料

E. 其他滥用职权、玩忽职守行为

33. 根据《不动产登记暂行条例》，不动产登记机构收到不动产登记申请材料，应当受理并书面告知申请人的条件为（　）。

A. 申请材料齐全

B. 符合法定形式

C. 属于登记职责范围

D. 申请人按照要求提交全部补正申请材料

E. 申请登记的不动产权利未超过规定期限的

34. 根据《海域使用权管理规定》，同一海域有两个或者两个以上用海意向人的，应当采用（　）方式出让海域使用权。

A. 招标　　B. 拍卖　　C. 挂牌

D. 协议　　E. 作价出资（入股）

35. 下列（　）情形下，海域使用权不得抵押。

A. 权属不清的

B. 权属有争议的

C. 未按规定缴纳海域使用金、改变海域用途等违法用海的

D. 油气及其他海洋矿产资源勘查开采的

E. 海洋行政主管部门认为不能抵押的

36. 转让海域使用权应当具备下列（　）项条件。

A. 开发利用海域满 1 年

B. 不改变海域用途

C. 已缴清海域使用金

D. 除海域使用金以外，实际投资已达计划投资总额 20% 以上

E. 原海域使用权人无违法用海行为，或违法用海行为已依法处理

37. 下列说法正确的有（　）。

A. 颁发海域使用权证书，应当向社会公告

B. 颁发海域使用权证书，除依法收取海域使用金外，不得收取其他费用

C. 海域使用权证书的发放和管理办法，由国务院规定

D. 海域使用权可以依法继承

E. 填海项目竣工后形成的土地，属于国家所有

38. 不动产登记资料查询申请书应当包括（　）。

A. 查询主体　　B. 查询目的　　C. 查询内容

D. 查询结果要求　　E. 提交的申请材料清单

39. 未成年人的父母已经死亡或者没有监护能力的，首先由（　）担任监护人。

A. 兄　　B. 姐　　C. 祖父母

D. 外祖父母　　E. 其他近亲属

40. 下列（　）情形下，监护关系终止。

A. 被监护人取得或者恢复完全民事行为能力

B. 监护人丧失监护能力

C. 被监护人死亡

D. 监护人死亡

E. 人民法院认定监护关系终止的其他情形

41. 债权是因（　），权利人请求特定义务人为或者不为一定行为的权利。

A. 侵权行为　　B. 无因管理　　C. 不当得利

D. 合同　　E. 法律的其他规定

42. 根据《民法典》，民事法律行为是民事主体通过意思表示（　）民事法律关系的行为。

A. 设立　　B. 变更　　C. 转移

D. 终止　　E. 解除

43. 下列关于意思表示的说法正确的有（　）。

A. 以对话方式作出的意思表示，相对人知道其内容时生效

B. 以非对话方式作出的意思表示，到达相对人时生效

C. 以非对话方式作出的采用数据电文形式的意思表示，相对人指定特定系统接收数据电文的，该数据电文进入该特定系统时生效

D. 以公告方式作出的意思表示，公告发布时生效

E. 行为人不可以撤回意思表示

44. 基于重大误解实施的民事法律行为，行为人有权请求（　）予以撤销。

A. 人民法院　　B. 人民检察院　　C. 司法部门

D. 仲裁机构　　E. 公安机关

45. 根据《民法典》，代理包括（　）。

A. 委托代理　　B. 指定代理　　C. 意定代理

D. 表见代理　　E. 法定代理

46. 下列（　）情形下，委托代理终止。

A. 代理期限届满或者代理事务完成

B. 被代理人取消委托或者代理人辞去委托

C. 代理人丧失民事行为能力

D. 代理人或者被代理人死亡

E. 作为代理人或者被代理人的法人、非法人组织终止

47. 根据《不动产登记暂行条例实施细则》，下列说法正确的有（ ）。

A. 中央国家机关使用的国有土地等不动产登记，依照自然资源部《在京中央和国家机关不动产登记办法》等规定办理

B. 不动产登记簿以登记基本单元为单位编成

C. 不动产登记机构应当配备专门的不动产登记电子存储设施

D. 自然资源部会同有关部门组织开展对承担不动产登记登簿的不动产登记工作人员的考核培训

E. 国务院确定的重点国有林区的森林、林木和林地，由自然资源部受理并会同有关部门办理，依法向权利人核发不动产权属证书

48. 根据《民法典》，下列说法正确的有（ ）。

A. 不动产物权的权利人请求返还财产适用诉讼时效的规定

B. 向人民法院请求保护民事权利的诉讼时效期间为3年。法律另有规定的，依照其规定

C. 诉讼时效的期间、计算方法以及中止、中断的事由由法律规定，当事人约定无效

D. 按照年、月、日计算期间的，自当日开始计算

E. 期间的最后一日是法定休假日的，以法定休假日结束的次日为期间的最后一日

49. 国家对不动产实行统一登记制度。统一登记的（ ），由法律、行政法规规定。

A. 登记机构　　B. 登记办法　　C. 登记程序

D. 范围　　E. 依据

50. 根据《民法典》，利害关系人不得（ ）权利人的不动产登记资料。

A. 查询　　B. 复制　　C. 调取

D. 公开　　E. 非法使用

51. 不动产登记费按件收取，不得按照不动产的（ ）收取。

A. 位置　　B. 面积　　C. 用途

D. 体积　　E. 价款的比例

52. 根据《民法典》，下列说法错误的有（ ）。

A. 因建造、拆除房屋等事实行为设立或者消灭物权的，自事实行为成就时发生效力

B. 因人民法院、仲裁机构的法律文书或者人民政府的征收决定等，导致物权设立、变更、转让或者消灭的，自法律文书或者征收决定等出具时发生效力

C. 申请人自异议登记之日起 15 个工作日内不提起诉讼的，异议登记失效

D. 当事人提供虚假材料申请登记，造成他人损害的，应当承担补偿责任

E. 预告登记后，债权消灭或者自能够进行不动产登记之日起 3 个月内未申请登记的，预告登记失效

53. 不动产登记申请当事人、登记机构及工作人员在办理建筑物区分所有权业主共有部分首次登记时，应当注意（　）。

A. 严格遵循一并申请原则

B. 切实明确登记的共有权的客体范围

C. 采取登记、审核、发证模式

D. 采取只登记不发证模式

E. 严格遵循分别申请原则

54. 根据《不动产登记暂行条例实施细则》，下列说法正确的有（　）。

A. 因不动产权利灭失等情形，不动产登记机构需要收回不动产权属证书或者不动产登记证明的，应当在不动产登记簿上将收回不动产权属证书或者不动产登记证明的事项予以注明

B. 父母之外的监护人处分未成年人不动产的，有关监护关系材料可以是人民法院指定监护的法律文书、经过公证的声明材料或者其他材料

C. 申请登记的事项记载于不动产登记簿前，全体申请人提出撤回登记申请的，不动产登记机构应当将登记申请书以及相关材料退还给申请人

D. 不动产登记机构受理不动产登记申请后，应当对有关部门规定的完税或者缴费凭证是否齐全进行查验

E. 权利人可以持人民法院、仲裁委员会的生效法律文书或者人民政府的生效决定单方申请不动产登记

55. 甲、乙系夫妻。2020 年 5 月，甲被宣告失踪，乙被人民法院指定为甲的财产代管人。8 月，乙将共同购买、登记在自己名下的房产以市场价出售给丙，并办理了转移登记。出售房产过程中，乙向丙出示了甲被宣告失踪的判决书，并告知此房产系夫妻共同财产的事实。2021 年 5 月，甲出现，人民法院撤

销了甲的失踪宣告。甲要求丙返还房产。对此，下列说法正确的是（　）。

A. 丙以市场价购买该房屋且已办理转移登记，系善意取得

B. 丙明知甲失踪且该房产系夫妻共同财产，不构成善意取得

C. 乙在甲失踪期间出售夫妻共同房产，构成无权处分

D. 房屋已登记在丙名下，甲无权请求返还

E. 乙出售该房屋的行为超出家事代理权范围

56. 根据《不动产登记操作规范（试行）》，不动产登记机构宜根据相关业务规则，通过信息化手段对相互冲突的业务进行（　），以降低登记风险。

A. 限制　　B. 控制　　C. 提醒

D. 提示　　E. 挂起

57. 根据《不动产登记操作规范（试行）》，下列关于共同申请的说法正确的有（　）。

A. 共有的不动产因共有人姓名、名称发生变化申请变更登记的，可以由姓名、名称发生变化的权利人申请

B. 共有不动产的登记，可以由全体共有人共同申请

C. 不动产的坐落、界址、用途、面积等自然状况发生变化的，可以由共有人中的一人或多人申请

D. 按份共有人转让、抵押其享有的不动产份额，可以与受让人或者抵押权人共同申请。受让人是共有人以外的人的，还应当提交其他共有人同意的书面材料

E. 预售人未按约定与预购人申请预购商品房预告登记，预购人申请预告登记的，可以由当事人单方申请

58. 根据《不动产登记暂行条例实施细则》，办理房屋所有权首次登记时，申请人应当将建筑区划内依法属于业主共有的（　）及其占用范围内的建设用地使用权一并申请登记为业主共有。业主转让房屋所有权的，其对共有部分享有的权利依法一并转让。

A. 道路　　B. 绿地　　C. 车位

D. 市政公用设施　　E. 物业服务用房

59. 关于国有建设用地使用权及房屋所有权转移登记的申请，下列说法错误的是（　）。

A. 国有建设用地使用权及房屋所有权转移登记应当由单方申请

B. 因继承或受遗赠导致国有建设用地使用权及房屋所有权发生转移的，可

以由单方申请

C. 因人民法院、仲裁委员会的生效法律文书等导致国有建设用地使用权及房屋所有权发生转移的，可以由单方申请

D. 国有建设用地使用权转移的，其范围内的房屋所有权一并转移

E. 房屋所有权转移，其范围内的国有建设用地使用权不随之转移

60. 集体建设用地使用权首次登记的适用情形包括（　）。

A. 依法取得集体建设用地使用权

B. 土地或建筑物、构筑物用途变更

C. 依法使用集体建设用地建设公共设施

D. 依法使用集体建设用地从事公益事业

E. 企业兼并致使土地使用权依法发生转移

61. 下列关于自然资源登记单元的说法正确的有（　）。

A. 国家批准的国家公园、自然保护区、自然公园等各类自然保护地应当优先作为独立登记单元划定

B. 登记单元划定以管理或保护审批范围界线为依据

C. 湿地可以单独划定自然资源登记单元

D. 在国家公园、自然保护区、自然公园等各类自然保护地登记单元内的森林、草原、荒地、水流、湿地等单独划定登记单元

E. 海域范围内的自然保护地、湿地、探明储量的矿产资源等，单独划定登记单元

62. 根据《不动产登记操作规范（试行）》，不动产登记机构工作人员应根据不同的申请登记事项询问申请人（　），并制作询问记录，以进一步了解有关情况。

A. 申请登记的事项是否是申请人的真实意思表示

B. 申请登记的不动产是否存在共有人

C. 申请登记的不动产是否存在权属争议

D. 存在异议登记的，申请人是否知悉存在异议登记的情况

E. 不动产登记机构需要了解的其他与登记有关的内容

63. 根据《不动产登记操作规范（试行）》，申请人应当采取（　）方式对不动产登记申请书、询问记录及有关申请材料进行确认。

A. 自然人签名　　B. 自然人签章　　C. 自然人摁留指纹

D. 法人负责人签字　　E. 法人加盖法人印章

64. 根据《不动产登记操作规范（试行）》，经查验或询问，符合下列（　）项条件的，不动产登记机构应当予以受理。

A. 申请材料形式符合要求

B. 申请人与依法应当提交的申请材料记载的主体一致

C. 申请登记的不动产权利与登记原因文件记载的不动产权利一致

D. 申请内容与询问笔录不冲突

E. 申请人申请登记的不动产与不动产登记簿的记载是否一致

65.（　）属于不动产登记审核的内容。

A. 书面材料审核　　B. 查阅不动产登记簿　　C. 查阅登记原始资料

D. 不动产权证书作废公告　　E. 调查

66. 根据《不动产登记操作规范（试行）》，下列关于不动产登记审核的说法下列正确的有（　）。

A. 申请人提交的人民法院、仲裁委员会的法律文书，不动产登记机构应当通过相关技术手段查验法律文书编号、人民法院以及仲裁委员会的名称等是否一致，查询结果需打印、签字及存档

B. 不动产登记机构应当查验不动产界址、空间界限、面积等不动产地籍调查成果是否完备，权属是否清楚、界址是否清晰、面积是否准确

C. 除尚未登记的不动产首次申请登记的，不动产登记机构应当通过查阅不动产登记簿的记载信息，审核申请登记内容与不动产登记簿记载的内容是否一致

D. 经查阅不动产登记簿，不动产登记机构认为仍然需要查阅原始资料确认申请登记事项的，应当查阅不动产登记原始资料，并决定是否予以继续办理

E. 审核后，审核人员应当做出予以登记或不予登记的明确意见

67. 根据《不动产登记操作规范（试行）》，下列（　）项情形下，不动产登记机构不予登记并书面通知申请人。

A. 申请人、委托代理人身份证明材料以及授权委托书与申请人不一致的

B. 申请登记的不动产不符合不动产单元设定条件的

C. 不动产被依法查封期间，权利人处分该不动产申请登记的

D. 申请登记的事项与权属来源材料或者登记原因文件不一致的

E 申请登记事项不在本不动产登记机构的登记职责范围内

68. 根据《不动产登记操作规范（试行）》，公告期间，当事人对公告有异议的，

应当在提出异议的期限内以书面方式到不动产登记机构的办公场所提出异议，并提供相关材料，对异议人有明确的权利主张，提供了相应的证据材料，不动产登记机构应当不予登记，并告知当事人通过（　）等解决权属争议。

A. 诉讼　B. 调解　C. 复议
D. 仲裁　E. 协商

69. 根据《房产测量规范》（GB/T 17986.1—2000），成套房屋的套内建筑面积由（　）组成。

A. 套内房屋的使用面积　B. 套内墙体面积
C. 套内阳台建筑面积　D. 套内楼梯面积
E. 套内管道井面积

70. 根据《房产测量规范》（GB/T 17986.1—2000），共有建筑面积的内容包括（　）。

A. 套与公共建筑之间的分隔墙建筑面积
B. 外墙水平投影全部建筑面积
C. 管理用房
D. 变电室
E. 过道

71. 根据《民法典》，妨害物权或者可能妨害物权的，权利人可以请求（　）。

A. 确认权利　B. 恢复原状　C. 排除妨害
D. 请求返还　E. 消除危险

72. 根据《民法典》，造成不动产毁损的，权利人可以依法请求（　）。

A. 修理　B. 重作　C. 更换
D. 恢复原状　E. 返还原物

73. 下列（　）项事项应当依照法定程序经本集体成员决定。

A. 土地承包方案以及将土地发包给本集体以外的组织或者个人承包
B. 个别土地承包经营权人之间承包地的调整
C. 土地补偿费等费用的使用、分配办法
D. 集体出资的企业的所有权变动等事项
E. 法律规定的其他事项

74. 根据《民法典》，建筑区划内，规划用于停放汽车的车位、车库的归属，由当事人通过（　）等方式约定。

A. 出售　B. 附赠　C. 明示

D. 出租　　E. 分配

75. 根据《不动产登记资料查询暂行办法》，下列（　　）项适用或参照不动产权利人查询的相关规定。

A. 继承人或受遗赠人　　B. 清算组　　C. 破产管理人

D. 财产代管人　　E. 监护人

76. 有买卖、租赁、抵押不动产意向，或者拟就不动产提起诉讼或者仲裁等，但不能提供利害关系证明材料的，可以依法查询相关不动产登记簿记载的（　　）信息。

A. 不动产的自然状况

B. 不动产是否存在共有情形

C. 不动产的共有形式

D. 要求办理查封登记或者限制处分机关的名称

E. 申请验证所提供的被查询不动产权利主体名称与不动产登记簿的记载是否一致

77. 根据最高法有关司法解释，优先购买权的行使期间，按份共有人之间没有约定或者约定不明的，按照下列（　　）项情形确定。

A. 转让人向其他按份共有人发出的包含同等条件内容的通知中载明行使期间的，以该期间为准

B. 通知中未载明行使期间，或者载明的期间短于通知送达之日起 15 日的，为 15 日；

C. 转让人未通知的，为其他按份共有人知道或者应当知道最终确定的同等条件之日起 30 日

D. 转让人未通知，且无法确定其他按份共有人知道或者应当知道最终确定的同等条件的，为共有份额权属转移之日起 3 个月

E. 转让人未通知，且无法确定其他按份共有人知道或者应当知道最终确定的同等条件的，为共有份额权属转移之日起 6 个月

78.《林木林地权属争议处理办法》规定，《林木林地权属争议处理申请书》应当包括以下（　　）项内容。

A. 当事人的姓名　　B. 争议面积　　C. 发生争议的时间

D. 争议处理依据　　E. 当事人的协商意见

79. 建设用地使用权出让合同一般包括（　　）条款。

A. 土地界址、面积等　　B. 土地用途

C. 规划条件　　　　　　　　　　　　D. 解决争议的方法

E. 建筑物、构筑物及其附属设施占用的空间

80. 根据《民法典》，下列关于居住权的说法正确的是（　）。

A. 居住权无偿设立　　　　　　　　B. 居住权自登记时设立

C. 居住权不得转让　　　　　　　　D. 居住权不得继承

E. 设立居住权的住宅不得出租

81.（　），当事人不能申请办理在建建筑物抵押权首次登记。

A 已经办理预告登记的预购商品房

B. 已经办理预售备案的商品房

C. 已经办理预售许可的商品房

D. 已经预查封的商品房

E. 已经竣工的商品房

82. 根据《不动产登记暂行条例实施细则》，不动产权利人或者利害关系人申请更正登记，不动产登记机构认为不动产登记簿记载确有错误的，应当予以更正；但在错误登记之后已经办理了（　）的除外。

A. 预告登记　　　　B. 查封登记　　　　C. 转移登记

D. 抵押登记　　　　E. 权利人名称变更登记

83. 根据《不动产登记暂行条例实施细则》，不动产登记机构应当加强不动产登记信息化建设，按照统一的不动产登记信息管理基础平台建设要求和技术标准，做好（　）等工作，加强不动产登记信息产品开发和技术创新，提高不动产登记的社会综合效益。

A. 数据整合　　　　B. 数据接入　　　　C. 系统建设

D. 互通共享　　　　E. 信息服务

84. 根据《不动产登记暂行条例实施细则》，下列关于不动产登记资料的说法错误的有（　）。

A. 不动产登记原始资料可以带离设定的场所

B. 查询人可以查阅、抄录不动产登记资料

C. 有关国家机关查询的，应当提供本单位出具的协助查询材料、工作人员的执行公务证

D. 每份申请书可以申请查询多个不动产登记单元

E. 查封登记、预告登记、异议登记已经注销且自注销之日起满 3 年的，已有电子介质的纸质不动产登记原始资料可以销毁

85. 根据《民法典》，下列关于地役权的说法错误的有（　）。

A. 土地上已经设立土地承包经营权、建设用地使用权、宅基地使用权等用益物权的，未经用益物权人同意，土地所有权人不得设立地役权

B. 地役权可以单独抵押

C. 地役权可以单独转让

D. 地役权自登记时设立

E. 地役权期限由当事人约定，但是，不得超过土地承包经营权、建设用地使用权等用益物权的剩余期限

86. 设立担保物权，应当依照本法和其他法律的规定订立担保合同。担保合同包括（　）。

A. 包含抵押条款的主债权合同

B. 担保合同

C. 质押合同

D. 对预告登记附有条件和期限约定的商品房预售合同

E. 其他具有担保功能的合同

87. 根据《民法典》继承编，兄弟姐妹包括（　）。

A. 同父母的兄弟姐妹　　B. 同父异母的兄弟姐妹

C. 养兄弟姐妹　　D. 有扶养关系的继兄弟姐妹

E. 同母异父的兄弟姐妹

88. 根据《不动产登记操作规范（试行）》，农民集体之间互换土地的，申请集体土地所有权转移登记，提交的材料包括（　）。

A. 不动产登记申请书

B. 互换土地的协议

C. 本集体经济组织 2/3 以上成员或者 2/3 以上村民代表同意的材料

D. 依法需要批准的，提交有关批准文件

E. 不动产权属证书

89. 根据《不动产登记操作规范（试行）》，商品房被预查封的，不影响办理（　）。

A. 国有建设用使用权及房屋所有权首次登记

B. 预购商品房预告登记转国有建设用使用权及房屋所有权转移登记

C. 预购商品房预告登记

D. 预购商品房抵押预告登记

E. 在建建筑物抵押权登记

90. 根据《不动产登记操作规范（试行）》，改建、扩建引起房屋界址变更的，申请房屋所有权变更登记，提交的材料包括（　）。

A. 原不动产地籍调查表、宗地图、宗地界址点坐标等不动产地籍调查成果

B. 规划验收文件　　C. 房屋竣工验收文件

D. 不动产登记申请书　　E . 申请人身份证明

91. 根据《不动产登记操作规范（试行）》，已经登记的宅基地使用权及房屋所有权，有下列（　）项情形的，当事人可以申请转移登记。

A. 依法继承　　B. 分家析产

C. 互换房屋　　D. 买卖房屋

E. 因人民法院、仲裁委员会的生效法律文书等导致权属发生变化的

92. 申请海域使用权首次登记提交的申请材料包括（　）。

A. 海域使用金缴纳或者减免凭证　　B. 宗海位置图

C. 界址点坐标　　D. 项目用海批准文件　　E. 界址图

93. 建筑物、构筑物及其附属设施（　）的，该建筑物、构筑物及其附属设施占用范围内的建设用地使用权一并处分。

A. 转让　　B. 互换　　C. 出资

D. 出让　　E. 赠与

94. 电子资料备份可选择的备份方式有（　）。

A. 在线增量备份　　B. 在线完全备份　　C. 定时完全备份

D. 异地容灾备份　　E. 异地增量备份

95. 不动产登记行政诉讼中，行政机关负责人出庭应诉。行政机关负责人包括（　）。

A. 行政机关的正职负责人

B. 行政机关的副职负责人

C. 行政机关参与分管被诉行政行为实施工作的副职级别的负责人

D. 被诉行政机关委托的组织的负责人

E. 被诉行政机关下级行政机关的负责人

96. 行政相对人在线办理政务服务事项，应当提交（　）的办事材料。

A. 真实　　B. 合法　　C. 准确

D. 完整　　E. 有效

97. 关于林权地籍调查，下列说法正确的是（　）。

A. 整宗林地的变更、转移、抵押等登记，要充分利用已有林权登记附图和

调查成果办理

B. 不动产登记机构要按照相关标准规范，充分利用已有成果，创新方式开展地籍调查

C. 本集体经济组织及其成员林权首次登记未完成或者确需开展补充调查的，由不动产登记机构采取“办理一宗、更新一宗”的方式，通过购买服务或组织专业调查队伍，逐宗开展地籍调查，不得增加申请人负担

D. 林权转移、抵押、流转等涉及已登记的林权界址发生变化的，由当事人自行提供地籍调查成果

E. 原林权登记档案因图件缺失、界址不清楚无法确定位置的，应根据权属来源资料，在不低于 1 ∶ 1000 的遥感影像图上绘制边界

98. 田某有三子一女。其名下拥有房产 1 套、现金 10 万元、汽车 1 辆。田某通过订立公证遗嘱的方式将自己的房产留给大儿子田大。通过订立自书遗嘱的方法把现金 5 万元留给二儿子田二，同时在身患重病进入 ICU 抢救期间口述遗嘱，并且由在场的医生和护士见证。病情好转后脱离危险之后未再行订立遗嘱。下列关于遗产继承的说法正确的是（　）。

A. 关于汽车的所有权归属问题，被继承人可以通过协商的方式进行确定

B. 田某在抢救期间所立的口头遗嘱无效

C. 田某必须再行订立一份公证遗嘱才能取代原公证遗嘱的效力

D. 其余 5 万元现金应当适用法定继承

E. 田某在抢救期间所立的口头遗嘱有效

99. 下列情形中，属于《民法典》规定的合法遗嘱形式有（　）。

A. 自书遗嘱　　B. 代书遗嘱　　C. 打印遗嘱

D. 录音、录像遗嘱　　E. 口头遗嘱

100. 下列可以作为集体土地所有权登记主体的是（　）。

A. 村农民集体　　B. 村集体经济组织　　C. 乡镇农民集体

D. 村民委员会　　E. 村民小组

多项选择题（七）

1. 下列不属于法定登记类型的有（　）。

A. 首次登记　　B. 初始登记　　C. 撤销登记

D. 转移登记　　E. 注销登记

2. 下列甲享有的不动产权利中，属于用益物权的有（　）。

A. 甲经批准取得的宅基地

B. 甲在乙产区内道路上设定地役权，用于货物运输

C. 乙将房屋租给甲长期居住

D. 甲通过招标方式取得乙村 50 亩荒山 30 年植树造林的林地经营权

E. 乙以自有住房作为抵押向甲贷款 30 万元

3. 下列情形中，不动产登记机构应当不予登记的有（　）。

A. 委托代理人身份证明材料以及授权委托书与申请人不一致的

B. 异议登记后，未经异议登记申请人书面同意，当事人处分该不动产申请登记的

C. 未经抵押权人书面同意，抵押人放弃建设用地使用权申请注销登记的

D. 申请登记的事项与权属来源材料或者登记原因文件不一致的

E. 涉及变更登记的授权委托书未经公证，且未经不动产登记机构工作人员现场见证的

4. 已经登记的地役权，当事人可以申请地役权注销登记的是（　）。

A. 因土地承包经营权、建设用地使用权等转让发生转移的

B. 地役权期限届满的

C. 人民法院、仲裁委员会的生效法律文书等导致地役权消灭的

D. 依法解除地役权合同的

E. 需役地发生转移，当事人拒绝一并申请地役权转移登记的

5. 下列属于依申请办理不动产登记必经程序的有（　）。

A. 受理　　B. 审核　　C. 公告

D. 实地查看　　E. 登簿

6. 根据《优化营商环境条例》第四十七条规定，不动产登记机构应当采取的措施有（　）。

A. 实行不动产登记、交易和缴税一窗受理、并行办理

B. 压缩办理时间、降低办理成本

C. 在国家规定的登记时限内，确定并公开具体办理时间

D. 全面实施不动产登记跨省通办

E. 全面推广使用电子证明

7. 根据《自然资源部 国家税务总局 中国银行保险监督管理委员会关于协同推进“互联网 + 不动产登记”方便企业和群众办事的意见》（自然资发〔2020〕83 号），不动产单元代码要在（　）中记载。

A. 建设用地规划许可证　　B. 土地划拨决定书

C. 登记簿册证　　D. 建设工程规划许可证

E. 完税凭证

8.《自然资源部关于开展不动产登记队伍作风常态化建设的通知》（自然资发〔2022〕144 号）中提出的创新便民举措有（　）。

A. 严格落实“一窗受理，并行办理”，深化信息、流程、人员集成

B. 探索推进“一窗办事，集成服务”，不断拓展“互联网 + 不动产登记”服务范围

C. 以教育、民生、金融等领域为重点，全面推广应用不动产登记电子证明

D. 统筹线上线下服务，确保 3 项“跨省通办”业务连续稳定

E. 积极为群众提供帮办代办服务

9. 根据《自然资源部 中国银行保险监督管理委员会关于协同做好不动产“带押过户”便民利企服务的通知》（自然资发〔2023〕29 号），新旧抵押权组合模式合并办理的不动产登记类型有（　）。

A. 不动产转移登记　　B. 新抵押权首次登记　　C. 旧抵押权变更登记

D. 旧抵押权转移登记　　E. 旧抵押权注销登记

10. 根据现行法律法规规定，下列属于应“先税后证”的税种有（　）。

A. 契税　　B. 增值税　　C. 土地增值税

D. 个人所得税　　E. 城镇土地使用税

11. 利害关系人可以用于查询不动产登记资料的索引信息有（　）。

A. 权利人姓名　　B. 不动产单元号　　C. 不动产具体坐落位置

D. 不动产权属证书号　　E. 权利人统一社会信用代码

12. 下列情形中，可以向不动产登记机构申请变更登记的有（　）。

A. 公司法人由有限责任公司变更为股份有限公司的

B. 承包户将已登记的土地承包经营权向他人流转土地经营权的

C. 以出让方式取得的商业用地，经批准调整为住宅用地的

D. 以租赁方式取得的国有工业用地的使用年限，经批准从 10 年调整为 30 年的

E. 办理不动产抵押登记后，发现不动产登记证明记载的担保范围与抵押合同不一致的

13. 下列关于担保物权的说法错误的是（　）。

A. 当事人以依法被查封或者扣押的财产抵押，抵押权人请求行使抵押权，经审查查封或者扣押措施已经解除的，人民法院应予支持

B. 当事人约定禁止或者限制转让抵押财产但是未将约定登记，抵押人违反约定转让抵押财产，抵押权人请求确认转让合同无效的，人民法院应予支持

C. 主债权被分割或者部分转让，各债权人主张就其享有的债权份额行使担保物权的，人民法院应予支持，但是法律另有规定或者当事人另有约定的除外

D. 从物产生于抵押权依法设立前，抵押权人主张抵押权的效力及于从物的，人民法院不予支持

E. 主债权诉讼时效期间届满后，财产被留置的债务人或者对留置财产享有所有权的第三人请求债权人返还留置财产的，人民法院不予支持

14. 下列关于不动产登记申请的说法正确的有（　）。

A. 甲公司在其法定代表人死亡后，不得申请不动产登记

B. 不动产灭失、不动产权利消灭或者权利人放弃不动产权利的，权利人可单方申请注销登记

C. 自然人处分不动产，委托代理人申请登记的，其授权委托必须经过公证

D. 子公司不能独立申请不动产登记

E. 继承人可以查询被继承人的不动产登记资料

15. 下列情形中，可以办理集体土地所有权注销登记的有（　）。

A. 集体土地灭失的　　B. 集体土地被依法征用的

C. 集体土地被依法征收的　　D. 集体土地互换的

E. 集体农用地被依法转用的

16. 下列关于不动产登记簿使用和填写的说法正确的有（　）。

A. 权力性质可填写地表、地上、地下

B. 集体土地所有权的权利人可填写“××农民集体”

C. 共有情况可填写单独所有、区分所有

D. 宅基地使用权人可填写户主姓名

E. 抵押方式可填写浮动抵押、最高额抵押

17. 根据《司法部 自然资源部关于印发〈关于推进公证与不动产登记领域信息查询共享机制建设的意见〉的通知》（司发通〔2018〕132号），司法行政机关提交查询申请，自然资源主管部门依法查询后应反馈以下（　）信息。

A. 不动产权利人　　B. 登记时间　　C. 共有情形

D. 不动产坐落　　E. 公证员及联系方式

18. 根据农村集体土地确权登记发证有关政策，可以为城镇居民办理宅基地使用权及房屋所有权登记的情形有（　）。

A. 继承农村房屋的

B. 购买农村房屋的

C. 租赁宅基地建房的

D. 依据人民法院生效判决取得农村房屋的

E. 原在农村合法取得宅基地及农村房屋的

19. 下列不动产登记机构的登记行为中，正确的有（　）。

A. 不动产登记机构为甲公司办理在建建筑物抵押权首次登记，要求甲公司将已经进行预告登记的预售商品房不列入抵押范围

B. 申请登记的不动产不属于本不动产登记机构职责范围，该不动产登记机构当场口头告知其向有权不动产登记机构申请

C. 对抵押预告登记后又办理了预查封登记的商品房，不动产登记机构办理了商品房抵押预告登记转抵押权首次登记

D. 甲与乙签订房屋买卖合同，后甲死亡，其法定继承人全部放弃继承，不动产登记机构依乙申请办理了转移登记

E. 甲依法收养了乙的儿子丙后，乙、丙再无联系，后乙死亡，不动产登记机构依丙的申请办理了不动产继承登记

20. 不动产地籍调查中，指界人违约缺席或不签字的，以下宗地界限确定方式正确的有（　）。

A. 如一方缺席，根据土地权属来源资料以及另一方所指界线确定

B. 如一方缺席，由调查人员根据土地权属来源资料以及现状、地方习惯确定

C. 如双方缺席，由调查人员根据土地权属来源资料以及现状、地方习惯确定

D. 违约缺席者对调查结果有异议的，由调查人员重新划定界限

E. 指界人在指界后不签字盖章的，参照违约缺席指界规定确定宗地界限

21. 权利人申请办理更正登记的，可以提交（　）作为证实不动产登记簿记载事项错误的材料。

A. 从不动产登记机构查询复制的登记原始资料

B. 登记基础文件被更正的生效法律文书

C. 仲裁机构确认权利的生效法律文书

D. 人民法院确认权利的生效法律文书

E. 不动产登记机构书面通知权利人申请更正登记的材料

22. 根据《最高人民法院关于审理房屋登记案件若干问题的规定》（法释〔2010〕15 号），人民法院受理房屋登记行政案件后，不动产登记机构可以申请人民法院通知没有起诉的利害关系人作为第三人参加行政诉讼。下列属于利害关系人的是（　）。

A. 不动产登记簿上载明的房屋所有权人

B. 被诉异议登记的权利人

C. 被诉更正登记的权利人

D. 被诉预告登记的权利人

E. 不动产登记机构能够确认的其他利害关系人

23. 下列关于不动产更正登记、异议登记收费的说法正确的有（　）。

A. 申请办理更正登记免征不动产登记费

B. 申请不动产更正登记的，减半收取不动产登记费

C. 申请不动产异议登记的，减半收取不动产登记费

D. 小微企业申请不动产异议登记的，免收不动产登记费

E. 申请办理车库不动产异议登记的，按非住宅类收取不动产登记费

24. 根据《不动产登记操作规范（试行）》，关于不动产登记机构审核要点的说法错误的有（　）。

A. 不动产被查封、抵押或设有地役权的，不影响该不动产的异议登记

B. 不动产被查封、抵押或存在异议登记、预告登记的，不影响不动产权证书和不动产登记证明的换发或补发

C. 集体建设用地使用权被查封，申请人与被执行人不一致的，不影响集体建设用地使用权及建筑物、构筑物所有权首次登记

D. 商品房被预查封的，不影响办理国有建设用使用权及房屋所有权首次登

记以及预购商品房预告登记转国有建设用使用权及房屋所有权转移登记

E. 商品房抵押预告登记后办理的预查封登记，影响商品房抵押预告登记转抵押权首次登记

25. 根据《不动产登记操作规范（试行）》，不动产登记机构宜通过（　）方式对登记业务中发现的已失效的异议登记进行有效管理。

A. 采用电子登记簿的，异议登记失效后，宜在信息系统中及时解除相应的控制或者提醒，注明相应的法律依据

B. 采用纸质登记簿的，异议登记失效后，宜在不动产登记簿附记中注明相应的法律依据

C. 不动产登记机构通知当事人在 30 个工作日内办理注销异议登记。当事人逾期不办理的，不动产登记机构在公告 15 个工作日后，依法予以注销

D. 不动产登记机构将异议登记失效事项公告 15 个工作日，公告期满无异议或者异议不成立的，依职权办理注销异议登记

E. 不动产登记机构通知当事人在 3 个工作日内补充提交人民法院受理通知书、仲裁委员会受理通知书等提起诉讼、申请仲裁的材料

26. 根据《自然资源部办公厅 国家林业和草原局办公室关于强化业务协同加快推进林权登记资料移交数据整合和信息共享的通知》（自然资办发〔2023〕2 号），林草部门应将所掌握的林地承包合同、林权流转合同中记载的林班、小班、小地名、森林类别、树种、起源、造林年度等森林资源信息，以及（　）等信息共享给自然资源部门。

A. 发包方（出让方）　B. 承包方（受让方）　C. 不动产单元号

D. 林地面积　E. 合同期限

27. 根据《自然资源部办公厅 国家林业和草原局办公室关于强化业务协同加快推进林权登记资料移交数据整合和信息共享的通知》（自然资办发〔2023〕2 号），各地要结合实际，由林草部门和自然资源部门共同协商，打通不动产登记信息管理基础平台与林权综合监管等信息平台的共享通道，通过（　）等方式实现林权审批、交易和登记信息互通共享。

A. 数据交换接口　B. 数据抄送　C. 系统直联

D. 人工交换　E. 离线拷贝

28. 下列表述错误的是（　）。

A. 同一不动产上设有多个抵押权的，必须按照受理时间的先后顺序依次办理登记

B. 土地承包经营权登记簿页以户为单位编成，一户的承包地块记载于一个不动产登记簿

C. 不动产登记簿采用“活页”方式，土地承包经营权登记信息（耕地等农用地）表格中，一般情况横向记载不动产权利及其他事项的首次登记信息，纵向记载变更登记、转移登记、注销登记、更正登记等信息，可以根据实际情况续页

D. 土地承包经营权登记簿页宗地基本信息中“权利性质”栏填写“家庭承包”

E. 根据《自然资源部 农业农村部关于做好不动产统一登记与土地承包合同管理工作有序衔接的通知》（自然资发〔2022〕157 号），地方农业农村主管部门组织签订土地承包合同后，要及时将合同信息共享给同级自然资源主管部门。自然资源主管部门依据合同记载的相关信息，将发包方、承包方代表和家庭成员及承包土地的面积、承包期限、用途等登簿

29. 下列表述不正确的是（　）。

A. 土地承包经营权登记簿页土地承包经营权登记信息（耕地等农用地）中“确权（合同）面积”栏填写土地承包合同记载的相应地块面积。确权确股不确地的，记载按其股份比例

B. 土地承包经营权以户为单位，对该农村承包经营户（承包方）名下承包的所有地块进行归集，一本不动产权证书（土地承包经营权）记载同一承包合同确定的该农村承包经营户（承包方）承包的所有确权地块信息

C. 土地经营权登记簿页以户为单位编成，依据不动产单元进行填写

D. 土地经营权登记簿中，面积单位采用平方米，原则上小数点后保留两位有效数字

E. 已依法颁发的农村土地承包经营权证，在新的承包期继续有效且不变不换。对于延包中因土地承包合同期限变化直接顺延的，农业农村主管部门组织签订延包合同后，自然资源主管部门依据延包合同在登记簿上做相应变更，在原农村土地承包经营权证书上标注记载，加盖不动产登记专用章

30. 根据《不动产登记操作规范（试行）》，监护关系证明材料可以是户口簿、监护关系公证书、出生医学证明，或者（　）的证明材料，或者遗嘱指定监护、协议确定监护、意定监护的材料。

A. 所在单位　　B. 民政部门　　C. 居民委员会
D. 村民委员会　　E. 人民法院指定监护人

31. 国家编制土地利用总体规划，规定土地用途，将土地分为（　）。

A. 农用地　　B. 耕地　　C. 建设用地

D. 军事用地　　E. 未利用地

32. 某市自然资源主管部门发现某县甲公司存在违反《土地管理法》的行为，某县自然资源局却不给予行政处罚。作为某县自然资源局的上级部门，某市自然资源主管部门可采取（　）的措施。

A. 直接对甲公司进行行政处罚

B. 责令某县自然资源局作出行政处罚决定

C. 给予某县自然资源局的负责人行政处分

D. 向某市人民政府的行政监察部门作出行政处分建议书，建议对某县自然资源局的负责人予以行政处分

E. 向某县人民政府作出行政处分建议书，建议对某县自然资源局的负责人予以行政处分

33. 根据《土地管理法》，应当根据土地利用总体规划划为永久基本农田的耕地是（　）。

A. 经国务院农业农村主管部门或者县级以上地方人民政府批准确定的粮、棉、油、糖等重要农产品生产基地内的耕地

B. 有良好的水利与水土保持设施的耕地，正在实施改造计划以及可以改造的中、低产田和已建成的高标准农田

C. 蔬菜生产基地

D. 农业科研、教学试验田

E. 国家重点养殖基地

34. 根据《不动产登记资料查询暂行办法》，利害关系人可以申请下列（　）项索引信息查询不动产登记资料。

A. 不动产单元号　　B. 不动产登记申请受理号

C. 不动产权属证书号　　D. 不动产具体坐落位置

E. 权利人姓名

35. 根据《土地管理法实施条例》，国有土地有偿使用的方式包括（　）。

A. 国有土地使用权出让　　B. 国有土地使用权出租

C. 国有土地租赁　　D. 国有土地使用权作价出资或者入股

E. 国有土地使用权授权经营

36. 根据自然资源部要求，农村集体经营性建设用地入市的“两项前置条件”

是（　）。

A. 不能通过农用地转为新增建设用地入市

B. 加快完成国土空间规划编制特别是实用性村庄规划

C. 不能把农民的宅基地纳入入市范围

D. 完成集体土地所有权和使用权确权登记

E. 不能搞商品房开发

37. 林地经营权流转合同一般包括（　）等内容。

A. 权利义务
B. 流转期限

C. 流转价款及支付方式
D. 违约责任

E. 流转双方的流转期限届满林地上的林木和固定生产设施的处置

38. 根据《自然资源部关于开展不动产登记队伍作风常态化建设的通知》（自然资发〔2022〕144号），提高窗口服务质量，严格执行的3项制度是（　）。

A. 首问负责制度
B. 申请材料公开制度

C. 一次性告知制度
D. 设置“办不成事”反映窗口制度

E. 限时办结制度

39. 关于共有建筑面积，下列说法错误的是（　）。

A. 独立使用的车库不计入共有建筑面积

B. 作为人防工程的地下室计入共有建筑面积

C. 为多幢服务的管理用房计入共有建筑面积

D. 为整幢服务的公共用房计入共有建筑面积

E. 多功能综合楼共有建筑面积按照各自的功能，参照商住楼的分摊计算方法进行分摊

40. 根据《自然资源部关于开展不动产登记队伍作风常态化建设的通知》（自然资发〔2022〕144号），不动产登记“六不准”除不准违法违规办理不动产登记、不准随意增加登记材料或环节外，还包括（　）。

A. 不准泄露不动产登记资料信息

B. 不准强行或变相强行网上办理

C. 不准指定或变相指定中介服务

D. 不准收取“好处费”或乱收费

E. 不准“推绕拖”刁难办事群众

41. 根据《自然资源部办公厅关于印发〈“互联网 + 不动产登记”建设指南〉的通知》（自然资办函〔2020〕1355号），建设不动产登记网上“一窗办事”

平台按照全国一体化政务服务平台的相关标准要求，实现与（　）对接。

A. 统一身份认证系统　　B. 统一安全认证系统

C. 统一电子印章系统　　D. 统一电子材料系统

E. 统一电子证照共享服务系统

42. 不动产登记“四统一”是指（　）。

A. 登记机构　　B. 登记簿册　　C. 登记依据

D. 地籍调查　　E. 信息平台

43. 王广华部长在全国自然资源和不动产确权登记工作会议上指出，我们深入分析确权登记工作面临的新形势新要求，将“（　）”作为今后一个时期的努力方向，推动统一确权登记工作更好融入经济社会发展大局和自然资源管理全局，更好维护资源资产权益、支撑高质量发展。

A. 保护产权更加有力　　B. 便民利民更加高效

C. 数治转型更加有为　　D. 数智转型更加有为

E. 队伍作风更加过硬

44. 甲超市和乙工厂存在长期供货关系，为了方便经营，双方约定，甲超市以一间店面在 200 万元额度内为其在未来 2 年内连续发生的货款债权提供担保，并办理了最高额抵押权登记。对此，下列说法正确的是（　）。

A. 在最高额抵押期间，甲、乙双方可以协议变更被担保的最高债权数额和债权确定期间

B. 如在设立最高额抵押权前，甲超市另欠乙工厂 50 万元，双方可约定将其纳入最高抵押担保范围

C. 在最高额抵押期间，如乙工厂转移 20 万元的债权给丙，应申请最高额抵押权转移登记

D. 如甲超市的店面被查封，乙公司的债权确定

E. 如乙工厂对甲超市店面实现抵押权时其债权余额为 300 万元，则乙工厂只能就 200 万元债权优先受偿

45. 根据《地籍调查规程》（GB/T 42547—2023），下列（　）项属于房产图编制的主要内容。

A. 坐落、宗地号、幢号、户号

B. 楼梯、走道等共有部分，需在范围内加简注名称及用途

C. 房屋竣工时间

D. 房屋权属界线

E. 房屋建设单位

46. 无权处分人将不动产或者动产转让给受让人的，所有权人有权追回；除法律另有规定外，下列（　）项是受让人可以取得不动产或者动产的所有权的条件。

A. 受让人受让时是善意

B. 以合理价格转让

C. 转让的不动产已经交付

D. 转让的动产已经交付

E. 合同受让人因欺诈取得

47. 根据《民法典》，不动产登记机构不得有下列（　）项行为。

A. 要求对不动产进行评估

B. 要求申请人补充材料

C. 登记职责范围以外的其他行为

D. 就有关登记事项询问申请人

E. 以年检等名义进行重复登记

48. 根据《最高人民法院关于审理建筑物区分所有权纠纷案件适用法律若干问题的解释》，建筑区划内的（　），应当认定为《民法典》第二编第六章所称的共有部分。

A. 建筑物的基础、承重结构、外墙、屋顶等基本结构部分

B. 通道、楼梯、大堂等公共通行部分

C. 消防、公共照明等附属设施、设备

D. 建设单位销售时已经根据规划列入该特定房屋买卖合同中的露台

E. 避难层、设备层或者设备间等结构部分

49. 在集体土地所有权确权登记成果更新工作中，（　），应依据相关规定现场指界。

A. 集体所有土地未登记的

B. 已登记的集体所有土地，部分被依法征收的

C. 已登记的集体土地所有权宗地界线发生变化的，且权属来源资料中界址不明确的宗地，以及界址与实地不一致的宗地

D. 已登记的集体土地所有权宗地界线存在错误的

E. 已登记的集体所有土地全部被依法征收的

50. 根据《自然资源部 国家税务总局 中国银行保险监督管理委员会关于协同

推进“互联网+不动产登记”方便企业和群众办事的意见》（自然资发〔2020〕83号），深化登记金融协同，对新申请贷款的，实现（　）无缝衔接。

A. 银行查询　　B. 贷款审批　　C. 抵押首次登记

D. 抵押变更登记　　E. 贷款发放

51. 根据《不动产登记资料查询暂行办法》，（　）属于不动产登记资料。

A. 不动产登记簿等不动产登记结果

B. 不动产登记申请书、申请人身份材料等不动产登记原始资料

C. 存量房网签备案证明材料

D. 不动产权属来源、登记原因、不动产地籍调查成果等材料

E. 不动产登记机构审核材料

52. 根据《不动产登记资料查询暂行办法》，不动产登记资料查询遵循（　）原则。

A. 依法　　B. 便民　　C. 节约

D. 高效　　E. 统一

53. 根据《不动产登记资料查询暂行办法》，不动产权利人、利害关系人申请查询不动产登记资料，应当提交查询申请书以及不动产权利人、利害关系人的身份证明材料。查询申请书内容应当包括（　）。

A. 查询主体　　B. 查询目的　　C. 查询内容

D. 查询结果要求　　E. 提交的申请材料清单

54. 根据《国家土地管理局关于印发〈确定土地所有权和使用权的若干规定〉的通知》（〔1995〕国土〔籍〕字第26号），《农村人民公社工作条例（修正草案）》（即《六十条》）公布时起至1982年5月《国家建设征用土地条例》公布时止，全民所有制单位、城市集体所有制单位使用的原农民集体所有的土地，（　），属于国家所有。

A. 签订过土地转移等有关协议的

B. 经县级以上人民政府批准使用的

C. 进行过一定补偿或安置劳动力的

D. 接受农民集体馈赠的

E. 已购买原集体所有的建筑物的

55. 申请国有建设用地使用权及房屋所有权注销登记，提交的材料主要包括（　）。

A. 不动产登记申请书

B. 不动产权属证书

C. 证明房屋所有权发生转移的材料

D. 买卖合同、互换合同

E. 申请人身份证明

56. 自然资源首次登记程序为通告、（　）。

A. 地籍调查　　B. 审核　　C. 公告

D. 登簿　　E. 缮证

57. 下列说法错误的是（　）。

A. 不动产首次登记是指不动产权利第一次记载于不动产登记簿的登记。根据不动产物权的登记生效原则，合法建造竣工的房屋未进行首次登记的不发生物权效力

B. 变更登记，主要是指因不动产权利人的姓名、名称或者不动产坐落等发生变更而进行的登记。根据《自然资源部关于开展不动产登记队伍作风常态化建设的通知》（自然资发〔2022〕144号），不动产分割或者合并的，必须依据相关批准文件办理。因此，同一权利人分割或者合并不动产的，不属于变更登记

C. 转移登记，主要是指因不动产权利人发生改变而进行的登记。因需役地不动产权利转移引起地役权转移的当事人可申请转移登记

D. 注销登记，主要是指因不动产权利消灭而进行的登记，包括申请注销登记和嘱托注销登记。集体土地经有权人民政府批准征收，应当由集体土地所有权人持征收批准文件等材料依法申请注销登记

E. 更正登记，主要是指不动产登记机构根据当事人的申请或者依职权对登记簿的错误记载事项进行更正的登记。甲15年前受让乙的店面1间（非自然幢），乙的店面是由房地产开发企业出售的商品房，现甲持住房城乡建设部门出具的开发企业首次登记错误的证明材料（房屋建筑面积5平方米的位置登记在相邻权利人名下）申请办理更正登记，不动产登记机构经向住房城乡建设部门核实后给甲办理更正登记

58. 预告登记，主要是指以保全一项将来发生的不动产物权变动为目的的请求权的不动产登记。下列说法正确的是（　）。

A. 预告登记后，债权消灭或者自能够进行不动产登记之日起90个工作日内未申请登记的，预告登记失效

B. 以预购商品房设定抵押权的，当事人可以按照约定申请不动产预告登记

C. 预告登记的申请主体应当为买卖房屋或者其他不动产物权的协议的双方

当事人

D. 预购商品房的预售人和预购人订立商品房买卖合同后，预售人未按照约定与预购人申请预告登记时，预购人可以单方申请预告登记

E. 预售人与预购人在商品房预售合同中对预告登记附有条件和期限的，预购人应当提交相应材料

59. 按《房产测量规范》（GB/T 17986.1—2000），下列属于计入全部建筑面积的范围是（　）。

A. 永久性结构的单层房屋

B. 房屋内的夹层、插层、技术层及其楼梯间、电梯间等高度在 2.20 米以上部位

C. 房屋在天面上，属永久性建筑，层高在 2.20 米以上的楼梯间、水箱间、电梯机房

D. 有顶盖不封闭的永久性架空通廊

E. 楼梯间、电梯（观光梯）井、提物井、垃圾道、管道井等

60. 下列说法正确的是（　）。

A. 台湾地区自然人申请不动产登记的，应当提交台湾居民身份证

B. 共有不动产所有权因共有性质或共有人份额变更申请变更登记的，应当由共有人共同申请

C. 对已有的地籍调查成果进行实地核实时，发现不动产权属状况与相关资料不一致,在原不动产地籍调查表上用红线划去错误内容,标注正确内容,可不必填写新的地籍调查表

D. 地役权变更登记，不动产登记机构应当将登记事项分别记载于需役地和供役地的不动产登记簿

E. 某房屋登记在甲公司名下，但房屋所占的土地登记在乙名下，甲、乙公司可以各自申请自己的不动产权利登记

61. 下列说法错误的是（　）。

A. 当事人之间订立有关设立、变更、转让和消灭不动产物权的合同，除法律另有规定或者当事人另有约定外，自记载于不动产登记簿时发生效力

B. 最高额抵押权登记中未约定债权确定期间或者约定不明确，抵押人与抵押权人自最高额抵押权设立之日起满 1 年后可以请求确定债权

C. 不动产登记机构应当向土地承包经营权人发放土地承包经营权证、林权证等证书，并登记造册，确认土地承包经营权。土地承包经营权自依法

登记发生效力

D. 土地承包经营权互换、转让的，当事人可以向不动产登记机构申请登记；未经登记，不发生效力

E. 流转期限为 5 年以上的土地经营权，自流转合同生效时设立

62. 下列说法错误的是（　）。

A. 甲在市区有独门房产一处，2004 年办理了房产证，但一直未申请土地登记。根据《民法典》“地随房走”原则，其国有土地使用权自房产登记时发生效力

B. 居住权自居住合同生效时设立

C. 甲、乙双方签订借款、抵押合同，借款合同约定借款时限为 1 年，抵押合同约定抵押期限为 3 年，双方到房屋所在地不动产登记机构办理了一般抵押权登记，不动产登记簿记载抵押登记期限为 3 年

D. 自然人之间的借款合同，自双方签订合同时生效

E. 已登记的农村宅基地、集体建设用地，按照“不变不换”原则，之前依法颁发的宅基地证、集体建设用地使用证等继续有效，不重新登记

63. 下列说法正确的是（　）。

A. 依法确定为国家所有和集体所有的自然资源、土地所有权可以只登记不发证

B. 国家对集体土地征收或征用后，土地所有权发生转移

C. 集体建设用地使用权及建筑物、构筑物所有权变更登记中，夫妻共有财产变更的，应当由夫妻双方凭婚姻关系证明共同申请

D. 预告登记后不动产登记证明遗失，房屋被查封了，不能补发不动产登记证明

E. 已办理首次登记的不动产，申请人因仲裁委员会的生效法律文书取得该不动产但尚未办理转移登记，又因仲裁委员会的生效法律文书导致不动产权利转移的，不动产登记机构办理后续登记时，应当将之前转移登记的事实在不动产登记簿的附记栏中记载

64. 下列说法不正确的是（　）。

A. 人民法院生效的法律文书或者人民政府生效的决定等转让或消灭不动产权利的，当事人可以单方申请登记

B. 公民、法人或者其他组织依据《政府信息公开条例》，以申请政府信息公开的方式申请查询不动产登记资料的，工作人员应当予以受理

C. 对业务人员工作岗位系统查询权限实行管制，根据岗位需要赋予相应查询权限，即“以岗赋权”，非业务人员原则上也可以赋予系统查询权限

D. 查询人要求出具查询结果证明的，不动产登记机构应当出具查询结果证明。但经查询，不存在相应登记资料的，可以不予出具查询结果证明

E. 军人因其两本结婚证均丢失而无法提供，其部队出具证明，证明其婚姻关系，不动产登记机构应不予承认

65. 下列说法正确的是（　）。

A. 正在办理中的不动产登记的案卷不能作为不动产登记资料被查询

B. 查询测绘成果档案，按照查询不动产登记资料的规定办理

C. 查询商品房预售许可证的档案，应按照查询不动产登记资料的规定办理

D. 个人可以取得林木、林地的所有权，但不能取得森林的所有权

E. 不动产更正登记减半收取不动产登记费

66. 下列说法正确的是（　）。

A. 办理不动产登记证明无须缴纳不动产登记费，但是需要缴纳工本费

B. 不动产登记费中包含一本不动产权属证书工本费

C. 未办理不动产首次登记的，不得办理不动产其他类型登记

D. 两个以上人民法院查封同一不动产的，不动产登记机构应当为先送达协助执行通知书的人民法院办理查封登记，对后送达协助执行通知书的人民法院办理轮候查封登记

E. 不动产查封期限届满，人民法院未续封的，查封登记失效

67. 下列说法错误的是（　）。

A. 申请人一并申请预购商品房预告登记与预购商品房抵押预告登记的，不动产登记机构应当一并受理，就不同的登记事项依次分别记载于不动产登记簿的相应簿页

B. 申请登记事项在记载于不动产登记簿之前，部分登记申请人申请撤回登记申请的，不动产登记机构应当受理

C. 某房屋登记在甲公司名下，但房屋所占的土地登记在乙名下，甲、乙公司可以各自申请自己的不动产权利登记

D. 甲是未成年人，甲的父母都在外地出差，甲的爷爷可以替甲申请办理不动产权证书

E. 不动产登记机构需要依职权注销乙公司的不动产权证书，需要在不动产登记机构的门户网站进行公告，公告时间不少于 30 天

68. 下列表述错误的是（　）。

A. 甲在外地工作，可以委托乙代为出卖自己的房屋并办理过户手续，乙代办过户时只需要提供甲亲自签名、按手印的授权委托书和甲本人的身份证原件及乙的身份证原件即可

B. 地籍测量以测定界址线为重点，实地无论有无明显界线，都必须查明、测量界址点线并标定于地籍图上

C. 某公司可以持人民法院的拍卖成交裁定书单方办理房屋的过户手续，房屋所有权自过户之日起发生转移

D. 不动产权证书和不动产登记证明应当一证一号，更换证书和证明应当更换号码

E. 某公司的不动产权证丢失，想要办理补证手续，但房产上有抵押，需要抵押银行出具同意证明才可

69. 下列表述不正确是（　）。

A. 根据《中国银监会 国土资源部关于金融资产管理公司等机构业务经营中不动产抵押权登记若干问题的通知》（银监发〔2017〕20 号），金融资产管理公司收购不良资产后重组，与债务人等交易相关方签订的债务重组协议不能作为申请办理不动产抵押权登记的主债权合同

B. 预购商品房办理所有权登记后，已办理的预购商品房抵押预告登记自动转为商品房抵押权首次登记

C. 经发包方同意，家庭承包的林地通过互换、转让给本集体经济组织成员，当事人申请登记的，不动产登记机构依据互换协议和新的集体林地承包合同，办理林地承包经营权变更登记

D. 夫妻在婚姻关系存续期间所得的共同所有的房产，除有约定的以外，如果分割遗产，应当先将共同所有的财产的一半分出为配偶所有，其余的为被继承人的遗产

E. 甲、乙、丙 3 人共有一套房屋，现因乙身份证号变更，需要 3 个人一同到不动产登记机构申请变更登记

70. 下列表述正确的是（　）。

A. 国有土地上不得设立宅基地使用权

B. 建设用地使用权抵押后，该土地上新增的建筑物也属于抵押财产

C. 甲与乙订立了借款合同、房屋抵押合同，约定放款后抵押合同即生效。签订合同当天，乙按照借款合同要求将借款汇入甲账户，但甲、乙双方

未办理抵押登记。随后甲又将该房屋抵押给丙，与丙办理了抵押登记。当甲不履行偿还义务时，因甲与乙的抵押合同未办理抵押登记，不发生效力，所以乙不享有该套房屋的抵押权

D. 地籍区代码宜在县级行政区划内，从东北角开始，按照自左至右、自上而下的顺序编制

E. 家庭承包的林地，采取出租（转包）、入股等方式，在承包期内向他人流转林地经营权 / 林木所有权或者林地经营权 / 林木使用权且流转期限在 5 年以上（含 5 年）的，可以依据合同申请登记，权利类型登记为林地经营权 / 林木所有权或者林地经营权 / 林木使用权

71. 地籍调查包括权属调查和不动产测绘，权属调查的主要工作内容包括（　）。

A. 权属状况调查　　B. 界址调查　　C. 草图绘制

D. 面积计算　　E. 地籍调查表填写

72. 不动产测绘的主要工作内容包括（　）。

A. 控制测量　　B. 界址测量

C. 房屋和构（建）筑物测量　　D. 地籍图测绘

E. 面积计算

73. 根据《地籍调查规程》（GB/T 42547—2023），日常地籍调查程序包括准备工作、（　）和不动产单元表、成果审查与入库（地籍审核确认）、成果整理与归档、数据库更新等。

A. 核实确认不动产的状况　　B. 权属调查

C. 调查成果公示　　D. 不动产测绘　　E. 编制地籍调查报告

74. 2022 年 10 月，张某购买了幸福小区的一套商品房。2023 年 1 月，幸福小区建成交房。2023 年 12 月，张某入住新房。小区地下停车场建有车位 400 个，房地产开发企业已经销售 250 个，剩余 150 个用于出租。张某当初购房时没有买车位，现因购车需要使用车位。对此，下列说法错误的是（　）。

A. 张某等幸福小区业主对地下停车场享有业主共有权，房地产开发企业无权处分

B. 如小区其他业主出售车位，张某等无车业主在同等条件下享有优先购买权

C. 房地产开发企业出租剩余车位，应首先满足张某等无车业主的需要

D. 地下停车场的车位首次登记可参照房屋所有权首次登记办理

E. 小区其他业主在出售房屋时，其所购车位应当一并转让

75. 由于出卖人的原因，买受人在下列期限届满未能取得不动产权属证书的，

除当事人有特殊约定外，出卖人应当承担违约责任。（ ）

A. 商品房买卖合同约定的办理不动产登记的期限

B. 商品房买卖合同的标的物为尚未建成房屋的，自房屋交付使用之日起 60 日

C. 商品房买卖合同的标的物为尚未建成房屋的，自房屋交付使用之日起 90 日

D. 商品房买卖合同的标的物为已竣工房屋的，自合同订立之日起 60 日

E. 商品房买卖合同的标的物为已竣工房屋的，自合同订立之日起 90 日

76. 甲是某县房地产开发企业，通过招标方式取得 H 地块住宅用地国有建设用地使用权。甲企业预售 H 地块上商品房需符合的条件为（ ）。

A. 甲企业必须将预售所得款项用于有关项目工程建设

B. 甲企业必须持有建设用地规划许可证

C. 按提供预售的商品房计算，投入开发建设的资金达到工程建设总投资的 25% 以上，并已经确定施工进度和竣工交付日期

D. 甲企业必须取得商品房预售许可证明

E. 甲企业必须将预售合同报某县房产管理部门和土地管理部门备案

77. 国有土地使用权宗地可以包括（ ）。

A. 国有建设用地使用权宗地（地表、地上、地下）

B. 土地承包经营权宗地（耕地、林地、草地）

C. 林地使用权宗地

D. 农用地使用权宗地

E. 宅基地使用权宗地

78. 下列关于地籍区（地籍子区）代码及定着物单元代码变更的说法正确的是（ ）。

A. 地籍区（地籍子区）的变更不应分割宗地，宜保持地籍区（地籍子区）的数量和界线不变

B. 地籍区整体变更的，该地籍区内地籍子区代码不变

C. 地籍区整体变更的，新划入地籍区应作为划入行政区的新增地籍区，新增地籍区代码应在划入行政区内最大地籍区代码后续编

D. 幢号在宗地内统一编号的，因使用权宗地合并，并入宗地的定着物单元幢号在被并入宗地内最大幢号后续编，户号不变

E. 幢内层、套、间界线变更的，幢号不变，户号在幢内最大户号后续编，原户号不再使用

79. 下列属于土地使用权转让的是（ ）。

A. 房屋买卖　　B. 房产交换　　C. 授权经营

D. 作价出资　　E. 作价入股

80. 根据《自然资源部办公厅关于印发〈集体土地所有权确权登记成果更新汇交工作问答和典型案例〉的函》（自然资办函〔2022〕2707 号），（　）属于集体土地所有权确权登记的法律法规政策依据。

A.《确定土地所有权和使用权的若干规定》（〔1995〕国土〔籍〕字第 26 号）

B.《国土资源部 中央农村工作领导小组办公室 财政部 农业部关于农村集体土地确权登记发证的若干意见》（国土资发〔2011〕178 号）

C.《城市房地产管理法》

D.《土地权属争议调查处理办法》（国土资源部令第 17 号）

E.《自然资源部关于加快完成集体土地所有权确权登记成果更新汇交的通知》（自然资发〔2022〕19 号）

81. 根据《自然资源部办公厅关于印发〈集体土地所有权确权登记成果更新汇交工作问答和典型案例〉的函》（自然资办函〔2022〕2707 号），集体土地所有权确权登记成果更新汇交工作中，关于集体土地所有权登记的下列说法错误的有（　）。

A. 依法属于农民集体的土地，但未办理集体土地所有权首次登记的，由当事人申请或者乡镇人民政府统一组织有关农民集体申请办理首次登记

B. 因征收导致部分集体土地所有权消灭的，自然资源主管部门依据土地征收批准文件等，报请同级人民政府出具嘱托文件后，由不动产登记机构依职权集中办理变更登记

C. 农民集体因互换、土地调整等原因导致集体土地所有权转移的，由当事人申请或者村民委员会统一组织有关农民集体申请办理转移登记

D. 农民集体合并或者撤销、行政区划调整等导致集体土地所有权发生转移的，由当事人申请或者乡镇人民政府统一组织有关农民集体申请办理转移登记

E. 因征收导致整宗集体土地所有权消灭的，由自然资源主管部门依据土地征收批准文件等，报请上一级人民政府出具嘱托文件后，由不动产登记机构依嘱托集中办理注销登记；也可由原农民集体凭土地征收批准文件等，申请办理注销登记

82. 根据《国土资源部关于进一步加快宅基地和集体建设用地确权登记发证有关问题的通知》（国土资发〔2016〕191 号）和《自然资源部办公厅关于印

发〈宅基地和集体建设用地使用权确权登记工作问答〉的函》（自然资办函〔2020〕1344 号），关于宅基地确权登记“一户多宅”的问题，下列说法正确的是（ ）。

A. 宅基地使用权应按照“一户一宅”要求，原则上确权登记到“户”

B. 地方对“户”的认定有规定的，按地方规定办理。地方未作规定的，可按以下原则认定：“户”原则上应以公安部门户籍登记信息为基础，同时应当符合当地申请宅基地建房的条件

C. 符合当地分户建房条件未分户，但未经批准另行建房分开居住的，其新建房屋占用的宅基地符合相关规划，经本农民集体同意并公告无异议的，可按规定补办有关用地手续后，依法予以确权登记

D. 符合当地分户建房条件未分户，未分开居住的，其实际使用的宅基地没有超过分户后建房用地合计面积标准的，依法按照实际使用面积予以确权登记

E. 对于因购买房屋占用宅基地，形成“一户多宅”的，可按规定确权登记，并在不动产登记簿和证书附记栏进行注记

83. 根据《国土资源部关于进一步加快宅基地和集体建设用地确权登记发证有关问题的通知》（国土资发〔2016〕191 号）和《自然资源部办公厅关于印发〈宅基地和集体建设用地使用权确权登记工作问答〉的函》（自然资办函〔2020〕1344 号），关于集体建设用地使用权确权登记，下列说法正确的是（ ）。

A. 申请集体建设用地使用权及建（构）筑物所有权登记的，只收取不动产权属证书工本费，每本 10 元

B. 已分别颁发集体建设用地使用权证书和房屋所有权证书的，原证书应换发最新的不动产权证书

C. 县级以上地方人民政府统一组织的集体建设用地和房屋首次登记，权属调查成果要在本集体经济组织范围内公示

D. 1987 年《土地管理法》实施前，使用集体土地兴办乡镇村公益事业和公共设施，经所在乡镇人民政府审核后，可依法确定使用单位集体建设用地使用权

E. 1987 年《土地管理法》实施后，乡镇村公益事业和公共设施用地、乡镇企业用地和其他经依法批准用于非住宅建设的集体土地，应当依据县级以上人民政府批准文件，确定使用单位集体建设用地使用权

84. 关于非本农民集体经济组织成员取得宅基地的确权登记，下列说法正确的是（　）。

A. 非本农民集体经济组织成员不能申请宅基地使用权及房屋所有权登记

B. 山区农民在城市郊区购买宅基地建房，可申请宅基地使用权及房屋所有权登记

C. 非本农民集体经济组织成员，因易地扶贫搬迁、地质灾害防治、新农村建设、移民安置等按照政府统一规划和批准使用宅基地的，在退出原宅基地并注销登记后，依法确定新建房屋占用的宅基地使用权，并办理不动产登记

D.《国务院办公厅关于加强土地转让严禁炒卖土地的通知》（国办发〔1999〕39号）印发前，回原籍村庄、集镇落户的职工、退伍军人、离（退）休干部以及回乡定居的华侨、港澳台同胞等，原在农村合法取得的宅基地，或因合法取得房屋而占用宅基地的，经公告无异议或异议不成立的，由该农民集体经济组织出具证明，可依法确权登记，在不动产登记簿及证书附记栏注记"该权利人为非本农民集体经济组织成员"

E.《国务院办公厅关于加强土地转让严禁炒卖土地的通知》（国办发〔1999〕39号）印发后，城市居民违法占用宅基地建造房屋、购买农房的，不予登记

85. 根据《自然资源部关于进一步做好地籍调查工作的通知》（自然资发〔2023〕195号），下列关于统一地籍调查要求的说法正确的是（　）。

A. 以建设工程设计方案为基础，预设房地一体不动产单元，开展地籍调查，支撑在建工程抵押、不动产预告登记等工作

B. 建设项目用地用海用岛报批阶段，开展地籍调查（土地勘测定界），支撑用地用海用岛审批、集体土地所有权登记等工作

C. 土地供应阶段，设定不动产单元（宗地），开展地籍调查，支撑供地、土地首次登记、"交地即交证"等工作。

D. 涉及不动产权利设立或自然资源首次登记的，应当开展地籍调查，已有调查成果符合要求的除外

E. 确权登记时，缺少地籍调查成果或成果无法满足要求的，开展地籍调查获取基础数据成果

86. 根据《自然资源部关于进一步做好地籍调查工作的通知》（自然资发〔2023〕195号），属于地籍调查的作用与意义的是（　）。

A. 为不动产和自然资源确权登记提供权属、界址、面积等必要材料

B. 为摸清自然资源产权家底、维护所有者权益、服务“两统一”职责和夯实监管责任等提供基础数据支撑

C. 为纠纷调处、界址鉴定、界址回复等定分止争方面提供重要证据

D. 为城镇村庄空间规划布局、人口普查、城市更新、税收、供电、公安、消防等经济社会活动提供基础数据服务

E. 地籍调查经历了“地籍调查”到“权籍调查”又回归到“地籍调查”的变化

87. 根据《自然资源部关于进一步做好地籍调查工作的通知》（自然资发〔2023〕195 号），关于强化地籍数据共享应用和动态更新的说法正确的是（　）。

A. 开展规划编制、审批、供地、登记、权益管理等工作时，应充分利用地籍数据核实权属状况和空间范围，提高工作效能

B. 不动产单元代码应记载在土地使用权出让合同、划拨决定书、建设工程规划许可证、乡村建设规划许可证、不动产登记簿证等材料中，实现“一码关联”

C. 充分利用地理信息公共服务平台（天地图）等，依法提供不动产自然状况、权利归属状况、地籍图等信息可视化查询服务

D. 坚持“建用结合、以用促建”，建立健全“日常＋定期”更新机制，保持地籍数据现势性、准确性和权威性

E. 地籍调查成果通过审核或验收后，及时纳入地籍数据库，确权登记结果实时同步至地籍数据库，实现动态更新

88. 根据《自然资源部关于进一步做好地籍调查工作的通知》（自然资发〔2023〕195 号），关于规范开展地籍调查的说法正确的是（　）。

A. 地籍调查以不动产单元或自然资源登记单元为基本作业单位

B. 应依据规划、审批等材料，设定不动产单元或自然资源登记单元，编制单元代码，并一直沿用

C. 调查工作完成后，及时以不动产单元或自然资源登记单元为单位，编制不动产单元表

D. 土地权属来源不明确或实地界址不清晰的，要严格履行四邻指界程序

E. 当事人应自行委托地籍调查机构开展地籍调查，任何部门和个人不得指定或变相指定调查机构

89. 根据《自然资源部办公厅关于全面提升不动产登记数据质量的通知》（自然资办发〔2022〕10 号），关于《不动产登记登簿日志接口技术规范中（2022 修订版）》数据上报的说法正确的是（　）。

A. 失败报文分为接入失败和入库失败两大类

B. 自然资源部每日上午 7 时前反馈前一日失败报文清单至省级接入前置机

C. 重报报文应在原报文 ID 后增加 4 位字母标识“CBXZ”，该报文不计入补报当日的登簿日志

D. 补报报文在报文 ID 后增加 4 位字母标识“BBXZ”，该报文不计入补报当日的登簿日志

E. 补录报文在报文 ID 后增加两位字母标识“BL”，该报文计入补录上报当日的登簿日志

90. 乙企业依法取得 H 地块住宅用地建设用地使用权，并办理了产权证。现甲向乙企业购买了一套期房商品房，并办理了商品房预告登记和预购商品房抵押预告登记。房屋竣工验收后，乙企业申请办理首次登记。对此，以下说法正确的是（　）。

A. 若 H 地块被查封，乙企业是被执行人，不动产登记机构不得为乙企业办理房屋首次登记

B. 若甲因债务纠纷导致其购买的房屋被预查封，不影响乙企业办理房屋首次登记

C. 若甲因债务纠纷导致其购买的房屋被预查封，不影响甲后续办理预购商品房预告登记转国有建设用地使用权及房屋所有权转移登记

D. 若甲因债务纠纷导致其购买的房屋被预查封，不影响甲后续办理商品房预告登记转抵押权首次登记

E. 若甲因债务纠纷导致其购买的房屋被预查封，乙企业也因债务纠纷导致其剩余未出售的房屋被预查封，不影响乙企业办理房屋首次登记

91. 甲是 A 村农户，有一子乙、一女丙。2005 年，甲以家庭方式承包了草地 5 亩、林地 5 亩，以上地块均以最长承包期限承包，并办理了产权证，乙、丙均在家庭成员列表中。2023 年，甲去世。以下说法正确的是（　）。

A. 草地期限是 70 年，林地期限是 50 年

B. 乙、丙可以继承甲的承包地，应申请土地承包经营权转移登记

C. 乙、丙不可申请土地承包经营权继承登记，应申请土地承包经营权变更登记

D. 如乙、丙就该土地承包经营权前往不动产登记机构办理相关登记，不动产登记机构须颁发统一的不动产权证书

E. 如承包地到期顺延，不动产登记机构可依据延包合同在登记簿上做相应变更，在原证书上标注记载，加盖不动产登记专用章，无须换发新证

92. 甲是 A 村农户，依法以家庭方式承包了本村若干耕地，已签订承包合同，村民委员会是发包方，甲是承包方。下列说法正确的是（　）。

A. 土地承包经营权首次登记应由甲本人到不动产登记机构申请

B. 土地承包经营权首次登记应由村民委员会到不动产登记机构申请

C. 甲可以依法互换、转让土地承包经营权

D. 甲可以依法流转土地经营权

E. 若甲用承包地的土地经营权进行抵押，应先办理土地承包经营权首次登记，再将土地经营权登记和抵押权登记一并办理

93. 2022 年 5 月，甲向乙借款，以其名下房产提供抵押担保，丙提供保证担保。2022 年 6 月，当事人各方签订借款合同和担保合同。下列说法正确的是（　）。

A. 如甲不能履行到期债务，乙应当先就甲的房产实现债权

B. 如甲不能履行到期债务，乙应当先就甲的房产实现债权，也可以同时要求丙承担保证责任

C. 如乙同意甲将债务转让给丁，丙对此不知情，则丙不再承担担保责任

D. 如乙要求甲办理抵押登记，甲、乙双方申请即可

E. 如丙已承担担保责任，有权向甲追偿

94. 甲向乙借款 100 万元，以丙名下房产提供抵押担保，并签订借款合同和抵押合同。现因合同效力问题诉至人民法院，甲目前清偿债务能力只有 40 万元。下列说法正确的是（　）。

A. 如借款合同有效而抵押合同无效，乙、丙均有过错，丙承担的赔偿责任不超过 30 万元

B. 如借款合同有效而抵押合同无效，乙有过错而丙无过错，丙不承担赔偿责任

C. 如借款合同有效而抵押合同无效，乙无过错而丙有过错，丙承担的赔偿责任 60 万元

D. 如借款合同无效导致抵押合同无效，丙无过错，丙不承担赔偿责任

E. 如借款合同无效导致抵押合同无效，丙有过错，丙承担的赔偿责任不超过 15 万元

95. 关于集体土地所有权登记，下列说法错误的是（　）。

A. 集体土地所有权的登记事项都需公告（涉及国家秘密的除外）

B. 集体土地所有权首次登记属于村农民集体所有的由村集体经济组织申请

C. 集体土地所有权首次登记属于村内两个以上农民集体所有的应由村民小组申请

D. 集体土地所有权变更登记应由不动产登记簿记载的权利人申请

E. 集体土地所有权转移登记的情形包括农民集体之间互换、土地调整和转让

96. 关于国有建设用地使用权登记，下列说法正确的是（　）。

A. 国有建设使用权首次登记须提交土地权属来源材料

B. 国有建设使用权变更登记涉及土地用途变更的，须提交自然资源主管部门的批准文件

C. 国有建设使用权变更登记涉及权利人分割宗地的，须提交自然资源主管部门的批准文件

D. 国有建设使用权转移登记涉及划拨土地的，须提交自然资源主管部门的批准文件

E. 国有建设使用权注销登记涉及土地被查封的，须提交查封机关书面同意注销的文件

97. 下列关于宅基地使用权及房屋所有权登记的说法正确的是（　）。

A. 申请宅基地使用权首次登记的主体为用地批准文件记载的宅基地使用权人

B. 申请宅基地使用权及房屋所有权首次登记的主体为用地批准文件记载的宅基地使用权人

C. 申请宅基地使用权及房屋所有权首次登记，须提交房屋已竣工报告

D. 申请宅基地使用权及房屋所有权首次登记，须提交房屋符合规划或建设的材料

E. 申请宅基地使用权首次登记，不动产登记机构应进行实地查看

98. 下列关于地役权的说法错误的是（　）。

A. 地役权自登记时生效

B. 地役权可以单独抵押，但不得单独转让

C. 地役权可以在建设用地使用权上设立，但地役权期限不得超过建设用地使用权的剩余期限

D. 申请地役权首次登记可由地役权人单方申请

E. 依法解除地役权合同申请地役权注销登记的，可由当事人单方申请

99. 甲系自然人，乙系某县房地产开发企业。甲购买了乙企业开发的期房住宅一套，现向不动产登记机构申请办理预购商品预告登记。下列说法正确的是（　）。

A. 甲、乙双方应共同申请

B. 如乙未按照约定与甲共同申请，甲可以单方申请

C. 甲、乙双方应提交已备案的商品房预售合同

D. 不动产登记机构应当收取登记费 80 元

E. 如该住宅被预查封，不动产登记机构应当不予受理

100. 下列说法错误的是（　）。

A. 王某的 1987 年 9 月 H 市建设房管局颁发的土地证书是其土地权属来源证明材料

B. 铁路线路用地跨县级行政区域的，宗地划分原则上以市级行政区通过的铁路线路区间线段为一宗地，车站部分以站两端线路上信号灯为界单独划宗

C. 李某 1990 年 4 月在市区购买了独门独院的房子，但一直未办理过户手续。不动产统一登记后，李某可持合法的交易凭证和界址、面积等必要材料，直接办理不动产登记手续

D. 某村农民集体土地因河流冲刷造成土地损毁并淹没的，其土地所有权仍归该村农民集体

E. W 市农科所有 80 亩耕地，因该地不便进行农业科研，经所在 H 县人民政府同意并报 W 市人民政府批准，与 H 县灵秀村地类相同、用地性质不变、面积和价值相当的农民集体土地进行调换，并申请不动产登记

F. 甲、乙两村相邻，为了方便生产和生活，双方自愿自行土地调换，并申请调换后的不动产登记

判断题

判断题（一）

1. 同一不动产上设立多个抵押权的，不动产登记机构应当按照抵押合同签订时间的先后顺序依次办理登记。（ ）
2. 当事人申请在建建筑物抵押权首次登记时，抵押财产应当包括已经办理预告登记的预购商品房。（ ）
3. 甲名下房产被人民法院查封后，前往不动产登记中心申请该房产的不动产权证书补发，并申请继续使用原来的证号。不动产登记中心工作人员满足其要求，并在补发的新证上注明“补发”。（ ）
4. 不动产登记原始资料可以带离设定的场所。（ ）
5. 房屋等建筑物应当与其所依附的土地保持权利主体相分离。（ ）
6. 任何单位和个人不得擅自复制不动产登记簿信息。（ ）
7. 申请登记的事项已经记载于不动产登记簿上，申请人提出撤回登记申请的，登记机构应当将材料退还。（ ）
8. 当事人可以持人民政府的生效决定单方申请不动产登记。（ ）
9. 地役权首次登记、转移登记、变更登记、注销登记，不动产登记机构均应当将登记事项分别记载于需役地和供役地的不动产登记簿。（ ）
10. 不动产登记资料可以依法公开查询。（ ）
11. 土地补偿费归农村村民个人所有。（ ）
12. 开发未确定土地使用权的国有荒山、荒地从事种植业、林业生产的，使用期限最长不得超过 70 年。（ ）
13. 娱乐用地土地使用权出让的最高年限为 50 年。（ ）
14. 科技、体育用地土地使用权出让的最高年限为 40 年。（ ）
15. 通过转让方式取得的土地使用权，其使用年限为出让合同规定的使用年限。（ ）
16. 土地使用权转让时，其地上建筑物的所有权不能转让。（ ）

17. 土地使用权转让价格明显低于市场价格的，市、县人民政府有优先购买权。（　）
18. 处分抵押财产所得，抵押权人有优先受偿权（　）。
19. 抵押权因债务清偿或者其他原因而消灭的，应当办理注销抵押登记。（　）
20. 土地使用权期满，土地使用权及其地上建筑物、其他附着物所有权由国家有偿取得。（　）
21. 未按土地使用权出让合同规定的期限和条件投资开发、利用土地的，土地使用权不得转让。（　）
22. 土地使用权转让的市场价格不合理上涨时，市、县人民法院可以采取必要的措施。（　）
23. 城镇国有土地是指市、县城、建制镇、工矿区范围内属于全民所有的土地。（　）
24. 未按土地使用权出让合同规定的期限和条件投资开发、利用土地的，土地使用权也可以出租。（　）
25. 土地使用者可以不按照土地使用权出让合同的规定开发、利用、经营土地。（　）
26. 土地使用者需要改变土地使用权出让合同规定的土地用途的，无须征得出让方同意和相关部门的批准，直接予以变更。（　）
27. 不动产登记的申请材料应当齐全，并必须提供原件。（　）
28. 依据已生效的人民政府依法作出征收或者收回不动产权利决定，要求不动产登记机构办理注销登记的，不动产登记机构应当在记载于不动产登记簿前在其门户网站以及不动产所在地等指定场所进行公告，公告期不少于 15 个工作日。（　）
29. 申请材料应使用汉字文本，少数民族自治区域内，可选用本民族或本自治区域内通用文字。（　）
30. 台湾地区自然人申请不动产登记的，应当提交台湾居民身份证。（　）
31. A 镇的甲村与乙村之间因集体土地所有权发生争议，可以根据甲村村民委员会的申请，由 A 镇人民政府受理和处理。（　）
32. 不动产登记簿由所在地区档案馆永久保存。（　）
33. 申请人持纸质营业执照办理不动产登记的，自然资源主管部门应通过信息共享，在线查询核验和获取市场主体登记信息，将电子营业执照文件或纸质营业执照扫描存档，并将申请人提交的复印件存档。（　）

34. 任何单位或个人可以根据需要复制不动产登记簿信息。（　）
35. 更正登记是一种被动的登记行为，而变更登记是一种主动的登记行为。（　）
36. 依法取得国有建设用地使用权，可以单独申请国有建设用地使用权首次登记。（　）
37. 我国土地所有权可以分为国家土地所有权、集体土地所有权和私人土地所有权。（　）
38. 登记机构颁发的不动产登记证书，由自然资源部统一制定样式、统一监制、统一编号，在全国使用。（　）
39. 不动产物权的设立、变更、转让和消灭，经依法登记，发生效力；未经登记，不发生效力，但法律另有规定的除外。（　）
40. 国有建设用地使用权被查封的，可以办理转移登记，不能办理注销登记。（　）
41. 对于在登记审核中发现需要进一步补充材料的，不动产登记机构应当要求申请人补全材料，补全材料所需时间计算在登记办理期限内。（　）
42. 按份共有人可以转让其享有的共有的不动产或者动产份额。其他共有人在同等条件下享有优先购买的权利。（　）
43. 乡镇、村企业的建设用地使用权不得单独抵押。以乡镇、村企业的厂房等建筑物抵押的，其占用范围内的建设用地使用权一并抵押。（　）
44. 抵押权从属于主债权的存在而存在。（　）
45. 共有不动产所有权因共有性质或共有人份额变更申请变更登记的，应当由共有人共同申请。（　）
46. 编制唯一的不动产单元代码是《不动产登记暂行条例》的明确要求，是完善规范不动产登记，切实便民利民的重要举措。（　）
47. 全面完成了地籍区（子区）划分及成果的国家级汇交，有效推动不动产地籍调查、信息平台建设等各项工作，不是不动产统一登记制度的基础。（　）
48. 多个相邻的乡镇、街道也可划分为一个地籍区。（　）
49. 两个或两个以上农民集体共同所有的地块，且土地所有权界线难以划清的，不能设为共有宗。（　）
50. 土地权属未确定或有争议的地块不能设为一宗地。（　）
51. 在使用权宗地（宗海）内，应将房屋、林木等定着物划分为不同的定着物单元。（　）
52. 定着物为房屋等建筑物、构筑物，应符合相关设计规范、规划要求、施工规范、验收标准和确权登记的要求。（　）

53. 土地（海域）信息是不动产调查登记的重要载体和有机组成部分。（　）
54. 已有地（海）籍调查成果不是调查衔接的主要依据。（　）
55. 不动产地籍调查应以不动产单元为基本单位，在地（海）籍调查的基础上，一并开展土地、海域以及房屋、林木等定着物的权属调查和测量。（　）。
56. 依据《不动产登记暂行条例》，不动产是指土地、海域以及房屋、林木等定着物，不动产以不动产单元为基本单位进行登记。（　）
57. 不动产地籍调查不是以不动产登记申请人申请登记的不动产单元为对象。（　）
58. 宗地特征、界址未发生变化的，宗地代码不变。（　）
59. 对已有的地籍调查进行实地核实时，发现不动产权属状况与相关资料不一致，在原不动产地籍调查表上用红线划去错误内容，标注正确内容，不必填写新的不动产地籍调查表。（　）
60. 对已有的地籍调查进行实地核实时，发现原地籍调查表中界址边长或房屋边长数据错误的，应在原地籍调查表的复印件上用红线划去错误的数据，标注正确的数据，在标注处签字，并填写新的地籍调查表。（　）
61. 与未确定土地使用权的国有土地相邻的宗地，可根据土地权属来源资料单方面指界。（　）
62. 界址边长丈量采用钢尺，尺段规格为 50 米或 100 米，丈量时应控制在 2 个尺段以内。（　）
63. 不动产测量工作的主要内容包括控制测量、界址测量、宗地（海）图和分户房产图的测绘、面积计算、不动产测量报告的撰写等。（　）
64. 不动产地籍图包括地籍图、海籍图及不动产单元图等，其中不动产单元图主要包括宗地图、宗海图和房产分户图（房产平面图）等。（　）
65. 对调查成果存在的问题，应责成调查机构修改完善，直到成果合格为止。（　）
66. 指界人指界后，不在界址签章表上或土地权属界线协议书上签字盖章的，参照违约缺席指界规定处理。（　）
67. 房产面积的测算是房屋水平投影面积的测算，房屋边长测量取水平距离，房屋边长以米为单位，取值 0.01 米；房产面积以平方米为单位，取值 0.01 平方米。（　）
68. 房产面积的实测数据以规划部门《建设工程规划许可证》附图、《建设工程规划验收合格证》附图作为工作底图。（　）
69. 不动产地籍调查成果应由不动产登记机构或授权机构审查。（　）

70. 不动产地籍调查作为不动产登记的基础，是条例实施、簿册统一和信息平台建设的重要支撑，慎重稳妥做好《不动产登记暂行条例》实施后的不动产地籍调查工作意义重大。（　）
71. 申请登记的事项记载于不动产登记簿前，全体申请人提出撤回登记申请的，不动产登记机构应当将登记申请书以及相关材料退还申请人。（　）
72. 地籍区、地籍子区划定后，其数量和界线不宜保持相对稳定，原则上随所依附界线和线性地物的变更而调整。（　）
73. 地籍区的变更不应分割宗地。（　）
74. 海籍调查可不划分地籍区。（　）
75. 地籍区应覆盖整个县级行政辖区，地籍区界线应切分宗地。（　）
76. 对无权属来源，资料缺失、不完整的不动产权属主要采用内业调查的方法。（　）
77. 地籍区代码在同一县级行政区划内可以重复。（　）
78. 依据土地使用权出让合同等相关权源材料确定的范围设立国有建设使用权宗地（地下）的，其地籍子区可与地表的地籍子区保持一致，地籍子区代码采用地表的地籍子区代码。（　）
79. 申请办理不动产转移、变更登记时，如宗地界址等未发生变化的，原有调查结果继续有效。（　）
80. 不动产单元代码采用 7 层 28 位层次码结构，由宗地（宗海）代码与定着物单元代码构成。（　）
81. 整建制的乡镇、街道级的飞地，采用飞入地所在行政辖区的行政区划，宜在飞入地所在行政辖区内统一编制地籍区代码。（　）
82. 地籍区代码宜在县级行政区划内，从东北角开始，按照自左至右、自上而下的顺序编制。（　）
83. 不动产登记机构应当查验不动产界址、空间界限、面积等不动产地籍调查成果是否完备，权属是否清楚、界址是否清晰、面积是否准确。（　）
84. 宗地的划分不得跨越地籍子区。（　）
85. 不动产登记簿内容可以由省级人民政府根据需要调整。（　）
86. 填写不动产申请材料应使用黑色钢笔、圆珠笔。因申请人填写错误确需涂改的，由申请人在涂改处签字（或盖章）确认。（　）
87. 因处分不动产申请登记且存在异议登记的，受让方应当签署已知悉存在异议登记并自行承担风险的书面承诺。（　）

88. 没有房屋等建筑物、构筑物以及森林、林木定着物的，以土地权属界线封闭的空间为不动产单元。有房屋等建筑物以及森林、林木定着物的，以该房屋等建筑物以及森林、林木定着物与土地权属界线封闭的空间为不动产单元。（　）

89. 国有建设用地使用权与房屋所有权被查封的，不予办理转移登记。（　）

90. 当申请材料超过一页时，应按材料时间顺序排序，并宜在每页标注页码。（　）

91. 商品房被预查封的，不影响办理国有建设用使用权及房屋所有权首次登记以及预购商品房预告登记转国有建设用使用权及房屋所有权转移登记。（　）

92. 宅基地使用权及房屋所有权变更登记的申请主体应当为不动产登记簿记载的权利人。（　）

93. 因依法被没收、征收、收回导致不动产权利消灭的，当事人可申请办理注销登记。（　）

94. 申请人申请不动产变更、转移等登记，不动产界址未发生变化的，可以沿用原不动产地籍调查成果；不动产界址发生变化，或界址无变化但未进行过地籍调查或无法提供不动产地籍调查成果的，应当补充或重新开展不动产地籍调查。（　）

95. 地役权变更登记，不动产登记机构应当将登记事项分别记载于需役地和供役地的不动产登记簿。（　）

96. 不动产登记机构应当依法对不动产登记簿进行记载、保存和重建，并进行修改。（　）

97. 宗地权属界线发生变化的，应当重新建簿，并实现与原不动产登记簿关联。（　）

98. 依法取得宅基地使用权，可以单独申请宅基地使用权登记。（　）

99. 不动产登记申请材料应当齐全，符合要求，申请人应当对申请材料的真实性负责，并做出口头承诺。（　）

100. 已经登记的国有建设用地使用权及房屋所有权，同一权利人名下的不动产分割或者合并的，当事人可以申请变更登记。（　）

判断题（二）

1.《不动产登记暂行条例》所称不动产登记，是指不动产登记机构依法将不动产权利归属和其他法定事项记载于不动产登记簿的行为。（ ）

2. 不动产首次登记、变更登记、转移登记、注销登记、更正登记、异议登记、预告登记、查封登记等，适用《不动产登记暂行条例》。（ ）

3. 行政区域变更或者不动产登记机构职能调整的，应当及时将不动产登记簿移交相应的不动产登记机构。（ ）

4. 跨县级行政区域的不动产登记，由所跨县级行政区域的不动产登记机构分别办理。不能分别办理的，由所跨县级行政区域的不动产登记机构协商办理；协商不成的，由共同的上一级人民政府不动产登记主管部门指定办理。（ ）

5. 不动产登记簿采用电子介质的，应当定期进行异地备份，并具有唯一、确定的纸质转化形式。（ ）

6. 不动产登记机构应当指定专人负责不动产登记簿的保管，并建立健全相应的安全责任制度。（ ）

7. 各级自然资源主管部门是队伍作风建设的主体，主要负责人要履行第一责任人职责，分管负责人要担负领导责任。（ ）

8. 对可能存在权属争议，或者可能涉及他人利害关系的登记申请，不动产登记机构可以向申请人、利害关系人或者有关单位进行调查。（ ）

9. 不动产登记机构应当自受理登记申请之日起 15 个工作日内办结不动产登记手续，法律另有规定的除外。（ ）

10. 查询不动产登记资料的单位、个人应当向不动产登记机构说明查询目的，不得将查询获得的不动产登记资料用于其他目的；未经权利人同意，不得泄露查询获得的不动产登记资料。（ ）

11. 房屋等建筑物、构筑物和森林、林木等定着物可以与其所依附的土地、海域分开登记。（ ）

12. 不动产权属证书或者不动产登记证明遗失、灭失，不动产权利人申请补发的，由不动产登记机构在其门户网站上刊发不动产权利人的遗失、灭失声明 5 个工作日后，予以补发。（ ）

13. 不动产首次登记，是指不动产权利初始登记。（ ）

14. 无抚养关系的继子女属于第一顺序法定继承人。（ ）

15. 最高额抵押权发生转移的，应当持不动产登记证明、部分债权转移的材料、当事人约定最高额抵押权随同部分债权的转让而转移的材料等必要材料，申请办理最高额抵押权转移登记。（ ）
16. 轮候查封登记的顺序按照嘱托机关嘱托文书依法送达不动产登记机构的时间先后进行排列。（ ）
17. 甲向乙借款 10 万元人民币，以自己的房屋抵押担保，并约定到期不履行债务时，房屋归乙所有。抵押到期后，不动产登记机构依据借款合同中的上述约定为甲、乙办理了转移登记。（ ）
18. 抵押期间，抵押人可以转让抵押财产。当事人另有约定的，按照其约定。抵押财产转让的，抵押权不受影响。（ ）
19. 不动产登记簿内容原则上不得空缺，确实无法填写的个别栏目，要用斜杠“\”填充并在不动产登记簿附记栏中备注原因。（ ）
20. 申请人一并申请预购商品房预告登记与预购商品房抵押预告登记的，不动产登记机构应当一并受理，就不同的登记事项依次分别记载于不动产登记簿的相应簿页。（ ）
21. 申请登记事项在记载于不动产登记簿之前，部分登记申请人申请撤回登记申请的，不动产登记机构应当受理。（ ）
22. 农村和城市郊区中已经依法没收、征收、征购的土地属于国有。（ ）
23. 关于农村不动产登记，要以“汇交入库、颁证到户、规范登记、日常更新”为标准，持续推进房地一体宅基地确权登记。（ ）
24. 国有建设用地使用权及房屋所有权转移登记应当由当事人单方申请。（ ）
25. 物权是指权利人依法对特定的物享有直接支配和排他的权利，包括所有权、用益物权和担保物权。（ ）
26. 对已实现信息共享的，不动产登记机构可以通过相关方式对完税或者缴费凭证进行核验。（ ）
27. 自然资源确权登记是生态文明建设领域的重要制度安排，划定的既是生态权益边界，也是生态安全边界。做好自然资源确权登记，对深入推进生态文明体制改革、促进绿色低碳发展具有基础性作用。（ ）
28. 土地承包经营权人可以自主决定依法采取出租、入股或者其他方式向他人流转土地经营权。（ ）
29.《不动产登记暂行条例》将“方便群众申请登记，保护权利人合法权益”作为立法目的。（ ）

30. 明确自然资源确权登记的法律地位，构建更加完善的工作体系，强化改革协同、突出整体保护，持续拓展自然资源确权登记范围，加强登记成果应用，为维护国家自然资源资产权益、保护重要自然生态空间提供有效产权支撑。（　）

31. 2023 年底前，完成集体土地所有权确权登记成果更新汇交，建立健全“日常 + 定期”的更新完善机制。（　）

32. 对于宅基地和集体建设用地尚未开展地籍调查，其地上房屋等建筑物已经登记的，应开展宅基地和集体建设用地地籍调查，按照产权登记信息，形成房地一体不动产地籍调查成果。（　）

33. 党政机关办公用房的房屋所有权、土地使用权等不动产权利办理登记时，可以一体登记，也可以分开登记，权利主体一致即可。（　）

34. 房屋所有权和国有土地使用权证记载的房屋用途与土地用途不一致的，可分别按照原登记记载的房屋、土地用途进行不动产登记。（　）

35. 对不以公益为目的的养老、教育等社会领域企业以有偿方式取得的建设用地使用权、设施等财产进行抵押融资的，各地可采取告知承诺制等措施，保障抵押权实现后原有经营活动保持稳定，确保土地用途不变，利益相关人员权益不受损。（　）

36. 国土空间规划确定为工业、商业、旅游、娱乐等经营性用途，且已依法办理土地所有权登记的集体经营性建设用地，土地所有权人可以通过出让、出租等方式交由单位或者个人在一定年限内有偿使用，并应当签订书面合同。（　）

37. 农村村民新建、改建、扩建住宅，应当符合村庄规划，尽量使用原有宅基地、闲置宅基地、村内空闲地。（　）

38. 农村村民原地拆旧建新且不超过原批准用地范围建住宅的，无须另行审批，但应当办理乡村建设规划许可证；超过原批准用地范围建住宅的，应当重新审批。（　）

39. 除尚未登记的不动产首次申请登记的，不动产登记机构应当通过查阅不动产登记簿的记载信息，审核申请登记事项与不动产登记簿记载的内容是否一致。（　）

40. 深化农村土地制度改革，赋予农民更加充分的财产权益，保障进城落户农民合法土地权益，鼓励依法自愿无偿转让。（　）

41. 在分别持证的情况下，不动产权证号字段仍需填写相同值。（　）

42. 2018年，为贯彻落实习近平总书记关于进一步纠正“四风”、加强作风建设的重要批示精神，自然资源部党组部署开展不动产登记窗口作风问题专项整治，着力解决“推绕拖”“办证难”问题。（ ）
43. 有关市县不动产登记中心接受自然资源部精准核查任务，查询后将查询结果报有关领导审定，再填入反馈表格，按接受任务渠道反馈。（ ）
44. 不动产登记数据库要做好与同级国土空间基础信息平台和国土空间规划“一张图”关联、衔接。（ ）
45. 自然资源登记单元划定后，单元内原属集体所有的自然资源全部转为国有自然资源。（ ）
46. 因测绘精度等原因造成集体土地与国有土地、其他集体土地所有权重叠的，经核实，不存在权属争议且界址无变化的，遵循“低精度服从高精度”原则，按照《不动产登记暂行条例实施细则》第八十一条有关规定办理更正登记。（ ）
47. 自然资源首次登记发布公告。公告由不动产登记中心制作，自然资源所在地的市县级地方人民政府配合具有登记管辖权的登记机构进行公告，涉及国家秘密和其他不适宜公开的信息的除外。公告期不少于15个工作日。（ ）
48. 自然资源登记类型包括首次登记、变更登记、注销登记和更正登记。自然资源首次登记程序为通告、地籍调查、审核、公告、登簿。（ ）
49. 在国家公园、自然保护区、自然公园等各类自然保护地登记单元内的矿产资源，可以单独划定登记单元，通过分层标注的方式在自然资源登记簿上记载探明储量的矿产资源的范围、类型、储量等内容。（ ）
50. 不动产物权的设立、变更、转让和消灭，依照法律规定应当登记的，自记于不动产权证书时发生效力。（ ）
51. 林地的承包期为30至50年。（ ）
52. 当事人之间订立有关设立、变更、转让和消灭不动产物权的合同，除法律另有规定或者合同另有约定外，自合同成立时生效；未办理物权登记的，合同效力待定。（ ）
53. 不动产权属证书是权利人享有该不动产物权的证明。不动产权属证书记载的事项，应当与不动产登记簿一致；记载不一致的，除有证据证明不动产登记簿确有错误外，以不动产登记簿为准。（ ）
54. 不动产物权的设立、变更、转让和消灭，均自记载于不动产登记簿时方能发生效力。（ ）

55. 未满 18 周岁的未成年人信息属于个人敏感信息。（ ）
56. 不动产权证书印刷编号不唯一，不动产单元号唯一。（ ）
57. 律师受民间借贷纠纷债权方委托，到不动产登记机构查询债务方不动产登记档案，允许“以人查房”。（ ）
58. 对申请不动产更正登记和变更登记的不收取其登记费用。（ ）
59. 电子印章与实物印章具有同等法律效力，加盖电子印章的电子材料合法有效。（ ）
60. 人民法院查封期限不得超过 5 年。（ ）
61. 在建建筑物抵押的，抵押财产不包括已经办理预告登记的预购商品房和已办理预售合同登记备案的商品房。（ ）
62. 建立健全日常登簿和数据入库质量保障机制，进一步加强业务管理，规范登簿行为，要明确专门的“质量检验员”，由专人负责登记成果和数据导入不动产登记数据库前的质量把关工作，确保登簿内容和入库数据的全面准确、不缺不漏。（ ）
63. 根据《地籍调查规程》（GB/T 42547—2023），对集体土地所有权宗地，在土地权属状况调查时，不调查批准用途。（ ）
64. 甲通过流转取得的林地经营权，已经依法办理林地经营权登记的，经承包方书面同意，甲可以申请抵押登记。（ ）
65. 共有林权宗地分户，应在明确各自权属界线的基础上，由发包方牵头组织、林草部门技术指导、全体共有人到场指界。（ ）
66. 张某通过家庭方式承包某林地。张某死后，其继承人只能继承承包收益，不可以在承包期内继续承包。（ ）
67. 李某通过招标、拍卖、公开协商等方式取得土地经营权。李某死后，其应得的承包收益，依照《民法典》的规定继承；其继承人可以在承包期内继续承包。（ ）
68. 根据《自然资源部 国家林业和草原局关于以第三次全国国土调查成果为基础明确林地管理边界规范林地管理的通知》（自然资发〔2023〕53 号）要求，将油茶等木本油料林、橡胶等工业原料林、核桃等干果经济林，由林地调整为园地。（ ）
69. 根据《自然资源部办公厅 国家林业和草原局办公室关于强化业务协同加快推进林权登记资料移交数据整合和信息共享的通知》（自然资发〔2023〕2 号）要求，林权合同签订后，应当开展地籍调查，明确界址、面积等信息，

确保地籍调查成果满足林业管理和林权登记需要，实现共享共用，避免重复调查。（ ）

70. 土地承包经营权家庭成员情况发生变化的，不动产登记机构在不动产登记簿和不动产权属证书“承包方家庭成员情况”的附记栏中说明。（ ）

71. 根据《自然资源部关于开展不动产登记队伍作风常态化建设的通知》（自然资发〔2022〕144 号）要求，对问题严重、造成恶劣影响的，要进行约谈、通报批评。（ ）

72. 根据《自然资源部关于开展不动产登记队伍作风常态化建设的通知》（自然资发〔2022〕144 号）要求，不得为融资等违法办理登记。（ ）

73. 新安江和横江的交界处，以横江作为登记单元界线。（ ）

74. 根据《自然资源部关于持续推进农村房地一体宅基地确权登记颁证工作的通知》（自然资发〔2023〕109 号）要求，对缺少空间信息的，可利用航空或高分辨率卫星影像图完成图形矢量化，也可利用“国土调查云”等软件补充空间位置信息后，再汇交入库。（ ）

75. 除“一地多证”以及已合法审批的建设用地外，对于分散登记时期因管理不衔接等原因，导致林权证范围内存在耕地、草地等其他情形，权利人申请登记的，不动产登记机构不应办理。（ ）

76. 自然资源统一确权登记制度的建立和实施是为贯彻落实党中央、国务院关于生态文明建设决策部署。（ ）

77. 根据《自然资源部关于持续推进农村房地一体宅基地确权登记颁证工作的通知》（自然资发〔2023〕109 号）要求，仅完成宅基地调查的，需开展房地一体地籍调查。（ ）

78. 对水流、森林、山岭、草原、荒地、滩涂、海域、无居民海岛以及探明储量的矿产资源等自然资源的所有权和所有自然国土空间统一进行确权登记，适用《自然资源统一确权登记暂行办法》。（ ）

79. 根据《自然资源部关于持续推进农村房地一体宅基地确权登记颁证工作的通知》（自然资发〔2023〕109 号）要求，各地要采取向乡镇、村延伸登记服务，以及网络视频确认、特殊困难群体上门服务等方式，方便群众办事。（ ）

80. 自然资源首次登记应当由不动产登记机构依嘱托启动。（ ）

81. 根据《自然资源部办公厅 国家林业和草原局办公室关于进一步规范林权类不动产登记做好林权登记与林业管理衔接的通知》（自然资办发〔2020〕

31 号）要求，登记机构要做好数据接收和建库，编制不动产单元代码和林权登记编号，及时将入库信息反馈林草部门。（ ）

82. 自然资源确权登记结果不应当向社会公开。（ ）
83. 集体土地所有权未登记或者存在权属争议的，集体经营性建设用地不得入市交易。（ ）
84. 根据《自然资源部办公厅 国家市场监督管理总局办公厅关于推动信息共享促进不动产登记和市场主体登记便利化的通知》（自然资发〔2019〕44 号），申请人出示电子营业执照办理不动产登记的，自然资源主管部门应核验、下载电子营业执照文件存档，无须当事人提交纸质营业执照原件或复印件。（ ）
85. 登簿环节是数据质量的重要保障。（ ）
86. 在一定时期内对行政辖区内全部或者大部分自然资源统一组织开展首次登记的，应当建立"政府统一领导、自然资源部门牵头、相关部门参与配合"的工作机制。（ ）
87. 遗嘱和遗赠并存的，两种方式均有效，但遗嘱优先遗赠。（ ）
88. 根据《自然资源部办公厅 国家林业和草原局办公室关于强化业务协同加快推进林权登记资料移交数据整合和信息共享的通知》（自然资办发〔2023〕2 号）要求，要制定信息共享安全制度，共享信息要用于林业管理、林权登记及相关工作当中。（ ）
89. 自然资源统一确权登记以不动产登记为基础，依据《不动产登记暂行条例》的规定办理登记的不动产权利，不再重复登记。（ ）
90. 具备条件的地方银保监部门与不动产登记机构可以联合制定不动产抵押合同示范文本。（ ）
91. 自然资源首次登记通告由自然资源所在地不动产登记机构发布。（ ）
92. 自然资源确权登记信息应当及时汇交国家不动产登记信息管理基础平台，确保国家、省、市、县四级自然资源确权登记信息的实时共享。（ ）
93. 补录报文在报文 ID 后增加两位字母标识"BL"，该报文不计入补录上报当日的登簿日志。（ ）
94. 电子不动产权证书按照不动产权证书号编码规则，由流水号（7 位）和登记年度（4 位）合并而成，登记年度在后。（ ）
95. 土地用途发生变化的，申请土地经营权变更登记需要提交变更后的土地经营权合同。（ ）

96. 李某取得某承包地块的土地承包经营权，在办理土地承包经营权首次登记后，李某想用承包地的土地经营权进行抵押的，可以直接申请抵押权登记。（　）

97. 虐待被继承人情节严重的，不论是否追究刑事责任，均可确认其丧失继承权。（　）

98. 一方未经另一方同意出售夫妻共同所有的房屋，第三人善意购买、支付合理对价并已办理不动产登记，另一方主张追回该房屋的，人民法院应予支持。（　）

99. 继承开始后，一般按遗赠抚养协议、遗嘱或遗赠、法定继承的先后顺序处理遗产。（　）

100. 承包期限届满，土地承包经营权人按照国家有关规定继续承包的，承包方应当持原不动产权属证书以及其他证实发生变更事实的材料，申请土地承包经营权变更登记。（　）

判断题（三）

1. 自然资源主管部门对省、自治区、直辖市人民政府以及国务院确定的城市人民政府土地利用和土地管理情况进行督察。（　）
2. 乡镇人民政府应当将永久基本农田的位置、范围向社会公告，并设立保护标志。（　）
3. 集体土地所有权人可以依据集体经营性建设用地出让方案，以招标、拍卖或者协议等方式确定土地使用者，不得采取挂牌方式。（　）
4. 跨县级行政区域的不动产登记，由所跨县级行政区域的不动产登记机构协商办理。（　）
5. 不动产权利人已经依法享有的不动产权利，如因登记机构或登记程序改变，应及时办理相应登记。（　）
6. 当事人或其代理人应当到不动产登记机构办公场所申请不动产登记。（　）
7. 有关国家机关可以依照法律、行政法规的规定查询、复制所有不动产登记资料。（　）
8. 按份共有人转让其享有的不动产份额，应当由全部权利人与受让人共同申请转移登记。（　）
9. 坚持"需求导向、一数一源""谁产生，谁提供，谁负责"等原则，与人民法院、人民检察院、国家安全机关、纪检监察机关，公安、民政、财政、税务、市场监管、金融、审计、统计等部门建立信息共享机制，明确共享范围、内容、方式等，为相关部门履行职责提供以权证内容为主的不动产登记信息共享服务。（　）
10. 不动产登记公告应当在不动产登记机构门户网站以及不动产所在地等指定场所进行，公告期可以是20个工作日。（　）
11. 不动产登记机构应该根据相关申请材料，填写不动产权属证书或证明。（　）
12. 因不动产权利灭失，无法收回不动产权证书或证明的，在登记事项记载于登记簿前，不动产登记机构应当其门户网站或者当地公开发行的报刊上公告作废。（　）
13. 土地利用总体规划的规划期限由自然资源部规定。（　）
14. 不动产上已经设立抵押权或者地役权，所有权人、使用权人因放弃权利申请登记的，不动产登记机构应当函告抵押权人或地役权人后办理注销登记。

（ ）

15. 永久基本农田划定以县为单位进行，由县级人民政府自然资源主管部门会同同级农业农村主管部门组织实施。（ ）

16. 供役地分割转让办理登记，转让部分涉及地役权的，应当由受让人与地役权人一并申请地役权转移登记。（ ）

17. 土地使用权转让时，土地使用权出让合同和登记文件中所载明的权利、义务随之转移。（ ）

18. 公告期间，当事人对公告有异议的，应当在提出异议的期限内到不动产登记机构的办公场所口头提出异议，并提供相关材料。（ ）

19. 抵押权不得与债权分离而单独转让或者作为其他债权的担保。债权转让的，担保该债权的抵押权一并转让，但是法律另有规定或者当事人另有约定的除外。（ ）

20. 以公益为目的的非营利性学校、幼儿园、医疗机构、养老机构以其教育设施、医疗卫生设施、养老服务设施和其他公益设施以外的不动产、动产或者财产权利设立担保物权等提供担保的，人民法院应当认定担保合同无效。（ ）

21. 当事人以依法被查封或者扣押的财产抵押，抵押权人请求行使抵押权，经审查查封或者扣押措施已经解除的，人民法院不予支持。抵押人以抵押权设立时财产被查封或者扣押为由主张抵押合同无效的，人民法院应予支持。（ ）

22. 债权人以诉讼方式行使担保物权的，应当以债务人和担保人作为共同被告。（ ）

23. 抵押财产无论是否因抵押人自身的原因等导致不能办理抵押登记，债权人请求抵押人在约定的担保范围内承担责任的，人民法院应予支持。（ ）

24. 当事人以建设用地使用权依法设立抵押，抵押人以土地上存在违法的建筑物为由主张抵押合同无效的，人民法院应予支持。（ ）

25. 抵押人以划拨建设用地上的建筑物抵押，当事人以该建设用地使用权不能抵押或者未办理批准手续为由主张抵押合同无效或者不生效的，人民法院不予支持。（ ）

26. 受让人知道不动产登记簿上记载的权利主体错误，但不能据此认定不动产受让人知道转让人无处分权。（ ）

27. 不动产登记代理专业人员职业资格设不动产登记代理人一个层级。（ ）

28. 自然资源部对中国土地估价师与土地登记代理人协会实施的考试工作进行

监督和检查，指导中国土地估价师与土地登记代理人协会确定考试科目、考试大纲、考试试题和考试合格标准等。（　）

29. 不动产登记代理专业人员实行登记服务制度。（　）

30. 国家设立不动产登记代理专业人员水平评价类职业资格制度，面向全社会提供不动产登记代理专业人员能力水平评价的服务，纳入国家职业资格目录。（　）

31. 通过不动产登记代理专业人员职业资格考试并取得职业资格证书的人员，表明其已具备从事水流、森林、山岭、草原、荒地、滩涂等自然资源和土地、海域以及房屋、林木等定着物的不动产登记代理专业岗位工作的职业能力和水平。（　）

32. 国家所有的森林资源的所有权由国务院代表国家行使。国务院可以授权国务院林业主管部门统一履行国有森林资源所有者职责。（　）

33. 农村土地承包应当坚持公开、公平、公正的原则，正确处理国家、集体、个人三者的利益关系。（　）

34. 国家所有的林地和林地上的森林、林木可以依法确定给林业经营者使用。林业经营者依法取得的国有林地和林地上的森林、林木的使用权可以转让、出租、作价出资等。（　）

35. 不动产登记原始资料，包括不动产登记申请书、申请人身份材料、不动产权属来源、登记原因、不动产权籍调查成果等材料以及不动产登记机构审核材料。（　）

36. 本法实施前已经预留机动地的，机动地面积不得超过本集体经济组织耕地总面积的 5%。不足 5% 的，应当补足预留机动地。（　）

37. 法律上，法定继承人要依据继承人和被继承人之间的婚姻关系、血缘关系和家庭关系予以确定。（　）

38. 未成年人的父母与其他依法具有监护资格的人订立协议，约定免除具有监护能力的父母的监护职责的，人民法院依法予以支持。（　）

39. 因胁迫结婚的，受胁迫的一方可以向人民法院请求撤销婚姻。一方患有重大疾病的，应当在结婚登记前如实告知另一方；不如实告知的，另一方可以向人民法院请求撤销婚姻。请求撤销婚姻的，应当自知道或者应当知道撤销事由之日起 3 年内提出。（　）

40. 根据《不动产登记资料查询暂行办法》，不动产登记资料查询遵循严格管理、稳定连续、方便群众的原则。（　）

41. 不动产或者动产可以由两个以上组织、个人共有。共有包括按份共有、共同共有和其他共有。（ ）
42. 为了生态保护、基础设施建设等公共利益的需要，确需征收、征用林地、林木的，应当依照《森林法》等法律、行政法规的规定办理审批手续，并给予公平、合理的补偿。（ ）
43. 居住权人有权按照合同约定，对他人的住宅享有占有、使用和收益的用益物权，以满足生活居住的需要。（ ）
44. 县级人民政府不动产登记机构负责不动产登记资料查询管理工作。（ ）
45.《不动产登记暂行条例》实施前已经形成的土地、房屋、森林、林木、海域等登记资料，属于不动产登记资料。不动产登记机构应当依照《不动产登记资料查询暂行办法》的规定提供查询。（ ）
46. 农村土地承包后，土地的所有权性质不变。承包地不得买卖。（ ）
47. 民事法律行为可以附期限，但是根据其性质不得附期限的除外。附生效期限的民事法律行为，自期限届至时生效。附终止期限的民事法律行为，自期限届满时失效。（ ）
48.《不动产登记代理人职业资格证书》在全国范围有效。（ ）
49. 因紧急避险造成损害的，由引起险情发生的人承担民事责任。危险由自然原因引起的，紧急避险人不承担民事责任，应当给予适当补偿。（ ）
50. 国家实行农村土地承包经营制度。农村土地承包采取农村集体经济组织内部的家庭承包方式，也可以采取招标、拍卖、公开协商等方式承包。（ ）
51. 根据《自然资源部关于进一步做好地籍调查工作的通知》（自然资发〔2023〕195 号），地籍调查以不动产单元或自然资源登记单元为基本作业单位。（ ）
52. 根据《自然资源部关于进一步做好地籍调查工作的通知》（自然资发〔2023〕195 号），应依据规划、审批等材料，设定不动产单元或自然资源登记单元，编制单元代码，并一直沿用。（ ）
53. 根据《自然资源部关于进一步做好地籍调查工作的通知》（自然资发〔2023〕195 号），自然资源地籍调查成果，由所在地县级不动产登记机构和相关部门组织核实。（ ）
54. 土地使用权出让合同约定的使用年限届满，土地使用者未申请续期或者虽申请续期但依照相关规定未获批准的，土地使用权由国家无偿收回。（ ）
55. 根据《自然资源部关于进一步做好地籍调查工作的通知》（自然资发

〔2023〕195号），权属调查是地籍调查的核心，应在全面查清权属状况、做好指界工作基础上，以权属调查确定的界址点、界址线为依据开展地籍测绘。（ ）

56. 男女双方可以约定婚姻关系存续期间所得的财产以及婚前财产归各自所有、共同所有或者部分各自所有、部分共同所有。（ ）

57. 根据《自然资源确权登记操作指南（试行）》，国务院确定的重点国有林区以国家批准的范围界线为依据单独划定自然资源登记单元。登记单元与自然保护地发生重叠的，登记簿记载行政级别最高的所有权行使主体。（ ）

58. 根据《自然资源确权登记操作指南（试行）》，登记机构依据自然资源地籍调查成果和相关审批文件，结合国土空间规划明确的用途、划定的生态保护红线等管制要求或政策性文件以及不动产登记结果资料等，对登记的内容进行审核。（ ）

59. 根据《自然资源确权登记操作指南（试行）》，自然资源地籍调查中拟公告的内容中属于重要地理信息数据的，应当履行相应重要地理信息审核程序。如有依照国家地图管理法律法规应当送审的地图内容，需履行地图审核程序。（ ）

60. 无居民海岛是指没有居民居住的海岛。（ ）

61. 电子不动产权证书可以使用单一版证书，也可以使用集成版证书。（ ）

62. 电子不动产权证书照面样式中的二维码应是“查询二维码”。（ ）

63. 各省、市、县级不动产登记机构形成的电子证照，按相关规定向国家政府服务部门归集，电子证照目录信息向全国一体化在线政务服务平台归集。（ ）

64. 土地使用权出让，是指国家将国有土地使用权在一定年限内出让给土地使用者，由土地使用者向国家支付土地使用权出让金的行为。（ ）

65. 海域，是指中华人民共和国内水、领海的水面、水体、海床和底土。（ ）

66. 海域属于国家所有，国务院委托自然资源主管部门代表国家行使海域所有权。任何单位或者个人不得侵占、买卖或者以其他形式非法转让海域。（ ）

67. 单位和个人使用海域，必须依法取得海域使用权。（ ）

68. 海域使用权人在使用海域期间，未经依法批准，不得从事海洋基础测绘。（ ）

69. 保证合同是为保障债权的实现，保证人和债务人约定，当债务人不履行到期债务或者发生当事人约定的情形时，保证人履行债务或者承担责任的合同。（ ）

70. 对亲子关系有异议且有正当理由的，父母和成年子女可以向人民法院提起诉讼，请求确认或者否认亲子关系。（　）
71. 为推进保障性安居工程建设，减轻登记申请人负担，廉租住房、公共租赁住房、经济适用住房和棚户区改造安置住房所有权及其建设用地使用权办理不动产登记，登记收费标准为0元。（　）
72. 国务院自然资源、农业农村、林业和草原主管部门分别依照国务院规定的职责负责全国农村土地承包经营及承包经营合同管理的指导。（　）
73. 合同是民事主体之间设立、变更、终止民事法律关系的协议。婚姻、收养、监护等有关身份关系的协议，适用于合同关系的法律规定。（　）
74. 土地使用权划拨，是指县级以上人民政府依法批准，在土地使用者缴纳补偿、安置等费用后将该幅土地交付其使用，或者将土地使用权无偿交付给土地使用者使用的行为。（　）
75. 不动产登记机构在受理申请时，应明确告知小微企业免收不动产登记费，并将告知内容纳入询问记录，切实尽到告知义务。（　）
76. 除不动产权利首次登记，不动产界址、空间界限、面积等自然状况发生变化，以及不动产登记申请人要求重新测量外，不动产登记机构已有不动产测绘成果资料的，不得要求不动产登记申请人重复提供并收费。（　）
77. 房地产转让，应当签订书面转让合同，合同中应当载明土地使用权取得的方式。（　）
78. 借款合同对支付利息约定不明确，当事人不能达成补充协议的，按照当地或者当事人的交易方式、交易习惯、市场利率等因素确定利息；自然人之间借款的，视为没有利息。（　）
79. 农村居民采伐自留地和房前屋后个人所有的零星林木应当申请采伐许可证，并按照采伐许可证的规定进行采伐。（　）
80. 林地和林地上的森林、林木的所有权、使用权，由林业主管部门统一登记造册，核发证书。（　）
81. 自然资源部委托北京市规划和自然资源委员会直接办理在京中央国家机关的不动产登记。（　）
82. 在京中央国家机关申请不动产登记时，应当提交《不动产登记暂行条例》及《不动产登记暂行条例实施细则》规定的材料和有关机关事务管理局出具的不动产登记审核意见。（　）
83. 北京市规划和自然资源委员会办理在京中央国家机关不动产登记时，应当

使用自然资源部制发的“自然资源部不动产登记专用章”。（ ）

84. 地籍调查是不动产统一登记的重要前提条件，其技术标准是登记依据的重要组成部分。（ ）

85. 已办理首次登记的不动产，申请人因继承、受遗赠，或者人民法院、仲裁委员会的生效法律文书取得该不动产但尚未办理转移登记，又因继承、受遗赠，或者人民法院、仲裁委员会的生效法律文书导致不动产权利转移的，不动产登记机构应先办理之前的转移登记，再办理后续的转移登记，并将之前转移登记的事实在不动产登记簿的附记栏中记载。（ ）

86. 在执行人民法院确认土地、房屋权属的生效法律文书时，应当按照人民法院生效法律文书所确认的权利人办理土地、房屋权属变更、转移登记手续。（ ）

87. 共有不动产的登记，应当由全体共有人共同申请。按份共有人转让、抵押其享有的不动产份额，应当由全体共有人与受让人或者抵押权人共同申请。（ ）

88. 地籍数据库的内容包括地籍调查成果和确权登记成果。地籍数据库包括地籍调查数据和不动产登记数据。（ ）

89. 自然资源地籍调查主要采用“内业为主、外业为辅”的内外业相结合的方法。（ ）

90. 民事法律行为自约定时生效，但是法律另有规定或者当事人另有约定的除外。（ ）

91. 人民法院对可以分割处分的房屋应当在执行标的额的范围内分割查封，不可分割的房屋可以整体查封。（ ）

92. 对被执行人因继承、判决或者强制执行取得，但尚未办理过户登记的土地使用权、房屋的查封，执行法院应当向不动产登记机构提交被执行人取得财产所依据的继承证明、生效判决书或者执行裁定书及协助执行通知书，由不动产登记机构办理过户登记手续后，办理查封登记。（ ）

93. 若申请人对不予受理的决定不服，可自收到不予受理告知书之日起 60 日内对行政复议机关申请行政复议，或者在收到不予受理告知书之日起 6 个月内向人民法院提起行政诉讼。（ ）

94. 不动产登记电子资料的范围应包括电子资料目录、电子登记簿和纸质资料成果。（ ）

95. 电子资料备份数据应定期进行检验，检验主要内容包括备份数据正常打开、

数据信息完成、材料数量准确等。（ ）

96. 自然人委托他人申请不动产登记的，委托人和代理人应在不动产登记申请书上签字；法人或非法人组织委托他人申请不动产登记的，代理人应在不动产登记申请书上签字，并加盖法人或非法人组织的公章。（ ）

97. 实地查看应由不动产登记机构工作人员参加，查看人员应对查看对象拍照，填写实地查看记录。现场照片及查看记录应归档，但不属于原始登记资料。（ ）

98. 不动产登记机构应当依法对不动产登记簿进行记载、保存和重建，不得随意更改。有证据证实不动产登记簿记载的事项确实存在错误的，应当依法进行变更登记。（ ）

99. 根据《自然资源部办公厅关于印发〈互联网＋不动产登记建设指南〉的通知》（自然资办函〔2020〕1355号），“互联网＋不动产登记”是不动产登记信息管理基础平台在互联网端的服务延伸，主要包括建设网上“一窗办事”平台、升级改造不动产登记系统、完善扩展信息共享集成等3项任务。（ ）

100. 记载于不动产登记簿的时点应当按下列方式确定：使用电子登记簿的，以登簿人员将登记事项在不动产登记簿上记载完成之时为准；使用纸质登记簿的，应当以登簿人员将登记事项在不动产登记簿上记载完毕为准。（ ）

判断题（四）

1. 不动产单元表是指以不动产单元代码关联宗地、宗海范围内所有不动产单元自然状况、权属状况等相关信息的表格，也是不动产统一登记前的楼盘表。（　）
2. 比例尺为 1 ∶ 500、1 ∶ 1000、1 ∶ 2000 的地籍图和数据，当投影长度变形值不大于 2.5 厘米 / 千米时，应选择高斯－克吕格投影任意带的平面直角坐标系。（　）
3. 土地权属界址外业调查时，如发现实际用地范围超出权属来源材料规定的界址范围（有界址点坐标），则超出部分进行指界后，需采用文字叙述和图形表达相结合的形式，在宗地调查表中作出说明。（　）
4. 土地权属界址外业调查指界时，多个相邻宗地权利人或实际使用人无法同时到场指界的，可分别指界。（　）
5. 在宗地调查表中的界址点号，应以宗地为单位，从左上角按顺时针方向，从“1”开始编制。（　）
6. 在地籍数据库中，土地权属界址点号应在地籍区或地籍子区范围内统一编制，保证界址点号唯一，并与宗地调查表中的界址点号建立关联。（　）
7. 根据指界结果，绘制宗地草图或土地权属界线协议书附图。图上可标注实地丈量的界址边长、相关距离、条件距离等，也可标注图解边长或图解坐标反算边长。（　）
8. 房屋的总层数为房屋地上层数与地下层数之和。建在自然层（标准层）之间或自然层内，且可利用空间的垂直高度在 2.20 米以上（不含 2.20 米）的设备层、转换层等计入房屋自然层数。（　）
9. 房产草图上汉字的字头一律向北（上）注记，数字字头应向北（上）、向西（左）注记；沿墙体所测得的边长数据，应当标注在紧靠房产草图上相应的墙体处平行于墙体的位置。（　）
10. 图解界址点坐标不能用于放样确定实地界址点的精确位置。（　）
11. 图解法获取平原、丘陵地区明显界址点精度指标（全野外数字测绘法成图）图上中误差为 ±0.5 毫米。（　）
12. 地籍图的内容包括行政区划要素、地籍要素、地形要素和图廓要素。（　）
13. 以地籍图为基础，利用地籍数据编绘宗地图，用加粗黑线表示建筑物区分

所有权专有部分所在房屋的轮廓线。（　）

14. 总调查由县级以上地方人民政府组织实施。县级以上地方人民政府应成立调查领导小组，县级以上地方人民政府自然资源主管部门负责组织编制实施方案和技术设计书、宣传调查目的和意义、培训技术人员和开展前期试点等工作。（　）

15. 地籍总调查中土地权属调查的单元是地籍子区。（　）

16. 地籍总调查成果验收，实地界址点设定不正确比例超过 5% 的，评定为不合格。（　）

17. 地籍调查表不包括不动产单元表。（　）

18. 宗地调查表权利设定方式填写划拨、出让、国有土地租赁等。（　）

19. 根据《自然资源部 国家林业和草原局关于以第三次全国国土调查成果为基础明确林地管理边界规范林地管理的通知》（自然资发〔2023〕53 号），第三次全国国土调查为林地，实际属于在第二次全国土地调查及后续年度土地变更调查成果中的耕地上实施国家退耕还林或按照国家政策和标准建设的防护林和绿色通道等的，经地方各级自然资源主管部门与林草主管部门共同确认到图斑后，按照林地管理。（　）

20. 根据《自然资源部 国家林业和草原局关于以第三次全国国土调查成果为基础明确林地管理边界规范林地管理的通知》（自然资发〔2023〕53 号），第三次全国国土调查为耕地，实际属于《国务院关于保护森林制止毁林开垦和乱占林地的通知》（国发明电〔1998〕8 号）印发以前开垦国有林区、国有林场的国有林权证范围内的林地（湿地、草地），按照林地管理。（　）

21. 以家庭承包方式取得的土地承包经营权首次登记，应由承包方申请。（　）

22. 同一权利人分割或者合并承包土地的，当事人可申请土地承包经营权变更登记。（　）

23. 土地承包经营权变更登记应由不动产登记簿上记载的权利人申请。（　）

24. 发包方依法收回或者承包方依法、自愿交回的，当事人可申请土地承包经营权转移登记。（　）

25. 农民集体因互换、土地调整等原因导致集体土地所有权转移的，由县级自然资源部门统一组织有关农民集体申请办理转移登记等。（　）

26. 营利法人举办的为公益目的成立的非营利性幼儿园等教育设施可以办理抵押登记。（　）

27.《民法典》施行前已经办理抵押登记的不动产，抵押期间转让的，未经抵押

权人同意，不予办理转移登记。（ ）

28. 开发企业或有关单位灭失的，首次登记与转移登记可一并办理，并在不动产登记簿中对权利主体灭失情况予以记载。（ ）

29. 林权转移、抵押、流转等涉及已登记的林权界址发生变化的，由当事人自行提供地籍调查成果。（ ）

30. 对无土地权属来源材料的单位或个人用地，根据政策法规，经核实为合法拥有或使用的土地，可根据双方协商、实际利用状况及地方习惯进行指界。（ ）

31. 不动产权证书是由不动产登记机构颁发的、记载权利人对一个不动产单元拥有一种或者互相兼容的一组权利的证明。（ ）

32. 以集体所有土地的使用权依法抵押的，实现抵押权后，可以改变土地所有权的性质和土地用途。（ ）

33. 自然资源更正登记涉及所有权权属界线的，应当在登簿前进行公告。（ ）

34. 居住权期限届满或者居住权人死亡的，居住权消灭。居住权消灭的，可以不办理注销登记。（ ）

35. 林业经营者依法取得的国有林地和林地上的森林、林木的使用权，经批准可以转让、出租、作价出资等。（ ）

36. 不动产权证书属于登记资料。（ ）

37. 因意外事件下落不明，经有关机关证明该自然人不可能生存的，申请宣告死亡仍受 2 年时间的限制。（ ）

38. 不动产登记机构应当明确不动产登记簿唯一、确定的介质形式。（ ）

39. 当事人仅以建设用地使用权抵押，债权人主张抵押权的效力及于土地上已有的建筑物以及正在建造的建筑物已完成部分的，人民法院不予支持。（ ）

40. 办理房屋所有权首次登记时，申请人应当将建筑区划内依法属于业主共有的道路、绿地、其他公共场所、公用设施和物业服务用房及其占用范围内的建设用地使用权一并申请登记为业主共有。（ ）

41. 解析界址点号可采用 J1、J2、…表示，图解界址点号可采用 T1、T2、…表示。（ ）

42. 利害关系人可以申请以权利人的姓名或者名称、公民身份号码或者统一社会信用代码等特定主体身份信息为索引信息查询不动产登记资料。（ ）

43. 从物产生于抵押权依法设立前，抵押权人主张抵押权的效力及于从物的，人民法院应予支持，但是当事人另有约定的除外。（ ）

44. 一方患有重大疾病的，应当在结婚登记前如实告知另一方；不如实告知的，应当认定为无效婚姻。（　）
45. 处理民事纠纷，应当依照法律；法律没有规定的，可以适用习惯，但是不得违背公序良俗。（　）
46. 营利法人无须经依法登记即可成立。（　）
47. 继子女继承了继父母遗产的，不影响其继承生父母的遗产。（　）
48. 权利人可以将不动产登记原始资料带离设定的场所。（　）
49. 定金合同自合同生效时成立。（　）
50. 对于土地所有权、土地承包经营权宗地，明显界址点可选择一级精度。（　）
51. 共有人分割所得的不动产或者动产有瑕疵的，其他共有人应当分担损失。（　）
52. 电子不动产权证书使用少数民族文字时，一般在汉字的下方。（　）
53. 民事法律行为部分无效，不影响其他部分效力的，其他部分仍然有效。（　）
54. 建设用地使用权地籍调查，其地籍图的基本比例尺可以是 1 ∶ 10000。（　）
55. 不能完全辨认自己行为的成年人为限制民事行为能力人，可以独立实施纯获利益的民事法律行为或者与其年龄、精神健康状况相适应的民事法律行为。（　）
56. 水流不能单独划定自然资源登记单元。（　）
57. 经批准的土地利用总体规划的修改，须经县级以上自然资源主管部门批准；未经批准，不得改变土地利用总体规划确定的土地用途。（　）
58. 地籍是土地的“户籍”。（　）
59. 根据《自然资源部 中国银行保险监督管理委员会关于协同做好不动产“带押过户”便民利企服务的通知》（自然资发〔2023〕29 号），“带押过户”主要适用于在银行业金融机构存在未结清的按揭贷款。（　）
60. 对于延包中因土地承包合同期限变化直接顺延的，由发包方统一组织承包方申请变更登记，不动产登记机构依据延包合同在不动产登记簿上做相应变更，在原农村土地承包经营权证书上标注记载，加盖不动产登记机构公章。（　）
61. 无民事行为能力或者限制民事行为能力的成年人，首先由父母、子女担任监护人。（　）
62. 法人应当有自己的名称、组织机构、住所、财产或者经费。（　）
63. 不动产测绘是地籍调查的核心工作，是地籍调查的基本特征所在，是权属

调查的前提条件。（　）

64. 当事人对有关人民政府的处理决定不服的，可以自接到处理决定通知之日起 30 日内，向人民法院起诉。（　）

65. 根据《自然资源部办公厅 国家林业和草原局办公室关于强化业务协同加快推进林权登记资料移交数据整合和信息共享的通知》（自然资办发〔2023〕2 号）要求，林权登记资料应由不动产登记机构保管，原林权登记资料存放在档案部门的，由林草部门会同自然资源部门协调档案部门将纸质材料及电子扫描件移交至自然资源部门。（　）

66. 通过流转取得的土地经营权办理抵押登记的，需提供经承包方书面同意并向发包方备案的材料。（　）

67. 行为人没有代理权、超越代理权或者代理权终止后，仍然实施代理行为，仍对被代理人发生效力。（　）

68. 根据《自然资源部关于做好不动产抵押权登记工作的通知》（自然资发〔2021〕54 号）要求，不动产登记机构应当根据申请在不动产登记簿担保范围栏记载；没有提出申请的，填写“否”。（　）

69. 地籍数据库可单独建设，也可采用物理分散、逻辑集中模式建设。（　）

70. 遗嘱继承人既能在法定继承人范围内指定，也能在法定继承人范围以外指定，但受遗赠人只能在法定继承人范围以外指定。（　）

71. 被代理人死亡前已经实施，为了被代理人的继承人的利益继续代理的代理行为有效。（　）

72. 因受遗赠取得物权的，自受遗赠开始时发生效力。（　）

73. 根据《自然资源部关于加快完成集体土地所有权确权登记成果更新汇交的通知》（自然资发〔2022〕19 号）要求，项目用地报批，应根据集体土地所有权确权登记成果核实土地自然状况及权属状况。（　）

74. 国家机关对其直接支配的不动产和动产，享有占有、使用以及依照法律和国务院的有关规定收益、处分的权利。（　）

75. 被宣告死亡的人在被宣告死亡期间，其子女被他人依法收养的，在死亡宣告被撤销后，可以以未经本人同意为由主张收养行为无效。（　）

76. 地籍调查以不动产单元或自然资源登记单元为基本作业单位。（　）

77. 可以通过出让、出租等方式取得集体经营性建设用地使用权。（　）

78. 已经办理土地承包经营权首次登记的，承包方依法采取出租（转包）、入股或者其他方式向他人流转土地经营权且土地经营权流转期限为 5 年以上

的，应由土地经营权流转受让方申请。（ ）

79. 法人解散并依法完成清算、注销登记的，法人终止。（ ）

80. 征收农用地以外的其他土地、地上附着物和青苗等的补偿标准，由省、自治区、直辖市制定。（ ）

81. 为了公共利益的需要，依照法律规定的权限和程序征收、征用不动产或者动产的，应当给予赔偿。（ ）

82. 根据《民法典》规定，国家对不动产实行统一管理制度。（ ）

83. 地籍调查成果一经登记就产生法律效力。（ ）

84. 法人、非法人组织享有姓名权、名誉权和荣誉权。（ ）

85. 合同不生效、无效、被撤销或者终止的，不影响合同中有关解决争议方法的条款效力。（ ）

86. 甲村本集体经济组织的成员小张将自家宅基地卖给邻村小李，双方自愿签订宅基地转让协议，转让协议有效，但小李未取得该宅基地使用权。（ ）

87. 临时使用林地期满后1年内，用地单位或者个人应当恢复植被和林业生产条件。（ ）

88. 租房合同属于担保合同。（ ）

89. 抵押人以主债权诉讼时效期间届满为由，主张不承担担保责任的，人民法院应予支持。（ ）

90. 民事主体行使权利时，应当履行法律规定和权利人约定的义务。（ ）

91. 地方各级人民政府编制的土地利用总体规划中的耕地保有量不得超过上一级土地利用总体规划确定的控制指标。（ ）

92. 以非对话方式作出的采用数据电文形式的意思表示，相对人未指定特定系统的，相对人知道或者应当知道该数据电文进入其系统时生效。（ ）

93. 临时使用土地的使用者应当按照临时使用土地合同约定的用途使用土地，但经批准后可以修建永久性建筑物。（ ）

94. 经过公证的赠与合同或者依法不得撤销的具有救灾、扶贫、助残等公益、道德义务性质的赠与合同，赠与人不交付赠与财产的，受赠人可以请求交付。（ ）

95. 未成年人、精神病患者所作的遗赠行为不发生效力。（ ）

96. 地上附着物和青苗等的补偿费用，归其所有权人所有。（ ）

97. 以公告方式作出的意思表示，公告成立时生效。（ ）

98. 登记的最高债权额与当事人约定的最高债权额不一致的，人民法院应当依

据约定的最高债权额确定债权人优先受偿的范围。（　）

99. 某海域作为一个独立的登记单元，其界线范围内的无居民海岛不再单独划定登记单元。（　）

100. 行政区域边界争议案件不作为争议案件受理，但土地侵权案件可作为争议案件受理。（　）

参考答案

单项选择题（一）

1.C	2.D	3.C	4.A	5.D	6.B	7.C	8.A	9.A	10.A
11.C	12.D	13.D	14.C	15.C	16.C	17.D	18.D	19.D	20.A
21.A	22.B	23.D	24.C	25.D	26.D	27.D	28.C	29.A	30.A
31.C	32.A	33.D	34.D	35.B	36.A	37.C	38.A	39.D	40.C
41.B	42.C	43.D	44.C	45.D	46.D	47.D	48.C	49.A	50.B
51.B	52.D	53.D	54.A	55.C	56.B	57.A	58.D	59.C	60.D
61.C	62.D	63.A	64.C	65.D	66.A	67.B	68.A	69.B	70.C
71.B	72.D	73.C	74.A	75.D	76.B	77.C	78.D	79.D	80.C
81.D	82.A	83.A	84.A	85.B	86.A	87.B	88.C	89.D	90.B
91.D	92.D	93.C	94.C	95.C	96.B	97.D	98.C	99.D	100.C

单项选择题（二）

1.C	2.D	3.C	4.A	5.A	6.A	7.C	8.C	9.C	10.D
11.D	12.B	13.A	14.D	15.C	16.A	17.D	18.A	19.B	20.C
21.A	22.C	23.B	24.A	25.A	26.D	27.C	28.D	29.D	30.B
31.C	32.A	33.C	34.A	35.D	36.C	37.D	38.A	39.C	40.A
41.C	42.C	43.A	44.C	45.C	46.C	47.C	48.C	49.D	50.D
51.D	52.D	53.A	54.A	55.D	56.B	57.D	58.C	59.A	60.B
61.C	62.B	63.D	64.B	65.B	66.A	67.B	68.D	69.B	70.A
71.B	72.C	73.D	74.D	75.C	76.C	77.D	78.D	79.B	80.A
81.B	82.A	83.D	84.C	85.B	86.C	87.D	88.B	89.A	90.B
91.B	92.C	93.B	94.A	95.B	96.C	97.C	98.B	99.B	100.C

单项选择题（三）

1.B	2.D	3.D	4.C	5.A	6.A	7.D	8.C	9.B	10.C

11.B	12.A	13.D	14.B	15.A	16.B	17.B	18.B	19.A	20.C
21.D	22.D	23.B	24.D	25.B	26.C	27.A	28.C	29.D	30.B
31.A	32.C	33.A	34.A	35.A	36.C	37.A	38.B	39.D	40.D
41.B	42.A	43.B	44.B	45.C	46.A	47.C	48.A	49.C	50.C
51.C	52.A	53.D	54.A	55.C	56.C	57.C	58.D	59.C	60.A
61.C	62.A	63.D	64.D	65.D	66.B	67.D	68.A	69.D	70.D
71.D	72.A	73.D	74.D	75.C	76.C	77.C	78.C	79.B	80.D
81.D	82.D	83.C	84.B	85.A	86.B	87.C	88.C	89.C	90.B
91.D	92.B	93.C	94.D	95.B	96.D	97.B	98.D	99.A	100.A

单项选择题（四）

1.B	2.B	3.C	4.B	5.C	6.B	7.A	8.C	9.A	10.A
11.A	12.D	13.B	14.C	15.A	16.B	17.B	18.B	19.D	20.D
21.D	22.D	23.D	24.B	25.B	26.C	27.B	28.D	29.C	30.D
31.B	32.C	33.B	34.B	35.C	36.D	37.D	38.C	39.B	40.D
41.C	42.A	43.B	44.A	45.C	46.B	47.D	48.A	49.C	50.C
51.B	52.A	53.C	54.C	55.A	56.D	57.C	58.C	59.D	60.C
61.D	62.D	63.C	64.A	65.B	66.B	67.A	68.C	69.A	70.C
71.B	72.B	73.B	74.D	75.B	76.C	77.C	78.D	79.A	80.C
81.B	82.D	83.B	84.C	85.C	86.D	87.C	88.A	89.C	90.A
91.A	92.A	93.C	94.B	95.A	96.D	97.A	98.C	99.A	100.B

单项选择题（五）

1.C	2.A	3.D	4.B	5.D	6.A	7.A	8.D	9.A	10.B
11.B	12.B	13.C	14.B	15.A	16.B	17.B	18.A	19.A	20.B
21.C	22.D	23.D	24.B	25.C	26.A	27.C	28.A	29.D	30.D
31.B	32.D	33.B	34.D	35.D	36.D	37.B	38.C	39.C	40.C
41.C	42.B	43.B	44.D	45.C	46.B	47.B	48.C	49.A	50.D
51.C	52.C	53.A	54.B	55.D	56.A	57.A	58.B	59.A	60.D
61.D	62.D	63.B	64.A	65.B	66.D	67.D	68.A	69.C	70.A
71.A	72.B	73.B	74.B	75.D	76.A	77.B	78.A	79.B	80.B
81.B	82.A	83.B	84.B	85.C	86.C	87.D	88.B	89.D	90.D

91.D	92.D	93.C	94.B	95.D	96.B	97.B	98.B	99.B	100.D

单项选择题（六）

1.B	2.C	3.B	4.B	5.B	6.B	7.A	8.D	9.A	10.A
11.B	12.B	13.D	14.B	15.A	16.B	17.C	18.A	19.B	20.B
21.B	22.A	23.B	24.A	25.C	26.C	27.C	28.C	29.C	30.C
31.C	32.B	33.C	34.B	35.C	36.C	37.A	38.C	39.A	40.C
41.D	42.A	43.A	44.D	45.B	46.C	47.A	48.C	49.B	50.A
51.A	52.C	53.C	54.D	55.B	56.B	57.A	58.A	59.B	60.D
61.B	62.D	63.B	64.A	65.D	66.A	67.D	68.B	69.B	70.D
71.A	72.B	73.B	74.B	75.D	76.C	77.D	78.B	79.C	80.C
81.A	82.A	83.A	84.C	85.A	86.C	87.D	88.B	89.C	90.D
91.C	92.C	93.D	94.C	95.B	96.C	97.A	98.C	99.B	100.C

单项选择题（七）

1.D	2.A	3.B	4.D	5.B	6.D	7.B	8.C	9.C	10.C
11.B	12.D	13.B	14.A	15.C	16.A	17.C	18.A	19.D	20.A
21.C	22.C	23.B	24.A	25.D	26.A	27.C	28.D	29.C	30.B
31.C	32.B	33.C	34.C	35.A	36.A	37.D	38.A	39.B	40.D
41.A	42.D	43.A	44.C	45.C	46.D	47.B	48.C	49.C	50.B
51.A	52.A	53.C	54.D	55.C	56.B	57.A	58.B	59.B	60.D
61.B	62.A	63.A	64.C	65.A	66.A	67.C	68.B	69.B	70.B
71.C	72.B	73.D	74.C	75.A	76.B	77.D	78.C	79.D	80.B
81.A	82.C	83.C	84.B	85.C	86.D	87.C	88.B	89.C	90.A
91.A	92.C	93.A	94.C	95.A	96.C	97.A	98.C	99.D	100.C

单项选择题（八）

1.B	2.B	3.A	4.B	5.D	6.B	7.C	8.A	9.D	10.C
11.B	12.D	13.D	14.C	15.B	16.D	17.D	18.D	19.A	20.C
21.C	22.B	23.D	24.C	25.C	26.B	27.C	28.B	29.C	30.C
31.B	32.D	33.B	34.A	35.A	36.C	37.C	38.D	39.A	40.D
41.C	42.A	43.C	44.B	45.D	46.A	47.D	48.A	49.A	50.C

51.C	52.C	53.C	54.B	55.B	56.D	57.D	58.A	59.D	60.B
61.A	62.C	63.B	64.B	65.A	66.D	67.D	68.A	69.A	70.A
71.C	72.B	73.C	74.C	75.D	76.C	77.C	78.B	79.D	80.D
81.D	82.B	83.A	84.B	85.B	86.D	87.A	88.B	89.C	90.D
91.B	92.B	93.D	94.C	95.B	96.D	97.A	98.A	99.A	100.B

单项选择题（九）

1.A	2.C	3.B	4.C	5.A	6.D	7.B	8.C	9.B	10.A
11.D	12.D	13.A	14.C	15.C	16.B	17.B	18.C	19.C	20.B
21.C	22.B	23.C	24.A	25.D	26.C	27.C	28.C	29.C	30.C
31.C	32.C	33.D	34.B	35.C	36.C	37.C	38.B	39.B	40.D
41.A	42.D	43.D	44.D	45.B	46.C	47.D	48.A	49.C	50.D
51.D	52.D	53.C	54.D	55.C	56.D	57.B	58.D	59.A	60.A
61.D	62.C	63.D	64.D	65.D	66.D	67.A	68.D	69.B	70.C
71.D	72.B	73.A	74.D	75.A	76.B	77.B	78.C	79.D	80.D
81.D	82.D	83.B	84.B	85.C	86.C	87.C	88.C	89.D	90.D
91.B	92.D	93.D	94.C	95.B	96.C	97.D	98.A	99.B	100.B

单项选择题（十）

1.A	2.C	3.D	4.B	5.C	6.D	7.D	8.A	9.A	10.D
11.C	12.B	13.C	14.D	15.A	16.D	17.C	18.C	19.B	20.C
21.A	22.C	23.B	24.D	25.A	26.B	27.B	28.C	29.D	30.B
31.B	32.C	33.D	34.B	35.C	36.D	37.D	38.B	39.C	40.D
41.D	42.D	43.D	44.D	45.C	46.B	47.C	48.C	49.C	50.A
51.B	52.B	53.D	54.D	55.C	56.D	57.C	58.C	59.B	60.C
61.D	62.D	63.B	64.D	65.D	66.A	67.C	68.C	69.A	70.D
71.D	72.B	73.C	74.B	75.C	76.A	77.D	78.B	79.A	80.B
81.D	82.A	83.C	84.A	85.B	86.C	87.B	88.A	89.B	90.B
91.C	92.C	93.C	94.B	95.D	96.B	97.A	98.B	99.C	100.A

单项选择题（十一）

1.C	2.D	3.A	4.B	5.D	6.C	7.B	8.C	9.D	10.D

11.D	12.D	13.B	14.C	15.D	16.A	17.D	18.C	19.C	20.B
21.C	22.C	23.B	24.B	25.D	26.A	27.D	28.C	29.B	30.B
31.B	32.D	33.C	34.C	35.A	36.C	37.B	38.D	39.C	40.D
41.A	42.B	43.C	44.D	45.D	46.D	47.C	48.D	49.D	50.A
51.D	52.C	53.C	54.D	55.D	56.C	57.A	58.D	59.A	60.C
61.C	62.B	63.D	64.B	65.A	66.B	67.C	68.D	69.B	70.B
71.D	72.D	73.A	74.B	75.B	76.A	77.D	78.B	79.D	80.B
81.C	82.D	83.A	84.A	85.A	86.D	87.D	88.A	89.B	90.C
91.C	92.D	93.D	94.A	95.D	96.C	97.D	98.B	99.B	100.C

多项选择题（一）

1.AE	2.ABD	3.ABCD	4.ABCD	5.ABCD	6.ABD
7.ABCD	8.ABCD	9.BCDE	10.BCD	11.AD	12.BDE
13.ACD	14.ACD	15.AB	16.ABD	17.ABCE	18.AC
19.ABCD	20.ACD	21.ABCD	22.ABCD	23.AD	24.ABC
25.ABCD	26.ABCD	27.ACD	28.ABD	29.ABD	30.CDE
31.BDE	32.BC	33.ADE	34.BC	35.BCD	36.CE
37.AC	38.CD	39.ABC	40.AC	41.BC	42.ABD
43.AC	44.ACD	45.ABCD	46.ABCD	47.BCD	48.ABDE
49.BCE	50.ABC	51.ABC	52.ACDE	53.ABC	54.ABCD
55.ABE	56.ABD	57.BCE	58.ABCDE	59.BCD	60.BCD
61.BCD	62.AC	63.ABC	64.BD	65.ACD	66.ACD
67.ABC	68.ABCD	69.AC	70.BD	71.ACDE	72.ABC
73.AC	74.ACD	75.BCD	76.ABC	77.ABCD	78.ABCD
79.BC	80.ABD	81.ABCD	82.BDE	83.AB	84.BC
85.AC	86.ABD	87.ABC	88.AC	89.BCD	90.ABCD
91.BCD	92.ABCD	93.BCE	94.ABCD	95.BCE	96.ABCE
97.ABC	98.BC	99.ACD	100.ABCEF		

多项选择题（二）

1.BCD	2.ABC	3.AC	4.AC	5.AB	6.BCD
7.ACE	8.ABD	9.ACDE	10.BC	11.ACD	12.ABD

13.AB	14.ABCD	15.ABD	16.AC	17.ABDE	18.ADE
19.ABCD	20.ABCD	21.ABCDE	22.ABCD	23.ABDE	24.ABD
25.AE	26.ABCD	27.CD	28.CE	29.ABDE	30.CDE
31.ABC	32.ACD	33.BE	34.ABC	35.ABCE	36.ABC
37.AC	38.BCDE	39.ABCD	40.ABC	41.ABE	42.AB
43.ABCD	44.ABD	45.ABCD	46.AB	47.ABC	48.ABCD
49.BCD	50.ABC	51.BC	52.ABC	53.AC	54.ACD
55.ABD	56.ABCE	57.ACD	58.ABC	59.ABCDE	60.ABCEF
61.ABC	62.ABDE	63.BDE	64.ABCD	65.ABD	66.BCE
67.BCDE	68.ABC	69.BC	70.ABCDE	71.ABC	72.ABCD
73.AD	74.ABCDE	75.ABD	76.CD	77.ACD	78.AB
79.ABCE	80.ABCE	81.AB	82.ABC	83.ACDE	84.ABCD
85.AB	86.ABCD	87.ABC	88.ABD	89.ABCD	90.ABCD
91.ABCD	92.ABC	93.ABCD	94.CD	95.BCE	96.ABCD
97.BCD	98.ABCD	99.BCDE	100.ABCD		

多项选择题（三）

1.ABC	2.ACD	3.ACDE	4.ACD	5.ACD	6.BCE
7.ADE	8.BCD	9.ABCD	10.AD	11.BDE	12.AC
13.ADE	14.ABCDE	15.CE	16.ACDE	17.ABCDE	18.ACD
19.ABD	20.ACD	21.CD	22.ABC	23.ABCD	24.ABCD
25.BD	26.ABD	27.BCD	28.BDE	29.ABD	30.ACDE
31.AD	32.ABCD	33.ABE	34.ABCDE	35.BCD	36.ABCD
37.ABE	38.ABCD	39.BE	40.ABCD	41.ABDE	42.ACDE
43.ABD	44.ABC	45.BCD	46.ACD	47.ABD	48.ABCD
49.ABDE	50.ABC	51.BCD	52.ACDE	53.ADE	54.BCD
55.ABCD	56.ABC	57.ABCD	58.ABC	59.AC	60.ABCE
61.ACE	62.ABCDE	63.ABC	64.AB	65.ABC	66.ACD
67.AC	68.ABD	69.ABE	70.ABC	71.ABCD	72.ABD
73.ABC	74.ABCDE	75.ABCD	76.ACD	77.ACDE	78.BD
79.ABCD	80.ABDEF	81.BCD	82.ABD	83.ABD	84.ACD
85.ACD	86.ABD	87.ABCDE	88.BCD	89.BCD	90.ABDE

91.ABC	92.ABCD	93.AB	94.BCD	95.ABDE	96.ACDE
97.AB	98.ABC	99.ABC	100.BCD		

多项选择题（四）

1.BC	2.ABC	3.ABCD	4.BC	5.ABC	6.AB
7.ADE	8.BCE	9.ABC	10.BC	11.ABCE	12.ABC
13.ACDE	14.ACD	15.CE	16.CE	17.ABCDE	18.ABC
19.AB	20.ABCD	21.CD	22.BC	23.ABCD	24.BCE
25.ABD	26.ABDE	27.ABCDE	28.ACDE	29.ABCD	30.ABCD
31.BCE	32.AD	33.ABE	34.ABDE	35.AC	36.ABCE
37.ABC	38.ABCD	39.ABD	40.BCD	41.BCD	42.ABD
43.BCD	44.ABC	45.CD	46.ACD	47.ABCD	48.BC
49.ABC	50.ABD	51.AD	52.ABCE	53.ABCE	54.ABD
55.ABCE	56.ABCD	57.ABCD	58.ABCD	59.AB	60.ABCD
61.ABD	62.ABC	63.ABC	64.AC	65.AD	66.ABD
67.ABC	68.BCD	69.ABD	70.AB	71.ABCDE	72.BCD
73.ABC	74.ACD	75.ABC	76.ABD	77.ABC	78.AD
79.BCD	80.ABC	81.AB	82.AB	83.AC	84.ACD
85.ABC	86.ABC	87.BCDE	88.ABC	89.AD	90.AB
91.ABD	92.BCD	93.ABC	94.ABC	95.AD	96.BCD
97.AC	98.ABDE	99.ABCD	100.BCDE		

多项选择题（五）

1.ACDE	2.BDE	3.ABCE	4.ACDE	5.BC	6.ABDE
7.CE	8.CD	9.ABCE	10.ABCE	11.ABCD	12.ACDE
13.ABCD	14.ADE	15.CD	16.BD	17.ACE	18.CE
19.ABCD	20.DE	21.ABCE	22.ACD	23.ABCD	24.ACD
25.ABC	26.BD	27.ACD	28.AC	29.ABD	30.ACDE
31.ABCD	32.ACE	33.BDE	34.CD	35.BE	36.ABCD
37.BCDE	38.ACE	39.BC	40.ACD	41.CDE	42.ACD
43.ADE	44.DE	45.BCD	46.ACDE	47.ACD	48.ABD
49.ABCE	50.ACD	51.BE	52.CDE	53.ABD	54.AB

55.ABCD	56.BCD	57.ADE	58.ACDE	59.BC	60.BDE
61.BCDE	62.BCDEF	63.ABCDE	64.ABE	65.ABCD	66.ABCE
67.ABD	68.ABCD	69.ABC	70.CD	71.BCE	72.BE
73.ACDE	74.ABCD	75.BCDE	76.ABCD	77.ABCD	78.AC
79.BD	80.ABCE	81.BCE	82.ABCD	83.ABD	84.AC
85.AD	86.BCDE	87.ABDE	88.ACDE	89.BCDE	90.AE
91.BCDE	92.ABCD	93.ABCD	94.ACD	95.ABDE	96.ADE
97.ADE	98.ABE	99.ABE	100.ACD		

多项选择题（六）

1.BCE	2.ABCDE	3.ABCDE	4.ACE	5.ABDE	6.ABCDE
7.ABCD	8.AD	9.ACE	10.ABCDE	11.ADE	12.ABC
13.ABD	14.BC	15.ABCDE	16.ABC	17.AD	18.DE
19.ABCDE	20.ACE	21.BCDE	22.AB	23.AC	24.BC
25.ABE	26.ACD	27.BCE	28.AE	29.ACE	30.ACD
31.AC	32.ABCE	33.ABCD	34.AB	35.ABCDE	36.AC
37.ABCDE	38.ABCDE	39.CD	40.ABCDE	41.ABCDE	42.ABD
43.ABCD	44.AD	45.AE	46.ABCDE	47.CE	48.BCE
49.ABD	50.DE	51.BDE	52.ABCDE	53.ABD	54.AC
55.BCE	56.AC	57.ACE	58.ABE	59.AE	60.ACD
61.ABC	62.ABDE	63.ACE	64.ABC	65.ABC	66.BDE
67.ABCD	68.AD	69.ABC	70.ADE	71.CE	72.ABCD
73.ABCDE	74.ABD	75.ABCE	76.AB	77.ABE	78.ABCE
79.ABCDE	80.BCD	81.ABD	82.ABCD	83.ACE	84.ACDE
85.BCD	86.ABCE	87.ABCDE	88.ABCDE	89.AB	90.BCDE
91.ABE	92.ABCDE	93.ABCE	94.ACE	95.ABC	96.AE
97.ABCD	98.ABD	99.ABCDE	100.AC		

多项选择题（七）

1.BC	2.ABD	3.ACD	4.BCDE	5.ABE	6.ABC
7.ABCDE	8.ABCDE	9.ABE	10.ACD	11.BCD	12.ACD
13.BD	14.BE	15.AC	16.BD	17.ABCD	18.ADE

19.AC	20.ACE	21.ABCD	22.ABCD	23.ACD	24.CE
25.AB	26.ABDE	27.AB	28.ABC	29.ACD	30.BCDE
31.ACE	32.ABC	33.ABCD	34.ACD	35.ACD	36.BD
37.ABCDE	38.ACE	39.BC	40.ACDE	41.ACE	42.ABCE
43.ABCE	44.ABDE	45.ABD	46.ABD	47.ACE	48.ABCE
49.ACD	50.ABCE	51.ABDE	52.ABD	53.ABCDE	54.ABCDE
55.ABE	56.ABCD	57.ABDE	58.BCDE	59.ABCE	60.BD
61.ABCD	62.ABCD	63.CE	64.BCDE	65.AB	66.BDE
67.BCDE	68.ABCE	69.ABCE	70.AE	71.ABCE	72.ABCDE
73.ABDE	74.ABE	75.ACE	76.ACDE	77.ABCD	78.BCDE
79.ABDE	80.ABDE	81.BCE	82.ABCD	83.CDE	84.CDE
85.BCDE	86.ABCD	87.ABDE	88.ABDE	89.ACD	90.BCDE
91.CE	92.BCDE	93.ACDE	94.ABCD	95.ABCE	96.ABC
97.ABD	98.ABDE	99.ABCE	100.ABDF		

判断题（一）

1. ×	2. ×	3. ×	4. ×	5. ×	6. √	7. ×	8. √	9. √	10. √
11. ×	12. ×	13. ×	14. ×	15. ×	16. ×	17. √	18. √	19. √	20. ×
21. √	22. ×	23. √	24. ×	25. ×	26. ×	27. ×	28. ×	29. √	30. ×
31. ×	32. ×	33. ×	34. ×	35. ×	36. √	37. ×	38. √	39. √	40. ×
41. ×	42. √	43. √	44. √	45. √	46. √	47. ×	48. √	49. ×	50. ×
51. √	52. √	53. √	54. ×	55. √	56. √	57. ×	58. √	59. ×	60. √
61. √	62. ×	63. √	64. √	65. √	66. √	67. √	68. √	69. √	70. √
71. √	72. ×	73. √	74. √	75. ×	76. ×	77. ×	78. √	79. √	80. √
81. √	82. ×	83. √	84. √	85. ×	86. ×	87. √	88. √	89. ×	90. ×
91. √	92. √	93. √	94. √	95. √	96. ×	97. √	98. √	99. ×	100. √

判断题（二）

1. √	2. √	3. √	4. √	5. √	6. √	7. √	8. √	9. ×	10. √
11. ×	12. ×	13. ×	14. ×	15. √	16. √	17. ×	18. √	19. ×	20. √
21. ×	22. √	23. √	24. ×	25. √	26. ×	27. √	28. √	29. √	30. √
31. √	32. √	33. ×	34. √	35. √	36. √	37. √	38. ×	39. √	40. ×

41. × 42. √ 43. × 44. √ 45. × 46. √ 47. √ 48. √ 49. × 50. ×
51. × 52. × 53. √ 54. × 55. × 56. × 57. × 58. √ 59. √ 60. ×
61. √ 62. × 63. √ 64. × 65. √ 66. × 67. √ 68. × 69. × 70. ×
71. × 72. √ 73. × 74. × 75. × 76. √ 77. × 78. × 79. √ 80. ×
81. × 82. × 83. √ 84. √ 85. × 86. √ 87. × 88. × 89. √ 90. √
91. × 92. √ 93. √ 94. × 95. √ 96. × 97. √ 98. × 99. √ 100. √

判断题（三）

1. × 2. √ 3. × 4. × 5. × 6. × 7. × 8. × 9. √ 10. √
11. × 12. × 13. × 14. × 15. × 16. × 17. √ 18. × 19. √ 20. ×
21. × 22. √ 23. × 24. × 25. √ 26. × 27. √ 28. √ 29. √ 30. √
31. √ 32. × 33. √ 34. × 35. √ 36. × 37. √ 38. × 39. × 40. ×
41. × 42. × 43. × 44. × 45. √ 46. √ 47. √ 48. √ 49. × 50. ×
51. √ 52. √ 53. × 54. √ 55. √ 56. √ 57. × 58. × 59. √ 60. ×
61. × 62. √ 63. × 64. √ 65. √ 66. × 67. √ 68. √ 69. × 70. ×
71. √ 72. × 73. × 74. × 75. √ 76. √ 77. √ 78. √ 79. × 80. ×
81. √ 82. √ 83. √ 84. √ 85. × 86. √ 87. × 88. √ 89. √ 90. ×
91. √ 92. √ 93. √ 94. × 95. √ 96. × 97. × 98. × 99. √ 100. ×

判断题（四）

1. × 2. × 3. × 4. √ 5. × 6. √ 7. × 8. × 9. √ 10. √
11. × 12. × 13 √ 14. × 15. × 16. √ 17. × 18. × 19. √ 20. ×
21. × 22. √ 23. √ 24. × 25. × 26. × 27. √ 28. √ 29. √ 30. √
31. √ 32. × 33. √ 34. × 35. √ 36. × 37. × 38. × 39. × 40. √
41. √ 42. × 43. √ 44. × 45. √ 46. × 47. √ 48. × 49. × 50. ×
51. √ 52. × 53. √ 54. × 55. × 56. × 57. × 58. √ 59. × 60. ×
61. × 62. √ 63. × 64. √ 65. × 66. √ 67. × 68. × 69. √ 70. ×
71. √ 72. × 73. × 74. × 75. × 76. √ 77. √ 78. × 79. √ 80. √
81. × 82. × 83. √ 84. × 85. √ 86. × 87. √ 88. × 89. √ 90. ×
91. × 92. √ 93. × 94. √ 95. √ 96. √ 97. × 98. × 99. × 100. ×

主要参考法律法规文件

1.《中华人民共和国民法典》（简称《民法典》）
2.《中华人民共和国土地管理法》（简称《土地管理法》）
3.《中华人民共和国农村土地承包法》（简称《农村土地承包法》）
4.《中华人民共和国城乡规划法》（简称《城乡规划法》）
5.《中华人民共和国城市房地产管理法》（简称《城市房地产管理法》）
6.《中华人民共和国农村土地承包经营纠纷调解仲裁法》（简称《农村土地承包经营纠纷调解仲裁法》）
7.《中华人民共和国森林法》（简称《森林法》）
8.《中华人民共和国海域使用管理法》（简称《海域使用管理法》）
9.《中华人民共和国契税法》（简称《契税法》）
10.《中华人民共和国国家赔偿法》（简称《国家赔偿法》）
11.《中华人民共和国公证法》（简称《公证法》）
12.《中华人民共和国土地管理法实施条例》（简称《土地管理法实施条例》）
13.《不动产登记暂行条例》
14.《中华人民共和国城镇国有土地使用权出让和转让暂行条例》（简称《城镇国有土地使用权出让和转让暂行条例》）
15.《基本农田保护条例》
16.《国务院关于在线政务服务的若干规定》
17.《优化营商环境条例》
18.《城市郊区土地改革条例》
19.《深化集体林权改革方案》
20.《国务院关于进一步优化政务服务提升行政效能推动“高效办成一件事”的指导意见》(国发〔2024〕3 号）
21.《国务院办公厅关于加快推进电子证照扩大应用领域和全国互通互认的意见》（国办发〔2022〕3 号）
22.《国务院办公厅关于全面推行证明事项和涉企经营许可事项告知承诺制的指导意见》（国办发〔2020〕42 号）
23.《国务院办公厅关于加快推进政务服务“跨省通办”的指导意见》（国办发〔2020〕35 号）
24.《国务院办公厅关于压缩不动产登记办理时间的通知》（国办发〔2019〕8 号）

25.《国务院办公厅关于完善建设用地使用权转让、出租、抵押二级市场的指导意见》（国办发〔2019〕34号）
26.《不动产登记暂行条例实施细则》
27.《不动产登记资料查询暂行办法》
28.《土地权属争议调查处理办法》
29.《林木林地权属争议处理办法》
30.《不动产登记操作规范（试行）》
31.《协议出让国有土地使用权规定》
32.《招标拍卖挂牌出让国有建设用地使用权规定》
33.《闲置土地处置办法》
34.《自然资源部 国务院国有资产监督管理委员会 国家税务总局 国家金融监督管理总局关于进一步提升不动产登记便利度促进营商环境优化的通知》（自然资发〔2024〕9号）
35.《自然资源部关于进一步做好地籍调查工作的通知》（自然资发〔2023〕195号）
36.《自然资源部关于印发〈国土空间调查、规划、用途管制用地用海分类指南〉的通知》（自然资发〔2023〕234号）
37.《自然资源部 中国银行保险监督管理委员会关于协同做好不动产"带押过户"便民利企服务的通知》（自然资发〔2023〕29号）
38.《自然资源部 国家林业和草原局关于以第三次全国国土调查成果为基础明确林地管理边界 规范林地管理的通知》（自然资发〔2023〕53号）
39.《自然资源部关于持续推进农村房地一体宅基地确权登记颁证工作的通知》（自然资发〔2023〕109号）
40.《自然资源部关于印发〈不动产登记代理专业人员职业资格制度规定〉和〈不动产登记代理人职业资格考试实施办法〉的通知》（自然资发〔2022〕79号）
41.《自然资源部关于开展不动产登记队伍作风常态化建设的通知》（自然资发〔2022〕144号）
42.《自然资源部关于加快完成集体土地所有权确权登记成果更新汇交的通知》（自然资发〔2022〕19号）
43.《自然资源部 农业农村部关于做好不动产统一登记与土地承包合同管理工作有序衔接的通知》（自然资发〔2022〕157号）
44.《自然资源部关于印发〈土地承包经营权和土地经营权登记操作规范（试行）〉等文件的通知》（自然资发〔2022〕198号）
45.《自然资源部关于加快解决不动产登记若干历史遗留问题的通知》（自然资发〔2021〕1号）
46.《自然资源部关于做好不动产抵押权登记工作的通知》（自然资发〔2021〕54号）
47.《自然资源部关于修改印发〈不动产登记操作规范（试行）〉的通知》（自然资函

〔2021〕242 号）
48.《自然资源部 国家税务总局 中国银行保险监督管理委员会关于协同推进“互联网＋不动产登记”方便企业和群众办事的意见》（自然资发〔2020〕83 号）
49.《自然资源部关于加快宅基地和集体建设用地使用权确权登记工作的通知》（自然资发〔2020〕84 号）
50.《自然资源部 中国银行保险监督管理委员会关于加强便民利企服务合作的通知》（自然资发〔2019〕42 号）
51.《自然资源部 财政部 生态环境部 水利部 国家林业和草原局关于印发〈自然资源统一确权登记暂行办法〉的通知》（自然资发〔2019〕116 号）
52.《中共自然资源部党组关于开展不动产登记窗口作风问题专项整治工作的通知》（自然资党发〔2018〕7 号）
53.《国土资源部 财政部 农业部关于加快推进农垦国有土地使用权确权登记发证工作的通知》（国土资发〔2016〕156 号）
54.《国土资源部 国家林业局关于国务院确定的重点国有林区不动产登记有关事项的通知》（国土资发〔2016〕190 号）
55.《国土资源部关于进一步加快宅基地和集体建设用地确权登记发证有关问题的通知》（国土资发〔2016〕191 号）
56.《国土资源部 中央机构编制委员会办公室 财政部 环境保护部 水利部 农业部 国家林业局关于印发〈自然资源统一确权登记办法（试行）〉的通知》（国土资发〔2016〕192 号）
57.《国土资源部关于做好不动产权籍调查工作的通知》（国土资发〔2015〕41 号）
58.《国土资源部关于启用不动产登记簿证样式（试行）的通知》（国土资发〔2015〕25 号）
59.《国土资源部 财政部 住房和城乡建设部 农业部 国家林业局关于进一步加快推进宅基地和集体建设用地使用权确权登记发证工作的通知》（国土资发〔2014〕101 号）
60.《国土资源部关于加强农村土地整治权属管理的通知》（国土资发〔2012〕99 号）
61.《国土资源部 中央农村工作领导小组办公室 财政部 农业部关于农村集体土地确权登记发证的若干意见》（国土资发〔2011〕178 号）
62.《国家土地管理局关于印发〈确定土地所有权和使用权的若干规定〉的通知》（〔1995〕国土〔籍〕字第 26 号）
63.《国家土地管理局关于利用土地详查成果进行土地登记有关问题的通知》（〔1991〕国土〔籍〕字第 171 号）
64.《自然资源部办公厅 国家林业和草原局办公室关于强化业务协同加快推进林权登记资料移交数据整合和信息共享的通知》（自然资办发〔2023〕2 号）
65.《自然资源部办公厅关于持续深化集体土地所有权登记成果更新应用的通知》（自然资办发〔2024〕3 号）

66.《自然资源部办公厅关于印发〈不动产登记信息安全防护工作指引〉的通知》（自然资办发〔2023〕11 号）
67.《自然资源部办公厅 国家林业和草原局办公室关于清理规范林权确权登记历史遗留问题的指导意见》（自然资办发〔2023〕52 号）
68.《自然资源部办公厅关于全面提升不动产登记数据质量的通知》（自然资办发〔2022〕10 号）
69.《自然资源部办公厅关于印发〈集体土地所有权确权登记成果更新汇交工作问答和典型案例〉的函》（自然资办函〔2022〕2707 号）
70.《自然资源部自然资源确权登记局关于进一步做好免收小微企业不动产登记费工作的通知》（自然资登记函〔2021〕2 号）
71.《自然资源部办公厅关于林木林地权属争议调处事宜的函》（自然资办函〔2021〕2154 号）
72.《自然资源部办公厅关于印发〈自然资源确权登记操作指南（试行）〉的通知》（自然资办发〔2020〕9 号）
73.《自然资源部办公厅关于做好易地扶贫搬迁安置住房不动产登记工作的通知》（自然资办发〔2020〕25 号）
74.《自然资源部办公厅 国家林业和草原局办公室关于进一步规范林权类不动产登记做好林权登记与林业管理衔接的通知》（自然资办发〔2020〕31 号）
75.《自然资源部办公厅关于印发〈宅基地和集体建设用地使用权确权登记工作问答〉的函》（自然资办函〔2020〕1344 号）
76.《自然资源部办公厅关于印发不动产权证书和不动产登记证明电子证照标准的函》（自然资办函〔2020〕1754 号）
77.《自然资源部办公厅关于印发〈"互联网 + 不动产登记"建设指南〉的通知》(自然资办函〔2020〕1355 号)
78.《自然资源部办公厅关于印发不动产登记流程优化图的通知》（自然资办发〔2019〕23 号）
79.《自然资源部办公厅 国家市场监督管理总局办公厅关于推动信息共享促进不动产登记和市场主体登记便利化的通知》（自然资办发〔2019〕44 号）
80.《自然资源部办公厅关于完善信息平台网络运维环境推进不动产登记信息共享集成有关工作的通知》（自然资办函〔2019〕1041 号）
81.《国土资源部办公厅关于印发〈不动产单元设定与代码编制规则〉的函》（国土资厅函〔2017〕1029 号）
82.《自然资源部自然资源确权登记局关于进一步做好农村不动产确权登记工作的通知》（自然资登记函〔2019〕6 号）
83.《国土资源部办公厅关于规范不动产权籍调查有关工作的通知》(国土资厅函〔2017〕

1272号）
84.《国土资源部办公厅关于加快推进地籍区（子区）划分工作的通知》（国土资厅发〔2016〕30号）
85.《国家税务总局 自然资源部关于进一步深化信息共享 便利不动产登记和办税的通知》（税总财行发〔2022〕1号）
86.《国土资源部办公厅关于转发不动产登记收费有关政策文件的通知》(国土资厅函〔2016〕2036号)
87.《国家监察委员会办公厅 自然资源部办公厅关于不动产登记机构协助监察机关在涉案财物处理中办理不动产登记工作的通知》（国监办发〔2019〕3号）
88.《财政部 国家发展改革委关于减免部分行政事业性收费有关政策的通知》（财税〔2019〕45号）
89.《司法部 自然资源部关于印发〈关于推进公证与不动产登记领域信息查询共享机制建设的意见〉的通知》（司发通〔2018〕132号）
90.《农业农村部 自然资源部关于规范农村宅基地审批管理的通知》（农经发〔2019〕6号）
91.《财政部 国家发展改革委关于不动产登记收费有关政策问题的通知》（财税〔2016〕79号）
92.《国家税务总局 自然资源部关于深化部门合作减轻群众负担提高便民利民服务水平的通知》（税总发〔2018〕47号）
93.《中国银监会 国土资源部关于金融资产管理公司等机构业务经营中不动产抵押权登记若干问题的通知》(银监发〔2017〕20号)
94.《国家发展改革委 财政部关于不动产登记收费标准等有关问题的通知》（发改价格规〔2016〕2559号）
95.《最高人民法院 最高人民检察院 公安部等关于印发〈公安机关办理刑事案件适用查封、冻结措施有关规定〉的通知》（公通字〔2013〕30号）
96.《最高人民法院关于适用〈中华人民共和国民法典〉总则编若干问题的解释》（法释〔2022〕6号）
97.《最高人民法院关于适用〈中华人民共和国民法典〉时间效力的若干规定》（法释〔2020〕15号）
98.《最高人民法院关于适用〈中华人民共和国民法典〉继承编的解释（一）》（法释〔2020〕23号）
99.《最高人民法院关于适用〈中华人民共和国民法典〉物权编的解释（一）》（法释〔2020〕24号）
100.《最高人民法院关于适用〈中华人民共和国民法典〉有关担保制度的解释》（法释〔2020〕28号）
101.《最高人民法院关于适用〈中华人民共和国民法典〉婚姻家庭编的解释（一）》（法释

〔2020〕22号）

102.《最高人民法院关于审理商品房买卖合同纠纷案件适用法律若干问题的解释》［2003年3月24日最高人民法院审判委员会第1267次会议通过 根据2020年12月23日最高人民法院审判委员会第1823次会议通过的《最高人民法院关于修改〈最高人民法院关于在民事审判工作中适用《中华人民共和国工会法》若干问题的解释〉等二十七件民事类司法解释的决定》（法释〔2020〕17号）修正］

103.《最高人民法院关于审理民间借贷案件适用法律若干问题的规定》（法释〔2015〕18号）

104.《最高人民法院关于审理涉及农村集体土地行政案件若干问题的规定》(法释〔2011〕20号)

105.《最高人民法院关于审理房屋登记案件若干问题的规定》（法释〔2010〕15号）

106.《最高人民法院关于审理建筑物区分所有权纠纷案件具体应用法律若干问题的解释》［法释〔2009〕7号 根据《最高人民法院关于修改〈最高人民法院关于在民事审判工作中适用《中华人民共和国工会法》若干问题的解释〉等二十七件民事类司法解释的决定》（法释〔2020〕17号）修正］

107.《最高人民法院 国土资源部 建设部关于依法规范人民法院执行和国土资源房地产管理部门协助执行若干问题的通知》（法发〔2004〕5号）

108.《最高人民法院关于人民法院民事执行中查封、扣押、冻结财产的规定》［法释〔2004〕15号 根据《最高人民法院关于修改〈最高人民法院关于人民法院扣押铁路运输货物若干问题的规定〉等十八件执行类司法解释的决定》（法释〔2020〕21号）修正］

109.《国土资源部办公厅关于妥善处理少数住宅建设用地使用权到期问题的复函》（国土资厅函〔2016〕1712号）

110.《最高人民法院关于房地产管理机关能否撤销错误的注销抵押登记行为问题的批复》(法释〔2003〕17号)

111.《最高人民法院关于能否将国有土地使用权折价抵偿给抵押权人问题的批复》(法释〔1998〕25号)

112.《国家土地管理局对浙江省土地管理局关于村与村之间调换土地有关问题的请示的答复》（〔1996〕国土函字第71号）

113.《国家土地管理局对浙江省土地管理局关于土地确权登记中有关问题请示的批复》（国土批〔1995〕63号）

114.《国家土地管理局对陕西省土地管理局关于河滩地确权问题的请示的批复》（国土批〔1995〕62号）

115.《国家土地管理局对重庆市国土局关于土地登记中几个问题的请示的批复》（〔1992〕国土函字第84号）

116.《国家土地管理局关于请检查制止乱发土地证书的通知》(〔1988〕国土〔籍〕字第26号)
117.《不动产单元设定与代码编制规则》(GB/T 37346—2019)
118.《地籍调查规程》(GB/T 42547—2023)
119.《房产测量规范》(GB/T 17986.1—2000)
120.《地籍数据库 第1部分：不动产》(TD/T 1015.1—2024)
121.《地籍数据库 第2部分：自然资源》(TD/T 1015.2—2024)
122.《不动产登记数据库标准》(TD/T 1066—2021)
123.《土地利用现状分类》(GB/T 21010—2017)